민중의 꿈, 신앙과 예술

민중의 꿈,
신앙과 예술

Dreams of the people,
Faith and Art

이화형

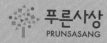
푸른사상
PRUNSASANG

융합을 지향했던 한국인

문명은 인류가 공유하는 것이고, 문화는 각 민족의 독특한 생활양식이라고도 한다. 21세기는 문화의 시대요, 문화가 국력이 되는 시점을 맞았다. 그리고 요즘 한류문화가 세계인의 사랑을 받고 있다. K팝 열풍은 아시아와 유럽에 이어 미국까지 점령했다. 전 세계에서 불고 있는 한류가 이제 어디로 향하며 언제까지 지속될지 자못 궁금하다. 이 한류의 밑바닥에 5천 년 역사의 문화적 전통이 살아 숨 쉬고 있다. 앞으로의 발전 과제를 고민하는 많은 사람들은 우리의 역사와 전통을 제대로 알지 못하는 한류는 금방 식어버릴 것이라 말하고 있다. 널리 확산되기 쉬운 음악이나 영상 중심의 대중문화가 한류를 선도했다면 이제 한 단계 도약을 위해 역사적인 전통문화가 세계무대로 나가야 한다.

세계화 시대에 한국인으로 살면서 한국의 역사와 문화를 이해하는 일은 곧 나의 정체성을 찾는 것과도 같다. 설화 속에 등장하는 천 년 묵은 호랑이가 캐릭터나 동화로 새롭게 탄생한다. 수백 년 전의 고궁을 재현한 3D영상이 드라마나 영화의 명장면으로 되살아난다. 현재는 물론 미래에도 살아남을 수 있을 만한 한국 고유의 문화적 개성은 무엇인가 하는 화두가 한국문화 이해에 접근하는 전제가 되어야 한다. 옛것을 제대로 알면 새로운 것이 보이듯 새 삶을 만드는 힘이 전통에서 나온다는 사실을 깨달아야 한다. 새로운 가지와 잎도 튼튼한 뿌리와 줄기에서 나옴을 잊을 수 없다.

한국문화의 본질이 무엇인가에 대한 고민 속에서 2012년 『한국문화를 꿈꾸다』(꿈)와 『한국문화를 논하다』(현실)라는 두 권의 책을 냈다. 그 책들은 지배층의 문화를 새롭게 보려는 관점에서 쓰여졌고 결국 한국문화의 힘은 소통과 배려의 휴머니즘임을 확인할 수 있었다. 이제 민중들의 문화를 고찰한 두 권의 책을 내고자 한다. 이는 지금까지 한국 민속문화의 여러 장르나 현상을 따로 따로 분리해서 논의했던 경우, 또 한데 묶었다 할지라도 일관성이 없었던 경우의 한계를 넘어서는 시도가 될 것이다. 즉 이 책은 민속문화에 해당하는 여러 분야를 한 곳에 모아 깊이 있게 탐색해보는 총체적인 시각을 지향한다. 더구나 본 저서는 다양한 한국문화의 정체성을 인문학적 시각으로 밝히는 데 주안점을 둔 '한국문화철학서'라 해도 좋을 듯하다.

한국의 민속문화를 인문학적 관점에서 새롭게 접근하려는 계획하에 한민족의 '꿈'과 '현실'을 다룬 두 권의 책으로 출간하게 되었다. 신앙을 비롯하여 예술 및 이야기 등을 다룬 1권과, 의식주와 노동을 비롯하여 세시 및 일생의례 등을 다룬 2권이다. 어느 나라의 문화든 인간의 탄생기원이나 믿음 등 신성한 것에서부터 시작되어 차츰 구체적 현실인 일상적 삶으로 이행하기 마련이므로 1권을 꿈, 2권을 현실로 그 순서를 정한 것이다. 특히 전통예술이 무속신앙에 기반하고 있음을 중시하여 1권에서 '신앙과 예술'을 함께 다뤘다.

백성들이 농사를 지으면서 "천지간 만물 중에 사람밖에 또 있는가"라고 읊조렸던 바와 같이 한국문화 속에는 인간을 존중하는 의식이 있다. 중국의 『삼국지』 · 『후한서』 등에서 우리가 예의범절이 엄격하고 양심과 정의가 있음을 칭찬한 것도 근거를 두고 한 말이다. 이렇듯 소통하고 배려하는 인간주의적 태도는 융합의 정신에서 나오는 것이다. 즉 우리는 늘 자연과 조화를 꿈꾸었고 인간 상호 간에 존중할 것을 소망했다. 한마디로 융합이 한국문화의 DNA이자 핵심가치라 할 수 있다.

1권의 내용을 대략 살펴보더라도 융합적 가치는 분명해진다. 더불어 살아가는 데 익숙한 우리 민족은 고유의 민간신앙만을 고집하지 않고 외래사상에 대해서도 포용성을 한껏 발휘하였다. 예술 분야도 마찬가지다. 모두가 관심을 갖는 것은 극적 공감보다는 함께 호흡하는 공동체적 의식의 함양이었다. 이야기 분야도 다르지 않다. 가령 〈단군신화〉가 지닌 인간 중심의 개념이 신격적 요소와 호응하면서 부각된다는 점에서 융합적 의미가 크다.

우리가 전통을 소중히 여기는 것은 결코 새로움을 배척하는 것이 아니다. 진정 새로움을 배태하기 위한 것이다. 세계문화를 이해하기 위해서는 한국문화를 잘 알아야 한다. 세계화에 답하기 위해서 더욱 고유의 것을 잘 닦아야 할 것이다.

공들여 준비한 이 책을 푸른사상에서 출간하게 되어 기쁘며, 한봉숙 대표님과 애쓰신 모든 분들께 감사드린다.

2014년 여름
이화형

제2부 미적인 행위와 언어

제1부

행복 기원의 신앙

행복 기원의 신앙

과학과 이성이 발달할수록 종교의 문이 열린다고 한다. 과학의 한계를 지적한 말일 것이다. 과학시대를 맞아 이제 많은 성역이 사라지고 신성성은 퇴행하고 있다. 그러나 생활 속에서 발견하고 유지 발전시켜온 과거의 경건함과 신중함을 지닌 신앙적 핵심가치는 지금도 배워야 할 요소라고 본다. 우리의 민간신앙을 미신으로 간주하고 타파해야 할 전근대적인 문화라고 말을 하는 경우에도 실제로는 그렇지 못하다. 유교를 비롯한 외래종교들은 일반백성들의 병들고 춥고 배고픈 생활을 해결해 주기에는 거리가 멀었다. 이에 민간신앙은 고매한 도덕적 가치를 추구하기에 앞서 현실의 실존적 가치를 중시하는 생존의 종교라 할 수 있다.

안방에 앉아서 인터넷으로 세계를 볼 수 있는 첨단 과학시대에도 신문 한 켠에 있는 '오늘의 운세'가 우리의 눈길을 끄는 것은 무엇 때문일까. 지금은

신문 한 켠의 '오늘의 운세란'

많이 없어졌다고 하지만 아직도 고고학자들이 발굴을 하기 전에 고사를 지내거나 큰 공연을 앞두고 예술인들이 정성껏 고사를 지낸다. 상인들이 개업을 하면서 고사를 지내는 것은 흔한 일이다. 이사를 하거나 집안에 문제가 있을 때도 고사를 지낸다든지 점을 치러 가는 것을 볼 수 있다. 명태를 명주실에 감아서 가게나 이사한 집 문 위에 걸어놓는 풍습도 있다. 명태로 하여금 눈을 부릅뜨고 사악한 귀신이 들어오지 못하게 하고 실타래처럼 복이 길기를 염원하는 뜻이 담긴 것이다.

우주선이 달이나 화성 탐사를 떠나는 세상이지만 지금도 무당이 집안에 복을 빌어주는 굿을 하는가 하면, 문화운동의 일환으로 〈대동놀이굿〉을 벌이기도 한다. 〈도당굿〉은 새마을운동의 바람을 거세게 맞고도 1980년대 초반까지 성대하게 열렸었다. 마을굿은 마을 공동체를 형성하고 유지하는 구심점이 되는 것이다. 지하철 참사와 같은 일을 당해서는 〈위령굿〉을 하고, 치욕의 역사를 치유코자 하는 가운데 〈일본정신대위령굿〉까지 등장하기도 한다. 2009년 용산참사가 일어난 지 두 달이 되어서는 원혼위령제 및 추모대회가 열려 〈지노귀굿〉이 크게 선을 보이기도 했다.

용산참사 원혼위령제 지노귀굿(2009)

대입 수학능력시험을 잘 치려는 목적으로 서울대를 상징하는 소나타 자동차의 S자 이니셜을 떼어서 몸에 부적처럼 지니고 다닌 적이 있다. 심지어 문제를 잘 보고 풀어서 답을 잘 찍으라는 뜻의 거울, 휴지, 포크 등이 불티나게 팔리기도 했다. 불안하다 싶으면 어디에든지 의지해 보려는 것이 인지상정이다. 이렇게 의지하고 싶은 마음은 바로 우리의 생활 속에서 비롯되어 전승되고 있는 자연스런 종교적 현상이라 할 수 있다. 작고 하찮은 것이라도 거기에 힘이 존재한다고 생각되면 그것은 종교의 대상이 된다. 절대자인 신에 대한 믿음이 굳건하기 때문에 한국인들은 삶을 겸손하게 받아들일 수 있고 어떠한 경우에라도 여유를 잃지 않을 수 있다. 우리의 생활 속에는 바로 이러한 신앙적 믿음이 있다.

부적

우리는 생활 속에서 자연스레 주술적 행위를 하고 풍수에 의지하여 살기 좋은 곳을 찾으며 장래문제를 점쟁이한테 물어본다. 정부가 나서서 당집을 철거하고 공교육이 민간신앙에 대해 부정적 시각을 조장했던 것은 부끄럽기 그지없는 일이다. 서구문화의 잣대로 한국의 고유문화를 재단할 수 없음은 자명하다.

가까운 일본을 보자. 일본인의 토착신앙은 불교의 영향을 받으면서 신도(神道)로서 체계화되었다. 2009년 문부과학성 통계에 따르면 일본의 인구 1억 2707만 명 가운데 신도는 1억 582만 명, 불교 8954만 명, 크리스트교가 214만 명 등이었다. 특히 현재 일본의 크리스트교는 국민 전체의 2%로 25%를 상회하는 우리와는 크게 다르다. 대다수의 일본인들은 출생이나 결혼의례는 신도로 하고 장례는 불교식(약 90%)으로 치른다. 또 정월 초하루에는 절이나 신사(神社)에 가서 하쓰모데(初詣 첫 참배)를 올리고 오본(お盆)에는 절에 가서 참배한다.

민간신앙만큼 민족의 사상과 정서가 잘

신사, 일본 고유의 신들을 모시는 신도 특유의 건축물

드러나는 것도 드물다.

민간신앙은 자연적이자 복합적이다

세계종교라 하는 불교니 기독교니 이슬람교니 하는 것들을 인위적, 제도적인(institutional) 종교라고 한다면, 토착적인 민간신앙이란 민간층에서 전승되는 자연적, 확산적인(diffused) 종교를 말한다. 이 민간신앙에는 몇 가지 특성이 있다.

무엇보다도 민간신앙은 자연발생적으로 구전(口傳)된다. 불교나 기독교 등은 창시자가 있으며 이념 및 교리를 지닌 역사적 종교라고 하며, 교단과 신도라는 조직적 체계까지 갖춘 종교라고 한다. 이런 관점에서 본다면 민간신앙은 창시자도 없고 이념이나 교리가 뚜렷하지 않으며 조직의 체계성도 덜하다고 말할 수 있다.

삼남지방에 고(高)씨 성을 가진 한 지주가 있었다. 그는 덕망이 있어 소작료를 받더라도 그해의 사정과 소작인의 형편을 고려하여 감면해 주었고, 또 새로 사들인 전답을 소작인의 실정에 따라 적당히 분배하거나 무상으로 경작하게 하였다. 그러므로 그 지방의 농민들은 물론 다른 지방의 사람들까지 언제 어디에서든지 음식물이 생기면 먼저 지주인 고씨에게 존경과 감사의 뜻으로 '고씨례(高氏例)' 하고 음식을 사방에 조금씩 던졌다. 이것이 고시래에 대한 전설이다. 이와 비슷한 내용의 설화로 고시례(高矢禮)의 유래가 설명되고 있다. "농가의 농부가 들에서 밭 갈다가 점심밥이 나오면 반드시 먼저 밥 한 수저 떠 놓고 '고시씨(高矢氏)네' 하고 비는데, 이것은 단군 때에 고시가 농사를 관장하여 농사짓는 법을 가르쳤으니 후세 사람들이 그 근본을 잊지 못하고서 먼저 제사 지내는 것이다."[1] 이밖에도 고시래 계통 이야

---

1) 김교헌 편저, 김종욱 역주, 『신단실기』, 민족정기선양회, 1992, 63면.

기의 주인공으로 고씨 성을 가진 가난한 노파, 대갓집 하녀(처녀) 등이 등장한다. 그리고 공통적으로 이야기의 요지는 산놀이·들놀이를 갔을 때 음식을 먹기 전에 자연신에게 인사드리고 심지어 주변의 잡

고시래, 음식을 먹기 전에 먼저 조금 떼어 '고수레' 하고 던지는 민간신앙적 행위

귀들에게까지 먹이를 나눠주거나, 성묘나 제사가 끝난 후 산이나 들에 사는 짐승과 곤충 등 살아 있는 모든 것에게 음식을 제공하며, 들에 나가 일하다 식사할 때도 자리 밖에 음식을 떠놓는다는 것이다. 이 이야기의 의의는 신(자연신, 조상신)에게 감사드리고 기원함으로서 복을 받고 풍년을 이룬다는 데 있다. 이와 같이 민간신앙과 그에 따른 행위는 자연발생적이며 이야기와 더불어 구전되고 있다.

다음으로, 민간신앙의 성격은 복합적이다. 민간신앙에서는 다양한 신을 모신다. 다시 말해 민간신앙에서는 유일신을 모시는 것이 아니라 하늘신, 산신, 수신, 동물신, 장군신 등 여러 신을 섬긴다. 한국인은 고난을 당할 때 위안이 될 수 있다면 무엇이든지 믿고 의지하는 습성이 있다. 오늘날까지도 하늘에 지내는 기우제를 비롯하여 입산제나 풍어제가 남아 있다. 토목건축공사의 시공이나 완공 때, 새로운 사업이나 행사를 시작할 때, 자동차를 구입하거나 장거리 운행을 할 때 등 우리는 늘 초월적인 힘에 의지하고 싶은 관습 속에 살고 있다. 어느 하나의 대상만을 배타적으로 숭앙할 필요가 없다.

이에 따라 민간신앙은 믿음의 방식도 복합적이다. 지금도 시골마을이나 가까운 야산에 가면 미륵불을 쉽게 볼 수 있다. 투박하게 생긴 부처의 모습은 민중의 진솔한 마음을 그대로 보여준다. 가까운 장래에 미륵불이 이 땅

에 태어나 고되게 살아가는 백성들을 구원해 주리라는 믿음이 만들어낸 것이다. 삼국이나 고려시대까지는 왕실과 귀족에 의해 지원을 받던 미륵신앙은 조선후기에 이르러서 민중들의 가슴

칠성각, 사찰에서 무속이나 도교의 칠성신을 모시는 건물

에 새겨지게 되었다. 미륵불은 개인의 소망을 들어주는 신앙이면서도 마을을 지켜주는 신앙이었다. 현실의 어려움을 극복하려는 민중의 희망에서 나온 민간신앙이 해탈을 목표로 삼는 불교와 결합된 적절한 경우이다.

민간신앙은 불교와 혼용되는 것처럼 어떤 대상이든 구복적 동기만 맞으면 언제든지 수용한다. 사찰의 대웅전 뒤에 있는 칠성각에 가서 치성을 드리는 칠성신앙은 현재까지도 전승되고 있는데, 불교나 도교와 융합된 가장 대표적인 예라 하겠다. 즉, 민간의 칠성신이 불교의 칠성여래불(또는 약사여래불)과 도교의 칠성신과 융합된 것으로 보인다. 주부들이 정화수를 떠놓고 칠성신에게 기원하거나 무당들이 〈칠성굿〉을 통해 칠성신을 섬기는 행위 등은 일찍부터 민간에서 전해져 온 신앙현상이었다. 환인제석, 옥황상제, 칠성신은 모두 무속에서의 하느님에 해당하는 신이요 특히 칠성신은 인간의 수명이나 재물 또는 화복을 주관하는 신이다.

민간신앙은 유교사상과도 쉽게 융합된다. 마을신앙에서의 무속적 당굿과 유교적 당제가 함께 진행되는 것도 예외일 수 없다. 민간신앙으로서의 무속이 유교적 혼례와 조화를 이루기도 하는데, 신랑이 신부 집으로 떠나는 날 새벽에 무당이 바가지를 치면서 손을 비비거나 신부의 가마가 시댁 마을에 도착하면 상을 차려놓고 징을 치면서 경을 외우거나 주문을 외우는

예를 들 수 있다. 제주도에서는 신랑이 신부 집으로 출발하기 전에 문신에 대한 제의로서 〈문전고사〉 혹은 〈문전제〉를 지내기도 한다. 미국인 선교사 헐버트(Homer B. Hulbert)는 한국인의 밑바닥에 깔려 있는 신앙은 원시적인 영혼숭배사상이며 그밖에 모든 문화는 그러한 신앙 위에 기초를 둔 상부구조에 불과하다고까지 말한 바 있다.

민간신앙 내부에서의 융합현상 또한 배제할 수 없다. 무속신화를 대표하는 〈바리데기 이야기〉 속에 나오는 내용으로서, 왕과 왕비를 구한 공으로 지옥문을 지키던 수문장은 마을의 수호신인 장승이 되고, 수문장과의 사이에서 낳은 일곱 아들은 칠성신이 되며, 바리데기는 무당의 조상이 되었다는 것은 이를 잘 반영한다.

민간신앙은 현세적이자 주술적이다

민간신앙은 생존의 기본 요건인 건강과 풍요를 획득하려는 데에 그 목적이 있다. 민간신앙은 질병이나 빈곤에 처한 불행한 현실을 행복한 상황의 새로운 현실로 바꾸어 놓으려는 현실의 재생적 의미를 지닌다. 따라서 자유를 누릴 수 있는 혼돈과 무질서의 세계이자 가장 자연스러운 상태로 돌아가고자 하는 것이 민간신앙의 특성이다. 민간신앙은 인간의 생활과 불가분의 관계이다. 따라서 현실적 의례를 중시한다. 교리나 교단을 간과하면서 의례만 잘 행하면 자동적으로 구제되고 복을 받는다고 믿는다. 심각한 사고의 과정이나 모호한 상징성을 중시하지 않고 구체적인 행위로서 현실의 어려움을 구원받고자 하는 것이다. 구원 동기가 항상 현실의 위기, 현실적 이해관계에서 비롯되기 때문에 인간의 원초적 본능을 벗어나지 못하고 공리적·이기적인 면이 있다는 지적도 받는다.

격식을 내세울 만한 교리나 경전 같은 것이 없는 까닭이기도 하지만 종교의 신앙형식 이전에 지극한 마음으로 의례를 충실히 수행하면 기원하는 바가 성취된다고 믿는 것이다. 지금까지 개업을 할 때면 돼지머리에 지폐를 쑤셔넣고 기복의례로서의 절을 하기 마련인 것도 예외가 아니다. 흔히 말하는 '지성이면 감천이다'라는 속담은 우리 민중들의 현세적 민간신앙의 정서를 잘 대변해 준다. 이를테면 무속신앙에서 보여주는 굿이라는 의례는 현세적 믿음의 구체적인 행위로서 절대적인 가치를 지닌다고 볼 수 있다. 가령 전염병이 돌면 굿을 해야 했다. 전염병은 조선후기 농민들에게 치명적인 타격을 주었기 때문이다. 『조선왕조실록』에 의하면 1660년에서 1864년 사이에 전염병이 무려 79차례나 발생했는데, 이 중 10만 명 이상 죽은 경우도 여섯 차례나 되었다.[2] 과학이 발달하지 못했던 과거에는 전염병을 귀신이 붙은 병이라 믿고 굿을 통해 귀신을 쫓아내려 했다.

민간신앙은 주술성이 매우 강하다. 즉, 다른 종교에 비해 현실적 어려움을 당장 풀기 위한 황당한 행위의 성격이 짙다. 예컨대, 비가 오지 않으면 농경의례로서의 기우제를 지냈다. 신라 진평왕 50년 여름에 큰 가뭄이 들어 장[市]을 옮기고 용을 그려서 비가 내리기를 비는가 하면[3] 고려 현종 12년 4월에 가뭄이 들어 토룡을 만들고 무당을 모아 비가 내리길 기원했으며[4] 조선조 모든 부락에 물병을 놓고 버들가지를 꽂아 향을 피우고 방방곡곡에 누각을 만들어서

전북 진안군 용담면 용담댐에서 가뭄극복의
기우제를 지내고 있음(2009)

---

2) 이희근, 『우리 민속신앙 이야기』, 여명미디어, 2002, 35~36면./blog.naver.com/solhanna/80001093344.

3) 김부식, 『삼국사기』 권4, 신라본기.

4) 김종서 외, 『고려사』 권14, 오행지.

여러 아이들이 모여 비를 불렀다.[5] 저수지나 댐이 건설되고 있는 최근에도 가뭄이 극심하자 중앙 관공서를 비롯하여 전국의 읍면에서 기우제를 지냈다. 그 다음날 비가 내려 석 달 동안 지속되던 가뭄을 해소시킨 일이 있어 놀라움을 금치 못하게 한다.[6]

한편, 민간신앙의 차원에서는 눈다래끼를 해결하는 방식처럼 내적 수련과 관계없이 일정한 절차를 통해 직접적인 효과가 나타나기를 기대한다. 눈다래끼가 난 사람이 삼거리 한복판에 돌을 놓고 그 위에 자신의 눈썹을 뽑아 올려놓은 다음 돌로 덮어놓는다. 지나가는 사람의 발에 그 돌이 채이면 다래끼가 그 사람에게 옮겨간다고 믿는다. 이 밖에 눈다래끼가 위눈썹에 나면 '지평(地平)', 아랫눈썹에 나면 '천평(天平)'[7]이라는 글자를 양손의 엄지손톱에 먹으로 써놓으면 낫는다고도 한다.

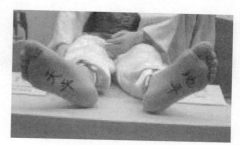

눈다래끼를 퇴치하기 위해 발바닥에
글씨를 쓴 주술적 행위

민간신앙은 생활적이자 집단적이다

한국 내에서 전승되어온 민간신앙은 생활과 밀접한 관계에 있다고 본다. 특히 마을 주민들이 모두 참여하는 동제의 경우에는 집단의 공동번영을 목표로 현실생활을 보다 윤택하게 하려는 의도의 신앙적 활동이 지속적으로

---

5) 『용재총화』 권7.

6) 2013년 제주도가 90년 만에 최악의 가뭄을 맞아 유네스코 세계무형유산에 등재된 〈제주칠머리당영등굿〉 보존회원들이 비를 기원하는 굿을 지냈다.

7) 반대로 다래끼가 위에 나면 '천평', 아래에 나면 '지평'이라 쓰면 낫는다(최래옥, 『한국민간속신어사전』, 집문당, 1995, 87면)고도 했다.

이어져왔다.

민간신앙은 신앙의 대상 이전에 일상적인 생활의 일부였다고 할 수 있다. 굿을 하던 무당이 쉬면서 손님과 잡담을 하는가 하면, 굿 말미에 무감이라는 순서에서는 아예 굿을 부탁한 재가집 주인이나 청중이 무복을 입고 춤을 추기까지 한다. 원래 무감이라는 것은 무당들이 자신들이 겪는 절정체험을 신도들로 하여금 느낄 수 있도록 자신들이 입는 신복을 입혀서 춤추게 하는 절차이다.

굿 공연 후의 무감 순서

더구나 굿은 반드시 무당을 통하여 일정한 형식에 따라 대규모로 이루어지는 데 비해 집안의 가정신들을 모시는 고사는 살림을 도맡고 있는 주부를 중심으로 치러진다. 고사를 드리는 집안의 주부는 보름 전부터 궂은일과 부정한 음식을 피하고 몸을 청결히 한다. 고사 당일 제사상을 차린 후 주부가 상 위에 정화수를 올려놓고 소원을 빈다. 각종 유교적 제사를 지내는 성스러운 공간이나 시간에는 여성의 개입이 제한되었으며 떡이나 술을 만들고 제수를 장만하는 여인들은 입을 창호지로 봉하고 작업을 하게 마련이었다. 성리학이 사회에 파고들면서 여성을 폄하했기 때문에 빚어진 일이었다. 그러나 우리의 민간신앙은 여성의 적극적인 활동에서 보듯 종교 이전에 생활과 떨어질 수 없었던 것이다.

민간신앙의 성격이 일상적·세속적이어서 더러 사회윤리성이 결핍되어 있다고도 하나 그렇지 않다는 데 주목해야 한다. 우리는 마을제사는 물론 집안제사까지도 여러 사람들에게 알리고 함께 모여 잘되기를 빌며 제사가 끝나면 상에 올랐던 음식을 온 마을 사람들과 같이 나누어 먹었다. 우리의 민간신앙에서는 죽은 자와 산 자, 자아와 타인, 가정과 이웃이 더불어 살아가는 데 익숙한 우리 민족의 집단의식과 공동체적 정서를 잘 느낄 수 있다.

우리의 민간신앙을 미신이라고 치부하는 것은 유치한 발상이다. 민간신앙은 한국인의 역사이며 생활에 스며 있는 사상이자 문화이기 때문이다. 최근 들어 국가가 무당을 인간문화재로 지정하는 것은 무얼 의미하는가. 일제 식민지시대 굿이 미신이라며 못하게 했던 일본 사람들이 지금 우리 굿의 우수성을 알고 시나위와 같은 음악을 음반으로 세계시장에 내놓고 있지 않는가.

민간신앙을 여러 관점에서 다양하게 분류·논의해 볼 수 있을 것이다. 본 저서에서는 민간신앙의 종류를 크게 공간에 따라 존재하는 믿음의 대상과, 목적을 위한 방법으로서의 믿음의 수단으로 나누어 살펴보고자 한다.

제1장

대상에 따른 믿음

　우리가 사는 집안 곳곳에 집을 지켜주는 신이 있어 집안이 평안하고, 동네 입구마다 서낭당 같은 것이 있어 마을을 지켜줌으로써 액을 물리치고 복을 가져다준다는 소박한 기대와 소망을 갖는 것은 지극히 자연스러운 일이다. 우리 민족은 민간신앙을 종교인 동시에 생활수단으로 알고, 민간신앙에 의존하여 살아온 것이다. 이와 같이 우리의 민간신앙은 조상 대대로 이어진 생활 속의 종교라 할 수 있다. 민간신앙이 고대로부터 민족적 종교의 기반을 가지고 민족공동체 속에서 생활을 통해 전승되어 오고 있기 때문에 현대에도 민간층에 살아 있는 종교로 자리 잡고 있다.

　근대화 · 산업화의 바람과 함께 1971년부터 시작된 새마을운동에 의해 초가가 사라지면서 가정신이 수난을 당하고 마을의 길을 넓히면서 서낭당이 자리를 잃게 되기도 했다. 그러나 역사성과 더불어 민간신앙이 현대에도 생존하는 것은 보편성의 확보에 따른 것이다. 불교를 비롯한 유교 · 기독교 등의 외래종교가 대체로 소수계층의 종교로 머물렀던 데 비하여, 민간신앙은 서민계층의 생활 속에 침투되어 그들의 의식구조에 부합되고 정신적 안식처가 되기 때문이다.

대상에 따라 분류한 가정신앙과 마을신앙의 경우 믿음이 이루어지는 공간이 다른 만큼 각각 믿음의 대상이 다르고 특징에 차이가 있음은 당연하다. 특히 가정신앙에도 성주신을 비롯하여 조왕신·업신·조상신 등 믿어야 하는 신이 많으며, 마을신앙의 경우도 산신·서낭신·장승·솟대 등 믿어야 하는 신이 다양하다고 할 수 있다.

1) 가정신앙

가정신앙이란 가택신앙 또는 가신신앙이라고도 하는 가정 단위의 신앙을 말한다. 요즘 누가 가정신의 존재를 인정하며 가정신을 신봉하겠느냐고 자못 조소적으로 말할지도 모른다. 하지만 그렇게 쉽게 단정할 수 없을 만큼 지금도 가정신앙은 전승되고 있다. 친족집단이 참여하는 한 집안의 제사와 마을의 구성원들이 참여하는 동제에 못지않게 가족은 나름대로의 가정신앙을 믿고 있는 경우가 많다.

가정신앙은 전국적으로 분포되어 있으며 아직도 신앙의식이 역력히 표출되고 있다. 전통마을로 알려진 경북 영주시 무섬마을의 경우는 지금도 여러 집에서 성주신, 수문장신, 우마신 등의 가정신을 믿고 있다. 지역에 따라서는 어느 특정신앙이 강한 전승력을 보이기도 한다. 경기지역에서는 터주신이나 업신에 대한 믿음이 강하며, 충남 부여지역에서는 처녀귀신 같은 왕신을 많이 섬긴다. 경북 풍기지역에서는 성주신, 안동지역에서는 용신에 대한 믿음이 강하게 전승된다.

가정신앙은 대개 윗대 어른들이 모셨기 때문에 이어서 전승되는 것이 보통이다. 대체로 설이나 추석 등 명절을 비롯하여 햇곡식을 수확한 10월 상달 같은 때 정기적으로 제를 올렸다. 상달이란 농사가 끝이 나고 새 곡식과 과일 등 먹을 것이 풍성해져 천신, 지신, 조상신에게 감사하는 10월로 1년 중 제일가는 달이라 하여 붙여진 이름이다. 점괘에 의하거나 현몽에 따라 가정신을 모시기도 했다. 더러는 가뭄이나 홍수가 심할 때, 집안에 우환이 생기거나 좋지 않은 일이 계속 일어날 때 가정신에게 제사를 지냈다.

가정신은 대체로 신을 상징하는 신체(神體)가 있으나 오늘날은 신체 없이 건궁으로 섬기는 경우가 흔하다. 신체 없이 모시는 가신을 '건궁' 또는 '허궁'이라 한다. 제의는 전문 사제자인 무당이 집전하거나 또는 주부가 직접 비손하는 경우도 있다.

가정신은 다양하게 존재한다. 가정에는 사람만이 사는 것이 아니라 집과 사람을 지켜주는 신도 같이 산다고 믿어 우리는 여러 신들을 모시고 겸허하고 슬기롭게 살았다.

집안 구석구석에 신이 있다

철룡신
장독간을
지키는 신

장독대에 있는 철룡신

가정신은 집안 곳곳에 자리잡고 있듯이 그 종류가 많다. 가뜩이나 양이 적은 것을 이곳저곳에 뜯겨서 남는 것이 없다는 뜻의 "지신에 붙이고 성주에 붙인다"는 속담에서도 가정신 존재의 다양성을 짐작할 수 있다. 대청에 성주신이 있고, 안방에 조상신과 삼신이 있다. 부엌에 조왕신이 있고, 장독대에 철룡신이 있다. 철룡신은 검은 탈을 쓴 노인의 모습으로 나타난다. 지역에 따라 철룡은 터주신이 되기도 한다. 뒤곁과 안뜰에 터주신과 업신이 있다. 또한 가신으로 우물에 사는 용왕신, 마구간과 외양간을 지키는 우마신, 장독대를 관장하는 칠성신 등을 들 수 있다. 가정신에 대해서는 『조선무속고』[8]에 자세히 기록되어 있다.

가정신앙이 이루어지는 가정 내의 제의형태로 크게 고사(告祀)와 안택

(安宅)을 들 수 있다. 고사는 집안, 집밖의 길거리, 야산의 고목, 바다의 고기잡이배 위 등에서 각기 개별 신에게 지내는 소규모 제의라 하겠다. 특히 가족의 무병장수와 성공을 기원하는 민간신앙은 고사의 형태로 이어져 왔다. 가정에서의 고사는 어느 가정신에 대한 것이든

개인제의로서의 뱃고사

수시로 있을 수 있지만, 가을철에는 성주와 터주에 대한 고사가 가장 많다. 다른 제사와 마찬가지로 음식상을 차리는 것이 무엇보다 중요한데, 시루떡·막걸리·북어는 기본 품목이다. 고사에 비해 안택이란 가정에 탈이 없기를 소망하며 집안의 모든 신들을 대상으로 새해 정초나 가을 추수 때에 많이 지내는 제

집안을 평안하게 한다는 안택(굿)

사의식이다. 일반적으로 가정에서는 정초 14일에 안택을 많이 한다. 이 안택은 무당을 불러 비교적 크게 치루는 고사라 할 수 있다.

가정신에 대한 의례는 대개 10월 중 좋은 날을 잡아 시행되었다. 가족의 평안을 위해 재앙퇴치를 빌고 풍년과 가호를 기원하며 음력 10월상달에 가정신에게 지내는 제사에는 주부가 음식을 간단히 차려놓고 손을 비비면서

---

8) 이능화 저, 서영대 역주, 『조선무속고』, 창비, 2008, 333~358면.

기원하는 비손에서부터 무당을 불러 크게 굿을 여는 경우까지 다양하다. 유교적 제례로서의 조상숭배가 흔히 남성 중심으로 행해지는 데 비하여 민간신앙으로서의 가정신앙이 주로 주부들에 의해 이루어졌다.

가장 간단한 제의방식인 비손

대체로 가정신앙은 풍농에 대한 기원과 감사의 종교라 하겠다. 농경을 주로 하던 사회가 산업화되고 새마을운동이 전개되면서 가정신앙의 현장이 적잖게 파괴되었다. 그러나 아직도 지역 곳곳, 아파트에서조차 가정신을 섬기고 있는 것을 볼 수 있다.

마루의 성주는 집안의 최고신이다

성주(城主)는 가정을 지키는 신 가운데 최고의 신으로 집안의 길흉화복을 관장한다. 천하궁 천대목신과 지하궁 지탈부인 사이에서 태어난 황우양이 성주신이 되었다고 한다. 새집을 짓거나 이사해서 가장 먼저 하는 것 가운데 하나는 성주신을 맞이하기 위해 〈성주굿〉을 벌이는 일이다. 고사를 지낼 때 고사떡을 성주에게 먼저 바치고 나서 다른 신들에게 돌리는 것에서도 성주가 집안의 가장 높은 신으로 모셔짐을 알 수 있다. 차례, 동제를 지낼 때도 따로 성주상을 차려 바치고, 심지어 음력 9월 9일을 '성주맞이날'이라 하여 제를 지내는 지역도 있었다. 〈재수굿〉에서도 성주신에게 기원하고, 열두거리 굿에서도 성주거리는 빠지지 않는 중요한 거리다.

지금도 성주신을 모시는 곳이 있어 신체의 원형을 제대로 감상하는 데 도움이 된다. 경북 안동시 풍천면 하회마을을 대표하는 충효당(보물 제414호)과 양진당(보물 제306호)에서는 요즘도 성주신을 받들고 있다. 양진당의 성주는 최근에 새로 모셔놓은 것이라 한다. 충북 제천시 금성면 월림리 정원태 씨 초가(중요민속자료 제148호)에도 대청의 대들보에 한지와 마른 명태를 명주실 타래로 친친 감아

양진당, 서해 유성룡의 형인 유운룡의 집으로서 풍산류씨 대종택임

놓은 성주 신체가 있다. 성주신은 집안의 최고신답게 보통 집의 중심이 되는 마루의 대들보 밑에 자리를 잡는다. 흔히 대청이라고 하는 마루의 '마' 자는 한국어에서 '높다'·'존귀하다'는 의미를 담고 있으며, '산마루'·지붕

상청, 죽은 사람의 신주를 모시는 곳

마루'·'용마루'·'마루턱'에 나타난 대로 마루는 가장 높은 데를 가리킨다. 이 마루의 제일 큰 특징은 종교적 공간이라는 점이다. 따라서 마루는 조상의 위패를 모신 상청(喪廳)[9]을 차리는 곳이기도 하다. 이렇듯 신성한 공간인 마루에 가신 중 최고 지위를 차지하는 성주신을 모시는 것은 당연하다. 또한 마루에 조상신을 모시는 조상단지가 놓이기도 한다. 한편 "대들보 밑에서 음식을 먹으면 불길하다"고까지 한

것을 보면 대들보를 얼마나 받들었는가를 알 수 있다.

---

9) 상청은 초상 이후 3년상을 지내는 동안 조석으로 상식을 올리며 곡을 하는 공간이다. 일반적으로는 별도의 방을 두지 않고 대청마루에서 지낸다.

원래 옥황상제의 수제자였던 성주는 글 한 구절을 잘못 지어 땅으로 귀양을 왔는데 집 짓는 것이 소원이었으므로 강남으로 가서 솔씨를 받아 안동 땅에 뿌려 이 나무로 집을 지었다고 한다. 성주를 '집을 이룬다'는 뜻의 성조(成造)로 부르는 것도 이 때문이다. 성주신과 그 부인인 터주신의 내력을 이야기하는 무가가 〈성주풀이〉이다. 〈성주풀이〉의 첫 구절은 "성주의 본향이 어드메뇨, 성주근본이 어드메뇨, 경상도 안동 땅 제비원이 본일래라"로 시작된다. 우리 집을 이룬 성주는 안동 땅 제비원이 고향이라는 것이다. 이어서 나오는 구절은 이러한 배경을 잘 말해 주고 있다. 안동 땅 제비원에서 솔씨가 날아와 우리 마을 뒷산에 자리를 잡고 해가 지나서 커다란 나무가 되었다. 우리 집을 짓기 위하여 큰 나무를 구하려고 산속에 들어갔는데 이 나무 저 나무 보았지만 모두가 허사였고 오직 제비원에서 온 나무가 우리 집 대들보로 사용되기에 적합하여 마을 사람들과 함께 이 나무를 가져와 우리 집을 지었다는 내용으로 구성된다. 그리고 다음으로, 제비원에서 날아온 나무로 집을 지었으니 우리 집이 앞으로 크게 번성할 것이라 말한다.

〈성주풀이〉가 불리어지는 때는 새롭게 집을 지으며 대들보를 올린 직후나 집이 만들어지고 난 후 입주하면서이다. 그리고 매년 정초나 10월에 성주고사(안택)를 지내는데, 집안의 평화를 비는 이 고사에서도 〈성주풀이〉가 불리게 된다. 성주신을 대상으로 정초에 고사·안택 등을 지낼 뿐만 아니라, 햇곡식이 나는 10월상달에도 행하는 것으로 보아서도 성주신은 재복과 행운에 관계되는 신으로 믿어진다. 정초에 이루어지는 '지신밟기'로서의 〈성주굿〉의 경우 주인이 대청이나 마루에 쌀과 돈으로 고사상을 차려 놓으면 굿패 가운데 고사꾼(비나리꾼)이 〈고사소리(비나리)〉를 불러 축원해 준다. 10월상달의 고사는 추수감사의 성격을 지닌다. 햇곡으로 시루떡을 넉넉히 차려 성주신을 비롯하여 집안 곳곳에 모신 신들에게 고사를 지낸 다음 이웃에 떡을 돌려 먹는다. 상달고사는 농가에서 지금도 행해지고 있다. 또한 아직도 명절 때나 제사 때 상을 차려 성주신을 받든다.

성주신을 받드는 방법으로는 주부에 의해서 간단히 고사를 지내거나 무당을 불러 크게 굿을 하는 경우가 있다. 성주신은 살아 있는 대주(大主) 즉 호주를 상징하기도 한다. 그래서 다른 가정신에 대한 제의는 으레 주부가 주재하지만, 성주신에 대한 제의는 대주가 직접 참여하여 부부가 함께 지내기도 한다. 무당을 불러 〈성주굿〉을 할 때 부르는 "낙양성 십리하에 높고 낮은 저 무덤은 영웅호걸이 몇몇이며 절대 가인 그 누구냐……"라는 〈성주풀이〉는 무가의 주축을 이룬다. 규모가 있는 집에서는 메를 비롯하여 붉은 팥시루떡, 사과 · 대추 · 밤 등 삼색실과, 명태포나 말린 오징어, 쇠고기나 돼지고기 적 등의 제물을 차려놓고 정성껏 제사를 지낸다. 제대로 제상을 차리는 집에서는 돼지고기가 아닌 돼지머리를 올린다. 매우 깨끗하고 머리가 좋으며 내장이 사람과 같다는 돼지는 일찍부터 신성시되었다.

대종교 2대 교주인 김교헌과
그가 지은 신단실기

〈성주굿〉의 역사는 옛 문헌상의 기록이나 방증자료가 흔치 않아 이해하기가 어렵다. 『동국세시기』에는 "10월에 집집마다 무당을 데려다 성주신을 맞이하여 떡과 과일을 베풀어 놓고 빌어 집안의 편안함을 바란다"는 내용이 있다. 한편 대종교 2대 교주인 김교헌이 간행한 『신단실기』에 따르면 다음과 같다. "요즘에 농가에서 매년 10월 농사가 끝나면 햇곡식으로 큰 시루떡을 하고 술과 과일을 차려 놓고 푸닥거리를 하는 것을 성조라고 하니 성조란 집과 나라를 만들어 이룬다는 뜻이다. 이것은 단군이 백성에게 살 곳의 제도를 처음 가르치고 집을 지었기 때문에 백성들이 그 근본을 잊지 못하고 반드시 단군이 강림하신 10월에 신의 공덕에 보

2008년 12월 국립민속박물관 대강당에서 펼쳐진
서울성주굿 공연

답하여 제사지내는 것이
다."[10] 〈성주굿〉의 역사
를 단군이 나라를 조성
한 것과 연관시키고 있는
데 그 입증이 간단하지
는 않다. 이와 관련 함경
도에서는 〈성주굿〉과 비
슷한 성격의 〈향산제(香山
祭)〉를 지내는데, 그 받드

는 신이 성주가 아니고 단군이다. 문화재로 지정된 서울의 〈새남굿〉이나 〈서
해안굿〉 그리고 〈동해안굿〉이라 해도 〈성주굿〉을 능가하지는 못한다. 그만큼
〈성주굿〉은 굿 중에서 으뜸굿이다. 안동의 〈성주굿〉은 우리 무속에서 가장
중요한 굿이라 할 수 있다.

　성주 신체의 형태와 모시는 장소는 지방에 따라 다르다. 성주의 신체는 단
지와 백지 형태로 나누어진다. 성주단지에는 쌀을 넣어 대청이나 안방에 모
시는데, 단지 안의 쌀은 햇곡식이 나오면 갈아주고 묵은 쌀은 집밖으로 내

보내지 않고 가족들만 먹었다. 쌀을 밖으로
내보내지 않는 것은 인정이 없어서가 아니라
가족의 결속력을 반영한 것이다. 단지 안에
넣었던 쌀은 아무래도 맛이 없어서 주로 떡
을 해먹거나 식혜를 담가 먹는다. 집에서 먹
던 쌀이 떨어지면 대신 쌀 3되 값에 해당되
는 돈을 단지 안에 넣어놓고 쌀을 내어 먹기
도 했다. 단지 안에 대체로 곡물을 넣지만 옷

한지로 만든 성주 신체, 경북
문경 상초리 새재산장

---

10) 김교헌 편저, 김종옥 역주, 앞의 책, 64면.

감을 넣어두기도 한다. 백지의 형태는 실과 돈을 넣고 접어서 청주나 탁주로 적시어 둥글게 뭉친 다음 대청의 대들보나 안방의 방문 윗벽에 걸어둔다. 네모지게 접은 한지에 명주실 타래를 감아서 늘어뜨린 모습이다. 우리는 오래 전부터 순백의 한지에 깊은 신뢰를 보내며 기복을 도모하는 데 사용했다.

성주신에 대한 믿음이 무척 강한 경북 풍기지역에는 부엌에 모시는 가정이 상당히 있다. 새로 지은 양옥이나 아파트의 씽크대 위에 성주단지를 모시는데, 집의 구조상 대개 부엌쪽이 중심인 경우가 많기 때문일 것이다. 장독대가 성주신을 모시는 곳이기도 했는데, 주부들은 성주 앞에서 정화수를 떠놓고 소원을 빌었다. 성주를 신체로 맞이하는 일은 아무 때나 할 수 없다. 주인의 나이가 일곱 해가 드는 해의 10월상달 중에 날을 잡아서 성주신을 봉안한다.

부엌의 조왕신은 재물을 관장한다

조왕신(竈王神)은 조왕할머니라고도 하며 부엌을 지키는 신이다. 남선비의 본부인인 여산부인이 첩실 노일자대의 손에 죽어 오랫동안 추운 연못 속에 있었던 까닭에 옥황상제가 따뜻한 부엌을 지키는 신이 되게 하였다고 한다. 보통은 할머니 모습이나 때때로 할아버지 모습으로 나타나기도 한다. 제주도 서사무가에 조왕할망은 문전신 남선비의 본처이고, 첩인 변소귀신은 원수이므로 부엌과 변소는 멀리 떨어져야 하고 검불 하나라도 왕래하면 동티가 난다고 하여 조왕의 위상을 짐작케 한다.

조왕신에게 치성을 드리기 위한
고사상

조왕신은 재산을 관장하는 화신(火神)이자 재물신이다.[11] 조왕신이 화신으로 인식되는 것은 불을 때는 아궁이를 맡고 있기 때문이다. 조왕신을 섬기는 것은 불을 신성시하고 소중하게 여긴 우리 민족의 사고와 맥을 같이 한다. 우리는 "불씨가 꺼지면 집안이 망한다"고 하며 "불을 함부로 집밖에 내가면 복이 달아난다"[12]고 주의할 만큼 불을 중시했다. 이사할 때 새집으로 들어가면서 불을 맨 먼저 들고 들어가는 것도 불이 더러운 것을 깨끗이 씻어내는 정화력이 있다고 보기 때문이다.[13] "불도삽(불장난)을 하지 마라. 불도삽을 하면 밤에 바지에 오줌 싼다."라고 했고, 또는 "밑불을 빌려주지 마라."라고 했던 것도 바로 불을 생명력을 가진 것으로 인식하거나 곧 재물로 여겼던 이유다. 조왕을 재물신으로 여기게 되는 것은 아궁이에 불을 땜으로서 음식을 만들고 방을 덥히는 등 생활이 제대로 이루어진다고 믿기 때문이다. 실제로 생활이 어려웠던 옛날에는 그 집 굴뚝[14]에서 나오는 연기를 보아 끼니를 잇고 거름을 판단하였다. 아궁이로 들어간 불은 솥의 음식을 익히고 방을 데우는 데 비해, 탁하고 매캐한 연기는 개자리를 거쳐 굴뚝으로 다 빠져 나간다. 개자리란 불기를 빨아들이고 연기를 머무르게 하려고 구들 윗목 밑에 고래보다 더 깊이 판 고랑인데, 굴뚝이 있는 벽과

나무판자로 만든 널굴뚝

---

11) 물론 조왕신은 삼신과 같이 육아를 담당하기도 한다.

12) 최래옥, 『한국민간속신어사전』, 집문당, 1995, 168면, 204면.

13) 배를 처음 건조하여 첫 출어하기 전에 횃불을 들고 배 주위를 도는 것도 같은 이유에서이며, 서낭제 때 사용할 술을 담그기 위해 서낭당 앞에 구덩이를 파고 불을 지핀 다음 단지를 묻는 것도 마찬가지다.

14) 굴뚝은 돌과 흙을 벽체처럼 둥글게 쌓아올린 죽담굴뚝을 비롯하여 흙굴뚝, 와편굴뚝, 옹기굴뚝, 통나무굴뚝 등 쓰인 재료에 따라 다양하며, 나무판자를 상자처럼 네모나게 짠 널굴뚝도 있다.

평행으로 깊게 파낸 이 개자리를 통해 연기가 굴뚝으로 잘 **빠져나가게** 된다.

불을 다루고 음식을 만들고 방을 데우는 부엌에는 보통 3개 정도의 아궁이가 있다. 이 아궁이마다 가마솥, 중솥, 옹솥을 크기에 따라 차례로 건다. 대체로 메주를 쑤거나 엿을 달일 때 쓰는 커다란 솥을 가마솥, 밥을 해먹을 때 사용하는 일반 솥을 중솥, 국을 끓여내는 작은 솥을 옹솥이라 한다. 이사를 할 때 가장 먼저 떼어내고 맨 먼저 거는 것도 솥단지였던 만큼 솥은 가장 귀중한 살림살이 품목이었다. 가마솥의 밥을 풀 때는 집 안쪽으로 들이 펐는데, 주걱질 하나에도 복이 들고 남을 생각했던 민족임을 알 수 있다.

조왕신은 부엌에 있는 신으로서 신체는 솥이 걸린 아궁이 위쪽의 부뚜막에 자리를 잡는다. 그래서 "부뚜막에 앉으면 맏며느리 쫓아낸다"[15]는 속담처럼 부뚜막에 사람들이 걸터앉는 것을 꺼리고 항상 깨끗이 해야 했다. 구체적으로 조왕신의 신체는 부뚜막 뒷벽 한가운데의 작은 턱에 올려놓은 '조왕중발'이라고 하는 사기종지 안에 든 정화수이다. 아낙네들은 이른 새벽에 종지 안의 물을 깨끗한 물로 교환하면서 그날 하루 가족의 안녕과 건강을 기원한다. 물이 아닌 다른 물체를 신체로 받들기도 하는데, 단지에 쌀을 담아 솥 뒤에 놓거나, 바가지에 삼베조각을 담아 선반에 얹어두거나, 백지·헝겊조각 또는 명태 등을 벽에 걸어두기도 한다. 특히 '삼일입주(三日入廚)'라 하여 신부가 시집온 지 3일 만에 부엌에 나가 일을 하게 되는데, 조왕신에 대한 의례로서 먼저 부엌에 물을 한 그릇 떠놓고 시작한다.

조왕신은 해마다 동짓달 스무사흗날에 하늘로 올라가서 옥황상제를 만난다. 옥황상제는 도교에서 일컫는 하느님으로서 민간에서 가장 숭배하는 신이다. 이승과 저승, 하늘과 땅을 통틀어 으뜸가는 신으로서 하늘의 옥황궁에 살면서 신과 사람을 다스린다. 조왕신은 한 해 동안 그 집에서 일어난

---

15) 최래옥, 앞의 사전, 163면.

일들을 옥황상제에게 낱낱이 보고한 뒤 섣달 그믐날 또는 설날 아침에 되돌아오는데, 사람들은 승천하는 날 아궁이에 엿을 발라둔다. 아궁이는 조왕신의 입을 상징하는 것으로 옥황상제에게 가더라도 입이 붙어 말을 못 하게 하려는 의도에서 그리하는 것이다. 우리 민속에서는 조왕신은 가옥의 입인 아궁이로 들어가 뒷구멍이자 연결통로인 굴뚝을 타고 하늘로 올라간다고 여겼다. 특별히 한중일에서 부엌을 중시하는 사고의 흔적으로 남아 있는 신앙적 현상이라 하겠다.

문헌에 보면 불을 때기 전에 솥이 저절로 뜨거워져 밥을 지을 수 있었다는 이야기[16]가 나올 만큼 역사적으로도 일찍부터 부엌은 신성한 곳으로 여겨졌다. 지금도 경남 산청군 덕치마을에서는 부엌에 조왕단을 두고 명절 때가 되면 정화수를 떠놓고 조왕신을 섬기고 있다. 순천시 낙안읍성 민속마을에도 조왕신을 모시는 집이 있다. 아파트가 들어서고 주택이 개량되면서 부엌은 입식으로 바뀌고 조왕의 신체가 놓였던 부뚜막이 사라졌다. 그렇다고 조왕신이 사라진 것은 아니다. 비록 건궁이지만 조왕을 섬기는 가정에서는 주방의 중심이 되는 싱크대 위나 불을 다루는 가스레인지가 있는 곳을 조왕의 자리로 상정한다. 부엌의 중심이 싱크대가 있는 쪽이며 조왕이 불과 관련된 가정신이라는 점을 감안한다면 두 곳은 조왕의 자리로 적격인 셈이다.

조왕신의 유래에 대해서는 여러 견해가 있는데, 이수광은 『지봉유설』에서 중국으로부터 유입되었다고 하고, 이능화는 『조선무속고』에서 환인의 신시 이래로 전승된 풍속이라 한 바 있다.

---

16) 김부식, 『삼국사기』 권14 고구려본기 제2대 대무신왕조.

대청마루나 안방의 조상신은 후손을 보살펴준다

종교인류학자인 스펜서(H. Spencer)는 종교는 근본적으로 조상숭배에서 진화 발전한 것이라고 한 바 있다. 조상에 대한 제사에는 남성 중심의 유교식 제법을 비롯하여 불교적, 기독교적 제의 등도 있다. 여기서 말하고자 하는 제의는 토착적인 조상숭배로서 집안의 부녀자가 중심이 되어 조상을 모시는 신앙의례이다. 민간신앙으로서의 조상숭배에서는 남성들이 소외될 정도로 여성들이 주도권을 가졌다.

조상숭배가 철학적·윤리적인 체계를 갖추게 된 것은 유교의 정착을 통해서이다. 하지만 유교나 불교가 들어오기 이전부터 한국인들은 산 자와 죽은 자가 하나의 가족 공동체로서 죽은 자의 안녕과 행복이 산 자에게도 영향을 미친다고 믿어왔다. 이에 양반계층은 사당에 조상의 신위를 모시고 숭배해 왔는가 하면, 서민 이하의 계층은 안방 시렁 위에 조상단지를 모셔놓고 조상의 음덕을 기려왔다. 유교식 제사로 받드는 조상은 서열이 명확하나, 가정신으로서 그 자리에 앉고자 하는 조상은 서열이 확실하게 정해져 있지 않다.

가정신으로 모시는 조상신은 집안의 평안과 풍요, 특히 자손의 번창을 보살펴주는 신이다. 무당들의 조상격인 말명신이 있어 조상신을 돌보고 지키며 심판하는 일을 하는데, 조상에게 제사를 지내면 반드시 말명신도 함께 와서 받아먹는다고 한다. 도랑선비와 개울각시의 눈물겨운 사랑이 이 신들의 탄생 배경이다.

조선중기 이후 서민조차 대청마루에 조상의 위패를 모신 감실(龕室)을 두어 조상신을 모셨다. 그러나 대청이 없는 집의 경우 조상신의 신체는 안방의 윗목 벽 밑에 놓이는데, 보통은 안방 시렁 위에 올려놓은 쌀이나 돈을 담은 단지가 신체가 된다. 창호지로 봉해 놓은 단지 안의 햅쌀은 조상의 영혼으로 받아들여 극진히 모셔졌다. 만일 집안에 근심이 생기면 양이 줄고

조상단지, 조상의 이름을 써 넣어 안방 시렁 위에
얹어두고 모시는 단지/ 인천시 강화군 교동면

벌레가 꾀며, 좋은 일이 있으면 양이 늘어난다고 믿었다. 지역에 따라서는 신체가 없이 조상신을 섬기기도 한다.

한국인은 평생을 집에서 살다 죽어서도 집 모양으로 만든 가마(家馬), 즉 상여를 타고 가서 저승의 집인 무덤에서 머물게 된다. 더구나 장례가 끝난 후에는 조상신이 되어 다시 자기가 살던 집으로 돌아와 조상단지(신주단지)에 모셔지고 영원히 자손들의 봉양을 받으며 함께하는 것이다. 우리는 어느 곳에서든지 조상을 모신다. 전통적인 한국 사회에서 죽음은 삶과 다를지언정 분리되지는 않았다. 유교식 제사나 민간신앙을 통해 알 수 있듯이, 집은 산 사람들만의 공간이 아니라 죽은 사람도 같이 머무는 공간이었다. 또한 조상들은 사후에도 여전히 산 사람들과 관계를 유지하며 그들의 삶에 영향을 미치고 있다. 이러한 모습은 전통 상장례의 과정에서도 그대로 나타난다.

조상신은 흔히 제석신, 세존단지 등 불교적인 명칭으로 불려지기도 한다. 제석신은 불교에서 언급하는 상상의 산인 수미산의 꼭대기에 있는 최고의 신이요, 세존단지는 석가인 세존과 가정신의 신체인 단지의 조합이다. 조상신에서 새삼 종교의 융합현상을 엿보게 된다.

안방의 삼신은 신생아를 보호해준다

삼신(三神)은 자녀의 잉태는 물론 출생과 성장, 나아가 산모의 건강까지를 관장하는 신이다. 옛날 명진국 천왕보살 지왕보살의 딸은 이승의 삼신이 되어 산 아기를 낳아 기르고, 동해용왕의 딸은 저승의 삼신이 되어 죽은 아기의 영혼을 맡아 길렀다. 본래 삼신은 이 둘이었으나 시녀들이 점점 많아지면서 집집마다 이들을 내보내 삼신으로 일하게 했다고 한다. 삼신은 남색 저고리에 흰 바지를 입고 자주색 치마에 분홍 장옷을 걸치고, 은 가위 하나 참실 세 묶음 꽃씨 은씨를 손에 들고 아기 낳을 때 도와줄 시녀를 거느린 할머니 모습으로 나타난다.

진정으로 삼신은 누구인가를 살펴보면 한민족 최고의 역사서인 『부도지』에 동이족의 조상은 삼신 마고(麻姑)로부터 시작한다고 되어 있음을 확인하게 된다. 마고를 어머니로 하여 두 딸인 궁희와 소희로 불리는 셋이 바로 삼신이라고 말한다. 궁희는 곧 황궁과 청궁으로 나뉘어 황인종들의 조상이 되고 소희는 백소와 흑소가 되어 백인과 흑인의 조상이 되었다. 삼신은 그 가계의 여자 조상이 좌정한 것이라 믿기도 하는데, 한편으로는 제석신이 삼신으로 인식되기도 한다.

삼신할머니, 창조의 신인 삼신할머니는
우리 민족의 지킴이

삼신은 안방의 아랫목에 위치한다. 집을 구성하는 모체인 살림채 중에서도 그 중심은 집의 안주인이 생활하는 안방이다. 삼신을 안방에 모셨다는 것은 아이를 낳고 기르는 일을 집안에서 가장 중요한 일로 여겼음을 뜻한다. 삼신은 아이를 점지해 주고 그 아이가 일곱 살이 될 때까지 돌보아준다는 신으로 많이 알려져 있다. 일곱 살 이후부터의 수명은 칠성신이 관장한다. 장수를 바라는 인간들의 염원은 신앙의 차원으로 승화되면서 칠성신앙은 널리 퍼지게 되었다. 하늘의 별자리인 북두칠성이 인간의 수명을 관장한다는 사고는 도교적 발상이자 무속신화적 발상이다.

이능화는 태(胎)를 우리말로 삼이라 하는데, 이 말이 삼(三)과 혼용되어 쓰인 것이라 하며, 원래 삼신이란 태신(胎神)을 말하는 것이라[17]고 풀이했다. 즉 삼신은 출산과 육아는 물론 산모의 건강까지 책임지는 지킴이로서 '삼신할머니', '삼신바가지', '산신(産神)'이라고도 부른다. 그래서 예부터 삼신상을 차려놓고 아이의 순산을 빌었다. 안방의 선반 위에 쌀을 넣은 삼신바가지 혹은 삼신단지를 모셔놓고 삼신에게 빌거나, 사발에 정화수를 떠놓고 삼신께 빌기도 했다. 출산 후엔 삼신상에 있던 쌀과 미역과 깨끗한 물로 산모는 첫국밥을 해먹었으며, 삼칠일 동안 고마움의 표시로 쌀밥과 미역국을 삼신에게 올리기도 했다. 삼신을 모시는 동안에는 특히 산모의 젖이 마를 것을 우려해 아궁이의 재를 치우지 않는다는 가정도 있다.

평상시 산모나 아이가 병이 나도 부녀자들은 삼신상을 차려놓고 빌었다. 또한 가족의 생일이나 명절에도 삼신상을 차려서 가족 모두를 위해 치성을 드리곤 하였다. 생명을 주신 신에 대한 감사에서 나오는 겸손한 마음의 표현으로 삼신의례를 행했던 것이다. 삼신상을 차릴 때는 다른 가정신과 마찬가지로 새 밥을 올리는데, 특히 삼신에게는 비린 음식을 올리지 않았다.

삼신의 상징은 '삼신주머니'라 불리는 쌀이 든 바가지, 자루, 단지 등이다. 서울 인근의 경기지방에서는 종이, 헝겊, 또는 실을 안방의 한 구석에 높이 달아둔다. 충북지방에서는 베로 만든 주머니 2개를 안방의 시렁 한쪽에 매어 단다. 두 주머니에 모두 쌀을 넣거나 아니면 한쪽 주머니에는 쌀을 넣고 다른 주머니에는 미역을 넣어두기도 한다. 호남과 영남지방에서는 쌀이나 보리 또는 타래실을 바가지에 넣고 금줄을 동여매어 아랫목 한쪽에 모셔두는 편이다. 경북 안동지역에는 삼신의 신체인 '삼신고리'를 안방 시렁 위에 놓고 고리 속에는 저고리와 치맛감을 넣어두었다. 대청 시렁 위에

---

17) 이능화 지음, 김상억 옮김, 『조선여속고(朝鮮女俗考)』, 동문선, 1990, 281면.

삼신고리를 모신 가정도 있다. 이 같이 신체들은 보통 산모가 있는 방이나 안방에 귀하게 모셔놓는다.

전하는 바에 의하면 삼신은 원래 집 안에서 사는 신인데, 가정에 불화가 있거나 삼신을 잘 받들지 않으면 집을 나가버린다. 그렇게 되면 아이를 낳지 못하거나 아이가 아프다. 집을 나간 삼신할머니는 은행나무에 붙어사는데, 다시 모셔오기 위해서는 대나무를 은행나무에 대고 정성을 들여 빌면 대나무에 접신한다.

뒤뜰의 터주신은 집터를 지켜준다

"집터가 나쁘면 가문이 쇠한다"[18]고 했고, "집터가 세면 집이 울린다"[19]는 말도 있다. 지신 또는 터주는 집터를 지켜주는 역할을 맡은 신이다. 터주, 즉 터주신은 집터를 주관하는 오방신의 다른 이름이다. 동쪽은 청제장군, 서쪽은 백제장군, 남쪽은 적제장군, 북쪽은 흑제장군, 가운데는 황제장군이 지킨다. 남선비와 여산부인 사이에서 태어난 일곱 아들 중 위로 다섯이 이 신이 되었다고 한다.

터주는 가족들이 건강하고 집안이 평안하기를 바라며 풍년이 들기를 기원하는 대상이다. 흔히들 '집터가 세다'고 말하는 것은 터주가 강하고 노하기를 잘한다는 의미이다. 정성을 들여 섬겨야 할 터주의 뜻을 어기면 분노한 터주로부터 재앙을 당하게 되는데 이것을 '동티[動土]'라고 한다. 가령 집안의 땅을 함부로 파헤쳐 공사를 한다든가, 물에서 오래 자라던 나무를 집안에 들여놓으면 동티가 난다고 한다. 동티가 났을 때는 재앙을 면하기 위해 고사를 지내야 함은 물론이다. 화를 예방하기 위해 평상시에도 가끔 터

---

18) 최래옥, 앞의 사전, 277면.
19) 상동.

장독대 옆에 터주신을 모신 터주가리

주를 위해 간단히 고사를 올려야 한다. 집 주인이 바뀌어 새로 이사하는 사람은 아예 이사를 들면서 터를 누르기 위해 고사를 지내기도 한다.

터주의 신체형태는 지역에 따라 약간씩 다르다. 서울과 경기지방에서는 백지에 쌀을 싸거나 단지에 벼를 넣어 짚으로 원뿔모양의 지붕을 만들어 씌운다. 빗물이 스미지 않도록 고깔처럼 주저리를 틀어 얹은 이 지붕을 '터주가리'라 하는데, 일반적으로 각 가정에서는 작은 단지에 쌀 또는 벼를 넣고 뚜껑을 닫은 다음 원뿔형의 터주가리로 덮었다. 요즘에는 단지 안에 돈을 넣어둔다. 그리고 이 터주가리를 터줏대감을 상징하는 신성한 물건으로 여겨 뒤뜰의 장독대 옆에 귀하게 모셨다. 뒤뜰은 마당보다는 훨씬 좁은 공간으로 이곳은 신앙의 공간이다. 그리고 부엌이 음식을 준비하는 곳이라면 장독대는 음식을 저장하는 공간으로 장독의 수는 그 집의 살림형편을 가늠할 수 있을 정도로 중요시되었다. 그래서 터주가리를 장독대 옆에 모셔 음식 맛을 지키고자 했다.

터주에 대한 고사는 일반적으로 음력 10월상달에 길일을 택해서 콩떡과 돼지머리를 제물로 하여 지낸다. 터주단지 안에 들어 있는 벼는 해마다 햇벼가 나면 갈아준다. 그리고 10월 〈상달고사〉를 전후하여 짚주저리를 새것으로 바꾼다. 이를테면 터주의 옷을 갈아입히는 것이다. 터주 주저리를 갈고 왼새끼로 허리를 감은 뒤 새끼 사이에 한지를 꽂는 것을 '옷 갈아입힌다'고 한다.

무엇보다 집을 지을 때는 먼저 터주에게 집 짓는 일을 신고하는 〈터주굿〉을 한다. 집안에 우환이 있을 때, 마음이 불안할 때마다 시루떡을 해서 터주에 바치고 빈다. 또한 파종을 할 때도 터주에게 빌었다. 터주를 모시는 것은 현재 민속조사에서도 보일 정도로 신앙도가 비교적 높다. 어떤 집단에서 가장 오래 된 사람을 가리켜 '터줏대감'이라고 하는 것을 봐도 터주신앙이 우리 삶에 얼마나 뿌리 깊은가를 짐작케 된다.

남부지방에서는 정초부터 대보름 사이에 〈지신밟기〉를 한다. 지신은 집터를 지키는 신으로 성주신 황우양의 부인이 맡았다. 성주신이 불안하면 지신이 도와 집안을 평안하게 한다. 〈지신밟기〉는 새해를 맞이하여 집 안에 자리 잡고 있는 곳간터, 우물터, 마구간터, 장독터 등의 여러 신을 위안함으로써 한 해 동안 평안히 지내기 위한 행사이다. 〈지신밟기〉를 '귀신을 땅에 묻는다'는 뜻의 매귀(埋鬼)라는 말을 원용하여 '잡귀를 밟아 땅 밑으로 몰아넣는다'는 의미로 해석하는 경우도 있다.[20] 지방에 따라서는 〈지신밟기〉를 〈마당밟기〉, 〈매귀〉라고도 한다.

〈지신밟기〉를 할 때는 좋은 날을 택하여 풍물패를 앞세우고 오락적 · 연희적 흥취를 돋우는데, 〈지신밟기〉를 〈풍물굿〉이라 일컫는 것도 이 때문이다. 이처럼 〈지신밟기〉에서는 한 가정

지신밟기, 정월대보름 풍물패가 집집을 돌며 지신을 달래고 복을 비는 민속놀이

의 평안과 행복을 마을 공동체가 함께 빌어준다. 마을단위로 이루어지는 풍물이 주도하는 마을굿이 끝나면 다시 개개인의 집을 돌아다니며 〈풍물

---

20) 배도식,『한국민속의 현장』, 집문당, 1993, 589면.

굿〉으로 〈지신밟기〉를 한다. 공동체 사회에서 소외될 수 있는 개인의 존재를 부각시켜주는 의미가 있다.

〈지신밟기〉를 하게 되면 굿패들이 먼저 풍물을 치며 서낭당에 가서 서낭을 모시고 마을에 내려와 공공기관이나 공동우물에 축원하고 나서 집집마다 들러 〈고사굿〉을 한다. 〈질굿(길군악)〉을 치며 대문 앞에 도착하여 〈문굿〉을 한 다음, "주인 주인 문 여소 / 나그네 손님 들어가오" 하고 문안에 들어가 〈성주굿〉, 〈조왕굿〉, 〈마당굿〉, 〈철륭굿〉, 〈측간굿〉 등 집안 구석구석 굿을 쳐준다. 마을 사람들이 가정을 방문하여 집주인을 위해 〈풍물굿〉을 치고 복을 빌어주면 주인은 그들을 위해 술과 안주를 대접하고 흥겨운 굿판을 벌인다. 이와 같이 〈지신밟기〉는 애초에는 가정의 안녕을 빌어주는 의례성이 강한 것이었으나 점차 예술적 성격이 강해졌다.

비록 전과 같이 고사를 많이 지내지는 않지만 사람들은 가을에 떡을 하여 이웃과 나누어 먹는 편이다. 제천시 불구실 마을의 임정규 노인 댁에는 '터주항아리'라 불리는 터주단지가 우물과 장독대 옆에 있으며, 최근에도 임노인 댁에서는 해마다 새 볍씨를 단지에 넣어 터주를 모시고 있다고 한다.[21] 강화도 교동 동산리 마을에서는 아직도 터주를 모신 터주가리를 만날 수 있으며, 충남 아산의 외암리 민속마을의 이 참판 댁(중요민속자료 제195호)의 뒤란에서도 터주가리를 볼 수 있다.

광이나 곳간의 업신은 재복을 준다

업신은 집안의 재산을 지키고 늘려주는 여성신으로 구렁이, 족제비, 두꺼비 따위의 동물이 주류를 이룬다. 대체로 '업구렁이'라 하여 구렁이를 업신으로 삼는 경우가 많다. 업신이 들어오면 재산이 늘어나 부자가 되고 업

---

21) 이용한, 『옛집기행』, 웅진지식하우스, 2005, 183면.

신이 나가면 재산이 빠져나가 망한다고 믿었다. 그러므로 집 안에 있던 구렁이가 나가면 가운이 다 된 것으로 생각하여 경우에 따라서는 그 집을 비워두고 이사를 하기도 했다. 예부터 큰 구렁이가 나타나 눈에 띄게 되면 냄새가 독한 머리카락을 태운다든지 고추씨를 태워 다시 들어가게 하거나 시루떡을 해 놓고 빌었던 것도 이러한 이유에서이다. "집을 지키는 구렁이를 잡으면 집안이 망한다"[22]고 했다. 한편 "족제비가 집 안에서 들락날락하면 부자가 된다"[23]는 말도 있으며 "집을 새로 지었을 때 족제비가 와서 울면 그 집이 잘 된다"[24]고도 했다.

업신의 신체는 대개 광이나 곳간 같은 은밀한 곳에 모신다. '구렁이업'은 뒤뜰에 주저리를 튼 '업가리'에 깃들어 산다고 여겨지는데, 업가리 대신에 집 지붕에도 구렁이업이 있다. 업가리는 기존의 주저리에 새로운 주저리를 덧

주저리를 씌운 업가리

씌운다. 따라서 업가리는 시간이 지날수록 커지게 마련인데, 이것은 재물이 차곡차곡 쌓이기를 바라는 마음과 업가리에 씌운 지붕을 함부로 벗겨내면 집안에 우환이 생긴다고 보는 믿음 때문일 것이다. 업가리 안에는 터주와 마찬가지로 곡식을 넣은 단지가 있으며 가을고사 때 햇곡을 넣어둔다. 어느 지역에서는 단지 안에 돈을 넣는 경우도 있다.

다른 가정신과 달리 업신은 대체로 동물이지만 사람이 신체가 되는 경우도 있다. 이를 '인업'이라 한다. 인업은 사람에게 붙어 다니면서 그 사람

---

22) 최래옥, 앞의 사전, 277면.

23) 최래옥, 위의 사전, 267면.

24) 최래옥, 위의 사전, 276면.

업동이(막내 금동이)까지 4대에 걸친
대가족 이야기인 최장수 드라마 〈전원일기〉

에게 복을 주는 신으로서 사람의 형상이다. 흔히는 대문 앞에 버려두고 간 아이를 업처럼 들어왔다고 하여 '업동이'라고 불렀다. 업동이(← 업동이)는 재물이나 복을 불러오는 아기라는 인식이 우리에게는 전통적으로 깔려 있었다. 이능화는 세속에서 업왕으로 받드는 것에는 세 가지가 있는데, 인업(人業, 속칭 인업은 그 모습이 작은 갓난아기와 같다)·사업(蛇業, 뱀이 업신이다)·유업(鼬業, 鼬는 속칭 족제비이다)이라[25]고 했다.

장사를 비롯해 경제활동을 하는 사람들은 반드시 업신을 모시고 살았다. 그래야 장사가 잘되기 때문이다. 오늘날에도 한국에서는 업신의 전통과 역사가 계속해서 내려오고 있다. 사람들이 뱀 꿈을 꾸고 나서 무당이나 보살을 찾아가는 것도 꿈에 대한 점괘를 듣고 가능하면 업신을 받기 위해서다. 그러면 행운이 찾아오고 은덕을 입는다는 것이 찾는 사람들의 주된 이유다.

김해에서 점을 제일 잘 본다는 박수귀 보살은 업신을 찾아주는 일도 하지만 업신을 모시는 것은 더욱 특이하다. 우선 상자에다가 실로 업신을 만들어 봉안하는 것이다. 업신은 반드시 암수 한 쌍으로 한다. 그것은 그 집의 업대감이나 업장군의 집을 한 채 마련해 준다는 뜻이다. 그래야만 그분들이 쉬었다가 가고 돈도 넣어주고 건강도 주고 한마디로 명도 주고 복도 주는 것이다.[26]

---

25) 이능화 저, 서영대 역주, 앞의 책, 339면.

대문에 문신, 뒷간에 측신이 있다

문이란 안과 밖을 나누는 경계이자 성(聖)과 속(俗)의 경계이기도 하다. 문을 통해 복도 들어오지만 재앙도 들어온다. 물론 죽은 혼령도 대문을 통해 드나든다. "제사 지낼 때 빨랫줄을 다 거두어야 한다(혼이 들어오다가 목에 걸릴까 봐 그런다)"는 속신어가 있을 만큼 제사 때 대문을 활짝 열어놓는 것도 이 때문이다.

문을 지키는 가정신을 문신(門神) 또는 문왕신이라고 하는데, 제주도의 〈문전본풀이〉에 따르면 남선비와 여산부인 사이에서 태어난 일곱 아들 중 입곱째 아들 녹두생이가 앞문을 지키고 여섯째 아들이 뒷문을 지킨다고 한다. 대개 푸른 옷을 입은 사내아이의 모습으로 나타난다.

문을 지키는 수호신에 대한 관념은 세계 곳곳에 보인다. 로마신화에 나오는 야누스는 문을 지키는 수호신으로서 '시작'의 상징성을 지닌다. 우리 속담에도 "대문 밖이 저승이다"라는 말이 있듯이 문이 상징하는 것은 삶과 죽음의 경계, 이승과 저승의 경계라 할 수 있다. 더욱이 문지방(문턱)은 내외를 경계하는 가장 첨예한 선이며 이러한 관념은 "문지방을 밟으면 재수가 없다"는 생각으로 이어진다. "비 오는데 문지방에 앉으면 장마 진다"는 믿음이 있는 것만 보더라도 문의 신성성이나 권능을 이해할 수 있다. 문턱을 베고 잔다거나 문턱에 칼질을 하는 등의 행동은 절대 허용되지 않았다. 이에 문신을 '문턱신'이라고도 한 것이다. 무속의례에서 이러한 문신의 예가 잘 나타나는데, 무속에서는 수문장신(守門將神)이라는 명칭을 주로 사용한다. 의례 시작 전에 대문 앞에 수수팥떡과 막걸리 한 사발을 놓고 대감거리를 놀면서 무당이 집을 한 바퀴 돌 때 간단하게 대문 주변에 막걸리를 뿌리는 행위를 하는 정도이다.

민간에서는 대문에 그림, 글씨, 부적 등을 붙여놓아 잡귀와 액운을 막으려고 했다. 악귀를 물리치고 복을 부르기 위해 처용의 모습을 그려 대문에

문신, 악귀를 물리치기 위해
대문에 붙였던 처용의 모습

입춘첩, 조상들이 입춘이 되면
대문이나 기둥에 붙였던 종이

붙였던 것을 보면 이미 신라 때부터 대문을 지키는 신을 모셨음을 알 수 있다. 처용을 문신으로 신격화한 설화는 잘 알려진 바와 같이 처용이 밖에 나가 밤늦도록 놀다가 집에 돌아와 보니 역신이 자기의 아내를 차지하고 있었으므로 처용이 노래(〈처용가〉)를 지어 불렀더니 역신이 용서를 빌면서 "맹세코 이후로는 공(公)의 모습을 그린 것만 보아도 그 문에 들어가지 않겠습니다"라고 말하고는 물러갔다는 것이다.

설날 대문에다 호랑이나 닭의 그림, 십장생 그림 등의 세화, 또는 '용호(龍虎)' 등의 글씨를 써서 붙이는 행위, 입춘에 '입춘대길(立春大吉)'[26] '건양다경(建陽多慶)'[27] 등의 입춘첩(立春帖)을 써서 문짝에 붙이는 것도 이 문신의 관념에서 비롯된 것이다. 그림이나 글씨를 써 붙이는 행위는 최근까지도 이어져오고 있는 제화초복(除禍招福)의 전통이라 하겠다.

우리나라나 중국에서는 이사를 하거나 개업을 했을 때 대문에 문신의 신체로 가시가 숭숭 돋친 엄나무, 호랑이의 뼈, 소코뚜레, 멍에, 말린 쑥 같은 특

---

26) 입춘은 24절기의 하나로 이때부터 봄이 시작된다. 곧 '입춘'은 새해이고 '대길'은 크게 복되다는 뜻으로 새해가 시작될 때 대문에 많이 붙여 놓았다.

27) 맑은 날이 많고 경사스런 일이 많길 기원한다는 뜻이다.

정한 물건을 걸기도
했다. 가령 중국의
도연명이 지은 〈귀거
래사〉에서 따온 말로
'구름 속의 새처럼
숨어 사는 집'이라는
뜻을 지닌, 전남 구
례군 토지면 오미리
의 '운조루(雲鳥樓)'의

운조루 대문 상단에 잡귀를 막기 위해 걸려 있는
호랑이뼈와 소코뚜레

대문에서 볼 수 있다. 호랑이뼈와 함께 문에 소코뚜레를 걸어놓는 것은 호
랑이가 힘이 센 소를 제어하듯이, 또는 코뚜레가 억센 소를 꼼짝 못하게 하
듯이 호랑이뼈와 소코뚜레가 무서운 힘으로 잡귀의 근접도 막으리라는 사
고와 관련이 있다. "소의 코뚜레를 걸어놓으면 재산이 들어온다"[28]고도 했다.
옛날에는 지역에 따라 명절이나 제사 때 대문 앞에 짚을 깔고 음식상을 차려
문신을 모시기도 했다.

　귀신이나 잡귀 정도로 불리는 뒷간신, 즉 측신(廁神)도 있다. 〈문전본풀
이〉 속에 놀고먹기 좋아하는 남선비는 정실인 여산부인과 어여쁜 작은마
누라 노일자대를 두고 있었다. 노일자대는 정실부인을 살해한 흉계가 탄
로나 뒷간으로 도망가 목매어 죽은 뒤 측신이 되었다. 노일자대에게 살해
된 정실부인은 죽어 추운 바다 속에서 지냈기에 따뜻한 불을 쬐는 부엌
에서 살라고 조왕신이 되고, 남선비는 정낭에 목이 걸려 죽어 정살지신이
됐다 한다. 노일자대와 여산부인은 애정구도상 상극이었으므로 뒷간은
부엌과 마주 보게 짓지 않는 풍습이 생겼다.

　뒷간에 있는 측신은 '각시'라고 하는 사납고 변덕스러운 젊은 여신이다.

---

28) 최래옥, 앞의 사전, 184면.

뒷간신을 모시는 위패

따라서 뒷간에 들어갈 때 미리 알리지 않고 들어가면 각시가 신경질을 부려 뒷간에 들어온 사람을 급살시킨다. 뒷간신은 자신의 긴 머리카락을 세는 버릇이 있는데 갑자기 사람과 맞부딪치면 놀란 나머지 머리카락을 뒤집고 뒷간에 들어온 사람을 그만 병들어 죽게 한다. 그러므로 사전에 그와 같은 사고를 예방하고자 헛기침이 생겨났다고 한다. 악취가 나는 곳을 담당하고 있는 만큼 뒷간의 측신은 성격이 거칠고 고약한 것으로 알려져 있다. 사실 헛기침은 뒷간에 문이 없던 시절 2~3보 거리 앞에서 뒷간에 사람이 있는지 여부를 미리 알기 위해 인기척을 냈던 의사소통 도구인 것이다. 측신은 살(煞)을 풀어줄 수 있는 신력이 있다고도 여겼다. 즉 외부로부터 물건을 집안에 들일 때 물건에 묻어 있을지도 모르는 액운을 소멸케 한다고 믿었다. 그리하여 남의 옷을 얻어 입었을 때는 먼저 뒷간에 며칠 두었다가 입으면 해가 없다고도 했다.

뒷간을 새로 짓거나 헐어버릴 때는 길일을 택했고, 받침돌 또는 발판이라 할 수 있는 '부춧돌' 역시 함부로 옮기지 않았다. 뒷간신은 6일·16일·26일 등 6자가 든 날에만 뒷간에 머문다. 서울 도봉구 수유동에 있는 화계사와 대구시 동구 팔공산에 있는 동화사의 뒷간에는 뒷간신의 위패를 걸어놓기도 했다. 중국에서도 정월대보름이 되면 뒷간신에게 제사를 지낸다.

재래식 화장실인 우리의 뒷간은 사실 위험한 편이었다.[29] 문이 없어 헛기

---

29) "뒷간에 빠진 사람은 떡을 해먹어야 한다"는 속담이 있다. 즉 뒷간에 빠진 사람은 뒷간에

침을 해야 했고 어둡고 깊은 뒷간을 조심스럽게 들어가기 위해 신이 있다고 믿었던 옛사람들의 지혜를 새삼 느끼게 된다.

장독대 · 외양간 · 우물에도 신이 있다

칠성신은 인간의 무병장수와 집안의 화목 등을 보살핀다. 주부들은 장독대 항아리 위에 우물에서 새로 길어온 정화수를 떠놓고 자식들의 건강과 가정의 평안을 칠성신에게 빌었다. 사람들은 북두칠성과 같은 밤하늘의 신령한 기운이 장독대에 깃든다고 믿었기 때문이다. 칠성신은 장독대를 관장하는 신인 것이다. 전에는 집안의 무사함을 빌려는 종교적인 큰 행사가 대부분 장독대에서 이루어졌다. 칠성신에 관련

칠성신이 있는 장독대의 항아리 위에
정화수 떠놓고 비는 모습

된 이야기에는 전설 〈칠성각의 유래담〉, 민담 〈북두칠성의 유래담〉, "아들 일곱이 하늘에 올라가서 별이 되었다"는 서사무가 〈칠성풀이〉 등이 있다. 칠성신의 내력을 설명하는 〈칠성풀이〉의 내용에 따르면 후처의 모해를 받아 위기에 처한 전처 소생의 일곱 아들이 천우신조로 살아나서 후처를 응징하고 칠성신이 되었다는 것이다. 이렇게 설화, 도교, 무속 등이 어우러지는 현상에서 한국인의 유연한 사고와 우리 사상의 융합관계를 이해할 수 있다. 북두칠성을 신격화한 칠성신을 모시는 신앙의례를 〈칠성기도〉 또는 〈칠성고사〉라 한다. 〈칠성기도〉는 음력 7월 초이레 칠석날 밤에 마당에서

___
서 고사를 지내야 후환이 없다는 뜻이다.

우마신이 있는 외양간

북두칠성을 향해 올린다. 기도를 앞두고 가족 모두 비린 음식을 삼가고 몸을 정결히 한다. 또 집안을 깨끗하게 하고 대문에는 사흘 전부터 금줄을 쳐서 외부인의 출입을 막는다. 정화수를 떠놓고 가족들의 사주를 말하고 가정의 화평과 무사를 축원하며 가축과 농사가 잘 되기를 빈다. 신체는 쌀을 넣은 칠성단지로, 안방 모퉁이 높이 시렁을 매어 봉안한다.

우마신은 농촌에서 가장 중요한 가축으로 여기는 소나 말을 보호하는 신으로서 외양간이나 마구간에 깃들어 있다. 시골에서는 고사나 안택을 지낼 때도 외양간에 백설기 몇 조각 또는 나물 한 묶음 정도 매달아 놓았다. 새 옷감을 짠 경우에도 베의 끝자락을 조금 끊어서 외양간 옆에 매달아 가축의 건강을 기원했다.[30]

용왕신은 물이 마르지 않게 우물을 다스리는 우물신이다. 생명수가 솟아나는 우물은 가족의 건강의 원천이나 다름없었으므로 옛날의 부녀자들은 용왕이 사는 우물에서는 말씨와 몸가짐도 항상 조심했다. 지난 밤에 용이 내려와 '생명의 알'을 낳고 간 우물물을 맨 먼저 길어다 밥을 짓는 사람의 집은 그해 농사가 잘된다고 믿었던 〈용알뜨기〉라는 풍습도 있었다. 한편 용왕신은 농경신이나 업신의 성격을 띠기도 했다.

---

30) 평창문화원, 『도암면지』, 1993, 99면.

2) 마을신앙

　사람들은 혼자 있게 되면 외로워하고 무서워한다. 자연스럽게 사람들이
서로 모여 의지하고
도우면서 살았던 생
활 공동체가 바로 마
을이다. 사람들은 자
신을 지켜주는 이 마
을의 평화와 안정을
위해 사람들과 한 마
음이 되고 한 식구처
럼 행동했다. 그러다

지방의 동네마다 짓고 있는 마을회관

보니 동네 사람들은 옆집의 숟가락 갯수까지 알고 지낼 정도로 친근하고,
마을은 정이 가득한 안락한 공간이었다.

　마을로 대표되는 사회 공동체의 결속력이 오늘날은 이전에 비해 많이 약
화되었다. 그러나 지방에는 아직까지도 마을회관을 중심으로 마을 공동체
가 전승 유지되고 있으며, 새롭게 개발되고 있는 신도시에서도 반상회나
부녀회를 비롯하여 동민회관, 동민 놀이마당 등 마을 공동체가 여전히 중
요한 기능을 담당하고 있다. 마을 공동체는 친족집단과 가족집단으로 나뉘
는데, 최근에 등장하는 각종 동호인 모임은 넓은 의미의 친족과 가족집단
으로 해석할 수 있다.

　의례를 중시하는 민간신앙의 속성에 따라, 기우제를 지내면 반드시 비가
온다는 경북 봉화군 명호면 주민들의 말은 무척 단호하다. 경주에서는 속곳
을 벗고 치마만 입은 여성 무당들이 미친 듯이 춤을 추며 치마를 벌렁벌렁
들추기도 한다. 양(陽)의 기운인 햇빛을 눌러 가뭄을 해결하고자 하는 주술

배연신굿, 선주가 배와 뱃사람들의 안전과 풍어를
기원하는 뱃굿

적인 의도다. 마을의 평안
과 풍요를 위해 제사를 지
내는 지역은 지금도 많다.
동제, 즉 마을제의는 마을
의 안전을 지켜주는 여러
신들에게 마을 사람들의
건강과 마을의 번영을 빌
기 위해 드리는 마을 공동
의 제사다. 특히 제주도처
럼 험난한 바다에 의존하는 지역에서는 마을제의가 큰 비중을 차지하게 마
련이어서 집집마다 제물을 올려 재수를 빈다. "산신당이나 서낭당에 오줌을
싸면 불알이 떨어진다"든가, "동네 고목, 즉 신목을 자르면 동네가 망한다"고
하는 금기어가 있을 정도로 마을을 수호하는 신은 신성불가침의 존재였다.

한마디로 마을신앙이란 가정신앙과 견줘볼 수 있는 마을단위의 공동체 믿
음을 말한다. 마을신앙의 명칭은 다양하다. 지역의 생태 조건에 따라 〈마을
굿〉, 〈별신굿〉, 〈서낭제〉, 〈도당제〉, 〈장승제〉, 〈풍농제〉, 〈산고사〉, 〈뱃고사〉,
〈용궁맞이〉, 〈풍어제〉, 〈당제〉, 〈당산제〉, 〈배서낭굿〉, 〈배연신굿〉 등의 이름으
로 부른다. 내륙에서는 주로 마을의 풍작과 안녕을 기원하는 〈풍농제〉를, 어
촌에서는 마을의 풍요와 평안을 기원하는 〈풍어제〉를 지낸다. 특히 서해안
지역에서는 〈풍어제〉를 〈별신굿〉이라 하지 않고 〈대동제〉 · 〈대동굿〉 · 〈띠
뱃놀이〉 등으로 부른다. 농촌과 어촌에서는 요즘도 예전과 같이 풍년과 풍
어, 주민들의 건강과 마을의 평안을 위해 신당에서 제사를 지내고 있다.

'판자 한 장 밑이 지옥'이라는 어촌사회의 말처럼 지금도 어업은 비교적
위험한 직업에 속한다. 바다는 태풍이나 해일 등 어민들의 생명을 위협하
는 요소가 생활의 일부를 차지하고 있기 때문에 무사와 풍어를 기원하는
제의는 현재도 강한 신앙형태로 전승되고 있다. 어로신앙을 대표하는 것은

〈풍어제〉와 〈뱃고사〉이다. 〈풍어제〉는 마을 공동으로 주관하여 무당을 청해서 신을 위한 제의가 이루어지는 특징을 보인다. 현재 중요무형문화재로 지정되어 있는 대표적인 〈풍어제〉로는 동해안의 〈별신굿〉, 서해안의 〈대동굿〉·〈배연신굿〉, 전북 위도의 〈띠뱃놀이〉 등을 들 수 있다. 〈뱃고사〉는 개인적인 제의형태로 주로 설이나 정월대보름 등의 명절에 지낸다. 어부들 자신의 배에 제물을 차리고 지내는 게 원칙이다.

서해안 〈풍어제〉 중의 하나인 〈배연신굿〉은 배의 진수식을 거행하면서 베푸는 굿이다. 선주가 배와 뱃사람들의 안전과 풍어를 기원하기 위해 배 위에서 지내는 뱃굿이다. 〈배연신굿〉의 유래에 관해 임경업 장군에 얽힌 이야기가 전해져 오면서 옹진지역 여러 섬에서는 배연신으로 임경업 장군을 받들고 있다.

수호신이 다양하고 신을 모신 곳이 많다

마을을 수호하는 마을신에는 인물 외에도 용, 호랑이, 거북 따위의 동물들도 등장하는 만큼 마을 수호신의 성격은 다양하다. 하지만 마을신을 크게 자연신 계통과 인격신 계통으로 나눌 수 있다. 자연신 계통으로는 천신, 지신, 산신, 칠성신, 서낭신, 용신 등을 들 수 있다. 그리고 인격신 계통으로는 단군신, 공민왕신, 김유신 장군신, 최영 장군신, 남이 장군신, 임경업 장군신 등을 지적할 수 있다.

인격신 가운데 조상신도 있지만 여기서 말하는 인격신은 보통 인간과 다른 뛰어난 인간, 즉 왕(왕비)이나 장군 등의 영혼들이다.

물론 왕이나 장군이라 해서

마을을 지켜주는 자연신, 신목과 신당과 돌제단

고종황제 비인 **명성황후 영정**

모두 신이 되는 것은 아니다. 창업을 하거나 커다란 업적을 남기거나 그럴 가능성이 있었음에도 불구하고 자신의 뜻을 온전히 펴지 못한 채 부당하게 죽은 인물이어야 신으로 인정될 수 있다. 이를테면 불운한 신라 말의 경순왕, 뒤주에서 죽은 사도세자, 12세 어린 나이에 왕위에 올랐다가 숙부에게 참변을 당한 단종과 그의 비 송씨, 일본 낭인에게 무참하게 살해된 명성황후 등은 신으로 받들어지고 있다. 안동의 〈놋다리밟기〉에서 공민왕의 딸이 등장하는 것도 부왕의 불행했던 생애와 관련이 깊을 것이다. 인격신들은 마을신앙뿐만 아니라 무속신앙의 대상이기도 하다. 무엇보다 장군신의 등장이 많은데, 백제의 복신, 신라의 김유신, 고려의 최영, 조선의 임경업이 대표적이다. 복신은 은산의 마을 사람들이, 김유신은 강릉·진천·군위 등의 마을 사람들이나 무당들이, 최영은 중부지방의 무당들이 마을을 수호하는 산신이나 마을신으로 받들고, 임경업은 서해의 어부들이 수호신으로 받든다.

최영 장군은 죽어서도 민중들의 가슴속에 살아남았고 특히 무속계의 여러 만신들로부터 숭앙을 받는 영웅이다. 그가 죽은 이후 개성의 덕물산에는 그를 추모하는 사당이 생겼고 조선의 무당들은 사당에 가서 참배를 하고 와야만 무당으로서의 자격을 인정받을 정도였다. '장군거리'에서도 유일하게 최고의 장군으로 추앙받고 있다. 치악산에서는 예로부터 원천석과 함께 최영 장군을 위해 산신제를 지내고 있다. 최

최영 장군 영정

영 장군은 73세 이성계에 의해 처형될 때까지 마지막 고려를 위해 충성을 다하였다. 그가 죽는 날 서울 사람들은 물론 전국의 시장과 상점들까지 모두 문을 닫아걸고 거리의 부녀자들과 어린아이들까지 애도했다고 한다. 죽기 전에 내 평생에 단 한 순간이라도 사사로운 욕심을 품었다면 내 무덤에서 풀이 자랄 것이라고 했다는 이야기가 전하는 최영 장군은 고결한 인격자다.

마을신을 모신 곳을 동신당, 신당, 당산, 당집, 또는 당이라 한다. 제주도에는 현재 신당이 300여 곳이나 남아 있다. 신당의 흔적은 오늘날 서울만 하더라도 당고개, 당산동, 사당동, 신당동 등으로 남아 있다. 신당은 전통적으로 마을의 일정한 위치에 배치되어 있다.

우리의 전통마을은 흔히 산을 등지고 남향으로 자리 잡고 있다. 지역적으로 특수성을 보이기는 하지만, 마을신을 모시는 신당으로서 산꼭대기에 있는 국수당을 비롯하여 산중턱의 산신당, 또는 산 밑의 서낭당이 전국적으로 분포되어 있다. 그런가 하면 중부지역처럼 한 마을에서 이 세 종류의 신당이 동시에 존재하는 경우도 있다. 해안이나 도서 지역에서는 마을 뒷산에 산신당과 마을 앞에 용신당(또는 해신당)이 각각 배치되어 이중구조를 보여주기도 한다. 영남 동해안

산꼭대기에 있는 국수당

산중턱에 있는 산신당의 내부 모습

지역에는 골매기당, 호남지역은 당산, 서해안지역은 임장군당, 제주도는 본향당, 서울과 경기도에는 부군당(府君堂)이 집중적으로 분포되어 있다.

대부분의 경우 마을의 뒷산인 진산(鎭山)의 중턱에 산신을 모신 산신당이 있고, 마을 입구 길 옆에 서낭신을 모신 서낭당이 있으며, 그 옆에 장승이나 솟대가 있는 게 신당 분포의 일반적인 형태다. 한편 마을의 신당에 모셔져 있는 마을신은 하나일 수도 있지만, 주신을 중심으로 여러 신이 모셔질 수도 있다. 예컨대 서낭당의 경우 주신인 서낭신을 중심으로 산신, 지신, 장군신 등이 함께 봉안되어 있을 수 있다. 그리고 마을신은 대체로 남녀를 함께 모시는 편이다. 당산할아버지와 당산할머니, 남서낭과 여서낭, 남근과 여근, 천하대장군과 지하여장군, 용왕과 용왕부인 등이 조화를 이룬다.

마을제의 중 별신굿은 화려하다

마을신앙의 제의는 매년 지내는 일반동제와 몇 년에 한 번씩 지내는 〈별신굿〉으로 나눌 수 있다. 일반동제를 지내는 시기는 봄이나 가을이라 할 수 있지만 통상 정월 초에 날을 잡아서 하거나 정월 14일 밤 자정을 기해서 하는 편이다. 영남과 호남 등 남부지역에서는 정월대보름에 지내는 편이다. 중부 이북지역에서는 음력 10월에 동제를 지낸다. 10월은 수확이 마무리되는 시기로서 전국적으로 고사가 행해지고 지역에 따라 동제를 지내는 것이다. 고사는 주로 10월상달에 집안의 안녕을 위해 가정신들에게 올리는 의례지만 마을 공동체에서 제물을 차려놓고 마을의 평안과 번영을 기원하기도 한다.

큰 굿을 뜻하는 〈별신굿〉은 매우 화려한 당굿으로서 지역에 따라 5년이나 10년 만에 지내는 곳도 있다. 해안지방의 풍어제나 용신제 등도 특별히 날을 잡아 지내는 편이다. 〈별신굿〉에는 신분이나 계층에 구애받지 않고 마을에 소통과 화합의 마당이 형성된다. 비판받는 양반들도 이날은 못 본 척하고 〈별신굿〉에 소요되는 자금을 대주기도 한다. 서로가 공동체적인 정신과 절제하는 미덕을 발휘한다. 물론 〈별신굿〉은 일반동제에 비해 규모가 크고 예술적인 성격이 보다 강한 점을 빼면 일반동제와 크게 다르지 않아 역시 풍물굿형과 무당굿형으로 나누어진다.

　일반적으로 지역적 특성에 따라 내륙에서는 주로 〈풍농제〉를, 어촌에서는 〈풍어제〉를 지내는바, 〈별신굿〉만 하더라도 〈풍농제〉로서의 〈별신굿〉과 〈풍어제〉로서의 〈별신굿〉이 있다. 무엇보다 어촌에서는 주로 정월 3일 〈뱃고사〉를 지낸다. 만선

때처럼 배에다 여러 가지
깃발을 달고 선주가 정성
껏 음식을 장만해서 배 안
에다 상을 차리고 제사를
지내는 것이다. 지금은 옛
날과 달리 돗단배(범선)가
아닌 발동선인데도 그 의
식에 변함이 없다.

목계별신제. 매년 9월경에 충주시 엄정면 목계리
남한강변에서 열리는 중원문화를 대표하는 별신굿

　남한강을 따라 중원을 가로질러 올라가면 목계면이 나오는데, 목계장의 〈별신제〉가 유명하다. 사람들이 많이 모이는 갯벌장터에서 〈별신제〉가 열렸던 것은 당연한 일이다. 목계장은 소금배가 닿을 때마다 임시로 서는 장이다. 음성, 괴산, 청안, 연풍, 제천, 단양 등의 충청도지역과 경상도 북부 및 강원도 남부의 여러 읍에서 장꾼들이 몰려왔다. 뱃길이 무사하고 내륙의 장사가 잘되기를 비는 제사인 〈목계별신제〉는 매년 봄과 가을에 행해졌다. 〈목계별신제〉는 부용 산신과 남한강 용신을 모셔오는 〈강신굿〉으로부터 시작되어 〈줄다리기〉, 〈송신굿〉으로 이어진다. 강을 경계로 동서 양편으로 나누어 줄을 당기는데, 줄꾼이 동쪽으로는 강원도 강릉에서까지, 서쪽으로는 서울에서까지 동원되었다고 할 정도로 규모가 컸다. 〈줄다리기〉에 사용된 줄은 남한강 양편에 걸어놓아 여름 장마의 액막이로 떠내려가게 했는데, 암줄과

수줄이 똑같이 떠내려가야 좋다는 믿음이 있었다. 이 행사는 1967년을 마지막으로 사라졌다.[31]

〈서해안대동굿〉은 〈풍어제〉 가운데 가장 규모가 크고 화려했다. 황해도 해서지역 뱃사람들이 만선의 꿈을 기원하며 한바탕 즐기던 마을축제였다. 이 〈대동굿〉은 신을 모시는 대동제의, 대소사를 결정하는 대동회의, 굿이 끝나고 즐기는 대동놀이로 구별된

풍어제 중 가장 크고 화려한 서해안대동굿

다. 이 제의에는 서낭을 비롯하여 당산 · 당목 · 장승 · 산신 등 마을의 모든 신들을 다 모신다. 〈서해안대동굿〉은 세습무가 주관하는 동해안의 굿이나 남해안 〈별신굿〉과는 달리 강신무가 굿을 한다. 굿은 굿당, 가정, 바닷가 세 공간으로 나뉘어 진행되는데, 굿당에서 이루어지는 본굿, 각 가정에서 행해지는 세경굿, 바닷가에서 이루어지는 강변 용신굿이 그것이다.[32]

일반적으로 마을제의는 마을 사람 중에서 덕망 있는 사람들을 뽑아 화주, 축관, 집사 등의 제관으로 삼는 데서 시작된다. 제삿날이 되면 화주 집에서 마련한 제수를 진설하고 절차에 따라 제를 지낸 다음 음복한다. 마을제의(서낭제의) 때 올리는 제물은 유교식 제물과 큰 차이는 없으나 남성을 상징하는 숫소와 수탉, 교미하지 않은 수퇘지 등으로 제를 올린다. 이는 토지신의 여성적 상징원리에서 암수의 결합, 즉 여성과 남성의 결합이 지닌

---

31) 정승모, 『시장으로 보는 우리 문화 이야기』, 웅진닷컴, 1992, 46면.
32) 이희근, 『우리 민속 신앙 이야기』, 여명미디어, 2002, 201~202면.

다산적 풍요의례의 성격이 그대로 반영된 것이다. 특히 어촌지역의 서낭신
은 여서낭이 많은데 강원도 강릉시 강문동 여서낭에게는 반드시 숫소의 낭
심을 바친다.

마을신앙이 축제화되고 있다

보통 정월대보름에 지내며 전국적으로 전승되고 있는 동제는 두 가지 형으
로 구분된다. 마을 대표인 제관이 주도하는 유교식 당제와 전문사제인 무당
이 주관하는 당굿이 그것이다. 유교식 당제는 마을에서 동회를 열어 제관을
선출하여 신당에 제사를 지내는 것인데, 당제는 대부분이 산신제라고 할 수
있다. 당굿은 대대적인 동제로 무당을 불러다 굿을 통해 마을신에게 제의를
올리는 것이다. 다만 당굿으로 동제를 올리

는 경우에도 먼저 유교식 당제부터 지내므로
유교와 무속이 융합된 중층제의의 형식을 취
한다. 무당이 주재하는 당굿으로 대표적인
것은 중부지방(경기도)의 〈도당33)굿〉과 서해
안의 〈풍어제〉(대동굿 · 배연신굿), 제주도의
〈당굿〉(본향당굿 · 입춘굿), 동해안의 〈별신
굿〉과 은산의 〈별신제〉 등이 있다.

국가중요무형문화재 경기도도당굿의
기능 보유자였던 오수복 무녀

마을제의는 무엇보다 사람들의 육체적 건강과 심리적 안정, 마을의 평화
와 번영 등을 획득하는 종교적인 기능을 지닌다. 제관들은 선출된 날부터
대문에 왼새끼 줄을 쳐 자기 집을 신성한 공간으로 만들며 집밖 출입을 자
제하고 부정한 행위를 삼가며 한겨울에도 매일 찬물로 목욕재계하면서 부
부가 한 방에 들지 않는다. 제관 선출이 끝난 즉시 마을의 원로들이 당집

---

33) 도당(都堂)은 마을의 안녕과 풍요, 건강과 남녀의 성생활을 관장하는 신이다.

과 당샘을 깨끗하게 청소하며 그곳에 금줄을 치고 황토를 뿌려 부정한 사람의 출입을 막았다. 특히 신성한 왼쪽 새끼줄로 금줄을 치는 것은 한민족의 형성기부터 존재했던 한국문화적 원형이라 할 수 있다. 물론 금줄은 남

금줄을 걸어둔 장승

방의 벼농사문화권에서도 보이긴 하나, 위와 같이 우리는 마을제의를 위해 제관의 집에서부터 신당은 물론 마을의 입구 등에 금줄을 쳤을 뿐만 아니라 신생아를 출생하거나 기우제를 지낼 때도 금줄을 쳤다. 장승이나 신목이나 돌탑에도 금줄을 감았으며, 장독대에 금줄을 치고 장독에도 금줄을 감았다.[34] 이처럼 외래문화의 영향이 있기 전부터 우리는 삶 속에서 엄숙한 의례를 행하며 지내왔다. 이는 종교적 신비성을 존중하고 선포하며 거기에 모두가 암묵적으로 따르는 공동체적 의식의 소산이었던 것이다.

마을제의는 종교적 의미 외에도 마을의 주민들을 통합시키는 사회적 기능을 하게 된다. 유교식 당제에 풍물패를 동원하여 축제 분위기를 연출할 수도 있다. 마을의 상황에 따라 모시는 신이 다양하고 명칭이 다르지만 제사 지낸 후 음주가무하고 대동놀이를 벌이는 것은 공통된 마을제의의 모습이다. 일상적 삶의 공간인 마을을 정화하고 구성원의 평안을 기원하는 마을제의의 현장에서 〈풍물굿〉은 가장 중요한 역할을 한다. 〈풍물굿〉이 구성원들의 일체감을 조성하는 마을제의의 핵심이라 하겠다. 보다 규모가 크게 동제를 행하는 곳에서는 무당을 불러 당굿을 하기도 한다. 공동으로 제의를

---

34) 장독은 단순한 그릇이 아니라 철륭신이 있는 신전이었다. 금줄을 치면 그 안으로 외인이 들어갈 수 없으며, 금줄을 감으면 감긴 대상은 신성성을 보장 받는다.

준비하고 함께 제의를 진행하면서 동류의식을 느끼고, 제의가 끝난 후 음복과 놀이를 통해 마을의 단합은 공고해진다. 음식을 나눠먹고 〈풍물굿〉에 맞춰 흥겨운 놀이판이 벌어지는 대동놀이는 공동체적 일체감을 강화하기에 족하다. 그리고 집집마다 돌며 이어지는 〈지신밟기〉와 같은 것을 통해 집단의 결속과 화합은 극대화된다.

마을제의의 예술적 기능을 간과할 수 없다. 〈별신굿〉으로 행해지는 동제에서는 풍물패의 음악과 춤, 무당들의 무악 및 굿, 주민들의 가면극 등 각종 예술양식들이 연행된다. 이를테면 〈하회별신굿〉에서 연행되는 가면극, 〈강릉단오제〉의 관노가면극, 〈은산별신제〉의 무당굿놀이 등은 모두 동제와 더불어 전승된다. 이와 같이 동제가 민속예술의 중요한 전승 틀이 되어 있는 것이다. 오늘날 축제라는 이름으로 해마다 보고 즐기는 많은 민속행사들이 지역의 신앙의례였던 동제가 기반이었다는 것은 새삼스러운 일이 아니다. 특히 무당이 주도하는 당굿은 현대축제로 전개되면서 경제적 의의까지 확보하고 있다. 오늘날 강릉의 단오제, 은산의 별신제, 부천의 도당굿 등이 많은 관광객을 불러 모으고 있는 대표적인 예다.

〈강릉단오제〉는 애초에 강릉지역 신앙의례의 하나였으나 오늘날에는 지역축제로 잘 알려져 있다. 〈강릉단오제〉는 그 문화적 독창성과 예술성을 인정받아 2005년 세계무형문화유산에 등재되었다. 한국의 〈강릉단오제〉가 유네스코에 등재됨으로써 한국과 중국 간 문화적 마찰이 표면화되고 뒤이어 2009년 중국은 '용선축제'로 이름을 바꾸어 등재하는 경합 양상을 보이기도

강릉단오제, 음력 5월 5일 단옷날에 강릉 남대천변에서
단오제례를 지내고 있는 장면

했다. 〈강릉단오제〉에서는 제관이 행하는 유교식의 제사, 무당이 행하는 단오굿이 중심이 된다. 〈강릉단오제〉가 단오굿으로 유명하다면 〈평해단오제〉는 별신굿으로 유명하다. 1년에 한 번씩 울진군의 평해 남대천에서 열리는 단오제는 동해안 〈별신굿〉의 꽃이다. 현재 평해 단오굿팀들은 강신무이자 신기가 강하다는 점에서 강릉 단오굿 팀들을 압도하고 있다. 〈강릉단오제〉에서는 제사와 굿 외에도 탈춤을 비롯한 각종 놀이가 등장하고 난장도 벌어진다. 축제로서의 성격을 드러내는 많은 지역 행사들의 경우 처음에는 마을제의로서의 종교성이 강했던 것이나 점차 오락적·예술적으로 변모되었음을 알 수 있다.

마을신은 마을의 경계가 되는 곳이나 중심지에 세워진 마을을 지키는 수호신이라 할 수 있다. 여기서는 마을신앙을 대표하는 산신당은 물론 서낭당을 비롯하여 민간신앙의 대상이자 민속공예로 손꼽히는 장승과 솟대에 대해서 설명해 보고자 한다. 장승과 솟대는 한 짝이 되어 함께 세워지는 경우가 많다.

산신은 마을신앙의 중심에 위치한다

마을 사람들의 생명과 행복을 보장해 주는 산신을 모신 산신당 안에는 산신상이 그려져 있다. 산신은 여신과 남신이 있었지만 유교가 전파 확산되면서 여신의 이미지는 사라지고 점차 남신으로 간주하게 되었다. 산신의 성별은 지역이나 시기에 따라 다르게 나타난다고 설명되고 있는데, 지역보다는 시기에 따라 달리 나타나는 것으로 보인다. 가령 단군이 산신으로 좌정한 것으로 보아 최초의 산신은 남성이었을 것으로 보는 데 비해, 신라시대에는 박혁거세의 어머니,[36] 남해왕의 비인 운제부인 등 여성 산신이 우세한 것으로 보기도 한다.

그러나 고려시대에 다시 남성 산신이 많이 나타나게 되면서 줄곧 남성 산신의 비중이 높았다. 현재도 산신이 라 하면 흰 수염을 길게 휘날리는 노인의 형상을 떠올리게 되는 만큼 산신은 백발이 성성한 신선 같은 노인의 모습이다. 물론 노인은 흔히 호랑이를 거느리는데, 호랑이 자체도 산신으로 여기게 된다. 2천 년 전 중국의 『후한서』에도 우리 민족이 호랑이를 신으로 모셔 제사를 지낸다는 기

노고단, 박혁거세의 어머니 선도성모를 국가의 수호신인 지리산 산신으로 받들어 모시던 민족성지

록이 있다. 요컨대 산신령이라고도 하는 산신의 신체는 대개 호랑이상이나 신선상으로 나타나거나 신선이 호랑이를 거느리고 있는 모습으로 나타난다. 한편 단군이나 견훤의 사위 박영규가 산신이 되었다는 기록처럼 사후의 인간이 산신이 되기도 했다. 유명한 강릉의 대관령 산신당에는 신라 때의 김유신 장군을 산신으로 봉안하고 있다.

산이 많은 우리나라에서는 오랜 옛날부터 높은 산을 신성한 곳으로 여겼다. 나라를 세운 시조들은 산으로 내려와 할 일을 마치고 죽은 뒤에는 산신이 되었다. 한국 최초의 산신을 단군으로 볼 만큼 나라의 시조, 즉 국조인 단군을 비롯하여 주몽, 수로왕 등 다른 건국 시조들도 산에 내려와 나라를 열고 죽어서 산신이 되었다. 이러한 국조신과 더불어 성모신은 산신 가운데서도 특별히 숭배의 대상이었다. 신분이 높은 여성이 사후에 신격화된 성모신은 어머니와 같이 백성을 돌보는 산신으로 존경을 받아왔다. 국조신이나 성모신이 살고 있는 산보다도 마을의 진산은 더욱 우리의 숭앙의

35) 박혁거세의 어머니 선도성모를 국가 수호신인 지리산 산신으로 받들고 매년 봄·가을에 제사를 지내던 민족성지를 노고단(老姑壇)이라 하는데, 이는 할미당에서 유래한 것으로 '할미'는 도교의 국모신(國母神)인 서술성모(西述聖母) 또는 선도성모(仙桃聖母)를 일컫는다. 통일신라시대까지 지리산의 최고봉 천왕봉 기슭에 '할미'에게 산제를 드렸던 할미당이 있었는데, 고려시대에 이곳으로 옮겨져 지명이 한자어인 노고단으로 된 것이다.

대상이었다.

산신이 마을 사람들의 모든 길흉화복을 관장한다는 믿음은 토착화되었고, 그 후 산악숭배의 관습은 시대를 관통하여 이어져 내려왔던 것이다. 산천제사가 잠시 음사로 지목되어 억압받는 경우도 있었으나 산신신앙은 삼국시대부터 조선시대까지 가장 전통적인 자연숭배사상이었다. 조선후기에 이르면 산신이나 서낭신에게 제사 지내던 장소가 390여 곳이나 되었다. 산에 대한 믿음과 존경이 강하여 이렇듯 산에다 사당을 세우고 제사를 지내는 게 대중화되었던 것이다. 무엇보다 산신신앙이 더욱 확산될 수 있었던 것은 불교에 수용되었기 때문이다. 산신은 사찰의 명당자리인 산신각에 모셔져 산과 사찰을 수호하는 신이 되었다. 칠갑산을 끼고 있는 충남 청양군 대치면 상갑리 뒷산에는 500여 년의

대구 동화사 대웅전 뒤편에 배치된 산신각

역사를 자랑하는 산신당이 거의 옛날 모습을 갖추고 있다. 마을에서는 해마다 이 산신당에 올라가 산신제를 지낸다고 한다. 이와 같이 한국의 산은 겨레의 탄생을 설명하는 장소이자 정신적 고향으로서 신성한 대상이다.

물론 사상적 관계나 문화적 접촉에서 산신을 신선으로 등치하는 것을 경계하며 신선이 아닌 산신으로 진술하는 경우도 있으나, 우리의 산악을 존중하는 사상은 신선사상으로 발전했는바, 이 산신신앙은 우리 고유의 신선사상과 밀접하다는 데 주목해야 한다. 삼국시대에 중국으로부터 들어온 도교도 우리의 자생적 신선사상이 전해졌다가 발전하여 다시 들어온 것이라 할 만큼 신선사상은 역사적으로 연원이 깊다. 연구자들은 신선사상을 '산에 대한 성스러운 믿음' 또는 '산에서 태어나 산에서 죽는 사람의 산악신앙'

등 한국인이라면 누구라도 친숙한 용어로 정리될 수 있는 일종의 문화적 현상이라고 정의하고 있다.[36] 역사적으로도 우리의 신선은 거의 모두 산신임을 알 수 있다. 산신은 북두칠성을 관장하는 인물로 도교의 칠성신과도 다르지 않다.

이 산신 · 신선사상은 유 · 불 · 도 사상을 포함하는 융합적 성격을 보였다. 위에서 언급한 것처럼 불교사찰에서의 산신 수용을 비롯하여, 유학자들이 산신제에서 주도적 역할을 했고,[37] 도교적 제례인 초제(醮祭)가 조선중기까지 국가행사로 진행되었음을 예로 들 수 있다. 허창무는 정세근의 주장을 옮기면서 유가들이 뭉쳤을 때도 최고의 산신인 단군은 종주로 모셔졌고, 사찰에서도 중국이나 일본에서는 볼 수 없는 양식을 오늘날까지도 유지하고 있다고 했다.[38] 이와 같은 한국의 신선사상이 자생적인 단군신앙, 풍수사상, 점복사상, 숭천사상 등과도 복합적으로 연계되어 있음은 자명하다.

기이한 행적으로 유명하고 존경을 받는 한국의 신선으로서 신라의 경우만 하더라도 최치원을 비롯하여 김가기, 의상대사, 김유신, 김암 등을 들 수 있다. 그밖에 고려의 강감찬, 권경중과 더불어 조선의 김시습, 전우치, 곽재우, 이지함 등이 많이 거론되고 있다. 이능화는 세상에서는 우리 동방을 가리켜 신선이 사는 신선의 소굴 또는 신들의 집이라 하는데, 대개 그 근거가 있는 것이라[39] 했다. 도사 · 도인으로도 불리는 신선에 관한 문헌으로는 『해

신선이라 할 수 있는
신라의 최치원

---

36) 허창무 외, 『한국 고유사상 · 문화론』, 한국정신문화연구원, 2004, 53면.
37) 대표적인 예로 유교적인 지도하에 산신을 섬기는 〈강릉단오제〉의 시행을 들 수 있다.
38) 허창무 외, 위의 책, 54면.
39) 이능화 저, 서영대 역주, 앞의 책, 263면.

동전도록』(한무외), 『해동이적』(홍만종) 등이 있다.

서낭당에 마을의 수호신을 모신다

서낭의 어원은 산신의 다른 이름인 산왕(山王)에서 온 것으로 본다. 서낭당

지리산 재오개 하니마을에 있는 서낭당

은 토지와 마을을 수호
하는 서낭신에게 제사
하기 위한 제단을 일컫
는 것으로 대개 마을 입
구나 고갯마루에 위치한
다. 서낭당은 큰 고목나
무에 신성한 왼새끼줄과
울긋불긋 화려한 물색

(옷감)을 달아놓은 신목(神木) 즉 당산나무가 서 있고, 돌무더기를 쌓아놓은
성스러운 곳이다. 선돌·돌서낭 등으로 불리는, 돌을 세워놓은 형태도 있
다. 신목이나 돌무더기제단이 복합된 형태는 〈단군신화〉 속의 태백산 꼭대
기의 '신단수(神壇樹)'에서도 기원을 찾을 수 있어 서낭신앙의 역사가 얼마
나 오래되었는지 알 수 있다.

보통 둥구(동구)나무, 정자나무라고도 하는 당산나무는 느티나무[40], 소나
무 등이다. 당산나무는 대체로 그 마을에서 가장 크고 오래된 나무인데, 그
런 나무라야 하늘과 가까워 신이 내려오기도 쉽다고 여긴 것이다. '신간(神
竿)'이라는 기다란 장대도 당산나무라 할 수 있다. 농민들이 귀하게 여기는
볏가릿대나 두레기 등의 장대가 좋은 실례라 하겠으며, 『동국세시기』(2월)에

---

40) 느티나무는 일본 궁정에서도 특별한 구실을 하였는데, 백제의 사신들을 느티나무 아래서
맞았다고 한다.

등장하는 〈제주도굿〉의 장대 열두 개도 마찬가지라 하겠다. 오늘날에도 농촌에서는 마을의 큰 나무를 신으로 받들어 나무 밑에 신당을 짓고 제례를 올린다.

역사 속에서 나무의 신성성이나 영험함을 전하는 이야기는 헤아릴 수 없이 많다. 임진왜란이나 6·25전쟁 같은 국가의 변란을 나무는 예고하였고, 마을의 재난도 나무는 미리 막아주었다. 신성한 나무를 베어냈다가 벌을 받았다는 이야기들을 우리는 잘 기억하고 있다. 예컨대 왜군들이 마구 잘라낸 마을의 나뭇가지에

서낭당에 해당하는 몽골의 오보

깔려 죽었다든가, 새마을 운동 때 마을나무를 베어낸 일꾼들이 죽은 사건 등을 들 수 있다. 나무를 자를 때 '어명'이라고 세 번 외치는 것도 어명에 따라 나무를 자르는 것이니 산신은 노여워하지 말라는 의미일 것이다.

신목·신수(神樹)의 형태를 숭상하는 풍습은 우리만의 것이 아니라, 동북아시아 전 지역에 널리 분포되어 있는 편이다. 시베리아 사람들은 신성한 거목의 뜻을 지닌 '아리마마스'를 섬기는데, 신성한 나뭇가지에 오색 헝겊을 걸어 잡아매고 행로의 안전을 비는 것이 우리가 신목을 모시는 것과 똑같다.

뿐만 아니라 우리의 서낭당의 형태는 몽골의 '오보(oboo)'와도 아주 흡사하다.[41] 몽골초원을 달리다 보면 경계표시요 제단이기도 한 오보라는 오

---

41) 오보 축제 뒤에 씨름, 말달리기, 활쏘기 등의 경기를 즐기는 것도 우리와 비슷하다.

색 깃발 나부끼는 돌무더기와 그 인근에 흩어진 풍화된 석인상(石人像)을 흔히 볼 수 있다. 돌무더기를 쌓는 전통은 원래 시베리아, 돌궐, 몽골 등 유목민족들의 풍습이며, 이 풍습과 신앙이 우리나라를 비롯하여 아시아 전역에 퍼져 있다. 다시 말해 돌을 쌓아두는 것을 보편적인 민간풍습이자 마을신앙으로 볼 수 있다. 그러나 돌무더기의 기원을 역사적으로 존재하던 우리의 돌싸움과 관련시키면서 마을의 고갯마루에 돌을 쌓아두었다가 유사시에 사용하고자 했을 것으로 추정하기도 한다.

서낭당의 구조를 보면, 더러는 신을 모시는 작은 가옥형태의 건물인 당집이 돌무더기나 나무와 함께 존재하기도 한다. 가령 서울 동작구의 사당동도 서낭당 당집이 있었던 곳이다. 사(社)란 터주신을 모셔 마을의 안녕과 오곡의 풍요를 비는 신성한 제사 공간이었다. 사람들이 모이기에 당집이 필요하고

당고개, 몸을 보호하기 위해 들고 넘었던 돌을 쌓아둔 곳이
서낭당으로 변해 이름 붙여진 곳

이 당집을 '사당(社堂)'이라 불렀던 것이다. 이 사당에서 '사' 자가 빠진 당고개, 당산 등의 지명이 남아 있기도 하다. 노원구 상계동에 있는 당고개는 예로부터 산짐승이 많아 나그네들이 호신용으로 돌을 들고 고개를 넘었고, 고개를 넘은 다음 그 돌을 쌓아두었는데, 그 서낭당 터가 있었다는 곳이다. 즉 서낭당의 '당'과 '고개'를 합쳐 당고개라 이름을 지은 것이다.

대관령국사성황당은 잘 알려진 서낭당이다. 대관령 산신당과 인접한 곳에 있는 대관령국사성황당에는 〈강릉단오제〉의 주신인 신라의 고승 범일국사를 서낭신으로 모셨다. 신당에 걸린 그림은 백마를 탄 노인이 한 손으

로 말고삐를 잡고 앞뒤로 호랑이의 호위를 받는 모습이다.

서낭당은 산간마을로 가면 산신당이 되고 바닷가 마을로 가면 해신당이 된다고 할 수 있다. 서낭당이나 산신당 안에는 대부분 한지나 무명실을 걸어놓아 서낭신의 신체로 삼고, 해신당의 경우 나무로 깎은 남근을 걸어놓기도 했다. 특히 〈뱃고사〉에서 모셔지는 배서낭은 배와 선원을 보호하고 풍어를 가져다주는 신이다.

조선중기 이래로 백성들의 신앙처로 온전히 자리 잡은 서낭당은 오늘날까지 마을 입구에 남아 이 땅을 지켜온 조상들의 푸근한 마음을 묵묵히 전해 주고 있다.

한국의 서낭신앙은 무속적이며 유교적이다

서낭당은 한자로 기록하는 과정에서 음의 유사에 의하여 선왕당(仙王堂), 천왕당(天王堂)으로 불리거나 '고을을 막아준다'는 뜻의 골매기로도 불렸다. 특히 서낭과 명칭이 유사한 성황(城隍)이 있는데, 이들은 애초에 다른 것이었으나 복합되어 오늘날에는 거의 같은 의미로 쓰고 있다. 서낭신앙은 우리 고유의 민간신앙인 반면 성황신앙은 중국의 성지(城池)신앙이다. 즉 성을 방어하기 위해 성의 외곽에 해자(垓子)를 파서 그 파낸 흙을 해자 밖에 쌓은 흙더미에 방어적 의미를 부여해 신앙하는 것이 성지신앙이다. 이렇듯 중국의 성황은 성을 보호하는 해자를 상징하는 도시 수호신이다.

중국으로부터 성황신앙이 유입되었는데, 문헌자료에 등장하는 가장 오래된 기록은 『고려사』로서, 고려 문종 때에 선덕진(宣德鎭)에 쌓은 새로운 성 안에 성황사(城隍祠)를 지어 봄과 가을에 제사를 지내게 했다는 기록이 있다. 중국의 성황신앙이 고려 때 유입 전래되어 조선에 이르기까지 국가차원에서 믿어지다가 민간으로 퍼져나가게 되었다.

조정에서 각 고을마다 성황사를 지어 제사를 지내도록 했다는 기록과 더불어 국가차원에서는 중국의 성황신앙을 충실히 따르고자 했음을 알 수 있다. 중종 25년(1530)에 출간된『신증동국여지승람』에 나오는 성황사만 336개에 이르렀다. 전북 고창 읍내의 모양성(牟陽城) 안에는 불타버린 성황사를 새롭게 지어놓았는데 전형적인 읍성 수호의 성황사임을 알 수 있다.

그러나 국가의 의도와 달리 민간에서는 적극적으로 수용되지 않았다. 지역의 수호를 넘어 기상을 조정하고 사후세계까지도 주관하던 중국 성황신

마을마다 있었던 성황사

앙은 민간으로 전해지면서 한국의 토착신앙과 결부되어 기능이 축소 변형되었다. 똑같이 성황당이라 불렸지만 관제적 신앙체계와 민간의 음사체계가 공존했던 것이다. 서낭당이 온전히 백성들의 제사로 변하는데는 조선 중기 사림파의 역할이 컸다. 성리학을 신봉하던 사림파들은 서낭당을 음사로 규정 비판하였기 때문이다.

다시 말해 민중들은 국가에서 강요하는 성황이라는 명칭은 사용하되 실행하는 제의에서 토착적·무속적인 요소는 그대로 수호했던 것이다. 이능화는 조선의 도처에 성황사가 있으니 무격들이 모여서 기도하는 곳이라[42] 한 바 있다. 후대로 내려오면서 조선후기에 이르러 한국 민간의 성황신 또는 서낭신은 원래 그 지역을 관할하던 산신이 주종을 이루게 되었다. 원시시대 천신을 좀 더 인간 가까이에 모시려는 심리에서 천신→산신→마을신→서낭신의 과정을 밟아 서낭신앙이 생겼다고도 한다. 물론 서낭신의

---

42) 이능화 저, 서영대 역주, 앞의 책, 103면.

성격은 인격신, 자연신, 동물신 등 다양하게 나타난다. 결과적으로 지금까지 전해오는 서낭신앙은 토착적·무속적인 요소를 기본 축으로 하면서 유교적(고려 이후) 요소가 가미된 성격을 띤다. 오늘날 시행되는 서낭제도 두 단계로 나뉘어, 처음에는 유교적 제사가 행해지고 다음에는 서낭굿이라는 무속적인 행사가 진행된다.

우리의 서낭은 외부에서 들어오는 질병과 재해 등을 막아주고, 한 해의 풍년을 기원하는 장소이자 신적 존재이기도 하다. 따라서 마을에 큰일이 있을 때는 무당을 불러 〈서낭굿〉을 벌일 뿐만 아니라 개인적으로도 가족의 건강과 평안을 위해 헝겊이나 짚신 등을 걸어둔다. "사람이 아플 때 그 환자의 옷을 서낭당에 걸고 빌면 병이 낫는다"는 말도 전하고 있다. "산신당 주위를 더럽히거나 신수(神樹)를 자르면 벌을 받는다"[43]는 속신어도 있다. 이로써 신목을 포함하는 서낭당이 중요한 신앙의 대상이었음을 거듭 확인할 수 있다. 정초에는 부녀자들이 간단한 제물을 차리고 가정의 무사태평을 빈다. 하지만 평상시에는 서낭당 근처에 접근하기를 꺼리는데, 이는 만약 마을신에게 부정한 일이나 금기를 어기는 일이 생기면 벌을 받는다고 여기기 때문이다.

서낭당의 전설적 유래 가운데는 서낭당이 중국 주나라 강태공의 부인 마씨가 죽은 뒤 만들어진 무덤이라는 이야기가 있다. 강태공이 집안의 가난은 돌보지 않고 수도에만 전념하자 그 부인 마씨가 견디지 못하고 가출하였다. 그 뒤 무왕이 강태공의 현명함을 듣고 그를 수령으로 삼았다. 하루는 강태공이 길을 나서자 백성들이 모여들었고 그중에는 부인 마씨도 있었다. 부인은 기뻐하고 부끄러워하면서 강태공에게 다시 결합하기를 청했다. 그러자 강태공은 한 사발의 물을 구하여 땅에 붓고 그 부은 물을 다시 그릇에 채우면 허락하겠다고 했다. 마씨는 급한 마음에 여러 사람의 침을 구하러 돌아다니다가 뜻을 이루지 못한 채 그곳에서 죽고 말았다. 이에 한번 엎

---

43) 최래옥, 앞의 사전, 176면.

복수난수, 『사기』의 「제태공세가(齊太公世家)」에
실려 있는 강태공과 관련된 고사

지른 물은 다시 주워 담기 어렵다는 '복수난수(覆水難收)'의 고사가 생겼다고 한다. 사람들은 이 여인의 죽음을 가엾게 여겨 시신을 돌로 덮어 무덤을 만들어주고 지나다닐 때마다 침을 뱉어 그녀를 위로해 주었다고 하는 것이다.

그 이후 실제로 사람들은 서낭당 앞을 지날 때 돌을 주워 돌무더기에 던지거나 침을 세 번 뱉어, 길에 도사리고 있는 악령의 피해를 줄이고자 했다. 서낭당을 지날 때 돌 세 개를 던지고 침 세 번 뱉지 않으면 귀신 나온다는 신앙적 금기어도 만들어냈다. 고대사회에서는 침에 인

서낭당의 돌무더기

간 영혼의 일부가 들어 있기 때문에 침을 뱉는 것을 신들에게 제물을 바치는 행위로 인식했다.

장승은 우리 곁에 있는 인격신이다

장승의 기원에 대해서는 토착신앙설, 남근숭배설, 비교문화설 등 여러 설이 있으며, 세계 전역에 장승과 같은 다양한 신상이 존재한다. 시베리아 일대의 여러 목각도 우리의 장승과 비슷하다. 그러나 오늘날 전하고 있는

우리의 장승은 대부분 조선후기의 것으로서 한국의 미와 특성을 잘 드러낸다. 중국에는 장승과는 다르나 재앙을 막겠다는 의도로 '태산석감당(泰山石敢當)' 또는 '석감당(石敢當)'이라 새긴 돌을 도로나 집 앞에 세워놓는다.

제주도의 돌하르방

장승은 장생하고자 하는 인간의 욕구에서 삼국시대 이전부터 전래되어 왔다. 장승의 명칭은 장승, 장생(長栍), 당승, 벅수, 법수, 할아버지, 할머니, 미륵, 하르방 등 다양하다. 해방 후 나온 '돌하르방'이라는 말은 돌로 만들어진 할아버지라는 뜻의 제주도 방언으로 돌하르방은 장승의 일종이다. 현재 제주도에 남아 있는 돌하르방은 52기라 한다. 돌하르방의 경우 오른손이 올라가면 문인이고, 왼손이 올라가면 무인이며, 나란히 있으면 평민이라고 한다. 가장 보편적인 명칭으로는 장승, 다음으로는 벅수라는 이름을 사용하는 편이다.

장승은 나무나 돌로 된 기둥에 다채로운 얼굴을 조각하여 마을이나 사찰 입구에 세운 신앙 대상물이다. 〈변강쇠가〉를 보면, 변강쇠가 황해도에서 옹녀를 만나 정착을 시도하나 실패하고 전국을 유랑하다 지리산 자락에 정착하게 된다. 그런데 나무를 해오라는 옹녀의 채근에 못 이겨 길가에 서 있는 장승을 뽑아다가 쪼개어 불을 때고는 동티가 나서 험악하게 죽는다. 마을을 지키는 신성한 장승을 떠돌이 유랑민이 제거하려다가 실패해서 죽게된 것이다.

장승에는 경계를 나타내는 것, 이정표 역할을 하는 것, 수호신의 기능을 하는 것 등의 종류가 다양하다. 그러나 경계선이나 이정표 역할을 하는 것은 거의 남아 있지 않으며, 장승의 가장 중요한 기능은 수호신으로서 마을을 지키거나 사찰(불법)을 보호하는 것이다. 장승이 무서운 모습을 하고 있는 것도 마을이나 사찰 지킴이로서 외부로부터 오는 악귀나 재앙 따위를 물리치는 역할을 해야 하기 때문이다. 더구나 토속적인 도깨비나 불교의 사천왕이나 도교의 신장 같은 이미지를 지닌 얼굴과 액을 물리치는 문구를 통해 장승의 제일 중요한 역할이 벽사나 제액임을 알 수 있다. 장승에 새겨진 문구도 용맹한 장군의 이름을 붙인 '천하대장군(天下大將軍)'이나 '지하여장군(地下女將軍)'이 가장 많다.

장승이 마을이나 사찰의 수호신으로 자리 잡은 것은 조선후기이다. 통일신라시대부터 사찰에 장생표가 세워졌으며, 신라 말부터 풍수도참사상이 유행하면서 산천의 기가 약한 곳을 보완하기 위해 장승이 만들어지기도 했다. 장생표는 조선시대에 들어와 도로의 거리를 표시하는 장생으로 변했고 조선후기에 이르러 장승이 수호신으로 바뀌게 되는 것이다. 장승이 지닌 비바람에 견디는 끈질긴 생명력은 종교성을 강화시키게 된다. 한편 장승의 소박하고 단순한 미는 민족 고유의 정서를 담고 있다. 이처럼 장승에는 한국 민중의 모든 것이 표현되었다.

우리가 흔히 만나게 되는 장승의 얼굴 모습은 크게 두 가지라고 할 수 있다. 하나는 험상궂은 얼굴이며 또 하나는 자애로운 모습이다. 따라서 왕방울 눈이나 찢어진 눈에 주먹코 등이 기괴하면서도 우스꽝스럽다. 한국의 파격미나 해학미를 이야기할 때 반드시 장승을 거론하는 것도 이 때문이며, 여기서 장승이 민중예술의 대표주자임을 확인하게 된다. 다른 예술 분야와 마찬가지로 장승도 조선후기 민중의식의 산물이다. 조선후기 민중이 각성하면서 자신들의 수호신상이자 자화상으로서의 장승이 대거 출현했다.

무엇보다 장승은 멀리 있는 자연신이 아니라 우리 곁에 있는 인격신이라 할 수 있다. 상투를 튼 모습, 신랑·각시의 모습, 시골 노인의 모습 등에서 위압감을 느낄 수는 없다. 조선말 독일 상인 오페르트(Emst Oppert)나 미국 선교사 게일(J. S. Gale) 같은 외국인들이 이 땅에 들어와서 장승을 보고 놀란 것이 문헌이나 관념 속의 신이나 우상을 길거리에서 직접 눈으로 보았기 때문이라 말한 것도 시사하는 바가 크다. 악귀를 퇴치하면서 사람의 생활을 지켜주는 신으로서의 장승의 얼굴이 엄숙과 권위보다도 오히려 친근하고 순박한 우리 인간의 모습을 벗어나지 않는다는 점에서 우리 장승이 지닌 한국문화적 특징을 다시 확인하게 된다.

장승은 대부분 마을 입구에 한 쌍씩 모셔지는데, 대개 음력 정월 열나흘 날 세우는 편이다. 중부 이북지방에는 목장승이 많고 중부 이남지방에는 석장승이 많다. 전북 남원에는 석장승이 유난히 많다. 또 사찰에는 석장승이 많으며 조형미가 뛰어난 것이 많다. 목장승의 경우 주로 소나무를 이용하지만 오랜 세월을 두고 보려면 밤나무가 좋다. 그리고 잘 썩지 않게 하기 위해 나무의 뿌리 부분을 머리가 되게 세운다. 그러나 목장승은 오래가지 못하므로 매년 혹은 몇 년에 한 번씩 새로 세워야 한다.

장승이 중요문화재가 되다

충남 아산시 송악면의 외암리 민속마을(중요민속자료 제236호)의 마을 어귀에는 솟대와 장승이 서 있는데, 음력 정월대보름이 가까워오면 마을에서는 당산제와 함께 장승제를 지낸다. 장승제는 마을의 모든 사람이 참여하여 간단하게 제의를 올린 다음 놀이로까지 이어진다. 이는 주민들이 일치단결하여 잡귀를 막아내는 적극적인 신앙의 표현이다.

도심 속에서도 마을의 안녕과 풍요를 비는 장승제를 지내고 있다. 20여 년째 서울 동작구 노량진 장승배기에서는 매년 장승제가 열리고 있다. 동작구 한 중심에 있는 '장승배기'의 유래를 살펴보면 정조가 부친 사도세자의 무덤인 융릉(隆陵)에 참배하러 가면서 쉬었던 자리라고 한다. 당시 이곳은 인가도 없었고 행인마저 적었는데 정조가 장승을 만들어 세우라고 지시한 데서 장승배기라는 지명이 붙게 되었다는 것이다. 현재 서 있는 키 4m가량의 장승들은 1990년 초 이 지역의 바르게살기운동협의회 회원들이 장

가장 오래되었다는 장승, 전북 부안읍내 동중리
마을 입구에는 두 장승이 서로 마주 보고 있음

승배기라는 지명의 유래를 되살리자는 취지로 1천만 원의 기금을 모아 건립을 추진했으나 지역 기독교계가 우상 숭배라는 이유로 건립을 반대해 6개월간이나 진통을 겪은 끝에 세워진 것이다.

지금까지 남아 있는 장승 중에서 가장 오래되었다고 하는 것은 전북 부안군 부안읍 동중리에 있는 장승이다. 부안읍성의 동문이 있던, 지금의 동중리에는 당산나무 한 그루가 있고, 돌장승 한 쌍이 있으며, 돌로 만든 솟대가 있다. 당산나무 서쪽에는 몸체에 '상원주장군(上元周將軍)'이라고 새겨진 남장승이 머리에 벙거지 모양의 모자를 쓰고 서 있고, 동쪽으로는 '하원당장군(下元唐將軍)'이라고 새겨진 여장승이 서 있다. 여장승은 남장승보다 큰 키에 모자는 쓰고 있지 않은 모습이다. 긴 돌기둥에다 돌로 조각한 새(오리)를 얹어놓은 솟대는 다른 고장에서 보기 드물다. 솟대의 재료가 나무에서 돌로 변화되는 과정을 보여주는 좋은 예라고 할 수 있다. 조선 숙종 15년(1689)에 마을의 재앙을 막고 안정과 번영을 빌고자 세웠던 이 장승과 솟대는 전북지방의 전형적인 돌장승 및 돌솟대 문화를 보존하고 있을 만큼 옛 모습을 잘 간직하여 중요민속문화재 19호로 지정되었다. 지금도 이 마을에서는 2년마다 음력 정월대보름에 당산제를 올리는데, 〈풍물굿〉과 함께 〈줄다리기〉를 한 후 돌기둥(솟대)에 줄을 감아 옷을 입힌 뒤 제를 지내는 민속이 전해지고 있다.

장승 가운데 오늘날 약 10기가 중요민속자료로 지정되어 국가의 보호를 받고 있다. 중요민속자료 7호인 경남 충무시 문화동의 돌장승은 여느 지방의 것과는 달리 남녀 한 쌍이 아닌 '토지대장군'이라는 문구가 새겨진 할아버지만이 홀로 서 있는 이색적인 것이다. 그리고 일반적으로 장승의 제작연대가 불분명한 데 비해 그 장승의 등에 "光武十年丙年八月……"이라고 1906년이라는 제작연대가 씌어있다. 한편 전남 나주시 다도면 마산리 불회사 입구에 있는 돌장승은 조형미가 돋보여 중요

조형미가 뛰어난 불회사 입구에 있는
돌장승(전남 나주시 다도면)

민속자료 11호로 지정되어 있다. 이것의 모조품이 서울 인사동 골목에 있다. 수염을 배까지 꼬아서 늘어뜨리고 왕방울 눈에, 뭉툭한 코의 무서운 모습이 잡귀의 접근을 막는 사찰 수호신상임을 잘 보여준다.

경기도 광주시 중부면 엄미리 고개에 있는 장승과 솟대

목장승 가운데는 경기도 광주시 중부면 엄미리의 장승과 충남 공주시 탄천의 장승이 뛰어난 조형성을 보여주고 있다. 엄미리의 장승과 솟대는 중부지역 장승과 솟대의 전형이라고 한다. 엄미리에서는 2년마다 음력 2월이면 장승을 세운 다음 곧바로 장승제를 지내고 밤에 산신제를 지냈으나 지금은 장승제만 지낸다.

한편 제작 연대가 확실한 것으로 전남 나주군 다도면 운흥사지 석장승(1719), 전북 남원시 산내면 실상사 앞의 석장승인 대장군(1725)과 상원주장군(1731)이 있다.

장승은 단순한 민간신앙의 대상이 아니라 불교신앙과 결합되어 형성된 마을의 수호신이라 하겠다.

솟대는 인간의 소망을 하늘에 알리는 존재다

솟대의 역사는 오래되었지만 솟대가 마을의 수호신으로 여겨진 것은 조선후기의 일이다. 솟대란 농경마을을 지켜주는 신앙 대상물로서 나무나 돌로 만든 새를 장대나 돌기둥 위에 얹어놓은 것이다. 마을에서는 정월대보름에 마을제사를 지내기 위해 잡귀를 쫓고 풍농을 기원하는 마음으로 솟대를 세웠다. 솟대는 인간의 소망을 하늘에 알리고자 하는 우리 민족 고유의 희망의 안테나였다.

솟대의 명칭은 다양하다. 솟대를 주로 농촌에서는 '수살대'나 '낟가리대'로, 어촌이나 사찰 등지에서는 '짐대'나 '진대'로 불렀다. 이 밖에 솟대를 오릿대를 비롯하여 당산이나 당산할머니, 별신대, 진떼백이 서낭님, 거릿대 장군님, 대장군 영감님 등으로도 불렀다. 일시적으로 세우는 장대인 볏가리[禾竿], 풍간(風竿) 등도 솟대의 일종이다.

솟대를 구성하는 요소는 긴 장대와 그 위에 얹은 새이다. 솟대라는 것은 글자 그대로는 '솟아 있는 장대'라는 뜻이다. 예부터 사람들은 장대를 예사로 생각하지 않았다. 『동국세시기』 2월조에는 "제주도 풍속에 2월 초하룻날 귀덕, 금령 등지에서는 장대 열두 개를 세워놓고 신을 맞이해서 제사를 지낸다"는 내용이 나온다. 그러니까 솟대는 마을 입구에 세워놓은 높은 장대로서 천상과 지상을 연결하는 교통로를 상징하는 종교적인 의미가 있다. 이와 함께 솟대는 잡귀가 마을로 들어오지 못하도록 하는 주술적인 의미를 가지고 있다. 얼마 전까지 장대에 헝겊이나 왼새끼줄, 북어 등을 매달아 두었던 것도 솟대에 대한 신앙심의 발로였다. 또한 솟대를 '수살대', '낟가릿대'라고 불리는 것을 보더라도 장대가 제액과 풍농을 기원하는 의미의 신앙적 대상임을 알 수 있다.

우리나라 솟대 가운데 가장 조형성이
뛰어나다는 강문동 진또배기

세 마리의 새를 올려놓은 강릉시 강문동의 진또배기는 우리나라 솟대 중에서 가장 조형적으로 정교하고 아름답다고 한다. 풍어를 기원하는 신앙조형물로서의 진또배기를 동서 양쪽의 여서낭과 남서낭 사이에 세웠다. 3년에 한 번 음력 4월 15일 〈별신굿〉을 크게 벌이는데, 이때 진또배기를 새로 깎아 세운다. 액운을 막기 위해 솟대를 세우는 것으로 충남 부여군 은산지방에 전해 내려오는 〈별신제〉가 유명하다. 〈별신제〉 마지막 날에는 마을 사방에 묵은 장승을 빼버리고 새 장승을 세운다. 그리고 제물을 준비하는 화주집에 세워둔 진대(솟대 역할을 하는 기다란 장대)를 가져와 장승 옆에 세워둔다.[44] 경기도 파주시 광탄면 용미리에서는 매년 음력 10월초에 성대하게 〈도당굿〉을 올리며 마을굿의 일환으로 솟대를 세운다. 용미리는 집집마다 가정신앙이 잘 보존된 마을이기도 하다.

한편 솟대에 해당되는 기다란 장대를 세워서 북과 방울을 달아 귀신을 쫓고 소도(蘇塗)라는 별읍(別邑)을 표시했다.[45] 솟대가 잡귀를 막아준다는 점은 앞에서도 언급했다. 18세기까지 유럽에 산재했던 안전이 보장되는 신성한 지역, 아지르와 같이 우리나라 삼한시대에도 치외법권의 성역이 있어 여러 가지 이유로 쫓기는 도망자가 이곳에 들면 더 이상 추적하지 못했다. 그 밖에도 장대를 세워서 신령을 맞이했다는 기록들을 볼 때 장대는 신성

---

44) 이희근, 앞의 책, 82~83면.
45) 진수, 『삼국지』 위서 한전(韓傳).

한 물체로서 신앙의 대상이었음을 알 수 있다. 장대의 중요성 때문에 솟대에 쓸 나무는 깊은 산에서 10년 이상 자란 반듯한 것을 선택했다.

솟대에 얹은 오리는 철새이자 물새이다

솟대의 장대나 돌기둥 끝에는 나무나 돌로 오리, 기러기, 까치, 까마귀 등 새를 조각하여 달아놓았다. 새는 하늘(조상, 신)과 지상(자신, 인간)을 연결해 주는 신령스러운 존재이다. 무엇보다 새를 올려놓는 풍습은 북방문화의 요소로서 새가 죽은 이의 영혼을 저승으로 인도한다는 관념에서 나왔

경주 서봉총에서 출토된 금관
위에 있는 새

다. 티베트, 몽골, 네팔 등을 비롯하여 알타이지방에서 시신을 들에 내놓아 새로 하여금 파먹게 하는 조장(鳥葬)도 이와 마찬가지다.

우리의 솟대가 동아시아 전역에 퍼진 새 문화와 무관할 수 없다. 새는 한국문화 속에서 중요한 의미로 많이 다루어진다. 신라금관 위에 있는 새, 백제금동대향로 꼭대기에 있는 봉황, 토기로 만들어진 오리, 모자에 꽂혀 있는 깃털 등 헤아릴 수 없이 많으며,

우리의 새를 숭배하는 마음은 지극했다. 솟대에 쓰이는 새 가운데는 오리가 주류를 이루는데, 원래는 까마귀였다고 하는 사람들도 있다. 오리가 갖는 특성으로는 철새 · 물새 · 다산성을 들 수 있다.

먼저 오리는 우리나라의 대표적인 철새이다. 오리는 먼 곳으로 이동하는 철새이기 때문에 예부터 죽은 사람의 영혼이 오리가 되어 하늘로 날아올라 간다고 여겼다. 철새가 일정한 계절을 주기로 나타났다 사라진다는

것이 마치 신과 인간이 만나고, 이승과 저승이 교통하는 것으로 인식되었을 것이다. 다음으로 오리는 물새이다. 물새는 하늘·땅·물을 활동영역으로 삼기 때문에 하늘과 땅만을 활동영역으로 하는 들새나 산새보다 종교적 상징성을 지니기에 충분하다. '오리가 재채기를 하면 비가 온다'고 하는 말은 물을 소중히 생각하는 농경사회에서 오리를 비의 신으로 생각한 때문이다. 오리는 잠수를 하는 물새로서 홍수에도 살아남을 수 있는 불사(不死)의 새로도 여겨진다. 한편 오리는 다산의 특징을 지닌 조류다. 닭이 1년에 생산할 수 있는 알의 수가 200~220개 정도라고 하면 오리의 어떤 종류는 300~360개까지 알을 생산한다. 농경사회에서는 물에 살면서 새끼를 많이 낳는 오리가 풍년을 상징한다고 보았던 것이다.

이렇듯 오리는 농경사회에 부합하는 새이다. 전북 정읍군 산외면 목욕리에서는 정월대보름 동제를 지내는데, 이때 솟대 위의 오리 주둥이에 물밥이라 하여 쌀과 동전을 넣은 주머니를 매단다. 이는 〈동명왕설화〉에 나오는 보리 종자를 전하는 비둘기처럼 솟대의 새(오리)가 농업신의 사자임을 보여주는 좋은 본보기이다.[46]

솟대가 시베리아, 만주, 몽골 등 북아시아에서 비롯되었으면서도 우리나라의 쌀농사지대인 남부지방에 더욱 밀집되어 나타나는 것을 보더라도 솟대는 농경민족의 신앙심과 긴밀하다고 하겠다. 요컨대 솟대는 북아시아·한국·일본에 이르는 광범위한 지역에서 나타나며, 기원은 청동기시대로 올라갈 수 있을 만큼 오래되었다. 특히 청동기시대의 천신신앙과 깊은 관계를 맺는 우리의 솟대신앙은 〈단군신화〉 속에 잘 드러난다. 단군의 아버지인 환웅은 천신인 환인의 명령으로 태백산 꼭대기 신단수(솟대)를 통해 땅으로 내려왔기 때문이다. 솟대 아래에는 종종 장승이 서 있는데, 솟대 위의 새가 마을로 침입하는 잡귀를 장승에게 알려주면 장승이 이를 물리친다

---

46) 이희근, 앞의 책, 83~84면.

강원도 고성군 건봉사에 있는
사각의 돌기둥으로 된 솟대

는 것이다.

장승과 마찬가지로 우리의 솟대 문화는 전국에 분포되어 있다. 장승이 불교적으로 변용되는 것과 마찬가지로 솟대는 농어촌 마을뿐만 아니라 사찰에도 영향을 미쳤다. 신성한 사찰이 있는 지역을 표시하는 돌기둥으로 이뤄진 당간지주는 솟대를 계승한 것으로 볼 수 있으며, 강원도 고성군 거진읍 냉천리의 건봉사에서 볼 수 있는 바와 같이 실제로 절에 솟대가 세워지기도 했다. 물론 불교 수용으로 인해 토착종교가 크게 변모했음은 잘 알려진 사실이다.

특히 솟대는 장승과 함께 조선후기 강렬한 민족의식의 흥기와 더불어 정착된 한국문화의 원형으로서 의미가 크다. 솟대가 조선후기 널리 퍼졌음은 솟대쟁이패에서도 알 수 있다. 솟대를 세워놓고 곡예를 부리던 유랑예인집단인 솟대쟁이패는 민족 문화예술의 전승자들이기도 하다.

제2장

수단에 따른 믿음

　공간에 따른 믿음의 대상적 차원과 달리 앞으로 다룰 믿음의 수단에 따라 구분한 여러 신앙의 경우 믿음을 이끄는 신적 영역, 즉 신성성에서는 궁극적으로 일치된다고 할 수 있다. 즉 소재로 본 무속·풍수·점복·성·도깨비·금기 등은 믿음의 큰 대상(목적)을 위한 방법인 것이다.

　물론 소재적 요소의 풍수, 점복 등을 가정신앙이나 마을신앙에 포함시키면서 민간신앙을 크게 가정신앙과 마을신앙으로 구분하기도 한다. 가령 마을신앙에서의 돌무더기(선돌)와 풍수신앙에서의 돌무더기가 크게 다르지 않은 것도 분류의 기준을 정하기 힘들게 한다. 마을신앙의 대상인 장승이나 솟대는 기자신앙의 대상이 되기도 하며 소재적 측면에서 자연물 신앙에 속한다고 할 수 있다. 서낭당 역시 공간적으로는 마을신앙이지만 소재적인 면에서는 자연물 신앙이라 할 수 있다.

　이렇듯 민간신앙의 종류를 엄격하게 구분하고 성격을 획일적으로 규정 짓기 힘든 현상은 바로 한국의 민간신앙들 속에 내재된 강력한 융합적 성격을 반증하는 것이라 하겠다.

　본 저서에서 다룰 신앙 밖에도 민간신앙의 종류로 대상이나 수단에 따라 모든 동식물과 자연물에 영혼이 있다고 믿는 애니미즘(정령숭배), 특정한 동식물과 자연물을 신으로 삼는 토테미즘(자연숭배), 영웅신앙, 미륵신앙 등도 언급될 수 있다.

1) 무속신앙

통계의 차이는 있지만 무당들의 조직인 대한승공경신연합회에 공식적으로 등록되어 있는 신의 자식(무당 자신들이 부르는 말)들의 수가 공식적으로 10만 정도가 된다고 하며 등록하지 않고 활동하는 무당들의 수는 어림잡아 20~30만 정도로 추정한다. 인터넷에 보니 현재 한국에 40만 명이 넘는 무당이 활동하고 있다고 한다. 기독교 목사가 자신의 단골이라는 무당도 있다. 특히 대선 때만 되면 용하다는 점쟁이 얘기가 신문이나 잡지, TV 등에 회자된다. 아무개 점쟁이가 차기 대통령 당선자를 알아 맞췄다고 떠들썩이다. 과거에 어떤 무당은 김일성의 죽음을 예고했다. 요즘 무당이 공공연히 방송에 출연하여 자신이 살아온 내력과 사업에 대해 이야기하고 있다.

무속(巫俗)은 한국의 모든 사상과 종교, 나아가 문화의 기반이 된다고 할 수 있다. 앞에서 살펴본 바와 같이 가정에서 믿는 최고의 신인 성주신이나 마을을 수호하는 대표적인 서낭신 등 무엇 하나 무속과 무관하지 않다. 또한 가정에서 조상신을 모시거나 마을에서 산신을 모신 것은 무속에서 조상신과 자연신을 믿는 것과 상통한다. 따라서 우리의 토착적·민간적 사상이나 신앙을 미시적으로 분석하지 않고 광의로 말할 때는 '무속'으로 표현할 수도 있을 만큼 무속은 한국 토착적 사상이자 신앙을 대표한다. 무속이라는 말은 원래 없었다고 한다. 무속이라는 명칭을 처음 사용하면서 멸시의 대상으로만 여겼던 무속을 주요 토착종교로 자리매김 시킨 것은 원래 불교 신자였던 이능화라고 할 수 있다. 학자들 가운데는 '무속'이 아닌, 유교나 불교를 떠받치는 '무교'라는 말을 쓰고 있기도 하다.

삼국시대 이후 중국에서 전래된 외래종교인 유·불·도 등에 대해서도 무속은 그것들을 배척하기보다는 수용하면서 그 속에 깃들게 되었다. 『삼국사기』에 실려 있는 최치원의 「난랑비서문」의 "우리나라에 지극히 오묘한 도가 있으니 풍류라 한다. …충효를 숭상하는 것은 공자의 가르침과 같고…"라는 구절에서는 유교의 충효사상까지도 무속이 무리 없이 용납했음을 알 수 있다. 최치원이 말한 풍류란 무속과 유·불·도가 융합될 수 있는 개념이다. 무가 중에 불교의 천신(天神)이라는 삼신제석이 나오고, 사찰 안에 무속에 뿌리를 두고 있는 산신을 모시는 산신각이 있는 점

칠성굿, 황해도굿 중에서 가장 큰 거리로 장중하고 엄숙하며 다양한 가락으로 되어 있음

도 좋은 근거가 된다. 굿판에서 염불장단이 연주되고, 고려시대 팔관회나 연등회 등의 불교행사에 무당이 참여하는 무속의례가 뒤섞였다. 불교의 칠성여래불이나 도교의 칠성신이 들어오기 전에 주부들이 장독대에 정화수를 떠놓고 칠성님께 기원하거나 무당들이 칠성신을 섬기는 굿을 했던 점도 무속의 융합적 관계에 대한 적절한 예다. 장독대는 낮에는 빛이 잘 들고 밤에는 달빛이 바로 비추는 곳으로 이곳에 정화수를 떠놓고 비는 것은 정화수에 곧장 북두칠성이 비춰지기 때문이다. 또한 무속의 굿거리 중에서 〈칠성굿〉을 가장 큰 거리로 치고 있으며 굿 또한 웅장하다. 이렇듯 우리 민족은 옛날부터 칠성신에게 의지하고 많은 공을 들였다. 인간의 생명은 삼신이 주지만 인간의 수명장수와 길흉화복은 칠성신이 관장한다고 믿었기 때문에 지금까지도 많은 사람들이 칠성신을 믿고 있으며 특히 무속에서는 제일 큰 신으로 받들고 있는 것이다.

과학과 이성의 시대에 굿의 전통이 지속되고 있으며, 무속에 관한 책들이 많이 팔리고 있다. 우리의 무속은 학자들의 관심도 떠날 수 없다. 한국의 민속, 종교, 역사, 사상, 문학, 음악, 춤, 연극 등 여러 분야에서 연구되어야 할 매우 중요한 학문적 자료이자 문화적 자산이다.

무속은 한국문화의 원형이다

우리나라 법당의 부처상을 보면 여성적인 인상이 강하게 나타나고 있다. 중국을 비롯하여 인도, 말레이시아, 태국의 부처상은 날카로운 선으로 남성적인 선을 지니고 있으나 우리나라 부처상은 거의 여성적인 선을 지니고 있는 것이다. 이렇듯 불상의 제작에서도 무속의 중성적인 요소가 반영되었다.

김금화(중요무형문화재 82호) 같은 무당은 웬만한 사람이면 잘 알고 있는 명사이다. 김금화는 12세 때부터 무병을 앓기 시작했고 17세 때 외할머니이며 만신이었

던 김천일에게 〈내림굿〉을 받고 19세 때 독립하였다. 그녀가 알려지기 시작한 것은 1972년도 전국민속경연대회에 참가하여

무속인 김금화, 우리 시대의 큰 무당이자
나라만신으로 불리는 인물

〈해주장군굿놀이〉로 상을 타면서이다. 세계적으로 발돋움 할 수 있었던 것은 1982년도이다. 한미수교 100주년을 맞아 미국 LA에 있는 녹스빌 국제박람회장에서 거행된 친선공연에 그녀가 초청되었다. 맨발로 시퍼런 작두에 올라 춤을 추는 그녀의 모습에 관객들은 열광했다. 우리 굿이 한국을 대표하는 전통예술로 새롭게 자리매김하는 감격의 순간이었다. 그 후 김금화는

연극 〈오구〉(이윤택 작 · 연출)의 한 장면

프랑스 언론을 통해서도 크게 알려졌고 그의 〈대동굿〉은 2002년 프랑스 파리 가을축제가 있었던 부프 뒤 노르극장의 좌석을 꽉 메우게 했다.

이윤택의 연극 〈오구〉는 전 세계 24개국의 극단이 참가하는 독일 에센 세계연극제에 초청받아 폐막식에서 공연되는 영광을 누린 바 있다. 굿의 전통을 새롭게 계승하여 예술적으로 성공을 거둔 대표적인 사례이다. 〈오구굿〉은 죽은 사람의 영혼을 저승으로 천도(薦度)시키는 굿이다. 따라서 오구신은 죽은 사람을 저승길로 이끌어주는 신으로서 삼나라 오구대왕이 강물에 버렸던 일곱째 딸 바리데기가 그 주인공이다. 언월도와 삼지창, 방울과 부채를 들고 앞장서서 죽은 사람의 영혼을 인도하므로 오구신을 무당의 시조로 떠받들기도 한다. 바리데기와 옥황궁 문지기 동수자 사이에서 난 아들 삼 형제는 저승 시왕이 되었다. 보통 '오구를 만다'는 말로 통하는 〈오구굿〉은 베와 종이로 만든 인형에 조상의 넋을 실어 재가집[47]의 식구가 들고 있으면 조상이 실려 행동을 하거나 아니면 자신의 한을 오구에 실어 표현하기도 하는 것이다.

무속의례는 신성한 종교적 제의이면서 동시에 오랫동안 한국의 서민들에게는 흥미로운 구경거리이자 즐거운 축제로까지 인식되어 왔던 게 사실이다. 전 세계의 어떤 샤머니즘도 우리의 무속만큼 역사성과 사회성을 띠면서 다양하고 심오하며 예술적인 의례는 없다. 제주도 특유의 해녀신앙

---

47) 재가는 굿이나 의식을 의뢰하는 주체인 신도를 말한다.

과 민간신앙이 결부되어 있으며 우리나라 유일의 해녀굿인 〈제주칠머리당영등굿〉(중요무형문화재 제71호)이 마침내 세계무형문화유산이 된 것도 이와 무관하지 않다.

우리나라 유일의 해녀굿이자 세계문화유산인
제주칠머리당영등굿

우리 민족이 오늘에 이르기까지 노래와 춤을 즐기고 재능을 보이는 것의 근거와 유래를 무속에서 찾기도 하는데, 그럴 만한 충분한 이유가 있다. 자기 몸에 신령이 내려야 할 강신무의 경우 무아지경의 상태에 들어가기 위해 의존하는 최적의 방법이 노래와 춤이다. 예술적 재능을 자산으로 삼아야 하는 세습무에게 있어 노래와 춤 또한 기본이 아닐 수 없다. 무당들이 황홀경에 빠지면서 몰입 연출해 내는 노래와 춤은 한국의 전통적 예술과 문화를 형성하는 원형이 된다. 요컨대 현재 한국에서 활동하고 있는 무당들의 숫자가 수십 만을 상회하고 있으며, 그들 가운데는 상당수가 인간문화재로서 사회적 대우를 받고 있다. 그리고 〈강릉단오제〉를 비롯한 10여 개의 마을굿이 예술적 가치를 인정받아 국가가 지원하는 소중한 무형유산이 되었다.

한국인의 기질이나 한국문화의 기반을 무속에서 찾는 경우가 많다. 가령 한국인의 신명, 신바람, 흥겨움 같은 요소는 굿판의 역동성으로 대변되는 무속의 영향이라 보는 것이다. 2002년 한일월드컵의 응원은 거리의 굿으로서 붉은악마들이 무당이 되어 전광판을 제상으로 삼아 굿판을 벌였던 것이라 하겠다. 2012년 세계를 놀라게 한 가수

싸이의 강남스타일 뮤비에 나오는 '말춤'

싸이의 〈강남스타일〉 말춤도 무속적 신명(한국인의 흥)에서 비롯되어 동물춤이나 막춤 등으로 이어지는 한국적 가무의 재현이라 볼 수 있을 것이다. 말춤은 절제되고 세련된 춤과는 비교적 거리를 두면서 투박하면서도 신바람 나는 춤이다. 또한 한국인의 현세주의적이며 물질주의적 성향이나 성취도 무엇보다 무속의 힘이라 할 수 있다. 민간신앙으로서의 무속은 세계종교가 지닌 존재의 근원을 꿰뚫는 초월적 이념, 구도나 해탈 같은 형이상학적 가치가 없다고 하겠다. 올림픽에서 막강한 실력을 과시하며 승부욕을 보이고, 한강의 기적을 이루며 세계 경제강국의 대열에 서는 모습 등은 한국인이 배태하고 있는 무속적 신앙심의 발로로 보아도 될 것이다.

무속은 종교적 요소를 갖추었다

춥고 배고픈 백성들은 물론 사대부나 왕실에 이르기까지 내세적인 구원이나 정신적 고매함보다 현실의 고통을 잊게 하고 생활에 희망을 주는 무속은 절실한 것이었다. 무속은 무격(巫覡), 즉 남녀 무당을 주축으로 민간층에서 전승되는 토착종교라 할 수 있으며, 따라서 우리의 민간신앙에서 무속은 매우 중요한 위치를 차지한다. 무당 역시 제정이 분리되지 않던 고대부터 국가의 지도적인 위상을 보였다. 현대 한국종교의 근원을 이루는 요소이자 종교문화를 움직이는 가장 강력한 힘도 무속이다.

다만 연구자들 간에는 무속이 동북아시아 일대의 원시적·보편적 종교현상이자, 더 나아가 무속이 원천적으로 인류의 보편적 종교심성에 기반한다는 점 때문에 토착사상과 고유문화 언급에 다소 이견이 도출되고 있다. 그럼에도 불구하고 여전히 한국의 무속은 고유한 사상과 문화를 규정하는 핵심적인 요소이다. 서영대는 무속은 불교를 비롯한 세계종교가 수용되기 이전부터 존재했다는 의미에서 한국의 고유한 종교전통이라 했다.[48]

---

48) 서영대, 「한국 토착종교 연구사」, 『한국 고유사상·문화론』, 한국정신문화연구원, 2004, 300면.

무당이란 신명을 다해 춤추는 사람이라고
기록된 『주자어류』

『주자어류(朱子語類)』에 의하면 무당의 '무(巫)' 자는 하늘과 땅을 이어주는 '공(工)' 자의 양측에 두 사람이 춤을 추는 형상을 취한 것이다. 여기서 하늘은 신을 뜻하고 땅은 인간을 뜻한다. 따라서 무당이란 신명을 다하는 춤을 통해 신을 접한다. 무당이 되고자 하거나, 무당이 되면 대체로 신과 만나는 종교적 제의인 굿을 주관할 수 있어야 한다는 것은 이를 두고 하는 말이다. 옛 기록에 한자어 무당이라는 표현은 거의 나오지 않는다.

물론 무당은 자연 내지 우리 역사상의 훌륭한 인물을 그때그때 형편에 맞게 자신의 신봉 대상으로 삼는다. 이처럼 무속의 경우 신앙 대상이 유일신이 아니며 다양한 신의 체계를 이루고 있기 때문에 현대적 차원에서 인위적 손길이 미치지 못해 원시종교의 형태를 벗어나지 못했을 뿐 종교로서의 제 요소를 구비하고 있음을 간과해서는 안 된다. 종교적 요건이 충족되기 위해서는 신격, 사제자, 경전이 필수성분인데 무속 역시 대체로 이 요건을 잘 갖추고 있다. 다만 사제자로서의 요건이 종단이나 교단을 통해서 이루어지는 것이 아닌 개인적인 체험을 통해 신어머니와 신딸이라는 사승관계로 성립되며, 경전의 경우도 무가 학습을 통해서 마련된다는 점이 다르다. 서영대는 한국 무신의 종류는 273종에 달한다고 했으며, 한국 무속도 하나의 종교현상으로서 이론적 측면(교리), 행위적 측면(의례), 사회적 측면(종교조직)을 모두 가지고 있다[49]고 했다.

무당이 체험하는 신은 일반적으로 산신, 지신, 용신, 칠성신, 장군신, 대감

---

49) 서영대, 「토착종교와 무속신앙」, 『한국전통문화론』, 북코리아, 2006, 264면.

신 등이다. 다만 무당이 최초로 체험하는 신이자 그가 섬기는 주신을 '몸주'라고 한다. 신이 세상을 창조하고 다스린다고 할 때, 신 그 자체인 영혼은 사람의 몸에 내려 앉아 그 몸의 주인 곧 몸주가 될 수도 있는 것이다. 무당이 신과 교감할 때는 기독교의 방언과 같은 새소리를 낸다. 무당들은 새를 조상신으로 섬긴다. 동아시아 전체에 걸쳐 새는 샤머니즘의 상징 대상이다.

무당은 인간의 어려운 일들을 해결하기 위해 신에게 빌기도 하고 신의 의사와 명령을 인간에게 전하고 신의 말인 신탁(神託)을 내리기도 한다. 신탁을 공수라고도 하는데, 공수란 원래 신에게 받들어 바친다는 뜻으로서 무당이 신의 말을 옮기는 것이 공수다. 공수 속에는 신령 자신의 내력에 관한 얘기가 포함된다. 이때 공수는 그냥 '풀이'로서의 신화가 될 가능성을 갖게 된다. 결국 무당은 신과 인간 사이를 소통시키는 영적 중개인으로서의 영매자(靈媒者) 역할을 한다.

무속은 민족사와 함께 한다

"한국 고유 신앙의 근본은 국조인 단군에게서 나온 것"이라는 『조선상식문답』에 나오는 최남선의 말을 믿는다면 우리 민족의 토착적 신앙이 무속임을 분명히 알게 된다. 유동식도 『한국 무교의 구조와 역사』(1975)에서 샤머니즘을 무교라 하면서 이를 한국 종교의 원형으로 간주했다.[50] 다만 이보다 앞서 최길성은 「한국원시종교의 일고」(1969)에서 한국의 원시종교는 원래 비샤머니즘적인 것이었으나 3세기 경 엑스타시를 주요 내용으로 하는 시베리아의 샤머니즘을 수용하면서 더욱 복잡한 것이 되었다고 했다.[51]

무속을 한민족의 토착신앙이자 고유문화의 원형으로 보아온 인식의 흐

---

50) 서영대, 「한국토착종교연구사」, 『한국고유사상·문화론』, 한국정신문화연구원, 2004, 316면.
51) 상동.

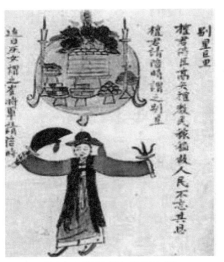
별성거리, 『무당내력』에 실려 있는
굿의 절차 중 하나

름은 19세기 조선후기 문헌인 작자 미상의 『무당내력(巫堂來歷)』이래 이능화의 『조선무속고』, 최남선의 『불함문화론』을 거쳐 최근의 임석재 · 유동식 · 서영대 · 조흥윤 등으로 이어지고 있다. 특히 최남선은 '단군'이 제정일치적 지도자인 '당골'에서 유래한다고 밝히면서 이 당골이 무당의 근원이라 언급했다. 우리 민족의 시조인 단군이 무당이었다는 설이다. 단군을 몽골어의 Tengri와 결합시키고 그것을 다시 후세에 무당을 의미하는 단골과 관련시키기도 했다.[52] 한편 홍익인간을 위해 신단수에 의지해 지상에 내려온 환웅은 시베리아 원주민의 무조(巫祖)신화를 반영하고 있다고도 한다.

단군이 무당이었다는 설과 함께 〈단군신화〉에 무속적인 요소(천부인, 단군왕검 등)들이 나타나고 있는 것을 보더라도 한국인과 무속신앙은 불가분의 관계에 있다. 단군이 무당이었다는 것이 설이라면, 문헌에 분명하게 나타나기로는 『삼국유사』에 의하면 신라 2대 왕인 남해 차차웅은 무당을 가리키는 왕호이며, 『삼국사기』 · 『삼국유사』에는 무당에 관한 기록이 많이 보인다. 신라 법흥왕 이전의 임금을 일컫는 차차웅, 이사금, 거서간, 마립간 등의 이름 속에 있는 웅(雄), 금(今), 간(干)은 무당이나 족장을 가리키는 시베리아 말이다. 무당의 방울과 북도 시베리아 무당의 것과 다르지 않듯이 우리 무속신앙은 북방문화의 영향 아래 시베리아의

---

52) 최남선, 정재승 · 이주현 역, 『불함문화론(不咸文化論)』, 우리역사연구재단, 2008.

샤머니즘과 관련이 깊다. 무속은 이와 같이 오랜 역사를 가졌거니와 민중 속에서 그 전통이 오늘에 이르기까지 이어져오고 있다. 신라의 '화랑'이란 말도 굿을 하는 무당이란 말과 같다. 즉 남자 무당을 일컫는 '화랭이'라는 말은 신라 '화랑'을 지칭하는 원어였다. 특히 이능화는 우리나라 남부지방의 풍속에서는 '남자 무당을 가리켜 화랑이라 한다[53]고 했다. 한편으로 유교적 마을제의와 조상제의를 주도하는 남성에 비해, 여성은 상대적으로 무속신앙에서 우위를 점했다. 〈봉산탈춤〉에서 미얄할미가 무당으로 등장하는 것은 할미의 존

봉산탈춤의 미얄할미

재가 무속사회를 지배하는 신의 사제임을 나타내는 것이다.

『삼국사기』의 일부 기록에 의하면 무당은 국왕을 종교적으로 보좌했으나, 무당은 왕에게 죽임을 당하기도 한다. 그만큼 삼국시대의 무당은 왕보다 힘이 약했음을 알 수 있다. 무속에 대한 구체적인 기록이 고려조에 나타나는 것으로 보아 무속의 본격적인 형성은 고려에서 비롯되었다고 할 수 있다. 현종 12년(1021)에 무격을 모아 기우제를 지냈다는 사실이 바로 첫 기록이다. 이 뒤부터는 무당들을 불러서 기우제를 지냈다는 기록이 200여 회나 될 정도로 자주 보인다. 이 당시 무당은 주로 사제(司祭)·치병·벽사(辟邪)·예언·가무 등의 기능을 했는데 그 가운데서도 가장 많이 주관한 것은 기우제였다.

오늘날 무당이 비교적 개인이나 가족 차원의 믿음에서 일정한 역할을 한다면, 이와 달리 과거에는 국가나 사회 차원에서 주요한 기능을 했다.

---

53) 이능화 저, 서영대 역주, 앞의 책, 79면.

무엇보다 굿을 금하거나 무당을 도성 밖으로 쫓아내는 고려조 상황에서도 귀족의 딸로서 무당이 되는 여인이 적지 않았다는 점, 무당들의 지위가 낮지 않았다는 점 등은 주목할 만하다. 이렇듯 왕실과 민중 속에서 맹렬히 신앙되던 무속이 12세기 전반부터 유학자들의 비판을 받게 된다. 이규보가 『동국이상국집』 노무(老巫) 편에서 "뭇 사람들을 미혹시키는 동녘집 무당은 / 주름진 얼굴 흰 머리에 나이 쉰이 되었구나"라고 조롱한 것도 간과할 수 없다. 그럼에도 불구하고 고려말까지 국가에서 무당을 시켜 〈별기은제〉(別祈恩祭, 국가와 왕실의 안녕을 위하여 무당이 명산대천에서 지내던 제사)를 지낼 만큼 무속은 성행했으며 무당의 권력은 무시하지 못할 수준이었다.

　조선조에 들어와서도 태조 때부터 무속신앙은 성행하였다. 국가적으로도 기우제 같은 제사를 지내려면 사제기능을 하는 무당이 필요했고, 전염병 치료를 위해서도 궁중에 무당이 있어야 했다. 『조선왕조실록』에는 120회 이상의 무속에 대한 내용이 나오는데 그 가운데 기우제에 관한 기록이 가장 많다. 무당은 성수청(星宿廳)이라는 기관에 소속되어 왕실의 번영과 국가제사를 담당했고, 국립의료기관인

드라마 〈해를 품은 달〉의 출연진, 이 드라마에는 성수청의 무녀들이 등장함

동서 활인서(活人署)에 소속되어 전염병이 창궐한 지방에 파견되기도 했다. 예부터 무당이 의약을 주관했음은 『산해경』에 보이며, 의(醫)라는 글자의 옛글자는 의(毉)였다. 그러나 조선이 건국되면서 괴력난신을 멀리하는 공자의 가르침, 성리학적 이념은 무속을 탄압할 수밖에 없었다. 무당은 사노비, 승려, 백정, 광대, 상여꾼, 기생, 공장과 같이 최하층의 팔천(八賤)에 속했다. 세종 26년(1444)에는 의정부에서 음사(陰祀)를 금지하는 법령을 제정했다.

이런 조치에도 불구하고 당시 궁중이나 종실에서는 남몰래 무당을 불러들여 굿을 하는 일이 잦았고, 시중에서도 백성들이 병이 나거나 초상이 났을 때 무당을 불러 굿을 하기 일쑤였다. 세조 2년(1456) 단종 복위의 정치사건과 관련되어서 용안, 내은덕 등 많은 무녀가 목숨을 잃기도 했다.

유학자들에 의해 무속이 민중을 현혹시키는 사도(邪道)로 배척되는 상황에서도 오히려 무속은 민중의 생활에 크게 영향을 미쳤다. 조선을 지배하는 성리학이 인간의 최대관심사인 화복(禍福)의 문제나 사후의 문제를 해결해 주지 못하는 한계 때문이었다. 무엇보다 기(氣)를 핵심 요소로 삼는 성리학에서는 죽으면 기, 즉 실체가 소멸하는 것으로 해석하는데, 죽음을 종말로 여기지 않고 제사를 모시던 민중들에게 성리학은 부담이 될 수밖에 없었을 것이다. 기록에 의하면 중종 이전까지는 무당들이 소속된 성수청과 활인서가 유지되었음을 알 수 있다. 중종 12년(1517) 왕은 사헌부의 건의에 따라 활인서에 있던 무당들을 도성 밖으로 추방했다. 성수청이 폐지된 것이 언제인지는 확실히 알 수 없지만, 이 무렵일 것으로 추정한다. 그러나 무당을 성 밖으

드라마 〈장희빈〉,
인현왕후의 초상에
화살을 쏘고 있는 희빈장씨

로 내쫓는 법령까지 제정하고 실행되는 정황에서도 마침내 궁중에서는 왕비를 중심으로 무속행위가 자행되었다. 예컨대 숙종 때 장희빈이 인현왕후 민씨를 죽이기 위해 무당을 불러 저주하며 민씨의 초상화에다가 화살을 쏘던 경우를 들 수 있다. 장희빈을 극도로 미워하던 대비 김씨가 죽은 것도 무당 막례의 점괘에 따랐기 때문이다. 숙종 대를 거치면서 궁중에서 완전히 축출된 무속은 개인적인 신앙으로 명맥을 이어갔다. 19세기 말에도 명성황후가 시아버지 대원군을 저주하는 굿을 벌여 정치문제가 된 바 있다.

한편 19세기 무세(巫稅) 납부현황과 국가 재정을 기록한 『만기요람』을 통

해 알 수 있는 바와 같이 무세가 국가 수입의 큰 비중을 차지했다. 무당들에게 세금을 부과한다는 것은 국가에서 무속을 인정하는 것을 의미하는데, 지방관들은 여전히 무세를 통해 재정의 부족을 충당해 나갔고, 이런 현상은 지속되었다.

무속은 현실성과 집단성이 강하다

무속은 이 세상이 끝나면 다른 초월세계가 없다는 현세주의적 원리를 내포하고 있다. 또한 무속의 오락성은 전국 어느 지역의 무가에서나 각 거리의 끝부분과 그 굿의 마지막 거리인 '뒷전'이나 '거리굿' 등에서 특히 강하게 나타난다. 권용정은 『한양세시기』에서 시기에 구애받지 않는 각종 연희의 종목으로 소년의 씨름, 화랑의 판소리, 무당의 굿 등을 언급한 바 있다. 무속이 민간의 오락이나 현실생활과 밀접함을 시사하는 증거이다.

일반적으로 종교들이 현세를 무의미하고 덧없는 것으로 보고 내세에서의 구원을 찾으려는 현세부정적인 성격을 띠는 것과 달리, 무속은 기복의례를 중심으로 한 현세긍정적인 종교라고 할 수 있다. 무속에 등장하는 신들은 존재의 근원을 파헤치거나 선악의 원천을 따지기보다는 질병과 고통에서 벗어난 현실적인 행복을 문제 삼고 인간이 소망하는 바를 해결해 주고자 한다. 가령 〈대감거리〉에서 최영 장군이 나타나자마자 "이놈들, 엎어놓고 목을 따고 잦혀놓고 배를 가를 놈들아, 이것도 음식이라고 차렸느냐? 너희들이 먹고 사는 것이 뉘 덕인 줄 아느냐?" 하고 호통을 친다. 평소에 '금 보기를 돌같이 하였다'는 장군이지만, 먹는 것에 굶주렸던 까닭에 장군도 별수 없이 음식 투정을 부릴 것이라고 여기는 것이다.[54]

특히 가난하고 무지한 민초들의 서러움과 고난을 어루만져 줄 수 있다는

---

54) 김광언, 『민속놀이』, 대원사, 2001, 38면.

점에서 무속신앙은 고상한 종교와는 달리 사람들에게 더 가까이 쉽게 다가갈 수 있는 대상이었다. 심지어 겉으로 무당을 배척하는 조선의 왕실이나 사대부들조차 집안에 우환거리가 생기면 대부분 무당을 불러 굿을 했다. 무당을 백안시하던 퇴계 이황의 집안에서도 딸이 병들어 죽었을 때 무당을 시켜 굿을 했을 만큼 무당이 자주 집안에 출입했다고 한다. 시대에 따라 부침을 거듭하던 무속이 개화기에 결정적 타격을 받게 된 것도 서양의학이 들어오면서 종래의 치병의 역할이 더 이상 필요치 않았기 때문이다.

무속과 기독교의 갈등을 다룬
영화 〈무녀도〉(1972)

우리의 무속과 서양에서 들어온 기독교의 갈등을 다루고 있는 것은 김동리의 단편소설 〈무녀도〉(1936)나 그것을 장편화하고 영화화한 〈을화〉(1979)뿐만이 아니다. 전하는 이야기에 의하면 어느 선교사가 평안도를 돌아다니다가 무당집에 들어갔는데 무당을 보자마자 성경을 꺼내들고 예수님이 얼마나 좋은 분인가를 역설하였다. 그러자 무당은 "그렇게 좋은 분이라면 오늘부터 당장 신단에 모시겠다"고 하였다. 그날로 예수님 사진을 받아서 굿당에 걸음은 물론 아침저녁으로 치성을 드렸다는 것이다. 〈예수굿〉을 해 준 셈이다. 주강현은 이 일화를 소개하면서 그 무당에게는 예수님이나 부처님이나 관우장군, 백마장군, 칠성신장, 도당할아버지 모두가 만신의 대열이었을 뿐이요, 우리의 전통적 신관은 다신교적 만신

번역본 『을화』, 을화는 영문판뿐만 아니라
독어 번역판으로도 발간되었음

을 섬기는 것이었다[55]고 했다.

　자신을 향한 정성과 노력에 따라 신격이 자식을 점지해 주고 질병을 낫게 해 주는 점 등에서 볼 때 무속은 개인의 기복적 신앙이라고도 할 수 있다. 그러나 마을굿, 나라굿의 명칭이 의미하듯 무속은 가족을 포함하는 집단적 성격이 매우 강하다. 무속에서 가족이나 집단을 위해 개인이 헌신한다는 점이 부각되지 않을 수 없는 것도 이 때문이다. 무당의 시조로 전해지는 바리데기나 당금애기에 관한 무속신화는 이를 잘 증명한다. 집단에 의해 버림받은 개인이 오히려 집단을 위해 목숨을 걸고 희생하는 신화의 내용은 무속의 성격을 극명하게 보여준다.

　삼국시대의 산신의례를 이어받아 고려에서도 국가적으로 4대산의 산신들에게 제사를 지냈다. 고려 때는 사직단을 세우고 토지신과 곡식신에게 국가의 운명을 빌었다. 왕명으로 장승을 세워 마을과 사찰을 보호하도록 했다. 팔관회나 연등회 등의 불교의식에도 무당이 참여하였다. 또 고려를 이은 조선에서도 성수청의 국무들로 하여금 국가적으로 시행하는 기우제, 기은제 등 각종 의식을 맡도록 했다. 조선에서도 무당이 주도적으로 4대산을 중심으로 산신제를 지내고 천신, 사해신, 서낭신 등에게 제사했다. 이와 같은 제의들은 무속이 지닌 공동체적 사고의 구현으로 이해된다. 국가가 난관, 우환에 직면했을 때 특별히 신통한 무당들을 동원 의지하고자 했던 전통은 오늘날의 남북통일 나라굿 같은 것으로 이어지고 있다.

　무속신앙은 언제나 백성들 가까이에서 어려운 현실을 극복할 수 있는 용기와 희망을 준 대표적인 민속신앙이다.

---

55) 주강현, 『우리문화수수께끼2』, 한겨레출판, 2004, 175면.

강신무는 작두날에 오른다

옛날에는 무당이 하늘에 제사하고 신을 섬겼으므로 사람들로부터 존경을 받았다.[56] 원래 무당은 여성 무당을 지칭하며 높여서 '만신(萬神)'이라고도 부른다. 만신이라는 것은 대개 빌지 않는 신이 없음을 비유한 것이다. 무당의 유형에는 크게 강신무와 세습무의 두 갈래가 있다. 물론 강신무이면서 세습무인 경우도 있다.

강신무(降神巫)는 신령의 부름을 받고 무병(巫病) 즉 신병을 앓다가 〈내림굿〉(신굿, 몸굿)을 통해서 무당이 된다. 〈내림굿〉을 하기 전에 신의 소명이 구체화되는 절차인 〈허주굿〉(허튼굿)을 통해 무(巫)로서의 위력을 나타내게 된다. 대개가 손뼉을 치고 포함을 내리며 신의 권세에 의한 예언과 점지를 한다. 이 과정에서 몸에 씌인 허주(잡귀)를 쫓아내야만 정신이 맑아지면서 참된 자신의 신격을 모실 수 있다. 〈허주굿〉에 이은 〈내림굿〉은 신어머니와 신딸이 사제관계를 맺는 과정이면서 무로서의 자격을 공인받는 단계이다. 이때부터 본격적으로 무업을 수행하기 시작한다. 무악장단을 익히기 위해서 악기를 다루고, 춤과 노래를 익히고, 제상 차리는 법을 배우고, 무속적 상징을 갖고 있는 무구 다루는 법 등을 학습한다. 본래는 이렇게 〈허주굿〉과 〈내림굿〉이 달랐지만 보통 〈내림굿〉이라 하면 〈허주굿〉과 〈내림굿〉을 합쳐서 말하는 개념으로 쓰이고 있다.

강신무는 무당이 되기 전에 반드시 신병을 체험한다. 신병체험은 영력을 획득할 수 있는 계기가 된다. 신이 내리면 신병이라는 정신이상과 신체질환의 증세가 나타나 장기간 극심한 고통을 겪게 된다. 학술적 통계에 따르면 신병에 걸리는 것은 대개 여성이며, 그 가운데서도 열악한 환경에 처한 부녀자들이 많이 걸린다. 증세가 심해지면 집을 뛰쳐나가 산이나 들판, 거

---

56) 이능화 저, 서영대 역주, 앞의 책, 71면.

리를 헤매며 중얼거리는 등 미친 사람의 행동을 보인다. 신병을 앓으면서도 무당이 되기를 거부하면 자신의 고통이 가중됨은 물론 심한 경우 신의 노여움을 사서 가족 중의 한 사람이 목숨을 잃는다. 신병은 의약치료가 불가능하다고 믿으며 큰무당(선생무당)을 통해 〈내림굿〉을 하여 무당이 되어야 낫는다. 〈내림굿〉을 하여 몸에 받아들이는 큰신을 몸주라 하며, 몸주가 그 무당의 수호신 역할을 하게 된다.

강신무끼리의 서열은 〈내림굿〉에서 몸주로 받아들이고 섬기는 신령의 위계에 따라 정해진다고 할 수 있는데, 학자들의 관점에 따라 분류가 달라진다. 조흥윤은 무당이 몸주로 모시는 신령을 7계층으로 나눈 데 비해, 김태곤은 4계층으로 서열을 나누었다. 서대석은 굿의 제차순서와 무가내용으로 무신의 위계를 파악해야 된다고 하면서 무신의 4계급을 천신과 마을신(서낭신, 골매기신, 당산신), 가정신(제석신, 성주신, 조상신, 대감신), 질병신(창부신, 용왕신), 졸개신 등으로 분류하였다. 임석재는 무신들은 갖고 있는 권한의 직분에만 관여하고 있을 뿐 무신들 상호 간에는 높고 낮음의 등급이 존재하지 않는다고 보았다.

〈내림굿〉을 해서 무병증세가 나았다고 하여 무당을 그만두면 증세가 재발하므로 무당직을 계속 수행해야 한다. 〈내림굿〉을 통해 신을 정식으로 받은 강신자는 〈내림굿〉을 해준 큰무당을 선생으로 모시고 다니며 굿기능을 익히고 점차 무당으로 독립한다. 무속세계에서는 노력하지 않는 제자들에게 절대로 무업에 관한 이론이나 기술을 포함한 굿문서, 즉 신법을 가르쳐주지 않는 것이 불문율이다. 그래서 굿청에 들어가서 녹음기로 신어머니(또는 신아버지) 즉 큰무당의 문서를 녹음하는 것이 제자들의 일과다.

굿문서를 배우고 나서 자립한 무당은 강신을 통해서 획득한 영험한 신통력을 가지고 신과 교섭하고 점을 쳐서 인간의 미래사를 예언할 수가 있다. 점을 치기 위해서 신령을 부르면 흔히 입에서 새소리가 난다. 강신체험을 통해 입무한 무당들은 의례의 과정에서도 신령과 직접 접촉한다. 신령과 합일된 빙의상태의 무당은 인간이 아니라 신으로 취급된다. 즉, 굿을 할 때는 사제인 동시에 그 몸에 신이 실려서 신격화된다.

작두 위에 올라선 장주억 만신

강신무는 신명이 나서 순식간에 작두 위에 가벼이 올라 삼현장단에 맞춰 춤을 추고 주위 사람들에게 차례차례 공수를 내린다. 무당이 인간이 아닌 신이 되고, 무당의 권위가 최정상에 이르는 순간이다. 물동이 위에 칼날을 세워놓고 맨발로 칼날 위에서 춤을 춰도 발이 끊어지지 않고 물동이도 깨지지 않는다.[57] 작두를 탄 다음에는 〈신장거리〉를 한다. 이때 굿을 청하는 재가집의 사람 중에서 가슴에 꽈리를 틀고 있는 귀신을 빼낸다. 작두타기는 우리나라에만 있는 접신현상이라 한다. 주강현은 그것을 농경문화와 굿거리의 발전과정에서 나온 신과 기의 결합현상으로 본다.[58] 공수를 내려 신의 뜻을 무당의 육성으로 전할 때는 무당의 손에 들린 방울이 울림으로써 공수라는 것을 알리는 것이 일반적이다. "선무당이 장구 탓한다"고 하며, "선무당이 사람 죽인다"는 속담이 있는 것도 실제 무당의 권위와 능력을 반증하는 것이다. 우리나라에서 한강 이남에 세습무가 지배적인 데 비해, 한강 북쪽지역에서 주도권을 장악하고 있는 무당 유형은 바로 이 강신무들이었다. 그러나 요즘에는 분포에 있어 별다른 차이가 없다.

북아시아지역이 샤머니즘의 원래 고향이라는 점에서 북아시아의 샤먼과 유사한 강신무가 세습무보다 선행했다고 보기도 한다.[59] 학자들은 샤먼은 본디 17세기 후반 러시아 탐험대가 바이칼호수와 예니세이강변에 거주하는

---

57) 이규경, 『오주연문장전산고』 권26, 무격변증설.
58) 주강현, 앞의 책, 172면.
59) 서영대, 「토착종교와 무속신앙」, 『한국전통문화론』, 북코리아, 2006, 269면.

일몰이 황홀하고 엄숙한 알혼섬, 이 섬에서
세계 최초로 무당이 나왔다고 함

퉁구스족 주술사를 접촉한 데서 생겨난 말이며, 어원상 우리 무속이 북아시아 전 지역에 넓게 퍼져 있는 샤머니즘의 한 갈래였음은 분명하다[60]고 주장하기도 한다.

최근에 나온 몽골의 작가 게 아요르잔(이안나 옮김)이 지은 소설 〈샤먼의 전설〉(자음과모음, 2012)의 이야기의 무대는 시베리아 남부에 위치한 바이칼호수이다. 바이칼 서부 알혼섬에는 세계 최초의 무당이 나왔다는 전설이 전해 오는 무당바위가 있다. 소설에서 저자는 샤먼이 혹세무민하는 존재가 아니라, 신의 부름을 받아 인간의 아픔을 덜어주는 지성적 존재라는 것을 전하고자 했다.

세습무는 예술가로 활동한다

세습무란 조상 대대로 혈통에 따라 사제권이 이어지는 무당을 말한다. 세습무는 단골형 무당으로서 대체로 호남의 단골과 영남의 무당들이 이에 포함된다. 세습무들에게는 대대로 물려받은 단골판이라는 일정한 관할구역이 있다. 세습무는 무당 집안끼리만 혼인을 한다. 무업은 시어머니와 며느리 사이로 이어지며 가족 단위로 움직이는데, 단골·당골·당골네 등으로 불리는 여자가 굿을 하고 화랭이(←화랑)·사니·양중 등으로 불리는 남자는 악사로서의 기량을 보이는 편이다.

오늘날 사회에서 자주 쓰는 '단골'이라는 말은 무속에서 나온 것이라 본다. 무당은 단골과 선무당으로 나뉘기도 하는데, 단골은 의례를 주관할 수

---

60) 주강현, 앞의 책, 156면.

있지만 선무당은 미숙하기 때문에 주로 점치는 일을 많이 한다. '선무당이 사람 잡는다'는 것도 여기서 나온 속담이다. 단골은 의례를 행한 대가로 마을에서 일정한 보수를 받았으나 산업사회가 되면서 위상의 추락과 함께 단골무당, 단골집(무당집)은 사라지고 단골가게, 단골손님이란 용어가 생기게 되었다.

　지역별로 무당의 성격과 명칭이 차이를 보이는데, 이를테면 엑스타시(ecstasy)가 있는 강신무는 북방 시베리아 계통이고, 엑스타시가 없는 호남의 세습무는 남방의 주술사 계통이다. 두 가지 무당 유형 가운데 종교적 특징을 아주 잘 갖추고 있는 것은 물론 강신무이다. 세습무에게는 강신이나 신탁이 거의 없는 상태이며 신의 능력을 체험하지 않았으므로 몸주신이 없다. 그래서 신단을 만들어 신을 봉안할 필요도 없다. 세습무는 강신무가 지니는 예언자적 기능을 가지지 못하고 인간의 뜻을 신에게 청원하는 기능을 할 뿐이다. 이와 같이 세습무는 신통한 영력이 없이 제의의 격식에 주력하게 된다. 다시 말해 세습무는 강신무에 비교할 수 없을 정도로 엑스타시라는 신기(神氣)가 약하다고 할 수 있다. 따라서 세습무는 강신무와 달리 서슬퍼런 작두날에 올라서지 못한다. 날을 소창으로 감아 그곳에 의지하여 날에 올라서는 무당들이 있는데, 이는 작두장군이 강하게 실리지 않아서이다.

　신기가 약한 세습무에게는 수련이 더욱 요구된다. 대물려 내려오면서 축적된 문서, 끊임없는 학습을 통해 습득된 기예가 세습무들의 중요한 자산이다. 그러므로 세습무의 굿은 신들린 강신무의 굿과는 달리 학습을 토대로 예술성을 강조하게 된다. 강신무는 신간(神竿)이라는 도구 없이도 신의 출입이 가능하지만, 세습무의 굿에는 신의 하강로를 상징하는 신간부터 세워야 한다. 강신무의 굿에서는 장구, 징, 꽹과리, 제금[61] 등 타악기를 중심

---

61) 불교와 관련된 굿거리에서 쓰이는 심벌즈 형태의 중요한 악기로 '바라' 또는 '자바라' 라고도 한다.

으로 가무의 가락과 속도가 빠르게 진행되지만, 의례를 중시하는 세습무의 굿에서는 타악기 외에도 대금, 피리, 호적 등 취주악기와 가야금, 해금, 아쟁 등의 현악기까지 동원되며 가락과 속도는 완만하다. 세습무들의 경우 비록 신통력은 부족하지

세습무의 굿에 동원된 다양한 악기들

만 타고난 예술적 재능을 발현하기에 따라 능력의 유무로 평가가 달라진다. 결과적으로 세습무의 예능사적 의의는 클 수밖에 없다.

　현재까지 세습무의 전통적 맥을 잇고 있는 집단은 동해안지역의 세습무들이다. 대한민국의 대표적인 무속인이자 국악인으로 굿음악 음반을 통해 대중과 접할 수 있는 길을 열었던 고(故) 김석출과 송동숙이 이 집단을 이끌며, 국가지정 문화재가 된 동해안의 〈별신굿〉(풍어제)과 〈오구굿〉을 주재해 왔다. 김석출의 아내인 고 김유선도 무악 부문 인간문화재였으며 현재 딸 영희·동연·동언, 사위 김동열·김동진도 이름을 날리고 있다. 특히 큰 사위 제갈태오(김영희 남편)는 김석출의 후계자로 인정받고, 김석출의 동생 김재출은 물론 제수 김채란마저 세습무 집안에서 시집 와서 활동하고 있으며 조카 정희, 정국과 질녀 정숙도 무업을 승계해 가고 있다. 경상북도 무형문화재 3호 〈영해별신굿〉 예능보유자였던 송동숙의 사위와 딸인 김장길과 송명희도 크게 활동하고 있다. 동해안

중요무형문화재 13호인 강릉단오굿과
기능보유자인 빈순애 무녀

지역의 〈별신굿〉 무가는 중요무형문화재 제82호로 지정되었고, 이 굿을 주관하는 세습무집단은 현재 국내에 남아 있는 유일의 세습무집단으로서 학계의 주목의 대상이 되고 있다.

　〈강릉단오굿〉의 기능보유자인 빈순

애는 1980년대 말 정통으로 민요와 〈승무〉를 배운 사람이다. 요즘도 빈순애가 엉덩이를 흔들면서 굿판이나 공연장에 서면 관중석이 떠들썩해진다. 아랫세대인 김명대, 김용택, 김정국, 정종근에 의해 1986년 무속음악 연주 단체인 '대관령푸너리'가 생겨났다. 김명대는 1991년에서 1992년까지 '서울풍물단'의 창단 단원으로 활약했으며, 김정국과 김정희는 무속음악을 습득한 후 '국립국악원사물놀이패'나 '사물놀이한울림' 등에서 활동했다. 김정희는 1997년부터 포항에서 '땅울림국악원'을 운영한 바 있으며, 2013년 첫 독주 음반 〈김정희 동해안별신굿, 동해바람〉을 세상에 내놓았다.

세습무에 의해서 가장 한국적인 기악독주라는 산조나 가장 기교적인 발짓춤이라는 〈태평무〉 등이 비롯되었으며 판소리 광대도 그들에 의해 나왔다. 다만 세습무의 굿은 현대 한국사회에 적응하기 위해 대중성을 띨 수밖에 없다. 굿은 현재 재가공을 거쳐 복합예술의 한 형태로 인정되어 노래·춤·음악·놀이·극 등으로 분화·발전해가고 있다.

가장 기교적인 발짓춤이라는
태평무

굿의 본령은 남의 복을 비는 데 있다

"싸움해 이한 데 없고 굿해 해한 데 없다"는 속담은 액을 쫓는 굿은 아무리 해도 괜찮다는 말이다. 무속의례 곧 굿의 종류는 무척 다양하다. 역사적 관점에서 규모에 따라 집굿, 마을굿, 나라굿으로 구분할 수 있다. 일반적으로는 목적에 따라 〈무신제(巫神祭)〉, 〈가신제(家神祭)〉, 〈동신제(洞神祭)〉로 굿의 유형을 구분한다. 이와 달리 굿의 종류를 〈내림굿〉, 〈재수굿〉, 〈사령굿〉, 〈마을굿〉 등으로 나누기도 한다. 한편 굿을 〈넋굿〉, 〈집굿〉, 〈마을굿〉 등으로 분류하기도 한다. 특히 〈넋굿〉 즉 위령제는 죽은 사람의 영혼을 위로하여 좋은 곳(극락)으로 천도시키기 위해 기원하는 굿이다. 원래 사람이 죽으면 그 혼령이 저승으로 가야 하는데 한을 품고 죽은 경우 저승에도 가지 못하고 이승을 떠돌면서 산 사람들에게 나타나서 괴롭힌다. 그래서 맺힌 한을 풀어 주고 혼령을 위로해 주는 굿을 벌이게 된다. 이 〈넋굿〉은 〈해원(解冤)굿〉· 〈지노귀굿〉·〈오구굿〉으로 다시 나누기도 한다. 〈해원굿〉이란 비명에 죽은 사람의 억울한 넋을 달래기 위한 것으로 대개 물에 빠져 죽은 사람을 대상으로 하는 경우가 많기 때문에 '넋건짐'이라고도 한다. 〈지노귀굿〉은 출상한 날 그 넋을 위로하기 위해 안방이나 대청 같은 곳에서 간단하게 행하는 것으로 '자리걷음' 혹은 '자리걷이'라고도 한다. 〈오구굿〉은 망자의 영혼을 위로하고 천도시키는 것이다. 죽은 사람의 넋이 편안히 저승으로 갈 수 있도록 굿을 해주는 것은 자신에게 소중했던 사람을 죽은 후까지 배려해 주면서 동시에 살아 있는 사람들도 위로 받고 슬픔을 이겨내려는 한국인의 따뜻하고 지혜로운 마음에서 나온다.

첫 번째의 〈무신제〉, 즉 〈신굿〉은 강신무들이 자신을 위해서 행하는 굿으로 이에는 강신제와 축신제가 있다. 강신제는 자기 몸에 내리는 신을 받아서 정식으로 무당이 되는 입무의식으로 〈내림굿〉이라고도 한다. 〈내림굿〉은 한 인간의 운명을 바꾼다는 점에서 그 중요성이 심각하다. 그래서 〈내림굿〉만큼은 특별히 함부로 하지 않는다. 〈내림굿〉인 강신제는 정식 무당이 되기 전에 행하는 것인 데 비해, 이와 달리 축신제는 무당이 된 후에 자기가 모시는 몸주신을 위해서 하는 것으로 〈진적굿〉이라 한다. 〈진적굿〉은

무당이 되기 위한 내림굿(신굿)에서
물동이 타기를 하고 있는 모습

강신무 자신의 재수굿이라고 할 수 있는 것으로, 모시고 있는 신들을 위한 계절적인 축제다. 축신제는 해가 바뀔 때마다 신의 영력을 보강시키는 제의로서 〈꽃맞이굿〉, 〈단풍맞이굿〉, 〈대택굿〉, 〈진굿〉 등을 포괄한다. 다만 "무당이 제 굿 못하고 소경이 저 죽을 날 모른다"는 속담이 있듯이 자신을 위한 굿보다는 남을 위한 굿이 제의의 본령임을 간과할 수 없다.

두 번째의 〈가신제〉는 집굿, 가족굿으로서 자식이 없는 경우, 질병이 든 경우, 사망한 경우 등 가정의 문제를 해결하고 가족의 안녕과 행운을 비는 굿으로, 이를 생전제의와 사후제의로 나눠볼 수 있다. 생전제의에는 치병기원제의(병굿, 푸닥거리, 별상굿 등), 기자(祈子) · 육아제의(삼신풀이, 칠성제 등), 가옥신축제의(성주맞이 등), 혼인축원제의(여탐, 근원손 등), 행운기풍제의

가족이 중심이 되어 행하는 집굿

(재수굿, 축원굿, 성주굿, 안택굿, 고사, 맹감풀이, 일월맞이 등), 해상안전풍요제의(연신굿, 용왕맞이 등) 등이 있다. 육아제의와 관련하여 영남지역의 〈삼제왕풀이〉나 제주도의 〈불도맞이굿〉에서는 삼신을 청하여 아들 낳기를 빈다. 흔히 행하는 〈재수굿〉은 좋은 의미에서 하고 굿 자체가 긍정적이고 호감이 가는 성격을 지닌다. 사후제의에는 상가정화제의(자리걷이, 집가심 등), 익사자천도제의(물굿, 혼굿, 혼건지굿 등), 망인천도제의(예, 진도씻김굿(비나리굿), 다리굿) 등이 있다. 망인천도제의 즉 〈넋굿〉을 서울 · 경기에서는 〈지노귀굿〉, 충청도 · 전라도에서는 〈씻김굿〉, 경상도 · 강원도 동해안지방에서는 〈오구굿〉, 황해도 · 평안도 지방에서는 〈시왕굿〉이라 한다. 다만 저승으로 가는 사람의 넋을 위로하는 〈씻김굿〉을 하더라도 세상을 만든 하느님인 제석신을 받드는 굿을 하고, 조상에게 감사드리는 〈조상굿〉을 한 다음 본격적으로 〈씻김굿〉을 한다. 〈씻김굿〉도 맺힌 한을 풀

최후의 당골네 채정례 선생이 진도씻김굿의
씻김 부분을 공연하는 모습

어주고 나서, 육신을 씻어 달래 준 다음 비로소 저승으로 보내게 된다. 맺힌 것을 풀어야 죽어서 좋은 곳으로 갈 수 있는데, 맺힌 한을 푸는 것을 '고풀이'라 한다. 고를 풀어가며 이승의 한을 달래준 다음 죽은 이의 옷가지와 볏짚으로 사자의 육신을 나타내는 '영돈'을 만들어 놓고서 영돈을 씻기는 굿을 한다. 전남 진도에 사는 단골무당패에 의해 전승되고 있는 〈진도씻김굿〉은 중요무형문화재 72호로 지정되었으며, 박병천패가 가장 널리 알려져 있다. 박병천 명인은 가무악으로 일세를 풍미했던 〈진도씻김굿〉의 무악 부문 기능보유자이다. 진도에서 250년간 세습무를 22대째 이어오며 살아온 무당가문의 후손으로 70년 한평생을 굿에 매달려온 그는 소리, 연주, 춤 등 우리 전통예술의 다양한 장르를 섭렵한 탁월한 존재이다.

박병천, 씻김굿을 최초로 무대에 올렸던
이 시대 대표적인 예인

마지막 세 번째에 해당하는 〈동신제 (마을굿)〉의 경우, 당제와 달리 무당을 불러다가 굿으로 마을에서 공동으로 모시는 마을신에게 제의를 올린다. 이 〈동신제〉는 마을의 풍요와 행운을 기원하면서 마을 전체가 결속을 다지기 위해 벌이는 굿이다. 내륙지역에서 행하는 〈풍농제〉·〈당굿〉 등이 있으며, 해안지역에서 행하는 〈풍어제〉·〈용신굿〉 등이 있다. 〈마을굿〉은 지역에 따라 서울·경기에서는 〈도당굿〉·〈대동굿〉, 황해도에서는 〈대동굿〉, 동해안에서는 〈별신굿〉, 제주도에서는 〈영등굿〉·〈신과세굿〉 등으로 명칭을 달리 하기도 한다. 제주도의 〈영등굿〉

은 영등할머니에게 어부나
해녀들의 해상 안전과 생
산의 풍요를 비는 것인데,
제주도에 〈영등굿〉 놀이가
많은 것은 바람이 심한 자
연환경의 탓이다. 영등신
은 바람의 신이다. 동구릉
뒷산마을인 경기도 구리시

남한산성 〈도당굿〉 재연(2008년 남한산성문화제)

갈매동에서는 2년에 한 번씩 음력 3월 3일에 〈도당굿〉을 하는데, 이는 무형
문화재로 지정된 경기도 일원의 대표적인 〈마을굿〉이다. 〈경기도도당굿〉은
세습 남무인 화랭이들이 거의 도맡아 하는 특징을 지닌다. 무당이 참여하는
〈마을굿〉은 오늘날 현대축제로 계승되었다. 특히, 〈강릉단오제〉나 〈은산별
신제〉 같은 것은 문화산업적 의의까지 획득하고 있다.

중요무형문화재로 지정된 〈마을굿〉은 10여 가지가 된다. 〈강릉단오
제〉(강원), 〈경기도도당굿〉(경기), 〈경산자인단오제〉(경북), 〈남해안별
신굿〉(경남), 〈동해안별신굿〉(부산), 〈서울새남굿〉(서울), 서해안 〈배연
신굿〉 및 〈대동굿〉(전북), 〈양주소놀이굿〉(경기), 〈위도띠뱃놀이〉(전북),
〈은산별신제〉(충남), 〈제주칠머리당영등굿〉(제주), 〈진도씻김굿〉(전남),
〈황해도평산소놀음굿〉(인천)이 그것이다. 이 중요문화재로 지정된 굿의
무당들은 굿과는 다른 무대에서
자신들의 의례행위를 공연예술
형태로 연행한다. 오늘날 〈동해
안별신굿〉에서는 사물놀이도 한
다. 서해안의 〈위도띠뱃놀이〉를
하는 세습무는 단절되어, 현재
무당 출신이 아닌 일반 전수자

아시아 최고의 풍어제라는 〈위도띠뱃놀이〉

가 굿을 이끌어가고 있다.

굿에는 일정한 절차와 형식이 있다

굿은 규모, 목적, 성격 등에 따라 달리 나눌 수 있다. 규모에 따른 굿의 종류는 가장 간단한 비손이 있고, 이보다 규모가 조금 큰 고사와 푸닥거리가 있고, 규모가 가장 크고 중요한 굿이 있다. 비손은 무당 혼자서 두 손을 비비며 신에게 축원하는 약식의례이다. 고사는 대개 10월상달에 추수를 기뻐하면서 지내는 의례이고, 푸닥거리는 주로 병을 치료하기 위해 잡귀를 쫓아내는 의례로서 2~3명의 무당이 장구나 제금 같은 악기반주에 맞춰 간간이 춤도 추면서 행하게 된다. 규모가 가장 큰 정식 굿은 신에게 바치는 제상을 차려놓고 여러 명의 무당과 무악 반주를 전문으로 하는 재비(악공)가 연출한 춤 · 노래 · 축원 · 재담 등이 어우러지는 종합적인 의례이다.

보통 큰 굿은 가무를 중심으로 서서 굿을 한다 하여 '선굿', 비손 같은 경우 앉은 채로 가무 없이 축원을 중심으로 한다 하여 '앉은굿'이라 하기도 한다. 일반적으로 강신무와 세습무는 선굿을 하며, 독경무는 앉은굿을 한다. 특히 앉은굿으로 유명한 대전지역의 무당들은 앉아서 한문어투의 『천수경(千手經)』 · 『옥추경(玉

앉아서 경문을 낭송하는 좌경(坐經) 또는 앉은굿

樞經)』 · 『성조경(成造經)』 같은 경문을 읽어 복을 빌어주는 세습무이다.

한국 전통연희의 하나인 굿이야말로 우리 민속극의 원형일 뿐만 아니라 한국 현대연극의 모태가 될 수 있다. 굿은 중부와 북부지역 강신무의 굿과 남부지역 세습무의 굿으로 나뉘는 등 여러 가지로 분류될 수 있으나, 굿에는 일정한 형식과 절차가 있다. 1825년 또는 1885년에 난곡(蘭谷)이라는 호를 가진 사람이 『무당내력』이라는 책자를 통해 이를 기록했다. 『무당내력』은 서울지역 큰 굿의 전 과정을 그림과 함께 설명한 것으로 최초의 무속 회화자료라는 데 의의가 있으며, 또한 19세기에 한국무속의 기원을 단군에서 찾으려 했다는 점에서 주목할 수 있다. 굿거리의 절차는 ① (부정거리), ② 감응청배, ③ 제석거리, ④ 별성거리, ⑤ 대거리(대감거리), ⑥ 호구거리, ⑦ 조상거리, ⑧ 만신말명(만신거리), ⑨ 축귀(신장거리), ⑩ 창부거리, ⑪ 성조거리, ⑫ 구릉(군웅거리), ⑬ 뒷전이다.

이를 보면 지금과 같은 굿의 절차가 당시 이미 정형화되었음을 알 수 있다. 각 거리의 명칭은 그 거리에서 받들어야 할 주신의 명칭을 딴 것이다. 이 가운데 ④ 별성거리란 칼과 창을 양손에 든 장군의 모습을 그렸고 동시에 단군의 신하인 고시가 백성에게 농사를 가르쳤기 때문에 그 은혜를 잊지 않고 단군청배 때 같이 불러 별성(別星)이라 했다. ⑤ 대감거리는 격이 높은 굿거리가 아닌 유흥을 중심으로 하는 굿거리이다. 무속에서 대감은 주로 재복을 담당하는 신이다. ⑦ 조상거리는 굿의 하이라이트라 하겠다. 무당이 재가집 4대 조상과 외척, 인척을 모두 초빙하여 후손들에게 명과 복을 내리도록 빌고 함께 조상의 명복을 기원하는 거리다. 이 거리를 하면서 굿은 후반으로 넘어간다. ⑩ 창부(倡夫)거리에 뛰어난 사람은 정이 없다고 한다. 같은 무당이라도 창부거리를 잘하는 무당은 신딸이나 신아들을 막가는식으로 부려먹는 경향이 있기 때문이다. ⑫ 구릉거리의 군웅신은 군대가 싸움에서 이기고 지는 일을 주관하는 신이다. 이 굿거리는 우리나라를 지키고 나라에 몸을 던진 장군과 대감님을 위로하는 굿이다.

등장하는 신들의 종류와 굿이 진행되는 순서는 각 지역의 무당들에 따라 다르다. 그러나 대개 먼저 장소를 깨끗이 하고(부정), 신을 부르며(청배), 신을 즐겁게 한 다음(오신), 신에게 인간이 소망하는 것을 기원하고(축원), 신의 뜻을 감지하여 그 내용을 인간에게 전한 후(공수), 신을 원래 계셨던 곳으로 보내드리는(송신) 순으로 구성되어 있다. 처음에 시작하는 〈부정굿〉이란 마음을 깨끗이 하고 무대 안에서 잡신을 몰아내는 것이다. 〈한양굿〉에서는 서너 시간이면 끝나지만, 〈이북굿〉에서는 그 전날 굿당에 들어가서 제물을 진설하고 굿을 하기 위한 환경을 마련한다. 그리고 굿당에서 새우잠을 자는데, 몸부정과 피부정을 멀리 한다는 의미에서이다. 굿의 기본구조는 크게 신을 부르고, 즐겁게 한 다음, 신을 보내는 세 단계로 되어 있다. 보통 굿이 12거리 이상으로 진행되는 복잡한 절차이기 때문에 사실 한 무당이 전체를 감당하기에는 힘들다. 따라서 굿의 성격에 맞게 특정 거리를 잘하는 무당을 초청하는 경우가 많다.

　강신무는 굿거리마다 개개 신의 복식을 상징하는 무복(巫服)이 따로 있어 굿을 할 때는 12~20벌을 바꿔 입어가며 장구 · 꽹과리 · 징 · 제금 등 타악기 중심의 격렬한 리듬에 맞춰 매우 빠른 템포로 춤을 추고 주문을 외운다. 무당이 무복을 입고 손에 방울을 쥐면 몸에 신이 내린다. 무복 착용의 경우 원칙적으로 남치마를 기본으로 다른 옷들을 껴입는다. 무복은 늘 신성물로 여기기 때문에 평상시에는 만지기조차 두려워한다. 무복이 오래되어 때가 끼거나 상하게 되면 빨거나 깁는 일 없이 불에 태워 없앤다. 방울은 손잡이 끝에 7개가 달려 있는 칠금방울이 많은데, 인간에게 명과 복을 준다는 상징적 의미가 담겨 있다. 강신무의 무구는 다양한데 부채는 거의 모든 굿에 쓰이며 무당이 춤을 출 때나 신의 위엄을 나타내는 모의 동작 등에서 사용한다. 춤이 최고조에 이르렀을 때 무당은 날카로운 작두날에 올라서기도 하고 죽은 사람의 영혼을 불러 부탁을 듣기도 하는 등 초자연적인 능력을 보인다. 강신무의 춤은 활발하고 신의

무당이 굿을 하거나 점을 칠 때
사용하는 칠성방울(칠금방울)

뜻을 주로 인간에게 알리는 성격이 강하다.

세습무의 경우는 무복이 2~3종 정도에 지나지 않는다. 현재 중요무형문화재로 지정된 세습무들은 전문사제자로 활동하면서 아울러 민속예술 전승자로서의 구실을 하고 있다. 세습무는 굿을 할 때 춤이 다양하며 타악기에 가락악기까지 첨가하여 예술성을 크게 드러낸다. 특히 세습무의 춤은 동작이 부드럽고 섬세하여 신에게 인간의 뜻을 전하는 측면이 강하다.

굿은 반주에 따른 노래와 춤의 종합예술이다

굿은 문학·음악·춤이 결합된 종합예술의 성격을 띤다. 굿이 벌어지면 무관 중의 당하관처럼 검은 갓을 쓰고 별감같이 붉은 철릭을 입은 무당이 등장한다. 무당이 서서 도살풀이와 덩덕궁이 장단에 따라 무가를 부르면, 이때 악사들은 피리·젓대·해금·장구 등으로 시나위를 연주한다. 큰 굿에는 무당들이 긴염불이나 삼현도드리 그리고 굿거리와 허튼타령에 당악장단의 춤을 춘다.

무당이 굿을 할 때 읊는 무가 중 가장 유명한 것이 〈바리데기무가〉이다. 부왕으로부터 버림받았던 바리데기 공주는 병들어 죽은 부모를 살림으로써 한국 무당의 조상이 되었다. 따라서 〈바리데기무가〉는 죽은 사람의 넋을 위로하기 위해 지내는 〈지노귀굿〉

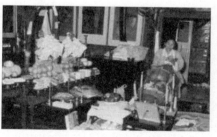

지노귀굿에서 바리데기무가를 구연하는 장면

에서 불려지는 편이다. 이 밖에 굿에서 읊어지는 무가로 삼신의 내력을 읊은 〈당금애기무가〉, 성주신의 내력을 읊은 〈성주무가〉 등이 있다.

시나위는 무당의 춤과 노래에 맞춰 즉흥적으로 가락을 변화시켜 연주되는 음악을 말한다. 말하자면 살풀이 장단의 춤과 시나위라는 음악반주 그리고 무가라는 노래가 한데 어우러져 〈씻김굿〉이 만들어진다. 이처럼 굿을 하기 위해서는 굿패가 형성되어야 한다. 각 거리를 완전히 소화할 수 있는 무당이 있더라도 굿을 할 수가 없다. 무엇보다 굿의 음악을 이끄는 뛰어난 장구잽이, 즉 상장구가 있어야 한다. 장구로 장단을 맞춰줘야만 춤을 출수 있다는 뜻의 "장구를 쳐야 춤을 추지"라는 속담도 있으며, 심지어 "장구 깨진 무당 같다"는 속담을 통해 장구의 가치를 부각시키고 있다. 가락이 빠르고 폭이 큰 소리를 할 때 치는 장구소리가 다양해야 하는데, 실제로 맞추기 매우 힘들기 때문이다. 심지어 상장구는 만수받이뿐만 아니라 무당의 사설과 덕담을 받아 화답해 주고 굿판의 신명을 돋구는 칭찬과 추임을 해야 한다. 만수받이란 무당이 굿을 할 때 청배소리를 하면 다른 보조무당들이 호응하여 선소리로서 무가를 받아쳐 후렴구를 따라 부르는 것을 말한다. 상장구외에도 징이나 제금 등을 칠 수 있는 보조무당도 있어야 함은 물론이다. 이와 같이 굿판에서는 무악이 반드시 있어야만 굿이 제대로 진행될 수 있다. 지역에 따라 무악의 성격에 차이를 보인다. 이를테면 서울 이북이나 제주지방의 무악은 단순한 음의 절단으로 이루어지므로 이것을 장시간 반복하면 정신이 몽롱해져 주술적 경지에 빠뜨릴 수 있다. 그런가 하면 한강 이남의 경기나 동해안 그리고 호남지방의 무악은 절단이 복잡하고 멋이 있으며 흥겹고 예술적이다. 한편 동해안지방의 무악은 청보·제마수 등 10여 종이 넘는 독특한 장단이 있다.

무가 반주음악에 쓰이는 장단은 지역마다 한결 같지 않다. 그러나 중중모리형(굿거리) 및 자진모리형(덩덕궁이) 장단이 어느 지역에나 있고, 엇모리형도 상당히 널리 퍼져 있다. 현재 굿판에서 나타나는 무속음악의 변화를 보면 빠른 박을 선호하고, 삼공잽이·제마수 등은 큰 굿을 제외하고는 거의 사용하지 않으며, 쉬운 장단으로 넘어간다. 남자 무당들은 굿판에서 풍물가락을 쓰기도 한다. 또 아랫세대들은 무속음악의 대중화·무대화에 관심을 가진다. 강신무의 경우에는 무악이 굿의 흐름과 밀접한 관련을 가지고 있다. 처음에 무당이 신을 모시러 굿판에 들어올 때는 굿거리장단으로 시작하나, 굿이 진행되어 신이 강림하면 무당의 동작이 격렬해지고 이에 따라 무악도 단순한 리듬이 반복된다. 점차 굿이 절정을 향해 치닫게 되면 악사들은 신들린 듯이 자신들의 악기를 두드린다. 마침내 동작이 음악을 따라갈 수 없을 정도가 되면 무당은 그냥 서서 몸을 떨기 시작하여 절정에 도달한 느낌을 준다.

굿에서 신명은 춤으로 극대화된다. 춤 가운데 〈막춤〉은 막장단에 발디딤새나 오금주기에 신경을 써가면서 몸 전체와 손놀림이 일치되게 조화를 시키면서 추는 춤으로 가장 한국적인 〈황해도굿〉에서는 기본이 되는 춤이다. 〈황해도굿〉은 섬뜩할 정도로 씩씩하고 격정적인데, 이 〈황해도굿〉으로 대표되는 〈이북굿〉이 점차 세력이 약화되고 〈경기도굿〉이 다시 살아나고 있다. '연풍돌기'는 일명 〈맴돌이춤〉으로 왼쪽으로 맴을 돌면서 빠르게 도는 춤이다. 제석거리나 칠성거리에서 쓰이는 〈거상[62]춤〉을 비롯하여, 〈제배춤〉·〈벅구춤〉·〈넘길춤〉·〈장삼춤〉 등이 있고, 무구를 가지고 추는 춤에 〈바라춤〉·〈칠성칼춤〉·〈신장칼춤〉 등이 있다. 이밖에도 굿판에서 무당들은 〈각설이춤〉·〈곱사춤〉·〈기생춤〉 등으로 신나게 논다.

신명은 무당에게만 발동되는 것이 아니라 굿을 보고 있던 구경꾼에게 지피기도 한다. 그리하여 굿판에는 흥이 일어나고 관중은 황홀경에 빠지게 된다. 마침내 난장판이 조성되어 굿은 종교적인 신성한 장에서 재생과 삶의 현장으로 바뀐다. 굿은 한 개인이 의뢰하여 시작하지만 일단 굿이 벌어지면 온 마을 사람들이 함께 모여서 전 과정을 지켜본다. 그리고 굿이 끝난 후에는 참여자 모두 제물로 바쳤던 음식을 나누어 먹으며 잔치 분위기를 연출해 낸다. 굿판의 춤은 신성성을 벗어나 오락적으로 바뀌며 다시 예술적인

---

62) 거상(擧床)은 의례상을 진설하여 신에게 바치는 행위다.

춤으로 승화되기도 하는 것이다.

굿판은 공동의 축제 공간이다

국사당. 인왕산에 있는 조선 태조와
여러 신을 모신 신당

무당이 신을 모셔놓고 굿을 하는 집을 굿당 또는 신당이라고 한다. 가장 잘 알려진 굿당의 하나로 인왕산 기슭 선바위 밑에 위치한 국사당을 들 수 있다. 무학대사를 모시는 국사당은 서울을 수호하는 신당인데, 1925년 전까지 남산 팔각정 자리에 있던 것을 일제 때 신사를 지으면서 인왕산으로 옮겨놓은 것이다. 지금도 이곳에서 많은 굿이 행해지고 있다.

굿당은 여러 신을 영접하고 보내는 곳이므로 성스러운 장소인 동시에 무업으로서 제사를 지내는 곳이기도 하다. 이러한 신당은 지방에 따라 구조가 약간씩 다르다. 그러나 기본적으로 전면의 중앙에 제물을 차려놓은 제상이 있고, 중앙에는 입무(立巫)가 자리 잡을 초석(草席)의 신(神) 자리가 깔려 있다. 그리고 좌측이나 우측에 악무(樂巫)의 자리가 있으며, 춤판의 주변에는 여러 가지 신성한 깃발·무복·장식품 등이 진열되어 있다.

굿을 준비할 때 가장 정성을 드리는 부분이 제물 차림이다. 대개 굿상에는 위패와 함께 다양한 제물을 차려놓는다. 굿상에 가장 많이 차지하는 것은 과일이다. 그리고 떡은 의례음식에 빼놓을 수 없는데, 굿에서는 더욱 떡과 관련된 속담이 눈에 띈다. "굿이나 보고 떡이나 먹지"라든가, "굿도 볼 겸 떡도 먹을 겸"이라든가, "굿 구경 하려면 계면떡이 나오도록" 등이 그러한 예다.

더욱 주목할 만한 것은 제물로 돼지를 사용하는 점이다. 당제와 〈별신굿〉 등 마을제의는 물론, 개인적인 일로 고사를 지낼 때도 통돼지나 돼지머리가 중요한 제물로 쓰인다. 그만큼 돼지는 하늘에 바치는 신성한 제물 또는 신의 뜻을 전달하는 존재로 인식되

서울새남굿상, 과일을 비롯하여
한과와 약식 등이 눈에 띄는 굿상임

었다. 돼지꿈을 꾸게 되면 우리가 복권을 구입하는데, 이것은 돼지가 재물과 복을 상징하는 신성한 동물이라고 믿는 속신 때문이다. 무엇보다 수태 4개월 만에 새끼 8~12마리를 낳는 왕성한 번식력 덕이다. 돼지해인 2007년 정해년 (丁亥年)에 태어나는 아기는 재물 운을 타고 난다고 하여 2006년 임신열풍이 불기도 했다. 또한 돼지는 고대에 왕자의 이름에 사용될 정도로 우리 민족에게는 친숙하고 길한 동물로 인식되었다. 중국 속담에서도 "돼지가 들어오면 모든 복이 온다"고 하며, 허베이(河北) 지방에선 새해 집안에 재복이 가득하기를 바라면서 춘제(春節) 때 종이를 오려 만든 돼지를 창문에 붙인다.

서울이나 호남지역의 굿상은 비교적 소박하나 일반적으로 굿상을 비롯하여 춤판을 화려하게 꾸미는 편이다. 이는 잡귀가 침범할 수 없게 성역화하려는 의도와 함께 신을 즐겁게 해 주기 위해 아름답게 장식하려는 것이다. 굿상을 화려하게 차리는 풍습은 먹을거리가 많아진 고려시대부터다. 무속에서 보여주는 바와 같이 우리나라의 춤판은 신성한 영역이자 즐거움의 공간이었다. 모두가 경건한 마음으로 의식에 참여하면서도 혼연일체가 되어 신나게 놀았던 것이다.

일찍이 부족국가시대의 제천의식에서 유래되고 있는 무속신앙은 삼국시대 초기를 지나면서 유·불·도 등 여러 새로운 종교와 융합되었다. 그리고 통일신라 중기부터는 개인 기복의 무격신앙이 형성되고 고려말기에는

더욱 발달하여 현재와 비슷한 굿의 형태를 갖추기에 이르렀다. 조선시대 유교의 국교화로 억압을 받지만 오히려 고려시대보다 더 강하게 민중들의 의식에 자리 잡았다.

헐버트, 고종황제가 가장 신뢰했던 재한 외국인

19세기 후반을 지나면서 기독교의 도입과 일제의 민족정신 말살책에 따라 마을 공동체 형성에 중요한 역할을 하던 〈마을굿〉을 비롯한 무속신앙은 극심한 탄압을 받았다. 더욱이 20세기 초 구한말의 선교사 헐버트(H. B. Hulbert)는 1903년 『코리아 리뷰(Korea Review)』라는 영문판 잡지에서 무당의 무란 '속이기 위함(to deceive)'이라고 적고 있다.[63] 놀랍게도 그는 한국인보다 한국을 더 사랑했다는 인물이다. 서구적 편견이나 오류에 우리의 민간신앙과 민족문화가 단죄를 받았으나 현대학자들 가운데는 한국의 기독교가 놀랍게 성장한 배경에는 무속신앙이 깔려 있다고 진단한다.

인생의 허무를 깨닫게 하는 현실비판적인 고도의 도덕적 · 철학적 종교가 아니라, 힘든 현실을 살아가면서 행복과 평안을 준다는 실존적 · 현세긍정적인 종교라는 점 때문에 민중들에게는 오늘날까지도 무속이 매력으로 다가오는 것이리라.

2) 풍수신앙

태평양으로부터 한반도로 밀려드는 지진을 막아주는 방파제 역할을 일본 열도가 담당하고 있으며, 한반도의 입장에서 보자면 일본열도는 안산에 비

---

63) 주강현, 앞의 책, 175면.

유할 수 있다. 안산의 역할은 매우 중요한데, 사람 얼굴에 비유하면 안산은 턱과 같으며, '어림 택(턱)도 없다'는 말은 여기에서 유래했을 것이라 한다.[64]

한반도에 미칠 지진을 막아주는 일본열도

우리 속담에 "집안이 망하면 집터 잡은 사람만 탓한다"라는 말이 있다. 역사적으로 우리의 생활 속에서 집터 잡는 일을 얼마나 중시했는가를 단적으로 보여주는 예증이다. 실학자이자 과학에 조예가 깊었던 서유구는 "집은 남향이 가장 좋고, 동향이 그 다음으로 좋으며, 북향이 또 그 다음으로 좋다. 절대로 서향으로 지어서는 안 된다"고 하면서 "남향으로 내어 양기를 받아들여야 한다"고 했다. 지금도 우리는 남향집을 선호하는 등 살아가면서 집의 좌향에 무척 신경을 쓴다. 여유 있게 사는 사람일수록 집을 짓거나 이사를 할 때 풍수를 따진다. 요즘 풍수 관련 서적이 잘 팔리고 있으며, 현대 풍수에서는 빌딩이 산이요, 도로가 강이라고 한다.

고려말에 어느 가문이 대구에서 무주로 이주하여 살고 있던 중 집안의 어른이 돌아가시면서 강 건너 산에 묻어 달라 유언했다. 후손들은 풍수를 전문으로 하는 지관(지사, 풍수가, 감여가 등으로도 일컬음)을 구해 길지를 찾았는데, 지관이 말하기를 "두어 자 정도 파면 큰 바위가 있을 텐데 구덩이가 얕더라도 바위를 파내지 말고 묻으라"고 했다. 과연 땅속에서 큰 바위가 나오자, 그만 들어내고 말았다. 그 순간 바위 밑에서 황금빛 광채가 나더니 하얀 학 한 마리가 하늘로 날아갔다. 놀라서 바위를 도로 내려놓았더니, 먼저 날아간 암컷을 따라 나오던 수컷의 다리가 부러졌다. 지금도 그 집안에는

---

64) 조용헌, '일본열도 안산론', 〈조선일보〉 2011. 3. 14.

홍릉, 조선 26대 왕 고종과 비 명성황후 민씨를
합장한 무덤(경기도 남양주시)

유릉, 27대 왕 순종과 비 순명효황후,
계비 순정효황후를 합장한 무덤(남양주시)

상처(喪妻)한 홀아비가 많고 다리 불구자가 많다고 한다.[65] 우리의 합리적 판단과 과학적 사고의 한계를 넘어서 풍수의 위력을 새삼 느끼게 되는 전설이다. 요즘 잘나가는 유명인사나 정치인들 가운데 풍수를 민심보다 더 신뢰하는 사람이 있는 것 같다. 얼마 전 모 대통령도 선거 전에 부모 묘소를 새로 잡은 명당으로 이전했다. 김일성 사망을 예언한 것으로 유명한 육관도사 손석우는 김대중 전 대통령에게 대선 2년여 전에 부친 묘소를 용인으로 이장할 것을 권했던 것이다. 조선의 마지막을 장식한 고종과 순종황제의 유택인 홍릉과 유릉은 일본 식민주의자들이 골라준 나쁜 자리라고 하니 기가 막힌다. 여전히 풍수는 우리들의 관심 안에 있게 하며, 땅과 인간의 조화와 교감을 중시하는 풍수의 의의를 새삼 깨닫게 된다.

　이와 같이 산 사람들이 집을 구하거나 죽은 자들의 무덤을 씀에 있어 우리가 현실적으로 풍수에 관심을 갖고 고민하는 것은 자연스러운 일이라고 하겠다. 그리고 역사적으로 자연, 즉 풍수를 소중하게 여기는 의식이 강화됨에 따라 풍수는 신앙에 가깝게 인식되었다고 보며, 게다가 풍수를 보는 시각이 분석적이기보다는 직관적인 면이 있으며 합리적으로 증명할 수 있

---

65) 유증선, 『영남의 전설』, 형성출판사, 1971, 236~237면.

는 실체로 파악하기 힘들다는 점에서 더욱 풍수가 신앙으로 취급되었다고 본다.

풍수는 기본적으로 땅에 대한 사고방식이다. 전문가들의 말에 따르면, 땅은 살아 있는 존재로 생명의 원천이 된다. 생명의 원천을 생기라 하는데, 한나라의 청오자가 지었다는 가장 오래된 풍수서인 『청오경(靑烏經)』에서는 생기가 흩어져 새어나가는 땅에서는 관이 뒤집어질 것이요, 생기가 이르지 못하는 땅에서는 살아 있는 사람이 모

청오경, 풍수서 중
가장 널리 알려지고
오래된 경전

두 죽을 것이라 했다. 『금낭경(錦囊經)』에 관한 장설(張說)의 주석에서도 만물이 땅에서 생겨나는데, 땅속에 있는 생기 때문이라고 했다. 생기가 만물의 근원임을 생각하면 생기가 있는 좋은 땅을 찾는 것은 당연한 일이다. 풍수의 핵심이 기(氣)이다 보니 탈취를 위한 싸움이 일어나는 것이며 조선후기에 빈발했던 묘지소송사건의 대부분은 풍수에 따른 기싸움이었다. 택조(宅兆)나 복지(卜地) 등의 용어를 근거로 삼아 원래 풍수학의 의미를 '땅을 점치는 것'으로 말하기도 한다. 집을 짓거나 무덤을 쓰거나 좋은 땅을 점치는 풍수문화는 역사와 함께 시작되었을 것임은 쉽게 짐작할 수 있다.

풍수는 융합의 사상이다

풍수라는 용어는 바람을 갈무리하고 물을 얻는다는 '장풍득수(藏風得水)'의 준말이다. 생기는 바람을 타면 흩어지고 물을 만나면 멈추기 때문에 바람을 막아 갈무리하고 물을 얻는 데서 생기가 응결한다는 뜻으로 풍수라는 말이 성립된 것이다. 풍수이론의 창시자라는 중국 동진(東晋)의 곽박(郭璞)은 자신의 저서인 『장서(葬書)』(일명 『금낭경』)에서 장풍득수한 곳이 좋은 땅이라며 명당의 입지 조건을 간단하게 설명한 바 있다. 말 그대로 바람을 가

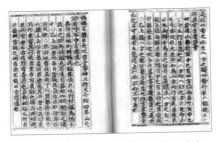
풍수이론의 창시자인 곽박이 지은 금낭경

두어 막는 게 장풍이요, 물을 얻는 게 득수이다. 물이 없으면 식물은 고사하고 동물도 생존할 수 없으며, 황사 바람이 불어오면 동식물이 살 수 없다. 이러한 풍수에서 사실 득수가 첫째요, 장풍이 다음이다. 물은 풍수문화의 가장 핵심적인 요소이다.

한편 풍수라는 용어를 '풍수지리'를 줄여 사용하는 것으로 보기도 한다. 풍수지리 전문가 최창조는 땅을 보는 안목에 두 가지가 있음을 지적하였다. 땅에 생명의 기운을 불어넣는 지기(地氣) 또는 지령(地靈)이라는 눈에 보이지 않는 것을 살피는 '풍수'라는 분야와 지형(지세), 도로, 기후, 토양, 산물, 가옥 등 보이는 것을 살피는 '지리'라는 분야를 합쳐서 풍수지리라 하는 것이고, 그것을 흔히 풍수로 일컫게 되었다[66]고 주장한다. 조선시대에는 풍수지리를 가리켜 '지리'라 말하기도 했다. 이중환이 『택리지』에서 주거 조건으로서 첫 번째 손꼽는 '지리'도 풍수지리를 말한다. 이와 같이 풍수란 산수의 동정, 즉 지기와 지형을 헤아리는 것으로, 땅에 존재하는 생기가 바로 인체에 지대한 영향을 미친다고 보는 것이다.

풍수는 음양오행설을 기반으로 장풍 · 득수 · 방위를 중시한다. 장풍은 산을 등져서 바람을 막아 산의 영기가 분산되지 않는 자리여야 하고, 득수는 양의 천수(泉水)가 모여들어 영기가 흩어지지 않는 자리여야 하며, 방위는 음위와 양위를 가리는 자리여야 한다. 이러한 자리는 여성 인체의 음부나 유방을 상징하기도 하는데, 이는 다산과 풍요의 의미를 지닌다. 요컨대, 풍수지리란 땅이 살아야 사람도 살 수 있다고 보고 생기를 지닌 땅의 이치

---

66) 최창조, 『한국의 풍수지리』, 민음사, 2008, 22면, 198면.

를 음양오행의 철학적 논리로 체계화한 자연과학이자 인문지리라 하겠다.

최창조는 풍수란 땅의 질서와 인간의 논리 사이의 합치점을 찾고자 하는 우리의 전통적인 지혜라[67]고 정의했다. 송의 풍수지리가 채목당(蔡牧堂)이 지리와 인사(人事)를 비슷하다고 한 것을 최창조는 아예 같다고 하는 것이다. 그는 풍수에서는 결코 인사가 천도(天道)를 넘보는 일을 허용하지 않는데, 그것은 천지의 조화로움을 망치는 일이기 때문이라[68]고 했다. 천시(天時)에 따라 땅의 이치인 지리(地理)를 수용하는 것이 풍수임을 깨닫게 된다. 천지의 조화, 자연과 인간의 융합을 중시하는 풍수학이야말로 음양학이라 할 수 있을 것이다.

풍수를 보는 시각의 온당함은 '조화(융합)'를 핵심가치로 여기는 데 달려 있다. 자연과 인간 사이를 규정하는 조화와 융합의 철학적 사고는 분명 긍정적인 가치로 여겨진다. 만일 개인의 욕망으로 인해 자연을 기능적 차원에서 접근할 때 이미 자연과의 조화와 균형은 금이 가거나 부정적인 평가가 내려질 것이다. 다시 말해 땅이 '인간'에게 좋으냐 나쁘냐의 접근방식은 바람직하지만, 땅이 '나'에게 좋으냐 나쁘냐로 접근하게 되면, 이는 풍수의 본질에 어긋나는 태도라 하겠다.

풍수가 지닌 융합적 철학성을 도외시하면서 땅이 가진 기능적 생산성을 살피는 술법들이 강조되는 한 풍수는 타락의 가능성이 높아질 수밖에 없다. 사실 건전하던 우리의 풍수지리사상도 후대로 갈수록 미신적인 속성으로 변질되면서 폐단이 일어나곤 했다. 조선 성종 이후 이기적인 터잡기의 잡술로 타락하기에 이르렀고, 일제와 서구세력에 의해 사이비 신앙으로 왜곡된 것은 안타까운 일이다. 어찌 감사히 생각하고 잘 보존하고 받들어야 할 땅을 소유와 이용의 대상으로만 삼을 것인가. 환경재난과 자연재해는

---

67) 최창조, 앞의 책, 198면.
68) 최창조, 위의 책, 70면.

그러한 인간의 그릇된 욕망에 대한 보복의 결과이다.

각국의 풍수적 독자성이 있다

조선초까지도 풍수지리설은 도읍지의 선정을 비롯하여 사찰·궁성을 축조하고 주거지와 묏자리를 잡는 경우 등에 많은 영향을 끼쳤다. 조선 건국의 정당성을 확보화기 위해 지은 〈용비어천가〉 작품에는 풍수설화가 잘 반영되고 있다. 〈용비어천가〉 15장의 전반부는 중국의 진시황이 어느 풍수가의 말을 듣고 금릉(지금의 남경)의 산맥을 자르고 물길을 새로 만든 내용이다. 이어 후반부는 공주강 이남의 전주 출신인 이성계와 창업공신들이 고

예언가 신지, 신지비사를
지었다는 인물

려 왕건의 「훈요십조(訓要十條)」를 반박하기 위해 "공주강남을 저어하사 자손을 가르치신들 구변지국이 사람 뜻이리까"라고 한 내용이다. 「훈요십조」에서는 "공주강 이남은 지세가 좋지 않으니 인재를 등용하지 말라"고 했고, '구변지국(九變之局)'은 고조선 때의 예언서인 『신지비사(神誌秘詞)』에 나오는 말로 역대 도읍지가 아홉 번 변한다는 것이다. 이성계가 한양에 도읍지를 잡게 된 것도 『신지비사』에 예언된 하늘의 뜻이었다는 말이다.

동양적 자연관에 입각하여 어느 나라든 자국의 지세와 지형에 맞는 풍수 이론을 발전시켜 왔다. 풍수에선 크게 땅위 자리와 땅속 자리, 둘로 나누어 논한다. 즉 도읍이나 주택처럼 지상에 거처를 삼을 때 지세를 따지는 양택(陽宅)풍수와, 묏자리처럼 지하를 거처로 삼을 경우를 따지는 음택(陰宅)풍수로 갈라진다. 물론 풍수사상을 보다 발전 체계화시킨 것은 중국이다. 그런데 중국의 풍수는 좋은 묏자리를 찾지 못하면 부모 시신의 매장을 연기할

만큼 음택풍수에 기운 편이다. 그러나 우리나라의 경우는 중국에서 풍수가 유입된 삼국통일 이후 묏자리에 대한 것보다는 집터를 잡는 양택풍수에 대한 관심이 더 많았다. 조선시대에는 묘지에 대한 관심이 더 컸다고도 볼 수 있으나, 고려시대까지 도읍풍수 위주로 전개되었다. 일본의 경우도 일찍이 아스카[飛鳥]시대에 중국으로부터 풍수가 전래된 이후 비교적 양택풍수가 우세했다.

이와 같은 양택과 음택의 풍수사상과 별도로 각 나라들은 자생풍수라 할 수 있는 자국 나름의 풍수론적 특징을 지니고 있었다. 흔히 풍수지리는 나경으로 측정한 방위를 가지고 길흉화복을 판단하는 이기론(理氣論)과 산과 물의 외적인 모양을 보고 길흉관계를 판단하는 형기론(形氣論)이 있다고 한다. 이 기준으로 볼 때 중국은 방위 중심의 이기론적 풍수가 발달했다면, 한국은 모양새 중심의 형기론적 풍수이론이 발달했다고 할 수도 있다. 다만 일본의 경우는 구성법(九星法)의 논리에 바탕을 둔 주거지 위주의 풍수가 발전했다.[69] 특히 중국과 우리는 국토의 크기가 다를 뿐만 아니라 풍토가 다르다. 중국의 산천이 인간으로부터 경원시되는 데 비해 우리나라의 산천은 친근감이 드는 대상이다. 또한 서고동저형(西高東低型)의 지형과 지세를 지닌 중국과 동고서저형(東高西低型)의 환경인 한국과의 풍수적 차이는 불가피하다.

풍수이론과 관련되어 조선시대 이전까지 우리의 풍수문화에서는 조화를 중시했다. 즉 음양오행, 좌향, 구성(九星), 분금(하관 시 시신의 정밀한 방향) 등이 중심이 되는 이법(理法)풍수와 형국론, 형세론이 중심이 되는 형법(形法)풍수가 조화를 이루었다. 이에 비해, 현대 풍수문화는 형법풍수에 바탕을 두고 있다.[70]

---

69) 김기덕, 「풍수지리」, 『한국전통문화론』, 북코리아, 2006, 283면.
70) 구중회, 『능묘와 풍수문화』, 국학자료원, 2008, 403면.

한편 한국적인 풍수는 다른 사상이나 종교들과의 관계 위에서 이해하는 것이 좋다. 불교를 국교로 삼았던 고려시대나 유교를 국가적 이념으로 삼은 조선시대에 과거제의 시험과목이었다는 것은 어떤 유교나 불교 차원의 신앙이나 교리로만 볼 수 없다는 뜻이 된다. 풍수는 믿음이나 신앙의 체계가 아니라고 강변하는 경우도 있다. 풍수는 원래 지리이며, 역학·역리라 하여 국토의 합리적인 운용에 관한 과학으로 인식했던 것이다. 최창조는 풍수의 본래적 의미는 지극히 일상적이고 평범한 생활환경을 대변해 주고 있는데, 풍(風)은 기후와 풍토를 지칭하며 수(水)는 물과 관계된 모든 것을 가리키고 있으므로 풍수의 대상은 현대지리학의 관심 분야와 다를 것이 없다고 한다.

종래 인간관계에 있어서의 대동적 삶을 중시하고, 사람과 자연과의 관계에서 조화를 구하는 것이 풍수사상의 이상이자 본질이라 할 수 있다.

한국풍수 신앙에 이르도록 발달하다

순천시 선암사에 소장된 도선의 영정

우리나라에서는 삼국시대 이래로 고유의 자생풍수지리설이 전래되어 왔다. 신라말 영암 출생의 승려 도선(道詵, 827~898) 국사[71]는 우리의 독자적인 자생풍수지리의 비조로 유명하다. 삼국통일 이후엔 체계화된 중국의 풍수이론이 도입되면서 풍수지리설이 급속도로 확산되었다. 도선 국사가 고려 태조 왕건의 이름을 지어주고 그가 왕이 될 것임을 예언한 사실이 알려지면서 풍수지리설은 더욱 유행하게 되었다. 사실 풍수

---

71) 신라의 승려를 고려의 국사로 추종한 경우는 원효, 의상, 도선뿐이다.

지리설이 가장 크게 발달한 것도 고려시대였다.

신라말 선승들은 화엄종의 한계를 인식하고 극복하는 사상체계로서 선종을 받아들였다. 그들은 지배 권력층과 가까운 교종의 질서에 반하는 사고와 더불어 지리적 상황까지도 개선해 보고자 하는 의도를 보였다. 최창조는 선승들이 중간계층인 육두품 계열과 합세하여 교종의 고답적인 자세를 탈피하고자 했을 뿐만 아니라 한반도 동남쪽에 지나치게 치우쳐 있는 경주 국도(國都) 중심의 지리구조를 고쳐보고자 하는 의욕도 지녔다[72]고 했다. 이렇듯 풍수는 처음부터 불교의 선종과 불가분의 관계 속에서 신앙에 가깝게 다가가게 되었다.

고려조 풍수사상은 사회를 지배하는 이념이 되었을 뿐만 아니라 한층 신앙으로까지 발전하기에 이르렀다. 고려시대에 풍수사상이 얼마나 큰 비중을 차지했는가는 탄생부터 풍수와 관련된 고려 태조와 그의 「훈요십조」에 나타난 풍수적 국시관(國是觀)이 잘 말해 준다. 무엇보다도 고려는 풍수사상에 따라 개경·남경·서경 등 세 곳에 도읍을 정함으로써 국가를 균형적으로 발전시킬 수 있었다. 국가를 건설할 때를 비롯하여 고려 왕실에서는 도선의 풍수도참설을 철저히 믿었고, 권문세족들도 명당에 집터를 잡고자 노력했으며, 승려들도 많은 절과 탑을 지어 땅의 기운을 누르고자 애썼다. 이처럼 왕실과 귀족과 승려들이 앞장서 풍수지리설에 심취해 있었다. 고려 태조를 비롯한 숙종, 공민왕 등 개혁정치를 통해 국가발전을 이끌고자 했던 국왕일수록 음양, 지리, 도참의

만월대에서 전시하고 있는
고려 태조 왕건의 영정

---

72) 최창조, 앞의 책, 306면.

설에 빠졌던 사실은 고려조 풍수사상의 사회적 비중과 영향을 짐작케 한다. 고려말의 풍수는 쇄신의 기풍으로 이성계에게 조선 건국의 사상적 기반을 제공했다.

조선에 와서도 국왕을 비롯하여 백성에 이르기까지 땅의 힘을 믿고 경외하는 경향은 변함없이 지속되어 갔다. 조선의 군주 가운데 풍수에 가장 심취했던 세종은 학자들로 하여금 깊이 연구하도록 독려했다. 『세종실록』에는 '풍수학'이라는 용어도 나온다. 물론 그 뒤 『세조실록』에는 풍수학의 이름이 '지리학'으로 바뀌게 된다.[73] 조선의 백성들은 풍수에 입각하여 자신이 살 집터를 마련하고자 했다. 당시 믿고 의지하던 풍수는 땅의 이익과 자연의 힘을 이치에 맞게 설명해주던 과학이었던 것이다. 적어도 그때까지의 풍수신앙은 과학에 근거를 둔 건전한 것이었다고 할 수 있다.

풍수를 흔히 양택풍수와 음택풍수 둘로 나누긴 하나, 사실 풍수에서 보면 삶과 죽음은 순환한다. 풍수적 사생관은 죽음에 대한 허무와 공포를 해소하기 위한 지혜의 산물이기도 하다. 조선의 선비들은 중년에 접어들면 자신의 묏자리인 '신후지지(身後之地)'를 미리 잡아두는 게 관례였다. 우암 송시열도 자신이 죽기 20년 전에 미리 신후지지를 잡아놓았다. 죽음을 편안하게 맞기 위한 예행연습이었던 것이다. 충남 예산 추사 김정희의 생가에 가보면 옛집 바로 옆에 묘지를 조성해 놓았으며, 전남 해남의 고산 윤선

추사 김정희 생가

김정희 생가 옆 묘소

---

73) 구중회, 앞의 책, 357~358면.

도의 고택을 가보더라도 집 바로 뒤에 조상묘지가 있다. 음택과 양택이 나란히 배치되어 있는 데서 죽음을 기꺼이 수용하려 했던 조상의 의지를 느낄 수 있다.

정통 풍수가 지닌 조화와 균형의 원리에 부합하는 한국의 풍수는 공동체적 삶을 소중히 여기는 윤리적인 사고와 더불어 자연친화적인 삶을 지향하는 인간적인 사상이자 신앙의 발로라 하겠다. 다시 말해 우리에게는 자연의 이치에 따라 땅과 조화를 이루며 살다 가고자 하던 의식이 강했고, 아름답고 편안한 자연환경 속에 깃들고자 하는 마음은 신앙의 차원으로 승화되었다. 특히 우리의 풍수는 미래에 닥쳐올 길흉화복을 예언하는 도참설과 결합되면서 종교적인 성격이 강해졌다.

한국적 자생풍수는 비보풍수다

일찍부터 우리 조상들은 명당의 조건이 부족한 곳들을 찾아 인공적으로 보충함으로써 함께 좋은 터에서 살고자 노력했다. 이는 잠재의식 속에서 배려와 존중을 선호하고 지향했던 지혜의 소산이다. 다시 말해 음양의 조화를 핵심가치로 삼는 풍수는 공존의 덕목을 소중히 인식하는 우리 민족의 타고난 심성적 자산에서 비롯된 것이다.

고려시대 국가의 기운을 일으키기 위해 명산대처(名山大處)에 비보사찰을 약 3,800개나 세웠다는 것은 풍수사상에 연유한 것임이 틀림없다. 왕건은 도선의 말에 따라 곳곳에 비보사찰을 지었는데, 전라도 화순의 운주사의 경우도 도선이 우리나라의 지형을 배로 파악하고, 산맥이 있는 동쪽은 무거운데 서쪽은 가벼워 그냥 두면 우리나라의 운세가 일본쪽으로 몽땅 흘러들어가므로 이를 염려한 나머지 하룻밤 사이에 도력(道力)으로 천불천탑을 조성하여 놓았다는 것이다. 운주사 주변에는 현재도 100여 개의 돌부처와 돌탑이 남아 있다. 원래는 1천여 개가 있었다고 한다. 비보(裨補)란 약하거나 모자란 것을 도와서 보태거나 채운다는 뜻이다. 고려중기에는 흠결이 있는 전국의 산천을 국가가 직접 보호 관리하기 위해 '산천비보도감'이라는 관청까지 설치했다. 요컨대 한국풍수의 근본은 명당을 찾는 게 아니라, 모자란 곳을 메워주는 비보사상에 있다. 평야가 많은 서해안지역에 무거운 불탑과 불상이 집중되어 있는 것도 동해안지역에 산이 높아 무겁기 때문이라는 비보적 풍수관에 따른 것이다. 이와 같이 한국의 풍수를 비보풍수라고까지 부르는 데는 다 이유가 있다.

대표적인 비보탑으로는 신라의 황룡사9층탑을 들 수 있는데, '산천의 기운이 달아나는 형상이면 탑을 세워 멈추게 한다'는 것이 비보풍수의 원칙

이요, 『삼국유사』에 의하면 황룡사9층탑을 세운 지 30년 만에 신라의 통일이 이루어졌다는 것이다.[74] 한편 고려초에 세워진, 강원도 오대산 월정사에 있는 8각9층석탑을 들 수 있다. 『삼국유사』에 따르면 월정사의 석탑이 불당 중앙에서 동쪽으로 약간 치우쳐 있어 처현 스님이 중앙으로 옮겨놓았는데 이때부터 절에 영험이 나타나지 않았다. 그런데 어느 날 한 지관이 그 탑을 보고는 "탑을 세울 곳이 아닌데 왜 동쪽으로 옮기지 않을까" 하고 탄식하였고, 이에 따라 탑을 원래 자리

비보탑인 월정사 8각9층석탑,
한국 최대의 팔각석탑임(국보48호)

로 옮겨놓으니 다시 영험함이 나타났다[75]고 한다.

고려중기 이후 나라가 점점 어지러워지자 송도의 기운이 쇠약해졌다는 설이 유행하면서 수도를 옮기자는 여론이 일었고, 이에 명종 4년(1174)에

---

74) 일연, 『삼국유사』권3 탑상(塔像) 제4, 황룡사9층탑.

75) cafe.naver.com/geochips/1532 박성일의 역사탐방.

왕명에 따라 지덕을 갖춘 세 곳, 즉 백마산·백악산·기달산에 궁을 지어 삼소(三蘇)로 삼았던 것은 풍수설의 신앙모델이 구현된 대표적인 사례이다.

조선조 한양의 청룡에 해당하는 낙산의 경우는 그 줄기가 동대문에도 미치지 못하여 절벽을 이루듯이 끊어져 버리고 말았다. 서울 4대문의 이름이 모두 세 글자로 이루어졌지만 유독 동대문만은 네 글자로 '흥인지문(興仁之門)'이 된 것은 바로 이 문제를 해결하기 위한 비보풍수에 따른 것이다. 원래 흥인문이었던 것을 세조때 흥인지문으로 고쳤는데, 학자에 따르면 '지(之)'라든가 '현(玄)'과 같은 글자는 요즘 말로 지그재그로 진행하는 산의 모양을 닮았기 때문에 풍수에서

비보풍수에 따라 4글자로 지은
동대문 현판

는 흔히 산을 뜻하는 말로 많이 쓰이는 글자이다.[76]

풍수에 뛰어난 도선이 명당으로 꼽아 사찰을 세워 지금까지도 명당으로 불리는 자리는 사실 악기(惡氣)가 가득한 자리라고 한다. 도선은 왜 그런 자리를 명당으로 꼽았을까. 바로 "병들었거나 기분 나쁜 어머니(땅)의 심기를 풀어드리기 위해서"라는 해석이다. 즉 도선 풍수의 핵심은 '병든 땅 찾아내기'라는 것이다. 산사태라든가 풍해가 예상되는 지형의 국토를 찾아내서 명당이라 부르고, 재앙을 감시하고 노동력을 제공할 수 있는 사찰을 세움으로써 자연재해로부터 마을 주민을 보호하기 위해서였다[77]는 견해다.

한국의 풍수에서는 중국의 풍수처럼 기복을 위해 명당을 찾는 것이 아니다. 지금도 타이완은 매장을 선호하는 대표적인 국가로 주목받고 있는데, 땅은 좁은데다 풍수지리까지 발달해 있어 타이완에서 명당은 부르는 게 값

76) 최창조, 앞의 책, 108면.
77) 박영수, 『테마로 보는 동서문화풍속』, 학민사, 2002. 41면.

이다. 땅의 허약한 곳을 보강하고 결함이 있는 곳을 고쳐 써야 한다는 도선의 비보풍수가 바로 한국풍수의 특성임을 의미하는 위 발언은 매우 중요하다. 요컨대 도선의 독창적인 '비보'는 중국풍수처럼 명당을 찾는 것이 아니라 명당으로 만들어가는 것이다. 도선은 땅이 넓은 중국에서는 얼마든지 명당을 찾을 수 있겠지만 땅이 좁은 우리나라에서는 그 땅을 고쳐 쓰는 것이 현실적이고 효율적이라는 사실을 간파한 것이다.[78]

풍수는 결코 술수적인 안목이나 미시적인 관점에서 논의될 수 없다. 종합적이고 거시적인 입장에서 인간과의 조화를 이뤄내는 풍수관이 되어야 한다. 국토조경과 수도이전의 국가사업에서부터 집안의 공간배치나 태교에 이르는 개인사까지 다양하게 활용되는 풍수는 조선중기 이전까지 과학 · 예술 · 철학 등의 복합적 가치면에서 인정받고 있었다.

오늘날의 권위 있는 건축가들도 땅의 장점을 살리고 단점을 보완해 주는 것이 건축이라고 말하는 것을 보면 인간의 삶이 자연의 원리에서 벗어나기 힘듦을 알 수 있다. 심지어 음식연구가들마저 재료가 가진 나쁜 기운을 빼고 부족한 것을 보충하는 것이 요리라고 하는 것을 들어보면 풍수에서 언급되고 있는 비보의 의미는 더욱 귀하다.

안타깝게도 한국의 자생풍수는 조선중기 성종 때 성리학이 강화되고 양반제도가 확고해지면서 종적을 감추기 시작했다. 한편 자생풍수사상에는 개벽사상이 들어 있기 때문에 임금들이 『도선비기(道詵秘記)』 등 자생풍수 서적들을 불살랐다. 이후 이 땅에는 산 사람이 잘 살기 위해 죽은 사람의 뼈를 이용하는 옳지 못한 풍수가 자리 잡게 되었다. 즉 성종 무렵 중국의 이론풍수가 유입되면서부터 한국의 풍수는 집터나 묏자리의 명당을 잡아 현세의 복을 비는 술법풍수가 활개를 치기 시작하였다.[79] 특히 조선후기에는 조상의 무덤을 잘 쓰려는 묘지풍수가 성행하면서 그 병폐가 심했다.

---

78) KBS, 『역사스페셜 2』, 효형출판, 2001, 218면.

79) 박영수, 앞의 책, 41~43면.

형국과 좌향을 중시하다

　사람의 성격이 성장하면서 변화될 수 있듯이 땅의 성질도 세월에 따라 달라질 수 있다. 『금낭경』에서는 땅의 위치가 털끝만큼의 차이가 있어도 화복의 차이가 천리에 이른다고 했다. 시간이 흐르면 땅의 형태와 방향이 바뀔 수도 있으므로 명당자리라고 하는 곳도 항상 명당일 수 없다. 이에 그 터를 지키는 신이 있다고 믿고 의지하고자 했던 것이요, 이 신에 해당하는 산이 바로 각 방향을 책임지는, 이른바 좌 청룡(靑龍)·우 백호(白虎)·남 주작(朱雀)·북 현무(玄武)라는 사신사(四神砂)이다. 산은 곧 땅을 지칭하는

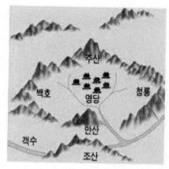

명당 중심의 사신사

풍수 용어다. 윤선도가 살던 해남의 녹우당 같은 곳은 집 앞에 백만 평 가까운 넓은 들판과 청룡·백호·주작·현무가 그림처럼 완비되어 있다.

　풍토가 반건조기후인 중국의 풍수에서는 산보다 물을 중시하는 데 비해 우리나라는 물보다 산에 더 관심이 크다. 산 가운데 현무는 주산(主山)으로서 혈이 있는 명당 뒤에 위치한 높고 큰 산을 말하는데, 명당을 감싸 안아 보호한다고 하여 진산(鎭山)이라 불리기도 한다. 가장 중심적인 역할을 해야 할 주산은 강한 힘으로 버티고 서야 한다. 앞산에 해당하는 주작은 안산(案山)과 조산(朝山)을 가리킨다. 조산은 혈 앞에 있는 먼 산을 말하며, 안산은 주산과 조산 사이에 놓여 있는 나지막한 산으로 주인과 나그네가 마주하고 있는 책상[案]과 같다는 뜻이다. 조산을 포함하는 안산은 혈을 향해 경배를 잘해야 한다. 좌 청룡과 우 백호의 두 산도 옆에서 얼마나 혈장을 잘 감싸듯 하는가를 중시한다. 생각해 보면 '사신도(四神圖)'는 도교에서 중시하는 풍수지리와 밀접하게 관련되며, 풍수지리설은 도교의 성립에 의하여

체계화된 것이다.

이에 명당을 어떻게 고르는가가 가장 중요한 문제로 부각된다. 더구나 땅속의 명당은 땅의 외형을 보고 살필 수밖에 없다. 따라서 명당·명혈을 찾기 위해 간룡법(看龍法), 장풍법(藏風法), 득수법(得水法)을 알아야 한다. 그리고 정혈법(定穴法)과 같은 땅의 외형을 살피는 형국론과 방향을 어떻게 할 것인가를 정하는 좌향론을 체계적으로 익히지 않으면 안 된다. 생기가 있는 곳을 가려서 그곳에 시신을 묻으면 시신에 생기가 감응된다는 생기론과 감응론을 기반으로 한 풍수신앙은 산·물·방위·사람을 구성요소로 하여 간룡법·장풍법·득수법·형국론·좌향론 등으로 구체화되었다.

풍수신앙에서 산을 용이라 하므로, 간룡법이란 산의 흐름인 용맥 즉 산맥의 좋고 나쁨을 살피는 것이다. 장풍법은 명당에 자리잡은 혈을 찾아내기 위해 명당 주위의 지형과 지세를 파악하는 것으로, 장풍은 사신사(四神砂)에서 대종을 이룬다. 득수법은 물이 들어오고 나가는 관계를 따지는 것으로 길한 방위로부터 들어와 흉한 방위로 나가야 하며, 물이 탁하면 안 된다. 형국론은 산천의 모양새를 인물과 금수(禽獸)의 형상에서 유추하여 판단하고 길흉을 따지는 방법이다. 이를테면 아홉 마리의 용이 여의주를 다투는 형국이란 뜻으로 '구룡쟁주형(九龍爭珠形)'이라는 이름을 붙이며, 금빛 닭이 알을 품고 있는 형국이란 뜻으로 '금계포란형(金鷄抱卵形)'이라 일컫기도 한다. 좌향론은 혈의 뒤쪽, 즉 등을 기대고 앉아 있는 쪽이 좌(坐)이고, 혈의 정면인 마주 보는 쪽을 향(向)이라 하여 방위를 따지는 방법이다.

금계포란형의 대명사인 경북 봉화 닭실마을

묘지를 쓸 때 실제로는 혈을 둘러싸고 보호하는 산의 형국을 살피는 장풍법이 주로 적용되며, 아울러 시신을 안치할 때는 주산 쪽으로 머리를 두는 것이 풍수의 이치에 맞는 좌향론이었다. 이와 같이 음택의 선정에 있어 시신이 직접 묻히게 될 광중(壙中)을 찾는 데는 형국과 좌향이 중시되었다.

수도 형성에 풍수가 영향을 미치다

우리나라 최초의 풍수가라 할 수 있는 사람은 신라말의 선승 도선 국사였다. 당시 풍수지리의 권위자였던 도선은 당나라로부터 본격적으로 풍수사상을 받아들였다. 전국을 답사하고 『도선비기』를 저술한 도선은 고려왕조 창건에 결정적인 공헌을 했다. 도선과 그의 제자들은 수도의 위치가 동남방에 편재된 경주보다는 중부지방이 더 낫다는 의견을 제시함으로써 고려 건국의 이념적·실질적 바탕을 마련하기도 하였다.

풍수사상은 고려의 도읍을 정할 때 개경이 한반도 최고의 도읍지라는 것을 뒷받침했다. 왕조의 기본이념을 설정하고 있는 왕건의 「훈요십조」도 상당부분 풍수지리에 관한 것이다. 예컨대, 차령산맥 이남과 금강 밖의 산수는 반란을 일으킬 모습이므로 그 지역 사람들의 등용을 삼가라는 '배역세설(背逆勢說)' 등이다. 왕건의 탄생신화도 풍수와 관련 있다. 신라의 풍수전문가 팔원(八元)이 부소산을 지나다 왕건의 4대조 강충을 찾아와 "산에 소나무를 심어 바위가 드러나 보이지 않게 하면 삼한을 통일할 인물이 태어날 것이라"고 예언했다. 그래서 소나무[松]를 심어 바위[岳]를 가렸기에 부소산이 송악(중경)이 됐고, 왕건이 태어났다는 것이다.

조선 태조 이성계가 굳이 중신들의 반대를 무릅쓰고 한양으로의 천도를 고집한 것도 풍수지리사상에 깊이 빠져 있었기 때문이다. 물론 오늘날 서울의 풍수상 기초를 마련한 사람은 『도선비기』에 근거하여 남경(현, 서울)으로 도읍을 옮기자고 제안했던 고려 숙종 때의 김위제였다. 김위제의 주장으로 남경이 건설되기 시작하여 숙종 9년에는 궁궐이 완성되었다. 한편 왕권의 안정을 추구하던 숙종은 풍수지리사상을 이용하여 서경과 남경을 중시함으로써 개경과의 세력의 균형을 이루고자 했다. 묘청이나 정지상 등이 개경 땅의 덕이 쇠약해졌으므로 땅의 기운이 왕성한 서경으로 천도하자고 주장했던 것도 풍수지리에 근거한 것임은 말할 나위없다.

조선의 태조는 수도를 한양으로 옮기면서 민중의 사고 속에 깊이 뿌리

태조 이성계를 도와 조선을
건국한 무학대사

내리고 있는 풍수지리를 이용하여 왕조의 정통성 문제를 정면 돌파하려 했다. 지기가 왕성하다는 한양에 새로운 나라를 세워 도탄에 빠진 백성들에게 앞날에 대한 희망을 갖게 해준 것은 무학(無學)대사, 정도전, 하륜 등의 풍수지리설에 의존한 것이다. 1392년 태조는 새로운 국호 '조선'을 선포하고 『도선비기』에 따라 한양 천도를 결심했다. 그러나 무학대사의 조언을 받아들이고 권중화가 제출한 산수지형도를 살피고 나서는 계룡산에 수도 건설을 착공시켰다. 하지만 1년쯤 지나 하륜의 계룡산 불가라는 반대론에 부딪혀 천도계획은 백지화되었다. 10개월이 지나서야 마침내 정도전과 무학대사의 도움으로 한양 천도가 시작되었다. 1394년 초가을 한양으로 수도를 이전할 당시 태조는 무학대사와 여러 주요 관원, 그리고 서운관 소속 풍수전문가들을 대동하고 다시금 명당자리를 보러 다니고 있었다. 그 첫 순서로 무악을 보고 나서 고려 때의 남경 옛 행궁에 머물며 산수를 둘러본 태조는 마음속으로 한양을 새 도읍지로 확정한 다음 무학과 중신들의 동의를 얻어내었다. 이어서 서운관 관리들에게 동의를 강요하여 겨우 얻어낸 대답이 "풍수로는 개경이 으뜸이고, 한양이 그 다음이다"라는 말이었다.

이성계가 한양을 새 도읍지로 정한 다음에는 어느 산을 조선의 주산으로 삼을 것인지 논쟁이 뜨겁게 벌어졌다. 그리고 북악산(현 청와대 뒷산)을 내

세웠던 정도전의 주장이 받아들여졌다. 그리하여 북악, 일명 백악(白岳) 아래 혈에 해당하는 명당에 궁궐(경복궁)이 세워졌다. 무학대사는 인왕산을 주산으로 삼을 것을 주장했었다. 오늘날 풍수전문가 최창조도 북악은 인왕산에 눌려 있다고 한다. 주산인 북악의 좌우로는 낙산과 인왕산이 용(청룡)과 호랑이(백호)가 되어 도성 안을 감싸고 그 앞으로는 탁자 같은 안산(案山)이라는 남산을 사이에 두고 손님 같은 조산(朝山)인 관악이 자리를 잡고 있다.

조선왕조의 기틀을 마련한
삼봉 정도전

풍수지리의 맞수였던 정도전과 무학대사가 치열하게 논쟁을 벌였다. 무학대사가 "북악이 마주 보는 관악산에서 화기가 뻗쳐 우환이 끊이지 않을 것"이라고 지적하자, 정도전은 "북악과 관악 사이에 흐르는 한강이 막아낼 수 있다"고 반박했다. 그래도 왕궁을 지을 때는 관악산의 화기를 염려해 불을 잡아먹는다는 전설의 동물 '해태'의 석상을 세웠다. 대원군이 경복궁을 증수할 때에 물짐승인 해태를 광화문 앞에 세운 것도 방화를 위한 풍수적 발로였음은 물론이다. 숭례문(남대문)의 편액을 세로로 단 것도 불꽃을 형상하는 뜻의 글씨로서 마주 바라보이는 관악

세로 글씨로 쓴 남대문(숭례문)의 현판

산(서울의 조산)에 맞불을 놓아 경복궁의 화재를 막으려 했다는 풍수적 발상이다. 숭례문의 '예(禮)'는 방위로는 '남'에 해당하고, 5행으로는 '화(火)'에 해당한다. 숭례문에서 광화문까지 도로가 휘어진 것도 관악산의 화기를 떨쳐내기 위한 것이었다. 고려의 수도 개경을 벗어나고자 했던 정치적 의도

일제에 의해 지어진 북악 밑의 청와대

의 달성뿐만 아니라 조선의 수도 한양은 풍수지리적으로 뛰어나다고 하는데, 무엇보다 바다 외에 강과 육로를 통한 접근이 매우 용이하다는 점도 든다.

조선총독부 3대 총독 사이토 마코토(齊藤實)가 1927년에 북악 아래 지은 청와대는 용의 머리와 목을 누르는 자리여서 대통령들의 비극이 계속되고 있다고 풍수전문가들은 걱정을 하고 있다.

길지에 마을이 생기고, 이상촌 10곳이 있다

유네스코 세계문화유산 등재가 결정된 경북 안동의 하회마을과 경주 양동마을은 모두 풍수사상에 따른 길지에 자리를 잡았다. 하회마을은 물이 마을을 섬처럼 둘러싼 형태로, 연꽃이 물에 떠 있는 모습과 같다는 '연화부수형(蓮花浮水形)'의 명당

낙동강의 물길이 휘돌아 흐르는 곳이라 하여 이름 붙여진 안동하회마을

이다. 하회(河回)라는 이름도 강[河]이 마을을 감싸고 돈다[回]는 뜻을 담았다. 양동(良洞)마을은 여러 작은 골짜기들이 나란히 흐르는 '물(勿)' 자형 터에 자리 잡았다. 두 마을은 모두 이중환의 『택리지』에서 길지로 언급됐다. 마을 전체가 자연과 하나가 된 경관을 이루며, '농경지(생산 공간)/거주지(생활 공간)/유보지(의식 공간)'로 나뉘어 유교적 성격이 강조되는 마을 구

성을 이룬 것도 특징이다.[81)]

승지(勝地)란 원래 경치가 좋은 곳, 또는 지형이 뛰어난 곳을 말하는데, 특히 우리나라에서는 굶주림과 전쟁을 면할 수 있는 이상향을 의미하기도 한다. 이러한 승지를 점치는 능력과 기술이 뛰어난 사람을 우리는 지사·지관·풍수가 등으로 불러왔다. 신라말기의 도선을 비롯하여 고려말기의 무학, 조선중기의 남사고(南師古)·이지함(李之菡) 등이 그러한 도인(道人)으로서 유명하였다. 조선 명종 때 예언가로 이름이 높았던 격암(格菴) 남사고는 풍수, 역학, 천문, 복서, 관상 등에 능하여 관상감에서 종6품 벼슬인 천문교수(天文敎授)를 지냈다. 그는 선조 8년(1575)의 동서분당을 예언하였고, "임진년에 백마 탄 사람이 남으로부터 나라를 침범하리라" 예언했는데, 과연 가토기요마사[加藤淸正]가 백마를 타고 쳐들어왔다. 임진왜란을 정확하게 예고했던 것이다. 그는 소년시절에 고향인 울진의 불영사에서 신승(神僧)을 만나 비결을 전수받고 전국의 명산을 둘러보았다. 그가 남긴 글은 『정감록(鄭鑑錄)』에 수록되어 전한다. 2014년 초 전국서점에서 절찬리 판매된 남사고의 『격암유록』은 이미 450년 전에 '마음이 참된 피난처'임을 정확히 예언했다.

물론 우리나라에서 살기 좋은 지역에 관한 이야기는 이미 오래전부터 다양하게 전해지고 있다. 남사고는 이 땅에 어지러운 전란기에 난을 피해 살만한 곳으로 10곳을 꼽았다. 즉 이상촌이라 할 수 있는 '십승지(十勝地)'를 예언했다. 전쟁이나 천재지변이 일어나도 피해를 입지 않고 목숨을 보존할 수 있다는 10곳을 말한 것이다. 풍기의 금계촌(金鷄村),

10승지의 한 곳인 지리산 아래 운봉 동점촌

80) 〈조선일보〉 2010. 8. 2.

안동의 춘양면(春陽面), 보은의 속리산 아래 증항(甑項) 부근, 지리산 아래 남원 운봉의 동점촌(銅店村), 예천의 금당동(金堂洞) 북쪽, 공주의 유구천과 마곡천 사이, 영월의 정동쪽 상류, 부안의 호암(壺巖) 아래와 변산(邊山) 동쪽, 성주 가야산 남쪽의 만수동(萬壽洞), 무주의 덕유산 아래 무풍(茂豊) 북동쪽 등이 이에 해당한다.

풍수사상은 민족의 역사에도 영향을 미친다. 외세의 침입을 받은 민족적 현실 속에 산의 맥이 끊기고 명당의 혈이 잘리는 이야기가 고려시대 몽골과의 관계에서 이미 드러났다. 그리고 임진년의 왜군은 물론 명나라 이여송에 의해서 우리의 산야가 유린된 이야기도 전하고 있다. 임진왜란 때 왜군이 경상북도 선산에 쳐들어와 숯을 구운 후 커다란 쇠말뚝을 박아 산맥의 활기를 죽였다고 하는 설화는 문헌으로 남아 있다.[81] 일제강점기 일본은 풍수사상을 미신이라고 배척하면서도 실제로는 우리의 민족정기를 끊기 위해 한반도 곳곳에서 산맥의 혈에 쇠말뚝을 박아 산의 맥을 죽이거나 산의 중요한 곳에 웅덩이를 파서 산의 기가 흐르는 것을 막았다고 한다. 더구나 백두대간에 쇠말뚝을 박아서 호랑이 척추가 힘을 못 쓰게 했다는 것도 풍수지리에 따른 것이었다. 속리산 문장대 몇 곳에서 철봉이 다수 발견되고 북한산에서도 그와 같은 철봉 15개가 발견된 바 있으며, 그 밖에 70여 곳에서 철봉을 발견하였다.[82] 물론 쇠말뚝 이야기는 나라를 빼앗긴 자의 주인의식의 결여와 피해의식의 산물이라[83]고도 한다. 이밖에도 묘청의 '서경천도운동'

일제가 민족의 정기를 끊기 위해
박아놓았다는 쇠말뚝

81) 최상수, 『한국민간전설집』, 통문관, 1958, 291~292면.

82) 강영수, 『어깨너머 한중일문화』, 나남출판, 2000, 100면.

83) 김두규, 「김두규 교수의 국운풍수」, 《조선일보》 2013. 9. 28~29.

이나 『정감록』의 비전 등을 통해 알 수 있는 것처럼 우리 역사에는 풍수지리설과 관련한 승지와 도참적 사연이 무척 많다. 홍콩의 대표적인 두 건물 사이의 총칼전쟁은 널리 알려진 일이다. 중국은행타워의 건물모양이 칼과 같아 이 기에 눌린 홍콩상하이은행이 건물 옥상에 대포모양의 조각물을 설치하여 대항케 했다[84]는 이야기이다.

효사상과 만나 묏자리 찾기를 하다

이성계는 나옹화상과 무학대사가 점지해 준 명당에 아버지를 장사 지낸 지 얼마 되지 않아 왕위에 올랐으며, 대원군은 정만인이 가르쳐준 대로 아버지 남연군의 무덤을 충남 가야산 좋은 곳으로

남연군묘, 충남 예산군 덕산면 가야산에 있는 대원군 아버지의 묘(1846년 이장)

이장하여 2대(고종·순종)에 걸쳐 황제를 낳았다. 한편 세조는 서열상 임금이 될 수 없었으나 풍수를 이용하여 임금의 자리에 올랐다. 그는 단종의 어머니이자 세자빈 권씨가 죽자 '바닷가에 명당이 없다'는 금기를 깨고 안산의 바닷가에 무덤을 쓰게 하였다. 그 자리가 바로 풍수적으로 문종과 단종이 죽을 자리였다는 것이다.

조상숭배와 관련이 깊은 풍수신앙은 음택풍수에 가까운데, 음택풍수의 기본정신은 상서로운 기운이 충만한 곳에 돌아가신 조상을 평안하게 모시고자 하는 것이다. 조상의 뼈를 잘 묻으면 뼈가 그 땅의 생기를 받고 그 기운이 후손에게 전달되어 번성한다는 것이요, 이른바 동기(同氣)감응론이다.

---

84) 김두규, 앞의 글, 《조선일보》 2013. 9. 7~8.

땅에도 생기가 도는 길이 있으며 이렇게 일정한 경로를 따라다니는 생기발랄한 지기(地氣)를 사람이 접함으로써 복을 받고 화를 면할 수 있다. 따라서 길지라고 하면 지맥(地脈)이 있어야 하고 그 지맥을 따라 지기가 흘러야 한다. 사람의 몸속에 기를 운반하는 경락과도 같은 것이 땅에도 있다는 것이다. 물론 땅속에 흐르는 기를 '맥'이라 말하기도 한다. 그런데 지맥은 한두 가지가 아니며 잡기가 힘들다. 중국의 시인 도연명의 증조부인 도간(陶侃)이 지은 풍수서 『착맥부(捉脈賦)』는 그가 어머니를 길지에 모시려고 풍수를 공부하다가 지었다고 하는 책이다. 지맥 찾기의 어려움을 단적으로 뒷받침해 주는 예다. 물론 이 책은 조선왕조 500년 내내 지관 선발과목에 들었다고 하는 풍수 분야의 필독서였다.

땅은 만물을 생성하는 어머니 구실을 하며, 생기가 산맥을 따라 흐르다가 결집된 곳이 곧 명당이기에 그곳에 시신을 묻으면 생기가 배어들어가 복을 받게 된다고 믿었다. 그러므로 일단 매장을 했더라도 그 땅이 좋지 않다고 생각되면 이장(移葬)을 하는 풍습이 생겨날 수밖에 없었다. 실학자 성호 이익은 무덤 속에서 왕왕 관이 뒤집히는 일이 있고, 또 시체가 없어지는 경우가 있는 것은 기가 움직여서 생겨난 일이라 했다. 그러나 동기감응론을 다 믿는 것은 아니었다. 실학자인 다산 정약용은 살아계신 부모님이 자식의 두 손을 잡고 훈계해도 어긋나기 쉬운데 하물며 죽은 사람이 어찌 살아 있는 자식에게 복을 줄 수 있겠느냐고 했다.

생기가 도는 땅을 명당이라고 하는데, 천하의 명당이란 바로 '혈(穴)'이 있는 곳이다. 엄밀히 말해 혈은 용(龍)에서 가장 중요한 부분으로서 정기가 모여든 곳을 가리킨다. 용이란 산을 가리키는 것으로 꿈틀대고 풍운조화를 일으키며 살아 있는 형체로 보아 붙인 말이다. 산은 인간 모두의 존재적 고향이며, 우리들 마음속에 살아 있는 정서적 원형이다. 명혈의 묏자리에 묻히면 시신이 황골(黃骨)이나 자골(紫骨)로 싱싱하게 살아 있는 듯한 형상을 나타낸다. 조상의 시신이 완전히 썩어서 아무것도 남아 있지 않는 것보다는 무언가 남는 것이 좋다는 생각에서 형체는 사라지더라도 뼈가 온전히 남아 있는 곳을 명당자리로 본다.

시신의 매장에는 혼(魂)과 백(魄)의 사생관이 깃들어 있다. 사람의 죽음을 '혼백'의 해체로 보았다. 혼은 하늘로 올라가고 백은 땅으로 내려간다. 그래서 '혼비백산(魂飛魄散)'이라 하는 것이다. 문제가 되는 것은 백이다. 땅으로 내려간 백은 망자의 뼈에 붙어 있다고 생각했기 때문에 유골을 소중히 다뤘고, 이 유골을 명당에다 묻으면 후손들이 복을 받는다고 여겼다. 피와 살은 될수록 빨리 썩어 없어지고 뼈는 노르스름한 기운을 띈 채 그대로 남아 있어야 좋다고 풍수가들은 말한다. 풍수에선 조상의 시신이 썩지 않는 상태를 두려워한다. 시신을 땅속에 묻으면 피와 살은 곧 썩어 흙이 되고 사람의 정령이 응결된 뼈만 남아 동질의 기(氣)를 지닌 후손에 감응을 일으키는 것이 최상이다. 남은 유골이 서서히 산화될 때에 고유의 에너지 파장을 공중으로 발산하는데 그 에너지 파장을 바로 기라고 하는 것이다.

보통의 땅에 매장할 경우 3~5년 지나면 시신의 육탈(肉脫)은 깨끗이 완료된다. 하지만 무덤 안에 물이 차 있으면 수십 년이 지나도 시신이 흉측한 상태로 남는 경우가 흔하다. "산소에 물이 괴거나 생기면 불길하다"[85]고 했던 것도 이 때문이다. "내가 죽으면 속히 썩어야 하니 석실과 석곽을 사용하지 말라"고 했던 세조의 유언에 따라 조성된 광릉의 토질은 바로 시신 육탈의 조건이 좋은 명당이었을 것이다. 사람들은 무덤을 쓸 좋은 땅, 즉 지리와 방향 등을 고려해서 명당을 찾고자 많은 노력을 했다. 우리나라에

광릉, 봉분 주위에 둘렀던 병풍석을 없애고 난간석만 두르는 등 능제를 간소화했음

---

85) 최래옥, 앞의 사전, 176면.

길지로 유명했던 망우리 공동묘지

서 말하는 최초의 명당이라 하는 것 중의 하나는 김유신 장군의 묘이다. 풍수지리사상이 유교의 효관념 및 조상숭배의식과 결합하여 묘지 선정에 적극 활용되었다. 공동묘지로 유명했던 '망우리(忘憂里)'도 길지로 여겨지던 곳임에 틀림없다. 태조 이성계는 생전에 자신의 무덤을 점지해 놓고 '장지에 12개의 산등성이가 뻗쳤으니 내가 이 뒤로는 근심을 잊을 수 있겠다'며 서쪽 산등성이를 망우리로 작명했다는 것이다.

여기서 매장을 무조건 비판 경멸하는 태도는 재고되어야 한다. 죽음은 삶과 더불어 인간에 대한 예의와 관련되고 문화로서 신중히 논의되어야 마땅하다. 시신이 마치 동물의 사체나 쓰레기처럼 취급될 수는 없다. 죽음을 빨리 잊어버리려는 마음은 천박함을 면키 어려울 것이다. 자연환경을 고려할 때도 현재의 화장방식인 납골묘나 납골탑 등에 지나치게 석재가 많이 쓰여 문제가 심각하다.

풍수는 생태학이자 인문학이다

기(氣)란 만물의 형성을 좌우하는 요소이다. 풍수에서도 가장 중요한 것은 땅의 기운, 즉 지기다. 이 지기라는 것은 반드시 하늘의 뜻에 부합하고 사람의 윤리를 따르는 법이다. 하늘의 뜻을 어기고 인간의 도리를 행하지 않는 한 명당은 있을 수 없다. 기운 가운데서도 특히 흉기(凶氣)나 악기(惡氣)는 그 의(義)를 따라간다고 한다. 풍수관계 전설에서 일반적으로 명당을 얻기 위해 선행을 다하는 이야기들이 많은 것도 이와 무관하지 않다. 다음과 같은 명당을 얻기 위한 노력은 며느리의 효행과 관련된 전설이다.

"조선시대 안동에서 김씨문중의 한 여자가 유씨가문으로 시집을 갔는데, 같은 해에 친정아버지와 시아버지의 초상을 당하게 되었다. 김씨집은 부자였으므로 팔도의 풍수장이를 다 불러들여 좋은 자리를 택했지만, 유씨집은 재력이 없어 구하지 못했다. 유씨집 며느리가 친정아버지 초상 때문에 친정에 와 있다가 풍수장이가 친정 오빠에게 '좋은 묏자리를 찾아 혈까지 파놓았는데 내일 정오까지 물이 나오지만 않으면 삼대정승이 날 터'라고 하는 말을 듣고는 밤중에 몰래 가서 물을 퍼부어놓고 왔다. 다음날 가보니 물이 나와 있으므로 김씨집에서는 묏자리를 다른 곳으로 정했다. 그녀는 친정어머니에게 간청하여 그 묏자리를 얻어 시아버지를 묻었는데, 그 후로 김씨집은 차츰 쇠하고 유씨집은 번영하게 되었다고 한다."[86]

예나 지금이나 명당을 찾아 행운을 얻고 복록을 누리는 것은 누구에게나 허용되는 것이 아니다. 한국 풍수사상의 전설적 원조인 도선에게 산신령이 나타나서 "누구나 좋은 묏자리를 골라서 쓰려고 하지만, 악행을 하지 않아야 그런 묏자리를 쓸 수 있는 복도 가질 수 있는 것이다"[87]라고 깨우쳐준 사실이 이를 뒷받침한다. 자기 이익만을 추구할 경우 명당을 제대로 찾지 못한다는 남사고의 일화도 마찬가지다. 일본인 학자 무라야마 지준[村山智順]은 덕을 쌓지 않은 채 타인이 쓴 명당(묘)을 몰래 파내고 자신의 조상을 장사 지낸 뒤 후손이 모두 망한 사

풍수가 남사고의 묘. 울진군 근남면 구산4리 신봉산 기슭에 있음

86) 최상수, 앞의 책, 256~257면.
87) 한국정신문화연구원, 『한국구비문학대계』 1~2, 1980~1988, 430~432면.

건을 지적한 바 있다.[88] 천시와 지리가 아무리 중요하다 하더라도 인간만큼 귀한 것은 없다고 하는 것이 풍수가 가르쳐주는 철학이다. 생전의 불효자가 명당에 묘를 썼다고 복 받는 사례를 볼 수 없는 것도 이 때문이다.

명당 획득의 여부에 윤리성이 문제가 된다는 점에서 풍수신앙이 현실과 밀접한 관계임을 깨닫게 된다. 풍수설화는 인간이라면 누구나 본능적으로 행복을 추구하며, 명당을 통해서 이를 성취하고자 하는 내용을 다룬다. 그러나 그와 같은 인간적 욕구를 인정하면서도 인간의 도덕성을 요구하는 데 풍수설화의 특징이 있다. 오히려 풍수설화는 탐욕과 악행을 징벌하고 진실과 선행을 장려함으로써 설화의 향유층으로 하여금 사회적 존재로서의 인간윤리를 실천하도록 권유하고 있는 것이다. '명당이 무엇이냐'는 질문에 최창조는 "마음의 평온을 얻을 수 있는 곳입니다. 주관성이 자생풍수의 본질입니다"[89]라고 답했다. 모든 동양사상의 핵심은 공자의 말대로 '하늘을 따르는 자[順天者]는 살고 하늘을 거역하는 자[逆天者]는 망하는' 것이라 하겠다.

후손들이 조상의 묘소를 쓰면서 현실적으로 좋은 곳을 찾는 이유는 조상의 무덤에 물이 차는 것은 물론 벌레나 나무뿌리가 침입하는 것을 두려워하기 때문이다. 풍수신앙은 부모님의 은혜로움을 생각하며 아무쪼록 유골만이라도 평안하게 모시고자 정성을 다하는 효경사상에서 비롯된 것이다. 이렇듯 풍수사상은 인간적 질서를 중시하는 인문학이자 자연과의 조화를 꾀하는 생태학적 지혜에서 나온 것이다. 다시 말해 땅에도 윤리가 존재한다고 보며, 따라서 풍수학은 환경윤리학이라고 할 수 있을 것이다. 풍수의 성격을 주관적 또는 심상적 지리학이라 하는 것도 크게 다르지 않다. 풍수의 대상은 살아 있는 건전한 자연이다.

문명화 속에 자연을 잃어가고 있는 현대인들에게 풍수사상은 더욱더 새

---

88) 무라야마 지준[村山智順] 저, 최길성 옮김, 『조선의 풍수』, 민음사, 1990.

89) 김두규, 앞의 글, 《조선일보》 2013. 12. 21~22.

로운 의미로 다가서고 있다. 불안과 근심에 쌓인 인간은 어머니 품속 같은 포근한 자연을 그리워하게 된다. 이에 풍수학의 본질을 자연과의 조화라고도 하는 것이다. 산소에 물이 생기거나 고이면 불길하다는 것은 조상숭배만이 아니라 과학적 인식의 결과다. 집터가 낮으면 병이 생긴다거나 복이 나간다고 하는 것도 위생을 고려한 과학적 사고의 소산이라 해야 할 것이다. 청나라 때 서구세력이 중국에 개방 압력을 넣자 중국에서 풍수지리상 쓸모없는 늪지의 땅이라고 생각하여 상하이[上海]를 개방한 이야기는 유명하다. 그 결과는 반대였다. 좋은 땅, 나쁜 땅을 가리는 것이 풍수가 아니라 맞는 땅, 맞지 않는 땅을 가리는 지혜가 풍수다.[90]

한국의 풍수에서는 중국풍수를 비롯한 일반풍수설에서 일반적으로 중시하는 산, 물, 방위의 3요소에다 특별히 '사람'을 보태어 4요소를 역설하고 있다. 지리, 산수, 생리(生利)에다 네 번째 '인심'을 말하고 있는 이중환의 『택리지』가 그 예증이 된다. 한국의 풍수는 우리가 단순히 명당을 고르는 것이 아니라, 인간과의 관계(윤리)와 자연과의 관계(환경)를 중시하는 데서 그 가치가 드러나는 고도의 지적 소산이라는 특징이 있다. 성호 이익도 '시기와 혐의가 많은 곳은 살 수가 없다'고 했다.

풍수를 반(半) 미신 취급을 하다가도 혼인이나 이사를 앞두고 길일과 방위를 선택하는 게 현실이다. 한편 집을 고를 때 무조건 남향만을 좋아하는 경향이 있는데, 방향도 중요하지만 지세를 중시하던 풍수의 원칙을 알아야 한다. 명문가로 알려진 김성수의 생가는 지세향(地勢向)의 원칙에 따라 북향으로 서 있지 않은가. 풍수는 합리성·현실성을 따지는 지리를 넘어 철학적·정서적 가치가 중시되는 진정한 풍수가 되어야 한다. 필요한 사람이 유용하게 쓸 수 있도록 풍수에 대한 학문적 체계를 세워야 한다. 서울 성북

---

90) 최준, 「한·중의 문화적 아이덴티티와 민속의례」, 『한국문화는 중국문화의 아류인가?』, 소나무, 2010, 388면.

1996년 동방문화 정립을 위해 설립된
동방대학원대학교

동에 있는 동방대학원대학교의 미래예측경영학과에는 풍수지리학 전공이 개설되어 있다. 풍수학은 전반적으로 지리학과와 관련이 있고, 대구 한의대학교 내 역사지리학부가 풍수지리학에 가까운 전공으로 운영되고 있다. 그 외에 경북 경주시의 서라벌대학 장례풍수학과, 경북 경산시 경산대학교 대학원 풍수지리학과, 부산 동의대 행정대학원 풍수지리환경관리학과 등이 있다.

풍수에 대한 현대적인 접근과 조명은 곧 우리가 그토록 갈망하는 환경친화적인 세상을 되찾는 일과 맞닿아 있다. 오늘날 중국, 일본, 미국 등 세계가 풍수지리학을 위해 정부나 연구단체에 대대적으로 지원하고 있다. 풍수지리가 환경오염과 자연파괴를 저지하는 새로운 대안을 제시해 줄 수 있을 것이라는 희망 때문일 것이다. 풍수지리학이란 음양오행에 근거를 두고 땅의 이치를 논하는 자연철학이라 할 수 있다. 우리 인간은 자연의 섭리를 터득하고 무욕적 삶의 가치의 소중함을 깨닫는 힘을 풍수학에서 찾아야 한다. 풍수지리는 합리성에 매몰된 서양지리학이나 불건전한 발복의 잡술과 크게 다르다. 1931년 무라야마 지준은 자신이 쓴 『조선의 풍수』에서 "한국문화의 이면적·근본적인 현상의 하나가 풍수"[91]라고 했다. 풍수는 선조들이 체득한 조화의 원리와 삶의 지혜가 응축된 자연생태학이자 민중신앙으로서 2006년 문화관광부에 의해 '한국 100대 민족문화상징물'의 하나로 선정되었다.

---

91) 무라야마 지준 저, 최길성 옮김, 앞의 책, 16면.

3) 점복신앙

홍서봉의 집은 영경전(永敬殿) 앞에 있다. 손님을 맞기 위해 소를 잡으려고 큰 소 한 마리를 사놓고 백정을 기다리고 있었다. 그때 노복 수손이 과천에서 땔나무를 싣고 와 소를 말뚝에 매어놓았는데, 소의 등이 가로질러 놓은 나무에 찔려 척추가 부러져 움직일 수 없게 되었다. 마침 잡으려고 사놓은 소와 크기가 같아서 '이 소와 저 소를 바꾸라'고 명했다. 그리하여 땔나무를 싣고 온 소는 소반음식으로 들어갔고 도살하려 했던 소는 오히려 살아서 과천으로 가게 되었다. 이같이 미물이 죽고 사는 것도 타고난 운수가 있어 잡으려는 자의 마음대로 되지 않는데, 하물며 사람이야 더 말할 나위가 있겠는가? 사람이 살고 죽는 것을 근심해 온갖 계책을 영위하는 자를 과연 천명을 안다고 할 수 있을까?[92]

이 글에서 알 수 있듯이 화는 복이 기대는 것이고 복이란 화가 잠복해 있는 것이라 한다. 길흉이 닥쳐오는 것은 본디 하늘의 운수에 따른 것이기에 인력으로 줄이고 늘일 수 없다. 〈스포츠신문〉을 비롯하여 주요 일간지 등에 게재된 '운세'란을 눈여겨보는 현대인들이 많다. 서울 미아리에 가면 사주, 작명, 궁합, 운수 등을 봐주는 점집이 불을 밝히고 있다. 길을 가다보면 대나무에 흰 깃발을 걸어 올린 점집도 많다. 한때 여중고생들이 교실에서 볼펜을 들고 주문을 외우면 볼펜이 움직여 그림을 그리면서 미래를 알려준다던 일이 있었다. 마치 우리 어머니들이 방망이를 쥐고 점을 치던 것과 흡사하다. 방망이점은 어떤 사람에게 방망이를 잡게 하고 노래를 부르다가 방망이 잡은 손이 떨리면 숨겨놓은 물건을 찾게 하는 것이다.

입시철마다 점집이 미어지고, 취업은 언제 될지 돈은 얼마나 벌지 궁금하여 점에 기대고, 배필을 정하기 전에 남녀가 점집을 찾듯 인생에서 중

---

92) 유몽인, 『어우야담』 종교편.

서울 압구정 로데오거리에 위치한 크림사주카페

요한 일을 앞두고 있을 때 예측하고 위안받고 싶은 것은 인지상정이다. 유명한 정치인들 가운데 점을 안 본 사람이 얼마나 될까. 용하다는 점쟁이를 찾아가고 점술에 의존하여 선거의 당락을 예측하며 잘되기를 기대하곤 한다. 과학이 날로 발전하고 종교가 현대화의 길을 가는데도 점쟁이들이 예전보다 더 성업을 하고 있다. 서울의 신촌, 홍대 앞, 돈암동 등 대학가마다 용하다는 타로카페와 역술원 등이 즐비하다. 강남의 압구정동에만 헤아리기 힘들 만큼 많은 세련된 점집과 사주카페가 갖가지 동서양 점술을 갖추고서 젊은 남녀 손님에게 가격표 적힌 '점 메뉴판'을 내밀고 있다. 인터넷 역술사이트가 넘쳐나고 전화로 상담해 주는 곳도 부지기수다. 어떤 곳은 한 해 매출이 상상을 초과해 코스닥 상장을 노리고 있다고도 한다. 소셜커머스를 이용한 운세상담 반값 할인쿠폰까지 등장할 정도다. 최근엔 스마트폰을 활용한 '모바일 점'이 인기다. 전화 · 인터넷 점술 서비스가 진화한 형태다.

매일 많은 점술인이 대기하는 일본 후쿠시마 쇼텐 도오리 상점가

십수 년 전 인도의 점성가협회는 엉터리 점쟁이들이 사기행각을 벌여 점성가의 명예를 떨어뜨리고 있다면서 정부에 대해 '진짜'를 가려내줄 자격공인제도의 도입과 정식교육과정 설치를 요구한 바 있다. 점복의 성행과 가치를 새삼 느끼게

하는 사례다. 최근 가까운 나라 일본에서는 젊은층의 점에 대한 관심이 지나쳐 중독현상을 보인다고 한다. 러시아도 심상치 않다. 한 여성이 타로 점집에 나타나 '사랑하고 싶다'며 '처음'이라고 말한다. 점쟁이가 카드를 뒤집자 푸틴의 얼굴이 뜬다. 2012년 3월 러시아 대통령선거 전 블라디미르 푸틴이 젊은층을 겨냥해 내놨던 TV광고가 인상적이다.

민간신앙의 일반적인 속성으로서 점복(占卜)은 민중의 생활 속에서 자연스럽게 이루어진다. 무속, 풍수, 점복, 성숭배 등의 민간신앙이 갖는 큰 공통점의 하나도 미래를 예측하는 점일 것이다. 그러면 사람들은 왜 점을 칠까? 고대인들은 신의 뜻에 어긋나는 행동을 하면 신으로부터 벌을 받는다고 믿었다. 신의 벌을 받지 않기 위해서는 먼저 신의 뜻을 정확히 파악하여 그 신의(神意)에 따라 행동해야 했을 것이다. 곧 점복은 신의를 파악하기 위해 필요했던 것이다. 한편 사람들은 인간의 지능으로 예측할 수 없는 미래를 추리 내지 판단하고자 했다. 미래에 대해 궁금해 하고 알고자 하는 것은 인간의 기본적인 심리이다. 가령 한 해가 가고 새해가 밝아왔을 때 사람들은 새해에 전개될 일들을 미리 알고 싶은 마음이 있다. 이러한 인간의 욕망을 충족시키기 위해 당연히 점복은 필요했을 것이다.

점복의 역사는 유구하다

얼굴만 보고도 사람의 성품과 운명을 읽을 수 있는 천재적 관상쟁이 이야기를 다룬 영화 〈관상〉(감독 한재림, 2013)이 최근에 많은 인기를 얻은 바 있다. 점복·점술은 고대부터 국가의 주요 대사로서 공자도 배척하지 않았다. 점복의 역사는 인류생활과 더불어 시작되었다. 인류문명의 발달과 병행된 점복은 동서양을 막론하고 어느 민족에게나 모두 존재했다. 동양에서는 일찍이 인도의 점성술, 중국의 복서(卜筮) 등이 발달했다. 무엇보다 중국인들은 짐승의 단단한 어깨뼈나 장수한다는 거북이의 껍질을 이용하여 신의 뜻을 헤아렸다. 그들은 뼈나 껍질에 열을 가하여 구멍을 뚫어서 그때 나타나는 균열의 양상을 보고 점을 쳤다. 사실 대부분의 문화권에서는 뼈를 통해 점치기를 즐겼다. 뼈는 오랜 세월 썩지 않기 때문에 고대인들에게 매우 신령한 힘이 깃든 물체로 여겨졌던 것이다. 중국인들은 점의 내용을 껍질에 새겼는데, 이때 그들이 사용한 상징이 바로 한자의 최초 형태가 되었다.

우리나라에도 중국의 점복의 영향을 받아 일찍이 상고시대부터 복(卜), 즉 짐승의 뼈나 거북이 껍질 등을 사용하는 점이 있었다. 언제부터 한반도에 점복이 있었는지 정확히는 알 수 없다. 다만 함북 무산읍 호곡동의 청동기시대와 철기시대 문화층에서 여러 개의 점을 쳤던 뼈가 발견되었다.[93] 또한 『삼국지』 위서 동이전 부여조에 나오는 점에 관한 기록을 보면,

점을 쳤던 거북이 등껍질과 동물의 뼈

"이 부족국가에서는 전쟁이 일어나면 먼저 하늘에 제사를 지내고 소를 잡아 그 발굽(발톱)을 보고 전쟁의 승패를 미리 점쳤다"고 되어 있다. 즉 소의 발톱이 벌어져 있으면 흉하고 붙어 있으면 길하다고 점쳤다. 벌어져 있다는 것은 분리 내지 패배를, 붙어 있다는 것은 결합 내지 승리를 뜻하는 것으로 해석하는 것은 자연스러운 일이다. 고구려 때 왕이 병에 걸리자 점을 쳐서 병의 원인을 알아낸 후 치료했다는 기록도 있다고 한다.

고대부터 전문적인 점복자들에게 관직을 맡기고 그들로 하여금 국가의 여러 가지 일을 점치게 하였으며, 고려시대에도 점복자들을 국가적 차원에서 다루었다. 또한 조선시대에는 천문, 지리, 역수(曆數), 점산(占算), 측후(測

---

93) 이형구, 『한국 고대 문화의 기원』, 까치, 1991, 112면.

候), 각루(刻漏)를 관장하던 관상감(觀象監)과 관상감 소속의 명과학(命課學)이라 불리는 운명, 길흉화복 등을 판단하는 관직이 있었다. 1894년 갑오경장을 기점으로 관상감과 명과학제도는 폐지되었지만, 민간차원에서의 점복은 여전히 한국인들의 일상과 함께했다.

한편 우리의 불교사를 살펴보면 옛날부터 스님들은 중생들을 위해서 점을 보아주었다. 부처님께 시주를 하고 나면 신도의 가정 대소사에 대해 간단히 상담을 해주고 점을 보아주기도 했다. 그래서 어떤 스님이 점을 잘 본다고 소문이 나면 그 절은 명성과 함께 크게 불사를 이루었다.

보물로 지정된 『난중일기』(이순신, 국보 제76호)를 비롯하여 『묵재일기』(이문건), 『쇄미록』(오희문), 『미암일기』(유희춘) 등 당시 생활을 생생하게 전하고 있다는 양반 사대부들의 일기를 보더라도 식견이나 지위에 관계없이 누구나 수시로 점을 치면서 살았음을 감지할 수 있다. 『난중일기』에 보면 국운을 한 몸에 짊어졌던 이순신 장군은 전쟁터에서 열일

점친 사실을 적고 있는
이순신의 난중일기

곱 번이나 점을 쳤다고 한다. 『묵재일기』에 따르면 이문건은 며느리가 출산하기 바로 전날에 태아 감별과 출산 시점을 알아보기 위하여 점쟁이를 불러 물었다고 한다.

점복은 심신을 안락하게 한다

점복은 인간을 동물로부터 분별하게 하는 표식으로서의 인간의 지혜와 욕구가 만들어낸 인간만의 문화라 하겠다. 다시 말해 점복은 인간이 현재 자신의 처지보다 더 나아지기를 바라는 심리에서 미리 어떤 조짐으로부터 신의 뜻을 알아내는 행위라 할 수 있다.

점복의 의미를 엄밀히 살펴보면 먼저 복(卜)이란 거북의 껍질이나 짐승의 뼈를 불로 구울 때 갈라지는 조짐이며, 점(占)은 卜과 口가 합쳐진 글자로서 거북껍질이나 짐승뼈에 나타난 조짐[卜]을 보고 앞날의 좋고 나쁨을 알아내어 말한다[口]는 뜻이다.[94]

과학문명이 발달할수록 생활은 복잡해지고 인간은 불안해지기 쉽다. 이러한 미래에 대한 불안감 때문에 우리는 점을 치고자 하는 것이다. 일제가 중일전쟁을 도발해 이 땅에 전시체제를 선포했던 1937년경 관상에 대한 신문 광고가 많았었다는 신문기사를 본 적이 있다. 우리는 여러 가지 방법을 통해 자신이 처한 현재의 나쁜 상황을 벗어나고 앞으로 일어날 좋지 않은 일을 피하고자 점을 치게 된다. 무릇 때를 점치고 조수(潮水)를 살피는 것보다 일용(日用)에 더 절실한 것이 없으니 책자를 두어 잊지 않도록 기록해야 한다[95]고 하는 것도 이해가 된다.

문명의 발달은 한계가 있다는 데 문제가 심각하다. 한 임산부가 병원에 가니 뱃속의 아이가 기형아라고 하며 지우라고 했다. 그래서 고민을 하다가 점을 쳐보니 기형아가 아니라는 것이었다. "기형아가 아니다. 걱정 말고 낳아라"라고 무당은 말했다. 그녀의 말에 용기를 얻은 임산부는 애를 낳았다. 신생아는 놀랍게도 정상적이고 건강한 아이였다는 것이다. 일산에 사는 박정옥 보살의 영적 체험에 해당한다. 최첨단 과학시대에 전통무속이 승리한 예라 하겠다. 그녀는 2000년 2월 24일 전북대학교 인문학연구소 학술대회에서 이 내용을 중심으로 특강을 했다[96]고 한다.

중국 청나라 괴이문학의 걸작으로 꼽히는 포송령의 《요재지이(聊齋志異)》에 나오는 '운칠기삼(運七技三)'을 생각해 보자. 아무리 운(7)이 크다 하더라

---

94) 허신(許愼) 찬(撰), 왕단재(王段裁) 주(注), 『설문해자주』, 상해고적출판사, 1988, 127면.

95) 유몽인, 『어우야담』 학예편.

96) 송준, 『귀신도 울고가는 신점의 명인들』, 국학자료원, 2002, 201면.

도 노력(3)이 없으면 운은 소용없을 것이다. 소신과 준비와 능력이 뒷받침할 때 운이라는 것도 의미 있게 다가옴을 명심해야 할 것이다. 그러나 세상에 3할의 이치가 행해지더라도 7할의

청의 유명한 귀신 이야기집 〈요재지이〉의 작가
포송령을 다룬 홍콩 TVB드라마

불합리가 있음을 간과할 수는 없다고 하겠다.

예언서로 유명한 『정감록』의 근본정신을 말한 『조선상식문답』에 나오는 최남선의 지적은 매우 유효하다고 본다. 그는 "원래 신탁이니 예언이니 하는 따위는 직관비전(直觀秘傳)에 속하는 것이기 때문에 상식적으로 이를 논의할 대상이 되지 않는다"고 하였다. 이어서 최남선은 "임진 병자의 대란 이후 당시 애국자가 민중에게 희망과 위안을 주기 위해 이씨가 결단 나도 정씨가 있고 조씨, 범씨, 왕씨도 있어서 우리 민족의 생명을 구원하기 때문에 불멸할 것이라는 신념을 넣어주려 한 사정이 『정감록』 전편에 일관되게 흐르는 것 아닌가"라고 했기 때문이다.

점복의 종류는 다양하다

정월의 농경의례는 농작물의 풍요를 미리 축원하는 예축(豫祝)의례와 수확의 정도를 미리 알아보는 점풍(占豊)의례로 나눌 수 있다. 50가지의 정월의례 가운데 예축에 관한 것은 11가지에 불과하지만 점풍에 관한 것은 34가지에 이른다.[97] 농사의 앞날이 궁금하여 미리 알아보고자 하는 조바심의

---

97) 김광언, 『민속놀이』, 대원사, 2001, 36면.

결과이다. 우리가 얼마나 점복에 큰 관심을 가졌었는가를 짐작케 하는 사례이다.

우리 조상들 사이에 점을 치는 행위가 매우 성행해 왔다. 점복은 원시사회에서부터 시작하여 지금까지도 행해지고 있는데, 그 점복이 행해지는 현황과 점복의 종류는 매우 다양하다. 삼국시대에 기상점·동물점·문자점 등이 있었으며, 고려시대에는 식물점·농사점·관상점 등이 늘어났다. 조선시대에 와서는 몽점·사주점 ·택일점 등이 보편화되었다.

오주연문장전산고, 실학자
이규경이 쓴 백과사전적인 저술

조선후기의 실학자 이규경은 점복의 분류와 관련하여 자신의 저서 『오주연문장전산고』에서 복서(卜筮), 관물위복(觀物爲卜), 미서복(米糈卜), 전복(錢卜), 필점(筆占), 점명(占命) 등 18가지를 언급한 바 있다.[98] 이는 당시 항간에 행해지던 점복의 양상들을 소개하고 있다는 데 더욱 의미가 있다.

점복은 점복 대상이나 점복자(점쟁이)는 물론 점을 보는 방법[占法], 점을 보는 도구[占具] 등에 따라 그 유형이 달라질 수 있다. 점복의 분류 또는 유형에 대해서는 그동안 대부분 일본인 학자 무라야마 지준[村山智順][99]의 분석에 따르거나 신·자연·인간의 체계를 받아들이는 편이었다. 그 후 점복의 유형을 새롭게 규정해 보려는 노력이 이어졌다. 김만태는 기존의 점복 분류를 검토하고 '징표'에 주목하여 점복의 새로운 유형을 모색하는 데 많은 공을 들였다.[100]

---

98) 이규경, 『오주연문장전산고』, 인사편 기예류, 복서.

99) 무라야마 지준 지음, 김희경 옮김, 『조선의 점복과 예언』, 동문선, 1991.

100) 김만태, 「한국 점복의 정의와 유형 고찰」, 『한국민속학』 47, 한국민속학회, 2008.

대상을 통해 점을 넷으로 나누다

여러 연구자들에 의해 점복이 다양하게 분류되고 있다. 서영대는 첫째 초능력자의 직관이나 강신자의 신의 전달을 통한 점복, 둘째 자연현상을 통한 점복(천문현상, 기상현상, 동식물 등), 셋째 인간의 어떤 면을 통한 점복(몽점, 관상 등), 넷째 도구를 사용한 인공의 징표를 통한 점복(복골, 작괘 등)을 들었다.[101] 이에 기반하여 대상을 통한 점의 종류를 다음과 같이 넷으로 분석해 보도록 한다.

첫째로 신점을 들 수 있다. 무당을 비롯한 신이 내린 사람에 의해 점을 치는 신점이 있다. 무당의 임무는 대체로 둘로 나뉘는데, 하나는 점복행위이고 다른 하나는 굿행위이다. 우리나라에서 점을 친다고 하면 대개 이 신점을 말한다. 우리나라에서 신점으로 가장 유명한 곳은 안동과 의정부다. 안동은 신발이 강한 지역으로 〈성주굿〉의 고향이자 굿의 대가들이 포진하고 있을 뿐만 아니라 〈내림굿〉 값도 가장 저렴하다. 의정부도 신발이 강해 근처에 무속인들이 많고 또한 신점을 보는 사람들이 많다고 한다. 점괘에 나타나는 말, 즉 점사를 동자들이 일러준다는 동자점은 신명이 맑은 사람들이 갖는 신점이다. 동자가 실릴 때면 갑자기 말소리가 아이 목소리로 바뀌어지면서 속도가 빨라지기도 한다. 평택에 사는 송보살은 동자를 실어 점을 보는 것으로 전국에서 가장 유명하다. 대우 사태가 일어나기 거의 1년 전 당시로서는 대우에 대한 부실징후가 전혀 없던 상태에서 유일무이하게 그녀가 대우의 부도를 예견했다. 현재 송보살의 명성은 일본까지 퍼져서 장기간 일본 출장을 다니며, 연초면 각 방송사에서 한 해의 주요한 사안에 대해서 그녀에게 인터뷰를 나오기도 한다.[102]

---

101) 서영대, 「한국점복의 연구」, 『한국민속연구사』, 지식산업사, 1995, 307면.
102) 송준, 앞의 책, 85면.

동전점, 동전을 던져서 육효(점괘의 6가지 획수)의
원리에 따라 점괘를 읽는 것

조상의 영혼을 불러 점을 치는 경우가 있는데, 조상풀이를 잘하는 것은 영혼이 맑다는 것을 의미한다. 이와 같이 신점에는 점을 치는 사람이 직접 신의 대리인 역할을 하는가 하면 한편 점치는 사람이 돈이나 쌀 등 가지고 있는 특정한 기물(器物)을 통해 점을 치는 경우도 있다. 가령 동전점이 있는데, 동전의 숫자대로 점을 보아주고 그 사람이 보고 싶어하는 점이 숫자형태로 동전에 나온다. 연륜이 많은 대가들의 점사로 유명한 쌀점도 있다. 우리나라 무녀들은 흰쌀을 소반에 쌓아놓고 그 쌀을 조금 집어서 던진 다음 입으로 주문을 외우면서 손가락 끝으로 던진 쌀을 헤아려서 스스로 길흉을 판단한다[103]고 말한다.

둘째는 도구를 이용하는 점을 들 수 있다. 먼저 음양오행 및 수리(數理)를 기초로 책력 또는 『주역』의 괘를 가지고 인간의 운수를 풀어나가는 작괘점(作卦占)을 들 수 있다. 시간의 흐름을 표시하는 책력은 초기에는 과학으로서의 천문학적 의미보다 신앙으로서의 점성술적 의미가 더 강했다. 특히 작괘점에는 사주점·육효점·오행점·산통점·윷점·성명점 등이 있다. 무형의 시간을 나타내는 사

당사주, 중국에서 들어온 사주점을 칠 때 보는 책

103) 이덕무, 『청장관전서』 무녀척미조(巫女擲米條).

주는 일, 월, 목, 화, 토, 금, 수라는 칠정(七政)의 기운을 부호화한 것이다. 사주를 통해 한국에서는 토정비결, 궁합, 택일 등 여러 종류의 점복을 발전시켜왔다. 흔히 점쟁이(역술가)들이 사주를 풀어서 점을 보는 것은 객관적인 면모가 있고 나름대로의 격을 높일 때 유용하다. 작괘점을 흔히 철학이라고도 부른다. 오늘날 제비뽑기와 비슷한 것으로, 문자를 쓴 종이나 나무(목찰)를 던져 나타난 문자를 가지고 점을 치는 문자점도 이에 해당한다고 하겠다.

식물점, 정월 열나흘날에 보리 뿌리로 점을 치기도 함

셋째는 자연현상을 이용하는 점을 들 수 있다. 먼저 해·달·별 등 천체의 변화를 관찰하여 점을 치는 것으로, 이를 기상점이라 할 수도 있다. 예컨대, 설날에 북풍이 불면 풍년이 들고 남풍이 불면 흉년이 든다고 하였다. 또한 땅의 모습을 보고 미래를 예측할 수도 있다. 그리고 새를 비롯한 동물의 행동이나 그 밖의 식물들의 양태를 보고 점을 칠 수도 있다. 가령, 소가 울면 농사가 잘되고 까마귀가 지저귀면 불길한 일이 생긴다고 믿는 것이 동물점이다. 입춘날 보리의 뿌리를 캐어 보아 세 갈래로 되어 있으면 풍년이 들고 두 갈래이면 평년작이며 한 갈래로 되어 있으면 흉년이 든다고 여기는 것이 식물점이다.

넷째는 인간의 천부적 특성을 통한 점을 들 수 있다. 가령, 사람의 용모나 신체상의 특징을 통해서 그 사람의 운명을 판단하는 관상점, 수상점, 족상점, 혈액형점 등이 있다. 60년대 초반 서울에서 백운학과 우종학

1960년대 전설적 관상가였던 백운학

이라는 2명의 관상가가 활동했음은 잘 알려진 일이다. 관상을 보는 방법 중의 하나로는 동물법이 있는데, 관건은 그 사람의 얼굴 특징이 어느 동물과 유사한지를 판단하는 일이다. 동물의 왕국에서 원숭이는 지혜와 재주가 가장 뛰어난 동물인데, 일본을 통일하고 조선을 침략했던 도요토미 히데요시[豊臣秀吉]가 전형적인 원숭이 상이라고 하지 않는가. 최근 고전을 가지고 TV시청률을 높인 도올 김용옥도 원숭이 상이라고 한다. 칼럼니스트 조용헌은 동물법을 오랫동안 연구한 황산 김동전이 2002년 대선정국에서 말한 것을 전했다. 황산은 노무현 후보를 스라소니, 이회창 후보를 매, 정몽준 후보를 얼룩말에 비유했다. 스라소니는 고양이과 동물로 사냥에 매우 능하고 단독으로 행동하는 특징이 있다. 동작이 전광석화처럼 빠르다. 점프력, 목표를 향해 달려드는 집중력, 앞발의 발톱으로 할퀴고 쥐는 힘이 뛰어나다. 그래서 스라소니는 각본 없는 난타전의 명수다. 스라소니에게 걸려서 매도 죽고 얼룩말도 죽었다.[104] 산에도 관상이 있어 음양 · 오행을 따진다. 먼저 음산(陰山)인가 양산(陽山)인가부터 본다. 오대산 · 무등산 · 지리산처럼 흙이 많으면 음산이다. 설악산 · 월출산 · 가야산같이 바위가 돌출되어 있으면 양산인데, 보통 악(嶽 · 岳) 자가 들어가는 산을 양산이라 한다. 땅 보는 안목, 즉 풍수가 결국 사람 보는 안목인 관상으로 이어진다고 하는 것은 이를 두고 하는 말일 것이다. 혈액형점은 1910년대 독일에서 혈액형을 우생학과 연결시키려는 시도가 있었던 데서 기원을 찾을 수 있다. 혈액형으로 인종의 우열을 논하던 주장은 일본에 받아들여져 혈액형과 성격을 연관시키는 경향이 나타나기 시작했고, 1970년대 이 현상이 한국에 전해진 것으로 알려지고 있다.

한편 꿈의 내용을 풀이하여 무슨 일이 일어날지를 예측하는 몽점(夢占) 등이 있다.

---

104) 〈조선일보〉 2006. 12. 23.

새해에 『토정비결』을 보다

점복을 크게 비세시점복과 세시점복으로 나눌 수도 있는데, 위에서 주로 언급한 내용과 같은 것들이 비세시점복이라고 한다면 다음과 같은 세시점복도 있다. 즉 세계 어느 나라를 막론하고 대개 새해를 맞이할 때 점을 친다.

중국인들은 사당에 거서 참배한 뒤 '뽀에'라고 부르는 도구를 가지고 신의 뜻을 알아본다. 뽀에 두 개를 던져서 두 개 모두 평면이 위로 향하면 참 멍청한 소원이라고 신이 웃는 모습이고, 평면이 모두 밑으로 향하면 신이 노하고 있음을 나타내는 것으로 두 모습 다 소원이 거부되었다는 뜻이다. 반면에 평면이 하나는 밑을 향하고 다른 하나는 위를 향하면 '성뽀에'라고 해서 소원한 것이 기꺼이 받아들여졌다는 표시가 된다.

일본인들도 신사 참배를 한 후 '오미쿠지[御神籤]'라는 점을 본다. 여러 가지 길흉이 써진 제비를 뽑아 운세를 보고, 나쁜 운세가 나오면 액땜하기 위해 나뭇가지에 오미쿠지를 묶는다. 또한 '에마[繪馬]'라는 전통도 있어 말 모양의 나무조각 한쪽 면에 자신의 소망을 쓰고 벽에 단다.[105]

제자를 시켜 토정비결을 깊은 산속에 감추었다는 이지함

우리나라에서도 무엇보다 정초가 되면 『토정비결(土亭秘訣)』이나 오행점, 윷점 등으로 한 해 운수를 점치는 일들이 관습으로 내려왔다. 조선시대 서민들에게 가장 인기가 있었던 베스트셀러가 『토정비결』과 『정감록(鄭鑑錄)』이다. 혹자의 말에 따르면 주로 『토정비결』은 안방의 여자들에게, 『정감록』은 사랑방에 모인

---

105) 박영수, 『테마로 보는 동서문화풍속』, 학민사, 2002, 54면.

남자들에게 관심의 대상이었다.[106)

이 중 『토정비결』은 『주역』의 상수학을 바탕으로 하여 혼탁하고 불안한 사회를 배경으로 탄생한 점복서이다. 역술에 도통하고 기이한 행동으로 유명한 토정(土亭) 이지함(李之菡)의 영향력이 대중사회를 파고들어 『토정비결』은 조선후기 이후 가장 성행하였다. 전성운은 『선조실록』을 근거로 사람들이 이지함에 대해 "헤아릴 수 없었다"고 평가했음을 전하면서 그는 사람을 잘 보고 자연현상을 예언하는 능력이 뛰어났다고 했다. 이런 이지함의 점술가로서의 명성은 북송 소옹의 상수학에 침잠한 결과라며 그는 우주와 자연, 인간사의 변화를 기호의 조합과 수의 원리로 설명하는 상수학에 경도되었다[107)고 한 바 있다.

지금까지도 새해 아침이 되면 1년 운세를 점치기 위해 무엇보다 먼저 찾는 것이 『토정비결』임은 부인하기 어렵다. 『토정비결』은 자신의 음력 생년월일로 계산하여 얻은 세 자릿수의 '괘'를 이용하여 미래의 운수를 예측한다. 따라서 괘의 종류는 백의 자리가 8개(상괘), 십의 자리가 6개(중괘), 일의 자리가 3개(하괘)이므로 8×6×3=144개의 괘가 만들어지게 된다. 이지함은 어느 곳에서든 방약무인했으며, 잡술에 통달하지 않음이 없었다[108)고 하는 한편, 애덤 스미스보다 앞선 시기에 적극적인 국부론을 주장하고 실천한 것 하나만으로도 이지함은 재평가되어야 할 것이라[109)고도 한다. 예언적 능력까지 갖춘 이지함은 기이한 행적을 지닌 신선으로도 많이 언급되는 만큼 '미래를 예측한다'는 측면에서의 점복신앙은 신선사상과도 깊은

---

106) 조용헌, 『소설보다 더 재미난 조용헌의 소설』, 랜덤하우스코리아, 2007, 122면.

107) 전성운, 「토정 이지함과 상수학」, 『아산시대』 5호, 순천향대학교 아산학연구소, 2013, 72~74면.

108) 유몽인, 『어우야담』 종교편.

109) 신병주, 『이지함 평전』, 글항아리, 2008, 15면. 신병주는 『토정비결』은 이지함의 저작일 가능성이 낮다고 했다(같은 곳).

연관 속에서 다루질 수 있을 것이라 판단된다.

한 해 농사가 시작되는 정월대보름에는 농사의 풍흉에 대한 궁금증으로 점과 관련된 것이 많다. 달맞이, 농사점, 달집 태우기, 사발점, 그림자점,

농사의 풍흉을 점치는 달집 태우기

달불이, 집불이, 소밥주기, 닭울음점을 비롯하여 석전, 차전, 줄다리기, 쥐불싸움, 연날리기, 곡물점, 우점(牛占), 조점(鳥占) 같은 승부점 등이 이에 해당한다. 사실 우리 점복의 특징 가운데 하나가 풍년을 기원하는 사회적 관심에서 출발하여 점점 개인의 행운에 대한 기대 쪽으로 점치기의 비중이 옮겨간 것이다.

이상세계를 그린 『정감록』을 믿다

도참사상은 무속신앙과 더불어 삼국 시대부터 우리 민족의 의식 속에 깃든 민간신앙이다. 이 도참사상은 풍수지리설을 비롯하여 음양오행설이나 『주역』 등에 기반하여 지식인들 사이에서 형성되었다. 특히 조선 건국 후 서울로 도읍을 옮기는 문제와 관련하여 도참설이 풍미했다. 이성계는 '개성은 신하가 임금을 폐하는 망국의 터'라는 도참설을 믿고 한양으로 천도 계획을 세우

정감록, 조선후기 나라의 멸망을 예언했다고 금서가 된 민족의 대예언서

고 있었다.

그러던 중 권중화로부터 충청도 계룡산 신도안(新都內) 지형도를 받아놓고 무학대사와 함께 자세히 살피게 되었는데 신도안이 마음에 쏙 들었다. 『정감록』에 8백 년 도읍지로 적혀 있었기 때문이다. 실제로 이성계는 신도안에다 1년 가까이 공사를 진행시켰다. 그러나 계룡산은 동남으로 너무 치우쳐 있어 도읍으로 적당하지 않다는 하륜의 반대가 있었고, 무엇보다 태조의 꿈에 한 선인이 나타나서 "신도는 정씨의 도읍이지 당신의 터가 아니오"라고 하여 태조는 천도의 꿈을 완전 백지화하기에 이르렀다고 한다.

도참서들은 조선왕조의 기틀이 잡힌 태종 때까지도 민간에 범람하였다. 태종은 서운관에 명하여 백성들을 현혹하는 도참서들을 불태워 버리도록 했다. 그리하여 잠시 도참서들이 사라지는 듯했다. 그러나 임진왜란과 병자호란이 일어나는 등 사회가 극도로 혼란해지자 다시 도참사상이 고개를 들었다. 그때 유행했던 대표적인 도참서가 『정감록』이다. 『정감록』은 이지함의 『토정비결』, 남사고의 『격암유고』와 더불어 한국의 3대 도참서로 불린다. 불안한 시대적 상황에 민중이 간절히 바라는 이상세계를 제시하면서 『정감록』은 주목을 받게 되었다. 제작시기에 대해서 확실치는 않으나 『정감록』은 조선중기 이후 민간에 성행된 국가의 존망과 백성의 안위에 대한 예언서이자 신앙서라 할 수 있다.

여러 사람에 의해 제작되었을 것으로 보는 『정감록』은 조선왕조의 선조인 이심(李沁)이라는 자가 이씨를 대신할 정씨의 선조인 정감(鄭鑑)이라는 사람과 더불어 조선의 흥망성쇠를 예측 기록한 내용이다. 다시 말해 『정감록』에서는 정씨 성을 가진 자가 이씨 왕조를 멸망시키고 계룡산에 새로운 왕조를 일으킬 것이라 예언하고 있다. 마치 앞에서 언급한 도선, 무학, 남사고, 이지함과 같은 예언자들의 업적과 같은 것이다.

백승종은 "정감록은 조선시대 지배이데올로기인 성리학에 맞서 평민지식인들이 준비한 대항이데올로기였다"고 말하면서, "사람들은 이 예언을 나침반 삼아 난세를 살아갈 길을 찾으려 노력했다"고 말했다. 백승종은 정도령을 조선왕조를 반대하는 모든 세력을 대표하는 인물로 규정하고, 조선 태조의 즉위를 반대하다 죽은 정몽주, 왕조 건립의 주역이었으나 태종에게 제거된 정도전, 선조 때 역적으로 몰려 죽은 정여립, 영조 때 반란사건에 휩쓸린 정희량 등이라고 보았다.[110]

이렇듯 『정감록』은 반왕조적이며 현실부정적인 내용을 담고 있어, 조선시대 금서에 속하였으며 민간에 은밀히 전승되어 왔다. 『정감록』의 이러한 개혁적 사고는 조선후기 발생한 각종의 반란이나 역모사건에도 영향을 미쳤다. 홍경래 난의 사상적 배경도 『정감록』이라 하며, 동학혁명에도 『정감록』의 이념적 뒷받침이 있었다고 함은 잘 알려진 일이다. 인간은 근본적으로 귀천이 있을 수 없이 누구나 평등하다고 선언한 동학은 조선의 양반사회를 부정한 혁명적인 사상이었다. 동학교도들은 부패한 지식층의 횡포와 수탈에 맞서 새로운 질서의 바람직한 세상을 만들고자 농민전쟁을 일으켰으나 청나라와 일본의 군대가 이 땅에 진출하면서 그 꿈은 산산이 부서지고 말았다.

홍경래, 약 35~37만 명의 사망자가 발생한 평안도 농민전쟁(홍경래 란)의 지도자

점괘에 긍정적 기능이 있다

고대사회에는 점복을 담당한 전문적인 점복자들이 있었다. 점복자를 고

110) 백승종, 『정감록 미스터리』, 푸른역사, 2012. 59면.

구려에서는 무(巫) 또는 사무(師巫)라 칭했고, 신라에서는 일관(日官)이라 칭했으며, 백제에서는 일자(日者) 또는 무자(巫者)라 칭했다. 삼국시대에는 이 점복자들을 관직에 두고 그들로 하여금 국가의 많은 일들을 점치게 하였다. 고려에서도 점복을 관장하는 관청, 부서, 직책 등을 두고 점복을 국가적 차원에서 다루었다. 조선에서도 점복을 담당하는 관청인 관상감을 설치하고 전문 점복자를 복사(卜師)라 불렀다.

점을 치는 점복자는 여러 종류가 있으나 크게 강신 점복자, 역리 점복자, 상 점복자, 풍수 점복자로 나눈다. 강신 점복자는 신을 받아 무당이 되어 점을 치는 사람으로 신령의 빙의(憑依)로 점을 친다. 역리 점복자는 사주나 음양오행을 따져 점을 치는 사람이다. 상(相) 점복자는 일명 관상쟁이라 부르듯이 얼굴이나 손금을 보고 점을 치는 사람을 말한다. 풍수 점복자는 흔히 지관이라 일컫는데, 묘를 쓰거나 집을 지을 경우 그 땅의 길흉을 점치는 사람이다.

점괘의 흐름, 혹은 점괘의 내용 등을 자세히 검토해 보면 처음에는 희망적인 언질을 주고, 그 다음에 장애가 반드시 있음을 알리고, 마지막으로 그러한 장애를 해소할 방법을 가르쳐주는 3단계의 과정으로 되어 있다. 물론 점은 위기의식의 조장, 운명론에의 몰입, 금품갈취 등 각종 폐단을 유발하고 있으나 인간의 긴장이나 불안과 같은 갈등과 근심을 완화시켜 주는 긍정적 기능도 하고 있다.

이지함은 『토정비결』에서 설령 운세가 좋지 않더라도 "모든 일을 조심하면 마침내 좋은 일이 있다"[111]고 했다. 점복이라는 것이 사람들로 하여금 희망을 갖게 하고 항상 최선을 다해 살도록 하기 위해 존재하는 것임을 새삼 확인하게 된다.

---

111) 제사가신 종시유길(諸事可慎 終時有吉).

4) 성신앙

우리는 상당기간 성(性)에 대해 신비스러운 생각과 은밀한 인식 속에서 함부로 언급하지 않았다. 하지만 다양한 생활이나 풍속에서 성은 깊이 영향을 미치며 익살스럽게 또는 노골적으로 표현되어 왔던 게 사실이다. 요즘 한국문화의 화두 중 하나가 성이다. 영화, 드라마, 음악, 미술 등 예술 부문에서는 물론 연일 보도되는 성관련 뉴스에 이르기까지 성은 더 이상 신비스러운 숭배나 금기의 대상이 아니다. 이는 현대의 삶 속에 보이고 있는 활발한 성생활과 성적 문란 또는 불륜의 양상과도 무관하지 않다. 우리는 너무나 쉽게 상품화된 성에 노출되어 있다는 점에서 보다 건전한 성문화의 도래를 기대하게 된다.

사실 자연생태계에선 성비의 균형이 깨져 수컷이 지나치게 많아지면 자기들끼리 죽고 죽이는 싸움을 벌여 성비 균형을 이룬다고 한다. 성신앙 · 성문화는 전 세계적으로 광범위하게 전승되고 있는 인류의 보편문화이다. 때문에 우리의 성 문화적 특징을 밝히는 작업이 더욱 절실하다. 무엇보다 성에 관한 이야기가 문헌으로 수없이 전해 내려오고 있다. 그리고 성기를 닮은 바위나 자연지형이 곳곳에 흩어져 전하고 있다.

예컨대, 신라 선덕여왕 때의 〈여근곡설화〉는 주목할 만하다. 경북 경주시 건천읍 신평리 오봉산 아래에 여근곡(옥문곡)이라는 골짜기가 있는데 이 여근곡은 여자의 음부처럼 생겼다. 백제 군사 500여 명이 진을 치고 있다가 전멸한 곳으로 전해지는데, 그 까닭은 남자 성기가 여자 성기 속으로 들

임산부가 배 위에 손을 얹고 누워 있는 모양의
여근곡(경주시 건천읍 신평리 오봉산)

어간 탓이라고 한다.[112] 여근곡이 있는 이 마을은 음기가 세기 때문에 바람난 처녀가 많다는 속설도 있고, 여근곡 한가운데 옹달샘이 있는데 이 샘을 남자들이 건드리면 아랫동네 처녀들이 바람이 난다는 전설이 있어 이 샘에 가까이 가는 것은 금기사항으로 되어 있다. 여근곡에 대한 전설처럼 지금도 지리적으로 그곳의 모양이 오묘하며, 요즘도 여근곡에서 솟아나는 샘물인 옥문지(玉門池)의 약수를 맛볼 수 있다.

성기 및 성행위와 관련된 자연물만 있는 것이 아니다. 남성과 여성의 성기를 따로 만든 돌조각에서부터 성기를 결합해서 만든 석조물을 비롯하여 여성의 엉덩이와 가슴을 강조한 석상, 남녀의 성적 결합을 표현한 조각품, 남녀의 성행위를 묘사한 바위그림 등은 유라시아대륙 전역에서 다수 확인되고 있다.

우리나라에서도 고대국가시절부터 강렬한 성욕을 상징하는 조형물들이 생산되었다. 갖가지 체위를 표현한 토우(土偶 흙인형)나 여근상의 토우, 촉촉하게 물기를 머금은 여근석, 귀두에 혹이 달린 자위용(?) 남근목, 마을 입구에 버젓이 서 있는 남근석, 조선의 궁녀들이 오나니(자위)용으로 사용하던 목각물, 뿔이나 가죽 같은 재료를 이용하여 남성 성기모양으로 만든 아녀자들의 노리개인 각촛, 다양한 체위를 묘사한 구리거울과 동전, 한량들이 장남삼아 만든 별전인 춘화전(春花錢), 동성애가 묘사된 민화(춘화), 남녀의 성기나 남녀 간에 섹스하는 모습이 다수 새겨진 암각화 등 많은 유물이 전한다.

역사적으로 성의식이 개방적이다

현재 인터넷에서 성과 관련한 사이트가 집중적인 관심을 받고 있다. 성적 호기심 때문이다. 물론 역사적으로 우리의 성의식이 직설적으로 표현되

---

112) 일연, 『삼국유사』 권1 기이1 선덕왕지기삼사조(善德王知幾三事條).

기보다는 비유적 또는 우회적으로 나타났다고 볼 수 있다. 그러나 한국의 성문화는 밀폐된 공간만이 아닌 사실상 열린 공간에서 다양하게 표출되어 왔다. 과거 민중들이 즐긴 성문화를 엿보게 하는 민담들이 있다. 김수로왕과 관련해서 민담으로 전해지는 내용 가운데 수로왕의 성기가 거대해서 발생한 사건은 흥미롭다. 김수로왕의 성기가 얼마나 큰지 개천에 다리를 놓을 수 있었다. 하루는 한 노인이 건너가다가 다리에 담뱃대를 털었는데, 그것이 화상이 되어 흉터로 남았다는 것이다. 그래서 김해김씨의 후손들은 성기에 그 흉터자국이 남아 있다고 한다.

일찍이 고대국가로부터 종족 번식이라는 성의 본능적 기능을 중시하고 숭앙한 예는 얼마든지 있다. 선사시대의 암각화, 청동기시대의 인물상 등에 등장하는 다산이나 주술적 의미의 성표현을 비롯하여 고구려에서는 10월이 되면 온 나라 사람들이 모여 목제남근을 만들어 모시고 제사를 지냈다[113]고 한다. 남녀의 성기를 숭배하는 이른바 성기숭배신앙(Phallicism)은 후기 구석기시대 이래 세계 도처에서 행해진 보편적인 것으로 알려지고 있다.

무엇보다 신라인들은 대담하다 싶을 만큼 성에 대해 개방적이었다. 섹스를 적나라하게 묘사한 토우만도 15점, 과장된 성기나 자위행위와 출산과정을 묘사한 것 등을 합치면 모두 40여 점의 토우가 성을 직설적으로 표현하고 있다. 성과 관련된 토우들은 대개 무덤의 부장품으

안압지, 성교 토우가 나온 왕족들의 놀이터

---

113) 진수, 『삼국지』 위서 동이전 고구려조.

로 사용되었는데 크게 힘껏 껴안고 있는 남녀상, 성기를 노출한 남녀상, 뜨겁게 사랑을 나누는 성애상으로 나눌 수 있다. 돌이나 나무로 만든 성기도 6점 정도 전하고 있다. 1976년 경주의 안압지(태자가 거주하던 동궁)에서는 남성의 성기모양의 목제품을 비롯하여 남녀가 성교하는 모습의 토우가 출토되었다.

성행위 토기가 나온 대릉원
(2000년에 세계문화유산으로 등록)

경주시 황남동의 첨성대 옆에는 경주에서 가장 큰 23기의 고분군인 대릉원(大陵苑)이 있다. 천마총[114]도 포함하는 이 대릉원에서는 다양한 유물이 출토되었는데, 그 가운데 남녀의 성행위를 묘사한 토기가 나와서 눈길을 끈다. 왕족의 무덤에서 이와 같은 토기가 출토됨으로서 당대 성풍속을 이해하는 데 많은 도움을 준다.

이처럼 삼국시대 이래 통일신라시대의 건강하고 솔직한 성의식, 성문화를 밝혀주는 귀중한 자료들이 많다. 『삼국사기』에 실린, 셋 또는 네 쌍둥이를 낳은 산모에게 국가에서 큰 상을 내렸다는 기사에서도 생산력이 미약하던 시대에 생존과 번영을 기원하던 고대인들의 성기 또는 성숭배의식을 엿볼 수 있다.

고려시대 성 관련 이야기를 말해 주고 있는 자료는 빈약한 편이다. 그러나 송나라 사신 서긍이 고려에 왔다가 돌아간 뒤 "남녀가 거리낌 없이 옷을 벗고 시내에서 목욕을 한다"[115]고 했을 만큼 고려시대는 성적으로 자유로운

---

114) 피장자가 누구인지 모르는 경우에 그 속에 있는 부장품으로 이름을 붙인 것이 총이다.
115) 서긍, 『선화봉사고려도경』.

분위기였다. 발굴된 장소가 명확하지 않은 고려시대의 청동거울 뒷면에는 성교의 장면이 새겨져 있는데, 이는 조선시대 별전에서 보이는 성행위 묘사와 비슷하다고 할 수 있다.

조선시대에 들어와서는 성기나 성행위와 관련된 이야기가 풍성하게 전해지고 있다. 실제로 통용되지는 않았지만 조선시대의 별전에도 성교 장면을 담은 것들이 숱하다. 조선시대에는 성교하는 체위를 놋쇠에 새겨 어머니가 시집가는 딸에게 주었다는 별전도 있다. 조선조 19세기 이후에는 춘화가 본격적으로 등장하는데, 동성애를 즐기는 여성을 두고 남성이 후배위로 섹스하는 장면이나 노인끼리 섹스하는 장면 등이 담겼다.

현재도 남성이나 여성의 성기를 닮은 바위 앞에서 아낙네들이 소원을 비는 일이 종종 있다. 단순히 아들을 얻기 위해 기원하는 기자행위로 볼 수 있지만 다산과 풍요를 염원하는 성숭배신앙의 유습을 새삼 느끼게 된다. 개인적으로 찾아가서 기원하는 경우가 많으나 성기형상에 대한 숭배의식은 마을집단의 공동체신앙으로서도 기능한다. 보통 칠석 같은 명일에는 백설기 등을 시루째 놓거나 맑은 물을 떠놓고 빈다. 지금도 삼척 같은 바닷가 마을에서는 평안과 풍어를 기원하는 의미로 남자 성기모양의 나무 조각품을 만들어 신당에 걸어놓는 풍습이 있다.

성신앙은 생명의식의 소산이다

앞에서도 언급한 바와 같이 신라시대의 무덤유물인 남녀 결합의 토우에서 새 생명의 탄생을 희구하는 성숭배사상을 엿볼 수 있었다. 신라 최고의 사찰인 황룡사의 회랑 외곽에서 돌로 된 남근이 나오고, 경주의 도심 어느 여염집에

안압지에서 나온 목제남근

서도 석제 남근이 나왔다. 통일신라를 포함하는 신라시대의 남근은 지금까지 5~6점 정도 출토되었으며, 고구려나 백제에서는 각각 한두 점 정도 나왔다. 이 남근들은 유희용으로서 실제 사용했다고 보기보다는 출산과 풍요를 바라며 만들었을 가능성이 높다. 특히 우리나라의 자연에서 발견되는 남녀의 성기를 닮은 바위를 비롯하여 남성의 성기를 본뜬 나무조각, 흙으로 빚은 남녀의 성기, 성기 및 성행위를 묘사한 그림, 남성의 성기형상을 여신에게 바치던 해랑당 또는 부군당 등은 우리 성숭배신앙의 다양성과 비중성을 잘 보여준다.

한국에서 전승되는 성문화는 단순히 미개인들의 믿음의 대상이 아니었다. 생존과 생활을 위한 전략적 신앙의 대상이었던 것이다. 미국의 성심리학자인 조지 스콧(George Scott)은 성기숭배가 성의 생식적 측면에서 나온 것이라기보다는 성교에서 오는 쾌락에서 나왔다고 주장한 바 있다. 현대 인류학의 기초를 세웠다는 브로니스로 말리노프스키(Bronislaw Malinowski)는 성행위가 단순한 생리학적 거래라기보다는 사랑과 사랑 만들기를 의미하는 것으로 보았고, 성행위는 혼인이나 가족과 같은 숭고한 제도의 핵이므로 단순한 육체적인 관계라기보다는 오히려 사회적이고 문화적인 힘이라고 하였다.[116]

다만 모든 생물이 이 세상에 태어나는 것은 번식을 위해서라는 말이 있을 만큼 우리들은 유사 이래 종족을 지켜나가는 일에서 벗어날 수 없었다. 한편 우리는 남방문화의 영향권에서 일찍부터 정착생활과 함께 주로 농사를 짓고 살아야 했다. 이에 과거로 올라갈수록 성은 종족 보존과 생활 유지의 기능으로서 중시되고 종교적 심성으로 숭앙되었으며, 성은 사람들의 다산 및 풍요를 보장해 주는 생명력의 상징적 대상으로 인식되고 숭배되어 왔음을 알 수 있다.

---

116) 이종철 외, 『성, 숭배와 금기의 문화』, 대원사, 1997, 28면 재인용.

역사적으로 다산과 풍요를 기원하는 상징물로서 성을 표현한 사례는 무수히 많다. 생명력이 넘치는 성을 상징적으로 나타내는 역사적 근거로 신석기시대의 유적지인 함북 경원 농포리에서 출토된 여체상을 들 수 있는데, 이 조각품은 가슴과 엉덩이를 과장되게 표현하고 있다. 청동기시대에 새겨진 울산 반구대의 바위그림의 경

농경문청동기에 새겨진 나경 모습

우에는, 남성의 돌출한 성기와 팔과 다리를 벌리고 드러누운 여성의 모습이 인상적이다. 특히 따비로 밭을 가는 남성이 성기를 자랑스럽게 드러냈는데, 이는 매년 입춘 아침 풍요를 기원하는 뜻에서 남성이 벌거벗고 농사를 짓는 우리의 나경(裸耕)풍속으로 계속 이어졌다. 화전마을에서 벌거벗은 숫총각에 의해 이루어졌던 목우끌기의 나경풍속은 대지의 신인 여성에게 풍년을 기원하는 제의에 성기가 가장 큰 총각이 주체가 됨으로써 주술적인 다산을 꾀하는 습속이다. 야스다 도꾸다로[安田德太郎]의 말에 의하면 동남아시아지역이나 동유럽의 유고 등지에서는 농사가 잘되도록 하기 위해 밭에서 부부가 직접 성행위를 했다[117]

고 한다. 농사짓는 과정을 아이 낳는 것과 같은 것으로 인식했기 때문이다.

황해도 〈평산소놀음굿〉의 제석거리의 한 대목에 "두덩산 내려가서 웅지물 아래 늪속에 공바위가 있

공바위(여성 성기)가 등장하는 황해도 평산소놀음굿

---

117) 야스다 도꾸다로, 임동권 엮음, 『여성의 전성시대』, 정윤, 1993, 193~194면.

단다. 그 공바위를 쑥 뽑아서 보습이라고 헌단다."라는 말이 나온다. 농기구를 여성의 성기에서 뽑아낸 것은 여성 성기의 생산능력을 수용한 결과로서 바로 농사의 풍요를 의미하고 있기 때문이다. 생산능력이 탁월한 여성 성기를 통해서 농사일을 하게 되면 풍요로운 결실을 얻을 수 있다고 생각한 것이다. 농기구 가운데 디딜방아, 맷돌, 절구 등은 성행위에 많이 비유된다. 디딜방아의 공이를 남성의 성기, 확을 여성의 성기로 표현하는 등 방아질을 성행위로 인식하는 경우는 유난히 많다. 〈심청가〉에서도 "이방아 저방아 다 제쳐놓고 우리 마누라와 찧는 가죽방아가 제일이다"라고 묘사하고 있다.

가뭄이 들었을 때 양인 하늘을 향해 음인 여성이 기우제를 지내는 행위는 대표적인 성적 표현이다. 기우제는 여성의 음부를 신에게 드러내는 것을 통해 성의 공양적 속성을 강하게 보이며 신에 대한 모독적 행위로 하여금 신의 분노를 야기하는 형태로 나타난다. 경주지방에서는 가뭄이 들면 무녀들이 속곳을 벗고 치마만 입은 채 다리를 번쩍번쩍 들며 춤을 춘다고 한다. 또한 디딜방아를 이용하여 강우의 효과를 얻거나 마을의 부녀자들이 산 정상에 올라가 방뇨하는 행위 등은 기우제와 관련된 잘 알려진 성의 상징적 표현이다. 지역에 따라서는 가뭄을 해소하기 위해 신성한 바위를 끌다

진도 도깨비굿, 긴 장대에 걸려 있는 여자 속곳을
보고 도깨비의 몸을 얼어붙게 한다는 굿

가 힘이 들면 처녀들이 고쟁이만을 입거나 알몸으로 강에 들어가서 물을 끼얹으며 장난을 친다[118]고도 한다. 용신이 사는 강물을 더럽히는 처녀들의 행위는 신을 모독하는 짓이 되고 분노한 신은 정화의 의미로 비를 내리게 하는

---

118) 김미순, 「금산의 민간기우와 민중들의 사고」, 『금산의 마을 공동체 신앙』, 한남대 충청문화연구소, 1990, 178면.

것이다. 생명과 풍요를 상징하는 여성의 생리대를 대낮에 내걸어 가뭄과 역질을 물리치고자 했던 〈도깨비굿〉도 간과할 수 없다. 주로 전남지역에서 병이 돌면 도깨비가 몸에 들어왔기 때문이라 생각하고 행하던 굿이다. 마을의 부인들이 나와서 춤을 추는데, 피가 묻은 속곳을 걸친 장대를 들고 집집마다 방문하여 마당을 돌면서 풍물을 쳤다.

한 해가 시작되는 정월 대보름에 행하는 〈줄다리기〉도 현실문제의 해결과 미래적 기원의 성적 놀이이자 성신앙의 예이다. 〈줄다리기〉는 성행위의식으로 양편이 각기 긴 줄을 만들어 암줄의 큰 고리 속에

기지시 줄다리기, 충남 당진군 송악면 기지시리에서 500년 동안 이어온 성적 놀이

작은 수줄의 고리를 넣은 뒤 비녀목을 꽂아 빠지지 않게 한다. 특히 비녀목을 꽂기 위해 양편에서 실랑이를 벌이는데, 이때의 대화 내용은 줄을 남녀의 성기로 인식하고 있음을 잘 보여준다. "×부터 들어오이소. ×부터 벌려라. 암놈 물 다 쌌다. 빨리 들온나. / ×도 ×같지 않은 게 빨리 들온나. ×이 얼마나 힘이 없어 벌려놔도 못 들어오노. / 아무리 벌려도 냄비 나름이다. 거 아이래두 찡굴 데 천지다. / 봄×× 물올랐다. 빨리 들온나." 남녀노소 구별 없이 줄을 당기며 줄 끝이 모자라면 여자들은 치마에 돌을 담아 누구의 허리든지 끌어안고 버틴다. 남녀 대결에서 여성편이 이겨야 풍년이 든다 하는데, 여성과 땅을 같은 생산적 존재로 여기는 농경문화의 특징이 잘 투영된 결과다. 〈줄다리기〉가 끝난 뒤 옷을 입힌다며 줄을 걸어두었던 남근석, 즉 솟대도 당연히 신앙의 대상이었다. 동남아시아의 쌀 재배지역이 본거지라 할 수 있는 〈줄다리기〉는 최근에도 행해지는데, 충남 당진군 송악면에서는 500년 전통의 국내 최대의 〈기지시 줄다리기〉 축제를 벌이고 있고 경남

나무 시집보내기, 성행위의 상징으로서
과일나무 가지 사이에 돌을 끼워 넣는 의례

창녕군 영산면에서는 해마다 3월초에
〈영산줄다리기〉를 벌인다.[119]

나뭇가지 사이에 돌을 끼워 넣으면
가지가 옆으로 낮게 벌어져 햇볕을 잘
받아 열매가 많이 열린다는 사실을 안
옛사람들은 〈나무 시집보내기〉라는
모의 성교행위를 연출했다. 여성의
사타구니를 닮은 나뭇가지 사이에 남성의 성기를 닮은 길쭉한 돌을 끼워넣
었던 것이다. 남성의 성기로 상징되는 망주석을 무덤 앞에 세운 것도 예사
롭지 않다. 조상의 무덤을 통하여 자손의 복록을 얻고자 하는 성의식의 발
로라고 해야 할 것이다. 속리산 법주사에서는 해마다 설날에 신자들이 목제
남근을 깎아 산꼭대기의 신당에 봉납하는 〈송이(松耳)놀이〉를 하는데[120] '송
이'란 남근을 의미하는 불교적인 은어라고 한다. 이러한 성기신앙 놀이의 풍
습은 오래되었다. 성과 관련된 문화는 가정신앙 또는 기자의례 같은 개인적
인 영역에서도 잘 드러났다. 삼신당 내부에 있는 여근이 영험이 있다 하여
아들을 바라는 여인네들의 발길이 잦은 것도 이와 유관하다.

이상과 같이 영속적인 생명의 탄생과 풍요의 원리를 존중하면서 기원과
소망을 적극 표출했던 우리 선조들의 성신앙의 의지를 새삼 엿볼 수 있다.

성기를 닮은 바위에 소원을 빌다

성을 숭배 또는 금기시하는 성신앙의 형태는 숭배의 대상물에 따라 세

---

119) 우리나라나 중국의 〈줄다리기〉는 주로 정월대보름에 벌이지만 일본은 지역에 따라 다르
다. 우리나라에서도 전라남도 도서지방과 제주도, 강원도, 경기도, 경상도 일부에서는 한가
위에 줄다리기를 한다.
120) 노사신 외, 『동국여지승람』 보은현사묘조(報恩縣詞廟條).

가지라 할 수 있다. 첫째는 모형성기 신앙인데, 이는 흔히 제사의 신물로서 바치기 위해 남근을 목각하는 경우이다. 둘째는 자연의 지형을 포함하는 성기암 신앙인데, 여기에서는 주로 남성기암과 여성기암에 대한 것으로 나뉜다. 세 번째의 모의성행위 신앙은 자웅석, 말바위와 붙임바위, 동전, 춘화 등으로 설명될 수 있다.

모의성행위 신앙의 숭배형태는 개인적 차원에서 이루어지는 것과 〈줄다리기〉와 같이 집단적으로 이루어지는 것이 있다. 개인적으로 이루어지는 행위로서 남성의 경우는 '구멍맞추기' 행위만이 현재 남아 있는데, 나뭇가지를 꺾어서 바위 구멍에 끼워보는 것으로 아들과 딸을 구분하는 것이다. 여성에 의해 이루어지는 행위로는 제물을 차려놓고 절을 하는 행위, 껴안기와 쓰다듬기, 돌을 던져넣기, 타고 돌기, 동전이나 돌 붙이기, 코 베기 등의 모의성행위가 있다.[121]

세 가지 성신앙의 형태 가운데 무엇보다 성기암 신앙에 주목할 수 있는데, 그 만큼 명칭도 다양하다. 남성기암은 갓바위, 건들바위, 기자바위, 까진바위, 남근바위, 남근석, 돌부처, 말바위, 미륵바위(수미륵), 삐죽바위, 선돌, 선바위, 입석, 자지바위, 좆바위, 총각바위, 칠성바위 등으로 불린다. 여성기암은 공알바위, 미륵할머니, 밑바위, 보지바위, 씹섬바위, 아들바위, 암미륵, 여근석(여근암), 처녀바위 등으로 불린다.

전북 정읍시 칠보면 원백암마을에 가면 1.35m 남근석이 있다. 그 마을 뒷산에 여근암이 있었는데 이웃마을 여자들이 바람난다고 하여 이를 막기 위해 남근석을 따로 세웠다고 한다. 흰 바위[白岩]마을 입구 서쪽에 자리 잡은 이 남근석은 약 300여 년 전 이 마을에 태어난 자선사업가인 박잉걸(朴乃傑)에 의하여 부락의 번영과 도적을 방지하기 위하여 세워졌다. 음력 정월 초사흗날 남근석 앞에 마을 사람들이 모여 제액과 풍년을 위하여 당산제를

---

121) 이종철 외, 앞의 책, 168면.

올리며, 자손이 없는 여인이 남근석에 절하고 그 돌을 안아주면 아들을 갖는다는 전설이 있다.

우리는 성기에 대해, 잡귀와 악령을 쫓는 기능을 가진 것으로 믿고 있는 한편 무엇보다 생산능력과 함께 풍요로움을 가져다주는 것으로 믿고 있다. 신라 지증왕의 음경의 길이가 1척 5촌(약 45cm)이나 되어 배필을 구하지 못하다가 북처럼 큰 대변을 보는 여자를 왕비로 맞이했다[122]는 등 성기의 크기가 곧 사회적인 힘을 상징하는 것으로 인식되는 것도 이와 무관하지 않다. 『삼국유사』·『삼국사기』에서는 지증왕 때 소를 이용해 처음으로 밭을 갈았다고 기록하고 있는데 농사의 중요성과 생산력의 확대를 추구하는 가운데 지증왕의 장대한 성기 이야기가 만들어졌을 가능성도 높다.

우리의 고전인 〈심청전〉의 뺑덕어멈이 코 큰 총각만 골라 떡을 사주었듯이 코는 물론 성기의 상징이다. 중국의 고전인 〈하간전(河間傳)〉에도 하간의 음부(淫婦)들이 코의 크고 작음으로 정부(情夫)를 골랐음이

마당극 〈심청전〉에서 뺑덕어멈이 심봉사를 유혹하는 장면

전하고 있다. 야외의 돌부처치고 코가 온전히 남아 있는 것을 볼 수 없는데, 코를 떼어 가루 내어 먹으면 양기가 좋다는 속신 때문이었다. 성기가 크다는 것은 씨를 많이 퍼뜨릴 수 있다는 의미와 함께 왕성한 활동력이 있음을 시사한다.

울산시 울주구 강동면 어물리에 있는 공알바위에 주목할 만하다. 원래

---

122) 일연, 『삼국유사』 권1 기이, 지철로왕조.

공알바위란 여근바위 위로 던지는 돌을 말한다. 바닷가 어물리에 약사여래불을 중심으로 일광보살과 월광보살이 보좌하는 삼존불이 있는데, 그쪽에 바위 틈새로 나무와 풀이 자라 여성의 성기 모양을 하고 있다. 삼존불 앞으로

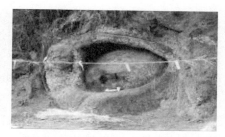

충북 제천시 송학면 무도리에 있는 공알바위

닳고 닳은 바위 하나가 있고 그 위에 매끈한 돌이 4개 올려져 있다. 아들 낳기를 원하는 여자들이 돌을 갈아서 커다란 바위가 움푹 패였다. 패인 곳을 따라 올려진 돌을 비비며 소원을 빌면 돌이 달라붙는다고 한다. 일명 공알바위다.

충북 제천시 송학면 무도리에 있는 공알바위가 유명한데, 마을 입구 길가에 직경 5자 크기의 둥근 바위가 있고, 옴폭 패인 속에 직경 3자 크기의 알처럼 생긴 바위가 볼록 솟아, 영락없는 여자의 음부 모양이다. 이 공알바위에 돌 세 개를 던져서 던진 돌이 들어가 앉으면 첫아들을 낳는다는 믿음이 전해진다. 이 공알바위를 작대기로 쑤시면 처녀가 바람난다는 속설도 있다.

서울시 인왕산 국사당 주변에 있는 수많은 여근암도 주목할 만하다. 한편 인왕산 건너편의 이화여자대학교 뒷산인 안산에는 남근을 상징하는 '까진바위'라는 높이 2m의 거대한 바위가 있고, 그 아래에 알바위로 불리는 여근암도 있다.

남근석도 마찬가지지만 여근석과 같은 유형의 바위가 갖고 있는 의미의 근간은 생산의 기능이자 생명력의 분출이다. 동부여의 금와왕(金蛙王)이 바위에서 출생한 신화의 예도 있으며, 다음과 같은 〈쌀 나오는 구멍〉에 관한 전설은 주목할 만하다.

■ 쌀 나오는 구멍 ■

충남 공주시 의당면 동혈사(銅穴寺)에는 한 조그마한 구멍이 있으니, 이 구멍이 쌀이 나왔다는 구멍이다. 옛날 이 구멍에서는 쌀이 나왔었다고 하는데 이상한 일은 그날 먹을 만치 분량만 나왔으니 이 절에 중이 한 사람 있으면 한 사람이 먹을 만치, 세 사람이 있으면 세 사람이 먹을 만치 꼭꼭 나왔었다고 한다.

충남 공주시 의당면에 있는 동혈사

하루는 이 절 주지가 장에 나가면서 상좌중을 불러서 "구멍에서 나오는 쌀만으로 밥을 지어놓게. 욕심을 내어 더 내어서는 안 되네." 하고 주의를 시키고 나갔었다. 그랬으나 상좌중은 주지의 말을 듣지 아니하고 "주지가 없을 때 쌀이 많이 나오면 이것은 내 몫이다." 이렇게 생각하고서 작대기로 구멍을 후벼내기 시작했다. 그랬더니 쌀이 조금 나오다가 그 뒤로는 붉은 핏물이 그 구멍에서 흘러나왔다고 한다.

— 최상수, 『한국민간전설집』, 통문관, 1958.

위와 같은 이야기는 사찰이나 암자와 결부되어 전승된다는 점에서 교훈적인 기능을 갖고 있는 불교설화라고 할 수 있다. 하지만 그러한 성격보다도 이 전설은 바위가 생명력이 있는 존재라는 점을 드러내고 있음이 더 중요한 특징이라 하겠다. 바위 구멍에서 쌀이 나왔다거나 작대기로 후벼낼 때 그 구멍에서 피가 나왔다고 하는 사실에서 그러하다. 바위가 생명력의 상징성을 지닌다는 것은 금와왕의 예처럼 바위에서 아기가 탄생했다는 것이요, 바위가 여성의 자궁, 즉 출산의 기능을 갖고 있다는 의미로 설명될 수 있다. 지금도 바위 틈에서 꿋꿋하게 자라는 소나무를 볼 수 있듯이 이것은 고대부터 바위가 생명력을 가진 자연물로 인식되어 왔음을 보여주는 예라 하겠다.

바위의 구멍은 여성의 성기를 상징하고 있다. 바위는 자궁의 의미와 같이 일정한 양의 쌀이 지속적으로 생산되고 있으며, 그 구멍에서 피가 나왔다는 것은 매우 구체적인 예시이다. 위에 언급된 〈쌀 나오는 구멍〉 전설은 그런 점에서 여근석에 대한 숭배의식이 변화된 모습임을 엿볼 수 있다. 하지만 인간적인 자손의 생산은 남근석에서 더욱 강조된다. 이것 역시 조선시대에 들어와 여근석에 대한 부정적 인식을 반영한 때문이다. 현재 여근석은 거의 없고 남근석이 전국적인 분포를 보이고 있는 이유도 그런 결과라 할 수 있다.

성신앙은 공동체적 성격이 강하다

우리는 식생활의 풍요를 위한 벼농사의 발달과 관련된 줄다리기, 나경, 기우제 등을 즐겨왔다. 이러한 집단적인 놀이나 의례 등에서 쉽게 발견되듯이 성숭배신앙은 공동체적 성격이 강하다.

매년 정월대보름 자정 강원도 삼척시 원덕읍 신남리에서는 남근(그곳에서는 '놀저지'라 부른다)을 깎아 여신에게 바치는 행사가 열린다. 남근은 길이 20~25cm 향나무로 만든 것으로서 성인 평균치보다 큰 편이다. 붉은 색깔이 도는데, 붉은색은 액을 막아준다고 믿는다. 발기된 실제 성기와 색상도 흡사하다. 이 남근을 마을의 해신당(海神堂, 해랑당)에 올린다. 그리고 처녀귀신의 원혼을 달래고 어부들의 안전과 풍어를 빈다. 세상에서 가장 무서운 원귀가 손각시 혹은 왕신이라고도 하는 처녀귀신이다. 때문에 마을의 안녕을 위해서는 처녀귀신인 여서낭에게 남성의 성기를 닮은 목각을 깎아 매년 바쳐야 했다. 해신당 당집을 관리하는 주민의 말에 따르면 외부사람들에게 신당의 내부를 보여주기를 꺼리는데, 자주 안에 있는 남근이 없어지기 때문이다.

여신에게 남근을 바치는 풍속은 강원도 강릉시 강동면 안인진리, 강원도

삼척에 있는 세계적인 남근공원

고성군 모암리 등에서도 볼 수 있다. 삼척에 가면 세계적으로도 희귀한 남근공원이 있는데, 3m가 넘는 거대한 목제남근들이 세워져 관광객들이 몰리고 있다. 이렇듯 지역을 수호하는 기능을 지닌 성숭배신앙은 마을신앙과 밀접하다.

그리고 다산과 풍요를 위한 음양합일의 기능을 담당하는 성숭배신앙은 조화를 근본으로 삼는 풍수신앙과도 불가분의 관계라 하겠다. 더구나 마을의 처녀 총각들이 바람이 나지 않도록 막아준다는 '수구맥이'로서의 성숭배신앙의례는 비보로서의 풍수신앙의 본질과 다르지 않다. 집단적인 차원에서 이루어지는 성숭앙의례는 크게 풍요와 풍어를 기원하는 것과 풍수지리상 수구맥이로서 행해지는 것으로 나누어볼 수도 있다. 우리나라의 풍수신앙을 깊이 연구한 일본의 무라야마 지

가천마을 암수바위, 발기한 성기 모양의 숫바위와 임산부가 누워 있는 듯한 암바위

준은 "풍수의 정국(定局)은 양래음수(陽來陰受), 음래양수를 원칙으로 한다. 이것은 남녀양성의 성행위로 보는 관념에서 출발한 것이다"[123]라고까지 하였다.

경남 남해군 남면 홍현리 가천마을 바닷가에 나가면 발기한 형태의 남근과 잉태한 형상의 여근이 있는데, 전국적으로 가장 잘 만든 남근과 여

---

123) 무라야마 지준, 최길성 옮김, 『조선의 풍수』, 민음사, 1990. 175면.

근의 하나라고 한다. 높이 5.8m의 남근바위는 우리나라 성기숭배신앙을 대표한다. 마주 보고 있는 여근바위는 높이 3.9m이다. 매년 음력 10월 23일 밤 12시경에는 암수바위가 있는 이곳에서 마을제사를 지낸다. 이 바위에 제를 올리고 치성을 드리면 천재지변을 피하고 풍어를 맞이한다고 전해 온다.

조선후기의 실학자 이규경에 의하면 서울 경기지역에 널리 퍼져 있던 당집으로 잘 알려진 부군당(府君堂)은 원래 남성의 성기를 깎아 여신에게 바치던 부근당(付根堂)이었다고 한다. 그리고 이규경은 말하길 "네 벽마다 많은 나무로 만든 음경을 걸어놓으니 음탕하기 이를 데 없다"[124]고 하였다.

서울 용산구 이태원의 부군당, 400년 가까이 마을 제례가 이어오고 있는 신당

당집 안에 '부근'이라는 남성 성기를 상징하는 목각물을 여기저기 많이 걸어두었음을 알려준다. 남성의 성기를 상징하는 부근에 대한 기록은 『조선왕조실록』, 『지봉유설』 등에서도 보이며, 지금도 부군당이라 불리는 당집을 전국에서 많이 볼 수 있다. 생산과 풍요를 염원하며 성기를 숭배하는 사상적 증거는 얼마든지 있다. 그 가운데 하나로 마을을 지키는 장승도 들 수 있다. 남근을 상징하는 장승을 껴안으면 아들을 점지 받을 수 있다고 믿었다.

이 밖에도 피 묻은 속곳을 농기구인 디딜방아에 매달아 마을문제를 해결하고자 했던 것도 음양의 결합이나 대립을 뜻하는 성적 상징의 제의이다. 영남지방에서는 가뭄이 계속되면 마을 부녀자들이 다른 마을의 디딜방아를 훔쳐다 놓고 곡을 하면서 방아의 다리를 하늘로 향해 거꾸로 세운다. 그

---

124) 이규경, 『오주연문장전산고』 화동음사변증설.

방아다리에 속곳이나 피 묻은 치마를 걸쳐둔다. 물론 방아의 모습은 두 다리를 벌리고 있는 벌거벗은 여성을 나타낸다. 남성이 여성을 향해 정액을 쏟아내듯 하늘이 비를 뿌려주기를 바라는 주술적인 행위라 할 것이다. 또는 여성의 음부를 드러내는 불경스러움에 대해 분노한 하늘(양)이 정화의 뜻으로 비를 내려준다고 믿었을 것이다.

■ 처녀귀신에게 바친 남근 ■

지금으로부터 400여 년 전, 이 마을에 서로 사랑하여 장차 결혼하기로 약속한 처녀와 총각이 살았다. 하루는 처녀가 마을 북쪽으로 1Km 정도 떨어진 작

은 바위섬으로 돌김을 뜨으러 갔다. 총각이 약속한 시각에 처녀를 데리러 가려고 하였으나 갑자기 세게 부는 북서풍 때문에 풍랑이 심하여 도저히 배를 띄울 수가 없었다. 처녀는 바다에 빠지지 않으려고 바위를 잡고 애를 썼으나 힘이 빠져 가엾게도 풍랑

삼척시 신남리 해신당

에 휩쓸려 죽고 말았다. 그래서 그 바위를 '애바위'라고 한다. 그런 일이 있은 뒤로 마을 사람들은 고기가 잡히지 않아 생계가 곤란하게 되었다. …

한 어부가 술에 만취하여 이곳에 와서, "내가 너를 이곳에 받들어 모시고 위령도 하고 정성들여 제사도 지냈는데, 고기가 잘 잡히기는 커녕 사고만 생기니, 너의 존재는 아무 소용이 없다."고 욕을 하면서 그 신성한 나무에다 오줌을 누고 내려왔다. 그 다음날 그 어부가 바다에 나가 그물질을 하였는데, 그 사람의 그물에는 코마다 고기가 가득 걸렸다. 그래서 그는 많은 고기를 잡았다. 그는 만선의 기쁨을 안고 돌아오면서 곰곰 생각하였다.

"내가 이렇게 고기를 많이 잡은 것은 간밤에 신성한 곳에, 처녀의 영혼을 모

신 곳에 방뇨를 했기 때문일 것이다. 이 영혼은 처녀의 영혼이다 보니, 진수성찬의 제물보다 남자의 성기를 원한 모양이다." 이렇게 생각한 어부는 그 다음날에 몇 가지 제물과 함께 소나무로 깎은 남근을 가지고 가서 정성껏 제사를 드렸다. 그는 그 다음날에도 남달리 많은 고기를 잡았다. 그 어부의 말을 들은 마을 사람들은 다투어 남근을 깎아 향나무 앞에 놓고 제사를 지냈는데, 제사를 지낸 사람은 모두 고기를 많이 잡았다….

해신당 내부의 처녀상

— 김태곤, 『한국민간신앙연구』, 집문당, 1983.

〈처녀귀신에게 바친 남근〉이라는 윗글은 강원도 삼척시 원덕읍 신남마을에 있는 해신당에 얽힌 신화이다. 제의의 유래를 이야기한다는 점에서 당신화의 한 유형으로 이해될 만하다. 무엇보다 돌김을 뜨러 갔다가 풍랑에 휩쓸려 억울하게 죽은 처녀가 한을 풀기 위해 남근을 깎아주길 원했다고 한 대목에 주목할 필요가 있다. 처녀는 왜 그런 것을 바랐을까. 그런 요구는 과연 죽은 사람의 바람이었을까 하는 점이 의문시된다. 사실 이 이야기는 산 사람들에 의해서 만들어진 것이다.

산 사람이 처녀의 원혼을 풀어주는 가장 좋은 방법으로 택한 것이 〈망자혼사(亡者婚事)굿〉[125]처럼 죽은 처녀 총각을 맺어주는 일이요, 바로 목제남근을 바치는 일이었다. 마을사람들이 그런 생각을 하게 된 것은 처녀가 음(陰)의 존재로 그대로 남아 있다는 점에 주목한 결과라 할 수 있다. 문제를 원만히 해결하기 위한 최선의 선택은 바로 양(陽)을 충족시킴으로서 음양의 조화를 꾀하는 것이었다. 이에 따라 처녀의 몸과 합일될 수 있는 남근을 바침으로서 처녀가 만족할 만한 제물을 받았을 것이라는 생각을 갖게 되었으며,

---

125) 혼인하지 못하고 죽은 사람은 온전한 제사의 대상이 되지 못할 뿐 아니라 어른으로 대접받지 못하므로 이들을 조상으로 전환시키는 굿이 〈망자혼사굿〉이다.

그러한 행위의 결과로 해상사고를 막고 고기도 많이 잡을 수 있었다.

이와 같은 해신당에 얽힌 당신화는 성적인 관심이 직설적으로 표현된다는 점에서 민중적인 사고를 읽는 데 도움을 준다. 당시 음양이 조화를 이루지 못할 때 그 결과는 매우 심각한 것으로 판단했다. 조선시대 한 고을에 총각이나 과부가 많을 경우 수령이 문책을 받았다는 사실도 음과 양이 조화를 이루지 못하면 가뭄이나 홍수가 일어날 것으로 예상한 성신앙적인 사고라 본다. 해신당에 남근을 바친 이유도 그와 같은 조화·생명·풍요 등의 측면에서 이해함이 바람직하다고 하겠다.

성신앙이 외래사상과 결부되다

앞에서 언급한 부군당을 두고 주강현은 평하길, 유교가 세력을 떨치면서 중도에 남근은 사라지고 부군신이 슬쩍 자리를 꿰어 찬 셈이라 하고, 근(根)을 군(君)으로 바꿀 정도로 성신앙의 흐름을 바꾸려고 했던 지배층의 완강한 의도가 엿보이는 대목이라[126]고 한 바 있다.

제주시 용담동 용화사 경내의
서자복 복신미륵

제주도 제주시 용담동은 신혼부부들의 사진촬영 장소로 유명한 용두암이 있는 곳이다. 그 용담동의 용화사 경내에 '서자복(西資福)'이라 불리는 높이 273cm의 미륵불이 서 있다. 현무암으로 만든 것인데 돌하르방과 비슷한 인상을 준다. 이 미륵불은 높이 70cm의 작은 동자를 거느리고 있는데, 이는 미륵의 아이라고 하며 남근을 상징하는 동자불이다. 이 동자불에 걸터 앉아 치성을 드리면

---

126) 주강현, 『우리 문화의 수수께끼1』, 한겨레출판, 2004, 38면.

아들을 낳는다고 한다. 서자
복은 불교와 민간신앙, 특히
성기숭배신앙이 결합된 미륵
신앙의 예이다.

전북 김제시 금산면 청도리
귀신사 남근석도 유명하다.
남근석은 귀신사 뒤뜰 3층 석
탑 서쪽에 있는데, 석수 등 위

전북 김제시 금산면 청도리 귀신사에 있는
사자상 위에 놓인 남근석

에 2단의 남근이 솟아 있다. 이는 불교와 성기숭배신앙이 결합된 사례로서
터를 누르기 위한 풍수지리상의 이유로 세웠다고 한다.

앞서 〈쌀 나오는 구멍〉 설화에서도 보았듯이 불교와 성기숭배신앙이 결부
된 사례는 얼마든지 발견되고 있다. 전남 순천시 주암면 창촌리의 미륵불은
마을 한복판 밭 가운데 있으며 미륵 좌측에 남근형태의 자연석을 모셔놓고
아들 낳기를 원하는 여인네들이 제를 올린다.

이와 같이 우리의 무속을 비롯한 풍수신앙 등과 긴밀히 소통하는 성신앙
은 특별히 불교와 결합하는 등 외래사상과의 융합적 특징을 잘 보이고 있
다. 한편 우리나라에서 남근숭배 등이 발달한 커다란 요인 중의 하나는 유
교사상에 따른 남아선호의식 때문이었다고 본다.

성신앙은 예술로 확장되었다

성은 신앙의 차원에서 수서낭과 암서낭을 합배하는 마을굿, 음양의 조화를
본질로 삼는 풍수 등 다양한 신앙과 소통 융화되는 성격을 띤다. 마을굿은 마
을신앙이자 무속신앙에 해당하며, 자연의 기운과 지형을 중시하는 것이 풍수
신앙의 핵심이라 할 때, 이와 관련되는 성신앙의 폭은 크지 않을 수 없다.

우리의 성문화 또는 성의식은 다양한 형태를 통해 건전하게 전개되었다

활달한 여성의 기상을 보여주는 원무, 강강술래

고 할 수 있다. 성은 직접적인 신앙의 대상일 뿐만 아니라 성을 주제로 삼고 있는 풍속에서도 쉽게 찾아볼 수 있다. 무엇보다 농경문화 속에서 생산과 풍요를 염원하는 세시의례와 관련된 민속놀이 나아가 연희 등을 통해 성의 상징적 의미가 두드러지게 나타났다.

여성들에 의해서 행해지는 집단적 놀이 또는 연희 중에는 성적인 특성을 보여주는 것이 적지 않다. 그 가운데 대표적인 집단연희로는 전라도 해남의 〈강강술래〉, 경상도 영덕의 〈월월이청청〉, 경상도 안동의 〈놋다리밟기〉 등을 들 수 있다. 이러한 놀이들에 내재된 의미는 여성의 생산능력과 결부된 풍요의 상징적 기능과 밀접히 대응되고 있다. 무엇보다 개방적인 공간에서 이루어지는 〈강강술래〉, 〈놋다리밟기〉 등의 세시의례적 연희에서 성의식은 강렬하게 작동했다.

〈강강술래〉의 경우 유형이 여러 가지가 있는데 특히 원무형태는 둥근 보름달, 그리고 만삭의 여성, 여성의 성기 등을 상징한다. 여성놀이의 기본형태가 원인데, 원이라는 것은 여성의 성기 입구를 의미한다고 본다. 결국 〈강강술래〉는 밤이 되어 여성의 생산을 촉진시킬 수 있는 달의 정기를 많이 받고자 하는 의도에서 벌어지는 축제이자 예술이라 할 수 있다. 임진왜란 때의 전략에서 나왔다는 설보다 일찍이 〈달맞이〉와 관련된 수확의례에서 기원했다는 설이 설득력을 얻는 것도 이와 무관하지 않을 것이다.

혹자는 〈강강술래〉의 놀이 유형에서 '남생아 놀아라'에는 집단무와 개인무가 뒤섞여 있으며 원의 상태를 그대로 유지하면서 방아 찧듯 엉덩이를

올렸다 내렸다 하는 성행
위와 유사한 동작을 취하
는 특징이 있다[127]고 했
다. 〈강강술래〉 계통의 동

작들은 성적인 결합과정
을 노골적으로 보여주고
있다. 그리고 그 과정에

성행위로 설명되는 놋다리밟기

서 불리는 기본적인 내용은 대개 남녀의 상사나 사랑을 구가하는 것이다.

〈놋다리밟기〉에 대해서는 "놋다리를 밟는 것은 공주가 아니라 남성이라
고 한 바와 같이 남성이 아랫도리를 노출한 여성을 밟고 지나간다거나 또
는 여성들의 옹굴(우물, 샘)을 통과한다는 것은 성행위나 다름없는 셈이
다"[128]라고 한다. 이를 근거로 〈놋다리밟기〉를 신에 대한 여성들의 집단적
인 육체 공양으로 설명하고 있는 경향이다.

열린 공간에서 연행된 탈춤과 같은 예술장르에서 경우에 따라서는 유

희적인 성격에 다
소 가려지는 듯도
하나 자유로운 성
의식이 짙게 드러
난다. 〈송파산대놀
이〉에서는 "옳지
누이는 과부요 아
버지는 홀애비가

은율탈춤, 단오에 황해도 은율 장터에서 한량과
농민들이 놀던 가면극

127) 정병호, 『한국의 민속춤』, 삼성출판사, 1992, 429면.
128) 임재해, 「놋다리 밟기의 유형과 풍농기원의 의미」, 『한국문화인류학』 17, 한국문화인류학
　　 회, 1985.

됐으니 둘이 같이 살지"와 같이 신할미가 죽은 다음 아버지와 자식이 나누는 대화에서 욕설과 함께 근친상간의 면모까지 보인다. 〈은율탈춤〉에서도 양반이 말뚝이에게 자기 부인과 간통해 볼 것을 권유하는 대목이 있다. 여기서 탈춤에서의 성행위의 표현은 성행위의 사실적·긍정적 측면보다는 비판의 대상을 노골적으로 희롱하기 위한 전략의 소산이라는 점을 이해할 수 있게 된다.

세계 여러 곳에서 보이고 있기는 하나 우리나라 울산 반구대의 암각화에는 교미하는 자세의 동물상과 두 팔을 올려 기도하는 자세로 성기를 노출하고 있는 인물상이 있다. 한편 춘화도 밀폐된 공간에서나마 은밀하게 성문화가 향유 성행했음을 보여주는 영역이라 하겠다.

이와 같이 우리의 성의식을 포함하는 성문화는 신앙에서 뚜렷하게 정체성을 보여주었을 뿐만 아니라 자연과 더불어 자유롭게 놀이를 통해서 확산되어 나갔다. 그리고 출산 및 혼인의례 등의 일생의례에 이르기까지 다양한 분야에서 성문화는 전개되었다. 특히 설화, 춤과 극, 민화 같은 예술에서 성문화는 꽃을 피웠다. 구비문학 쪽에서의 성 연구는 설화, 민요, 가면극 등의 이야기들을 중심으로 성의식과 성 상징 등을 집중적으로 다루어오고 있다.

건전한 성문화가 필요하다

경기도 안양시 만안구 석수동 삼막사는 유명하다. 관악산 기슭 삼막사에 가면 칠보전 마애삼존불 앞에 남근석과 여근석이 있다. 사찰에 들어온 민간신앙, 특히 성기숭배신앙의 대표적인 흔적이다. 남근석도 그렇지만, 여근석은 틀림없는 여성 성기 모양이다. 가운데에 구멍이 오목하게 패었는데, 구멍 안으로 동전이 놓인 것도 볼 수 있다. 여근석에 동전을 붙이면 득남한다는 믿음으로 지금도 신도들이 많이 찾는다. 금슬은 좋았으나 자

식이 없던 부인이 이곳 바
위를 찾아 소원을 빌어 아
들을 낳고 자손이 번창했다
는 전설을 간직한 이 삼막사
남·여근석은 그 뒤 자식 낳
기를 바라는 기원처로 유명
해졌고 1983년 경기도 민속
자료로 지정되었다.

서로 마주보고 있는 삼막사 남녀근석

이 남·여근석은 원효대사가 삼막사를 창건하기 이전부터 세워져 민간
신앙의 숭배 대상이 되었다고 하는데, 남근석은 150cm 정도이고, 여근석은
110cm 가량 된다. 특히 여근석에는 빗물이 고여 있는데 절대 마르는 법이
없어 그 영험함을 더해주고 있다. 이런 오랜 역사와 명성으로 사월 초파일
과 칠월 칠석날에는 기자·기복을 바라는 많은 사람들이 전국 각지에서 모
여들곤 한다. 남근석의 돌기 부분 여기저기에 비빈 자국이 뚜렷하다. 특히
여근석의 위쪽이나 옆에도 자국이 여실이 드러나며 이렇듯 둥글게 패인 곳
을 '알터'라고도 하는바, 선사시대 알터신앙의 흔적도 엿볼 수 있다. 원효대
사가 수도했다는 석굴과 그가 심었다는 느티나무도 남아 있다.

남근숭배사상이 지배적이었던
우리의 전통 성문화는 물론 성적
억압의 역사로 이해될 수도 있다.
밤새 오지 않는 지아비를 원망하며
문질렀던 별전(성행위를 새긴 동
전)은 '인고전(忍苦錢)'이라는 이름
으로 전해지기도 했다. 승은을 입
지 못한 궁녀들이 외로운 심신을

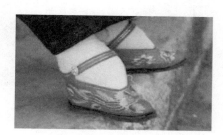
전족, 중국 남성들의 마음을 사로잡았던
중화인민공화국 이전의 성 억압적 잔재

의탁했던 자위기구와, 물에 빠져 죽은 처녀를 위로하기 위해 차려진 해신

당에 주렁주렁 매달린 나무 성기는 성적 억압의 역사를 증명한다.[129]

그러나 우리의 성문화를 그렇듯 단순하게만 볼 수 없다. 성이 갖는 복합적인 의미는 민간신앙, 세시풍속, 민속놀이 등 여러 분야를 통해 직·간접적으로 표현된다. 특히 태점·태몽에 나타난 물체를 상징화시켜 남녀 성기를 매체로 태아의 성별을 구분 짓기도 한다. 물론 이 같은 표현과 방법이 과학적일 수는 없다. 하지만 이런 현상들이 오늘에 이르기까지 전승되며 또한 높은 신뢰도를 지니고 있는 점들은 성신앙의 본질적 의미를 이해하게 하는 관건이 된다. 성이라는 대상을 금기로 멀리해서도 안 되지만 성을 격하시켜 추하게 만드는 것은 더욱 바람직하지 못하다. 성기나 성행위로 상징되는 쾌락과 생식의 원리와 생명을 존중하는 성신앙을 반추하면서 오늘의 성문화를 성찰하는 계기가 되었으면 한다. 그리고 소비의 성과 생산의 성을 조화시키는 안목을 갖게 되길 바란다.

최근 한국문화계의 화두 중 하나는 성이다. 성 개방 풍조에 따라 영화나 인터넷은 물론 TV드라마에서도 성과 관련한 원색적인 대사들과 불륜을 소재로 한 내용이 여과 없이 나오고 있다. 미술전시도 예외가 아니다. 작

아시아 에로스 박물관

품에서 성기노출은 더 이상 금기가 아니고, 성 관련 소품이나 작품들만으로 열리는 성문화전도 선보인다. 아예 '성'을 타이틀로 내건 박물관까지 개관되었다. 서울 삼청동에 문을 연 '아시아 에로스 박물관'이

---

129) 흔히 말하는 이웃 중국여성들이 다섯 살 무렵부터 발을 감쌌던 전족(纏足)은 성적 억압의 대표적 사례이다. 군살 없이 부드럽고 하얀 발을 만들기 위해 채웠던 전족은 질 근육을 강화시킨다는 이유로 선호되었는데 대부분 10cm 내외로 긴 것도 14cm를 넘지 않았다.

바로 국내 첫 성 박물관이다.

더구나 생물학적인 의미로서의 성(섹스)과 사회적 개념으로서의 성(젠더)이라는 이분법적인 성의 의미에는 성의 신성성이 다루어지지 않고 있다. 성의 복합적인 의미를 위해서라도 성에 대한 종교적인 접근법은 필요하다. 어떤 의미에서 성은 삶의 본질을 가장 잘 집약하고 있다. 본능적 쾌락 속에 새로운 생명의 탄생과 풍요를 염원하는 성신앙은 재창조를 바라며 우리에게 다가오고 있다. 성신앙이 지니고 있는 중층적 의미체계로서의 성의 현상을 깊이 살펴보는 일은 중요하다.

5) 도깨비신앙

우리는 흔히 양쪽으로 뿔이 나 있고 혹이 달리고 쇠방망이를 들고 다니는 도깨비를 보게 된다. 그러나 이는 우리 도깨비가 아니라 일본 도깨비라 한다. 우리의 도깨비는 한국인의 꿈과 희망, 욕망과 불안 등이 투영되어 있는 한국인의 판타지이자 아바타이다. 우리 민족이 만든 도깨비는 우리 민족의 현실의 부조화를 극복시켜 줄 수 있고 현실적인 궁핍을 해결해 줄 수 있다는 믿음의 대상이었다. 이렇게 현실과 밀접한 관계를 맺고 있는 한국의 도깨비신앙은 일본의 오니[鬼]나 중국의 이매망량(魑魅魍魎) 등의 잡귀와는 차원이 다른 실질적인 신적 존재였다.

도깨비는 사악함을 막고자 하는 우리 민족의 내면 속에 자생하여 성장해 온 독특한 존재이다. 이 도깨비의 기원을 확실히는 알 수 없으나 도깨비는 삼국시대를 전후하여 탄생한 것으로 보인다. 삼국의 문화유산 특히 기와와 벽돌에서 도깨비 문양이 많이 발견된다. 고려시대의 유물에도 도깨비형상을 한 얼굴이 많다. 조선시대에도 도깨비가 나타나는데, 창덕궁 금천교나 창경궁 옥천교 다리 홍예 사이에 도깨비 조각이 있다. 강화도 전등사 대웅

창덕궁 금천교 교각에 새겨진 도깨비상

전을 비롯하여 사찰의 여러 전각에도 도깨비가 있다.

도깨비 이야기는 우리나라 전역에 걸쳐 들을 수 있는데, 민간풍속에서 도깨비 양상은 더욱 두드러진다. 서해 위도의 띠뱃놀이에도 풍어를 기원하는 짚도깨비가 등장하고, 제주도에도 풍어와 관련된 물도깨비신앙이 있다. 안동 하회탈놀이에도 턱이 없는 이매탈 즉 탈도깨비신앙이 있고, 정월민속의 제웅도 도깨비신앙과 무관하지 않다.

신앙형태는 기원하는 사람들의 생활방식과 밀접한 관련이 있다. 도깨비신앙도 대개 개인적인 생활영역 속에서 전승되어 오거나 주로 해안지방에서 어업활동을 하는 사람들에게 공동으로 전승되어 왔다. 제주도에서는 도깨비가 신격화되어 집안에서 모시는 일월조상, 어선의 신, 대장간의 신, 그리고 마을의 당신(堂神)으로 모셔져 수호신의 기능을 하기도 했다.

사물이 변환된 도깨비는 밤에 나타난다

어린이들이 좋아하는 옛날이야기는 물론 일반인들의 한국문화 인식 속에서 끊임없이 큰 관심거리의 하나로 대두되는 것이 도깨비에 관한 것이다. 사악한 잡귀가 아닌, 악귀를 쫓는 신으로서의 도깨비는 천 년 세월을 넘어 이야기를 비롯하여 그림, 조각 등으로 우리에게 인기를 누리고 있다. 혹자는 도깨비가 벽사의 기능을 갖지 못하고 있을 뿐만 아니라 도깨비 자체가 잡귀적 속성을 보여주고 있다[130]고도 한다.

---

130) 김종대, 『도깨비를 둘러싼 민간신앙과 설화』, 인디북, 2004, 96면. / 이희근, 『우리 민속 신앙 이야기』, 여명미디어, 2002, 216~217면.

문헌에 기록된 최초의 도깨비 이야기는 신라 진평왕 때 비형(鼻荊)이라는 도깨비 두목이 하룻밤 사이에 신원사(神元寺) 북쪽 도랑에 큰 다리를 놓아 다리 이름을 '귀교(鬼橋)'라고 붙였다는 내용이다.[131] 따라서 하룻밤 사이에 큰 다리를 놓았다는 초인적인 도깨비는 삼국시대부터 존재했었다고 볼 수 있다.

도깨비 역사에 대해서는 문헌상으로 15세기부터 나타나는 '돗가비'(『석보상절』, 『월인석보』)라는 용어에 주목하면서 도깨

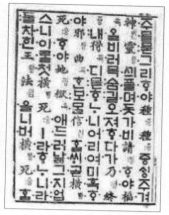

15세기의 문헌 『석보상절』에 나오는 돗가비 용어

비문화가 조선전기에 융성했으며, 그 이전에 도깨비가 그림으로 나타나고 있음을 지적하기도 한다. 특히 주강현은 도깨비 도상(圖像)의 원형을 중국 사례에서 찾는 것을 못마땅하게 여기며 우리 도깨비는 동이족 고유의 벽사 상징으로서의 원형질을 그 문화적 근거로 하고 있다고 했다. 또한 그는 우리 도깨비는 일본이나 중국의 귀신과 달리 결코 잔인하거나 폭력적이지 않다는 점도 지적했다.[132]

도깨비는 원시신앙의 귀신사상에서 생겨난 잡신이라 할 수 있으나, 사람이나 동물이 죽어서 된 것은 아니다. 도깨비는 나무나 돌이나 풀 같은 자연물을 비롯해서 빗자루, 부지깽이, 짚신, 절구공이, 체, 키, 솥처럼 인간의 손때가 묻은 물건이 변해서 되었다. 『어우야담』[133]에서도 물괴(物怪)라는 것은 사람이 죽어 귀신이 된 것이 아니고, 다만 사물이 오래되면 신령함이 있어서 그 형체를 변환해 장난치는 것일 뿐이라고 했다. 나그네가 밤길을 가는

---

131) 일연, 『삼국유사』 권1 기이1 도화녀와 비형랑조.

132) 주강현, 앞의 책, 26면, 37면.

133) 유몽인, 『어우야담』 종교편.

전북 장수 도깨비전시관에 있는
빗자루도깨비

데 도깨비가 나타나 심술을 부리기에 칡덩굴로 묶어놓고 다음날 가보았더니 헌 빗자루 하나가 묶여 있었다는 이야기, 나그네가 밤길을 가다 아름다운 여인을 만나 하룻밤을 보내고 아침에 깨어보니 부지깽이 하나를 안고 누워 있었다는 이야기는 유명한 예화이다. "쓰던 빗자루를 내버리면 도깨비가 된다"[134]

는 말이 있다. 무엇보다 민담에는 사람들이 쓰다 버린 물건이 변하여 도깨비가 된 이야기들이 많다. 그래서 시골에서는 그러한 물건은 불에 태우는 일이 많다. 여성의 혈액이 묻은 것일수록 도깨비로 잘 변한다고 한다.

요컨대 사람들이 쓰다가 버린, 오래되고 낡고 때에 찌든 물건들이 밤이 되면 사람이나 동물 또는 알 수 없는 형태의 생명체의 모습으로 둔갑하여 나타나는 것이라 할 수 있다. 조선후기의 실학자 성호 이익은 귀신론과 더불어 "자연의 영기가 모여서 도깨비를 만들었다"는 말을 했다.

도깨비가 원래 사는 장소는 늘 사람이 생활하는 곳 가까이에 있다. 다만 도깨비는 사람들과 함께 살면서 들판·산길·계곡 등에 나타나기도 하나, 주로 마을 근처의 빈집이나 숲 속, 음침한 굴 속에 기거한다. 활동할 때도 밝은 곳을 피하고 밤이나 비 내리는 낮 등을 택하는 경향이 강하다. 홍만선이 쓴 『산림경제』에는 도깨비가 '음습한 곳에서 살며, 밤에 나타난다'고 했으며, 혹자는 도깨비는 밤에 활동하다가 새벽닭이 울면 사라진다는 비형의 이야기가 있으니 이미 신라 때부터 그렇게 믿어왔던 것 같다[136]고 지적한 바

---

134) 최래옥, 앞의 사전, 203면.

있다. 도깨비는 아무 때나 출몰하지 않는다. 도깨비라면 밤에 돌아다니는 것이 정상이다. 따라서 낮에 나타나는 도깨비를 표현한 '낮도깨비'는 비유적으로 쓰이는 속담임을 잘 알 수 있다. 이능화는 서울에 전등을 밝히고 나서부터 이른바 도깨비라는 것이 일시에 자취를 감추었는데 어둡고 음지를 좋

홍만선의 산림경제. 도깨비가 밤에
나타난다고 적고 있음

아하는 귀신이 광명을 두려워하기 때문이라[137] 했다. 도깨비가 등장하는 장소와 시간을 비롯하여 도깨비의 다양한 종류 등에 관해서는 『어우야담』이나 『용재총화』와 같은 설화집에 잘 나타난다.

도깨비의 형체는 눈에 보이는 가시적인 것과 눈에 보이지 않는 비가시적인 것으로 구분할 수 있다. 대체로 가시적인 도깨비는 인간의 모습으로 나타나는 경우와 불덩어리로 나타나는 경우가 많다. 사람 모습으로 나타나는 도깨비는 대체로 남성으로서 젊은 계층이며 키가 크고 머리에 쇠뿔이 달리거나 송곳니가 뻗어 있으며 가슴에 털이 많은 편이다. 그리고 인간의 모습으로 나타나는 경우라 할지라도 그 정체가 빗자루나 절구공이, 도리깨 등으로 나타나는 경우가 많아 요괴의 성질이 강하다. 도깨비불은 귀화(鬼火)·혼불 등으로도 불리어지며 이런 불은 민간신앙 중에서도 속신적 성격이 강하다. 물론 도깨비는 형체가 없이 소리나 빛으로만 나타난다고도 한다. 비가시적 도깨비는 거의가 괴이한 소리로 들리는 경우가 많으며 가해성이 짙다.

---

135) 이희근, 앞의 책, 221면.
136) 이능화 저, 서영대 역주, 앞의 책, 327면.

도깨비의 이름과 성격이 다양하다

포박자, 동진의 갈홍이 지은 불로장수의
비법을 적고 있는 도교서

도깨비의 명칭은 조선초기의 여러 문헌에 등장하는데, 『석보상절』에 의하면, 수명과 복을 가져다주는 도깨비를 '돗가비'로 표현하고 있다. 이 자료를 통해 명칭과 함께 당시 수많은 민중들이 도깨비를 믿었던 사실을 유추할 수 있다. 그 후 도깨비의 이름은 시대와 지역, 문헌에 따라 돗가비, 독갑이, 도각귀, 귓것, 영감, 김대감, 김서방 등으로 다양하게 불렸다. 특히 인간이 도깨비와 씨름하여 번번히 넘어 뜨렸다는 이야기가 말해 주듯이 도깨비는 다리가 하나라는 뜻으로 '독각귀(獨脚鬼)'라고도 불린다. 도깨비 다리가 하나라는 것을 뒷받침하는 민담은 많다. 갈홍의 『포박자(抱朴子)』에도 도깨비는 발이 하나밖에 없다고 기록된 것을 볼 때 도깨비의 발이 하나라는 이야기는 고대부터 동양에 널리 퍼진 것임을 알 수 있다.

이능화는 우리말에서 망량을 도깨비라 하는데 무당은 도깨비를 대감이라 한다[137]고 했다. 이 도깨비를 각별히 김대감이라고도 했는데, 김(金)씨를 도깨비라 하는 데서 그렇게 불렀을 것이다. 도깨비가 아는 성씨가 김씨밖에 없었기 때문에 도깨비는 누구든 '김대감', '김서방'이라고 불렀는데, 이를 사람들이 역설적으로 도깨비의 호칭으로 사용하게 되었다. 옛날부터 어른들은 부슬부슬 비가 내리고 날이 어두컴컴해지면 "김서방 올 것 같다"고 했다.

---

137) 이능화 저, 서영주 역주, 앞의 책, 327면.

도깨비는 주로 인간이 사용하던 물건이 변해서 탄생했기 때문에 그 이름도 고리짝도깨비, 낫도깨비, 부지깽이도깨비, 사발도깨비, 짚신도깨비 등일상생활과 밀접한 것들이다. 도깨비 앞에 수식의 명사를 결합시켜 사용하는 경우도 많은데, 참도깨비와 인도깨비는 사람에게 은혜를 베푸는 도깨비의 명칭이다. 달걀도깨비, 털보도깨비, 여자도깨비, 벙어리도깨비, 아이도깨비, 푸른도깨비 등의 경우는 신체의 특징적인 모습을 반영한 것이다. 도깨비는 변화무쌍하고 신출귀몰해서 형체가 일정하지 않다. 도깨비는 거인·어린이·노인·총각·처녀 등 다양한 모습으로 나타나며, 불을 켜고다니는 등불도깨비, 홑이불을 쓰고 다니는 홑이불도깨비도 있다. 차일(遮日)처럼 하늘에서 사람의 머리 위를 덮어씌운다는 차일도깨비도 있다. 이밖에 도깨비의 명칭은 도채비, 돗채비, 토째비, 토찌비, 또깨비, 토개비 등으로 다양하다.

　도깨비의 성격은 양면성을 지닌다. 잘 받들면 복을 내리는 재물신의 성격이 있지만 대접을 잘 못하면 해를 끼치는 잡신의 성격도 가지고 있다. 도깨비는 인간과 같은 희노애락을 느끼며, 화가 나면 무엇이든 집어던지거나고함도 잘 지른다. 뭇사람이 야단스럽게 떠들고 다투는 것을 일컫는 속담에 "열 도깨비 날치듯"이라는 말도 있다. 도깨비는 인간의 흉내를 잘 내며심지어 도깨비집단에는 인간사회와 같은 위계질서가 있다. 도깨비는 붉은색을 싫어하며, 장난을 좋아하고 씨름도 좋아한다. 사람이 상식적으로 이해되지 않는 얼토당토않은 일을 당했을 때 '도깨비 장난' 또는 '도깨비 조화'라는 말을 하는 것은 도깨비가 장난기가 많아 인간이 상상할 수 없는 일을 저지르기 때문이다.

　김종대는 다음과 같이 말했다. 도깨비는 원래 복을 기원하는 대상신이었던 것으로 보이나, 시대가 흐르면서 귀(鬼)의 존재라 할 수 있는 역신으로 자리 잡게 되었다. 이는 우리나라에서는 귀신문화가 일본이나 중국만큼 발달하지 않았기 때문이다. 귀신에게 기를 빼앗기면 홀렸다고 하며 '도깨비에게도 홀렸다'고 말하는 사람들이 많은데, 그것은 귀와 도깨비의 존재를 혼동해서 사용했던 결과이다. 하지만 도깨비는 도깨비일 뿐이며, 도깨비는 말 그대로 부를 가져다주는 남성적 존재이다.[138] 먼 옛날 도깨비는 신으로서 공경을 받았을 것이다. 그러다가 새롭게 형성된 불교나 도교 계통의 신들이 중심에 자리 잡게 되면서 하위의 신으로 쫓겨났다[139]고 보는 경우도 있다.

한마디로 도깨비는 귀신의 일종이긴 하나, 천신·산신 등의 자연신의 하위개념으로서 자연귀라 할 수 있다. 자연이나 사물이 변해서 형성되고, 산과 바다, 숲속과 굴속, 공동묘지 등에서 활동하기 때문이다. 다만 다른 잡귀는 인간과 적대적이지만 우리 도깨비는 인간적이다. 사악하지 않고 어리숙한 매력이 있다.

도깨비는 어디서나 인간과 어울린다

김안로가 지은 『용천담적기』에 실린 짤막한 귀신담을 보면 귀신과 인간이 얼마나 가까운 관계인가를 짐작할 수 있다. "귀신이 한 계집종을 건드려 그만 임신을 시켰는데 계집종의 말에 따르면 마치 사람과 접촉하는 느낌이었다고 한다" 도깨비불이 여자의 몸에 붙어 임신을 시켰다는 '귀태(鬼胎)'의 내용이다.

도깨비를 '독갑대감'이라 하여 가정신으로 섬기는 집이 있다. 그 자리는 뒤꼍으로 이 독갑대감은 터주가리처럼 짚가리로 덮여 있으며 그 안에는 단지가 있고 그 속에 벼를 넣어둔다. 예전에 화재가 나는 집에서 이 독갑대감을 섬기게 되었다고 하는데, 도깨비는 불을 관장하기 때문일 것이다. 다시 말해 도깨비가 초가지붕에 불을 붙이듯이 화재의 원인이 도깨비에게 있다

---

138) 김종대, 「도깨비를 신으로 모시는 신앙들」, Cafe. daum. net, gsyh1217, 2012.8.20./김종대, 앞의 책, 113면 참조.

139) 이희근, 앞의 책, 222면.

생각하고 이를 방지하려고 애쓰는 데서 도깨비신앙이 전승되어 왔다.

초가는 아궁이에서 불을 피우면 불씨가 굴뚝을 통해 나가는 구조적인 특성 때문에 화재가 잦을 수밖에 없었다. 불씨가 날아

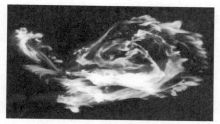

도깨비불, 과학에서 말하는 인화설에도 불구하고 아직도 민간에서 많이 믿고 있는 혼불

가는 모습을 도깨비불(혼불)의 장난으로 여겼을 것이다. 성현의 『용재총화』에 도깨비불에 관한 이야기가 잘 전한다. 전라북도 산간지방에서는 도깨비불 때문에 마을에 화재가 많이 났다고 해서 〈도깨비제〉를 지내는 마을이 있었다. 과학에서 말하는 인화설(燐火說)에도 불구하고 아직도 민간에서는 많은 사람이 도깨비불을 믿고 있으며, 우리는 살아가면서 '뭔가에 씌었다' 거나, '도깨비불에 홀렸다'라는 말을 하곤 한다.

한편 마을에 전염병이 돌거나 극심한 가뭄으로 어려움이 닥치면 여성들이 나서서 〈도깨비굿〉을 하여 문제를 해결하고자 했다. 무엇보다 도깨비에 대해 돌림병을 가져다 주는 역신으로 인식했다. 물론 〈처용설화〉에 나오는 역신도 이와 관련이 있다고 본다. 전남 진도에 가면 〈도깨비굿〉이라는 풍습이 있는데, 여성들 특유의 주술을 통하여 마을의 액운을 물리치고자 하는 것이다. 남성들은 방 안에 틀어박혀서 일체 바깥출입을 못하는 동안에 마을 여성들이 긴 장대에 월경서답(생리대의 옛말)을 내걸어 휘젓고 다닌다. 대낮에 여성의 피 묻은 속곳이 내걸리는 데는 귀신도 어쩔 수 없이 물러선다는 벽사의례인 셈이다. 〈도깨비굿〉에서는 솥뚜껑 같은 집안에서 쓰는 다양한 금속 도구를 두드려서 도깨비를 내쫓기도 한다. 전북 순창에서도 〈도깨비굿〉을 한다.

천연두라 할 수 있는 전염병이 한반도에 오랫동안 큰 피해를 주었으며, 특히 조선시대에 들어서 그 피해가 극심했음은 역사적 기록으로 잘 알려져

있다. 전염병에 대한 사람들의 공포는 극에 달했을 것이고, 이러한 역질을 쫓아내기 위한 당시의 고심이 얼마나 컸는가는 짐작하고도 남는다. 마침내 도깨비가 병의 원인으로 제시되고, 도깨비를 쫓는 의식은 이런 공포심을 극복하기 위한 지혜와 방법으로 활용되었을 가능성이 높다. 도깨비를 쫓아내고자 하는 〈도깨비굿〉은 도깨비의 존재가 이중구조를 갖고 우리 민족에게 전승되어 왔음을 보여주는 근거가 될 것이다.

도깨비신앙은 위에서 살핀 바와 같은 육지에서 전승되는 신앙과 함께 해안에서 전승되는 신앙으로 크게 나눌 수 있다. 서해안과 남해안을 중심으로 어촌에서는 개인적 또는 집단적으로 〈도깨비고사〉를 올려서 풍어를 기원하였다. 〈뱃고사〉에서 도깨비에게 제물을 주는 절차는 지금도 남아 있다. 특히 〈뱃고사〉가 마을 공동체신앙과 결부될 경우에는 보통 마을제사가 끝난 후에 치러지는 편이다. 명절이나 첫 출어 때는 일반적으로 자기 배에서만 고사를 드린다. 풍어제가 끝난 해안가 마을에서는 짚배에 도깨비신을 태워 바다에 띄워 보내며 물고기를 몰아다주기를 기원했다. 한편 해안에서는 도깨비불이 나타나는 곳에서 고기가 많이 잡힌다는 믿음[140]도 갖고 있다. 경상도에서 사용하는 명칭으로 '산망(山望)'이 대표적이다. 산망은 말 그대로 산에서 바라본다는 것인데, 주로 해안지방에서 섣달 그믐이나 정월대보름에 바다 쪽을 향해 바라보다가 도깨비불이 나타나는 그 지역에서 고기가 많이 잡힐 것이라고 예측하는 것이다.

고기잡이하는 어민들은 주로 도깨비를 믿는다. 연안의 일정한 장소(갯벌)에 그물 따위를 쳐놓고 고기를 잡는 일에 종사하는 어민들은 용신도 믿지만 고기떼를 그물 속에 몰아넣어 주는 것이 도깨비의 장난이라 생각한다. 넓은 바다에 비켜갈 길도 많고 허다하게 그물도 쳐놓았기에 자기 그물

---

140) 도깨비불이 많이 날아다니는 해는 고기가 많이 잡힌다(최래옥, 앞의 사전, 98면)고 했고, 섣달 그믐날 밤 도깨비불이 켜진 자리에 그물을 치면 만선한다(최래옥, 앞의 사전, 181면)고 했다.

에 고기떼가 몰려드는 것은 도깨비를 사귀지 않고는 이룰 수 없는 일이라 여기는 것이다. 그래서 어망 가까운 육상의 바위 위에 작은 초옥이나 납작한 돌을 쌓아 만든 도깨비집에 메밀범벅을 만들어 수시로 넣어두기도 하고 어망 가까이에 뿌리기도 한다. 도깨비는 음식 중에서 메밀과 술을 좋아하며 고기로는 개고기와 돼지머리를 좋아하는 것으로 알려져 있다. 동해안지역에서는 〈도깨비고사〉나 〈참봉고사〉가 거의 이루어지지 않고 〈별신굿〉이라는 풍어제를 행하는데, 이 점을 통해서도 도깨비가 갯벌을 행동 공간으로 삼았음을 확인할 수 있다.

제주도에서 전승되고 있는 〈영감놀이〉에서는 도깨비가 치병적인 의례행위이자 풍어기원의례의 중심 대상이다. 〈영감놀이〉의 영감은 도체비인데, 도체비는 도깨비의 제주 방언이다. 해안을 따라서 전승된

제주도 영감놀이, 영감이란 도깨비의
제주도 말인 도체비를 높여서 부르는 말

풍어적 신격으로의 도깨비와 육지 쪽에서 형성된 질병을 퇴치하는 신으로서의 도깨비와 달리, 제주도에서는 풍어적 신과 치병적 신으로의 도깨비가 혼재되어 있다고 볼 수 있다. 그러나 오늘날 〈영감놀이〉는 여성들이 병에 걸렸을 때 이를 치유하기 위해 행하는 것으로 알려졌다. 요컨대 제주도의 〈영감놀이〉는 제주도의 무당굿 중 도깨비신에 대한 일반적 형태의 굿인 동시에 연극적 놀이굿이기도 하다.

도깨비는 민중의 꿈이다

위에서 본 바와 같이 도깨비는 화재와 가뭄, 질병을 막아주는 등 인간을 위해 많은 역할을 한다. 특히 도깨비의 가장 큰 기능이나 존재 의의는 인간

에게 부를 가져다 준다는 점이다.[141] 도깨비가 나타나는 곳에 집터를 잡으면 부자가 되고, 도깨비불이 나타나는 곳이나 도깨비불이 꺼진 자리에서 고기가 많이 잡힌다는 믿음이 있는 것도 그 때문이다. 물론 인간에게 주어지는 재물의 복은 허황된 욕심에 의해서가 아니라 진실한 삶을 통해서 가능하다. 빗자루가 도깨비가 된다고 하는데 "쓰던 빗자루를 남에게 주면 복이 달아난다"[142]고 하던 것을 보더라도 도깨비는 복을 주는 존재이다.

도깨비는 가난하고 어려운 사람을 도울 뿐만 아니라, 욕심쟁이와 악인을 골려준다. '혹 떼러 갔다가 혹 붙이고 돌아온 영감 이야기'에서처럼 도깨비가 흥겨운 가무를 즐기며, 또한 도깨비가 초능력을 지닌 것으로 묘사되는 점은 무엇보다 도깨비가 한이 많은 여성이 이상으로 삼는 멋진 남성상이기 때문이다. 도깨비는 예쁜 여성을 좋아하는 호색적인 신이라 한다. 여성 중에서도 특히 젊은 과부를 좋아하고 성욕이 왕성하다는 도깨비 이야기는 많다.

한편 도깨비의 형태와 행동이 해학적으로 묘사되는 것은 양반계층의 권위주의와 허위의식에 대한 서민계층의 비판과 풍자가 담겼기 때문으로 보기도 한다. 처음에는 궁궐이나 사찰, 권력자의 무덤을 보호하는 기능을 하던 도깨비였으나 나중에 민중 속으로 내려왔다고 볼 수 있다. 쓰면 보이지 않는 도깨비감투를 인간에게 주기도 할 만큼 인간과 가까이 어울린다.

어쨌든 잡귀나 허깨비와 달리 도깨비는 인간과 일상생활 속에서 우호적인 관계를 통해 친밀감을 유지하고 있다. 도깨비가 환상에 지나지 않으면서도 오랜 세월 민중들에게 믿음의 대상이 된 것을 보면 도깨비가 악귀를 쫓는 벽사의 상징이자 민중의 삶에 희망을 주는 존재였음을 짐작할 수 있다.

착한 방이가 보물방망이를 얻어 잘 되었던 것처럼 도깨비방망이는 두드리기만 하면 원하는 것은 무엇이든 나온다고 하는 대단한 효력을 지닌 요술 방

---

141) 도깨비와 친하면 부자가 된다(최래옥, 앞의 사전, 같은 면)고 했다.
142) 최래옥, 앞의 사전, 203면.

망이이다. 결국 도깨비는 백성들이 이루지 못한 욕구를 채워주는 역할을 했던 신적 존재였다. 도깨비는 힘든 생활을 하는 가운데 소박한 꿈을 꾸던 한국인들의 풍부한 상상 속에서 나온 이데아의 세계로서 한국문화의 원형이었다고 하겠다. 지금도 도깨비방망이는 열쇠 마스코트로 창조되는 등 여전히 우리 생활 속에 살아 있다.

〈도깨비방망이〉, 악인은 벌을 받는다는 메시지의 뮤지컬(극단레오, 2009)

이상과 같이 도깨비가 인간의 기운이 전해진 사물이 변해 생성되었다든가, 사람과 가까운 곳에 살면서 깊은 관계를 맺는다든가, 멍청하여 사람에게 당하기도 하고 인간에게 복을 주고 꿈을 갖게 하는 존재라는 점 등을 감안할 때 얼마나 도깨비신이 인본주의적인지를 가늠할 수 있다. 예부터 전해 내려오는 도깨비신앙이나 이야기 속에는 진실한 삶만이 가치가 있으며 무절제한 욕망은 그릇된 것이라는 가르침이 담겨 있다. 도깨비는 인본주의적 한국문화의 대표적 상징이다.

도깨비를 신격으로 모시는 제의적인 속성이 호남을 중심으로 한반도에서 다양하게 전승되어 왔으나, 이제 도깨비의 신앙형태가 전승 단절의 위기에 있다 하니 안타깝다. 더구나 도깨비와 관련하여 설화를 대상으로 많은 논의가 이루어진 데 비해 신앙의 대상으로는 크게 다루어지지 않은 점이 아쉬움으로 남는다.

6) 금기신앙

지금까지 소재를 기준으로 살펴본 바와 같은 무속신앙 · 풍수신앙 · 점복신앙·성숭배신앙·도깨비신앙 말고도 민간신앙에는 주술, 금기 등 많은 신앙적 유형이 있을 수 있다. 원하지 않은 사태가 발생하는 것을 예방 또는 대항하기 위한 적극적인 행위가 주술인 데 반하여, 금기는 두려워하고 기피하는 소극적인 대응책이다. 말하자면 금기(禁忌)란 더러운 것에 접하지 않고 죄를 짓지 않으며 심신을 깨끗하고 신성한 상태로 보존하기 위해 기휘하고 근신하는 것이라 할 수 있다. 이 금기는 심성·언어·행동·음식 등 모든 것에 관련되어 있다.

사실 일반적인 신앙의 개념에는 기본적으로 금기의 속성이 들어간다고 할 수 있다. 민간신앙이 오늘날 그 맥이 이어져 오는 데 가장 중요한 요소로 작용한 것 중 하나도 금기일 것이다. 정성을 다해 신에게 감사의 기도를 올리는 일에 금기가 필요함은 당연하며, 신을 영접하고 신에게 간절히 보상을 받으려고 하는 일에 신이 싫어하는 음식을 올린다거나 부정한 행위를 한다는 것은 있을 수가 없을 것이다. 여기서 금기를 직접 표현하고 있는 사례들을 몇 가지 들어 보기로 한다.

〈단군신화〉에 나오는 마늘과 쑥을 먹고 햇빛을 백 일 동안 보지 말라는 것부터 금기는 시작되고, 과학문명이 고도로 발달한 오늘날까지도 신앙적 금기행위는 우리의 생활과 의식 속에 넘쳐나고 있다. "먹는 개는 때리지 않는다", "손톱 발톱을 깎아서 불에 넣으면 해롭다", "침을 자주 뱉으면 목이 달아난다", "생쌀을 먹으면 어머니가 죽는다", "남의 호박 몰래 따오면 죽을 때 부어서 죽는다", "마늘을 남에게 줄 때 한 개만 주면 나쁘다", "드러누워서 밥을 먹으면 소가 된다" 등은 개인생활의 나태함이나 탐욕스러움을 경계하고 인격적으로나 사회적으로 건전한 생활을 유도하려는 데 근거를 둔 금기신앙적 표현이라 하겠다.

금줄 없이 태어난 요즘 세대는 안타깝고 불안하다. 태어날 때 철저히 보호 받지 못했고, 생명의 소중함을 특별히 체득하는 기회를 누리지 못했기 때문이다. 오키나와를 비롯한 남방 벼농사문화권의 여러 국가에도 금줄이 있으나 금줄은 외래문화가 들어오기 오래전부터 있었던 우리 문화이다. 우리는 얼마 전까지만 해도 금줄을 통해 태어나면서 세이레(21일) 동안 아무도 범접할 수 없다는 모든 이의 암묵 속에 탄생의 축복을 세례받았다.

출산한 집의 대문은 물론이거니와 장독대, 우물 등 신성한 곳에 금줄을 걸거나 황토를 뿌려놓는 것은 신앙적 금기행위임은 물론이다. 마을의 안전과 번영을 위해서도 동네 입구나 당집 등에 금줄을 걸어두었다, 심지어 "금줄 친 돼지우리를 들여다보면 부정을 타서 돼

친족 이외에는 출산 후 세이레 동안(21일간) 드나들지 못하게 했던 금줄

지가 죽는다"고 할 만큼 금기신앙은 신성불가침의 기능을 지니고 있었다.

금줄에 달린 붉은 고추의 의미는 금기 기능의 핵심이다. 고추는 빨간색인데, 빨간색은 양기를 상징하고 모든 것을 태워 없애는 불을 상징하는 색으로 음기인 귀신이 싫어하고 무서워하는 색깔이다. 따라서 아이를 출산한 집의 대문에 거는 금줄을 비롯하여 성스러운 지역을 지키기 위한 곳에 사용하는 모든 금줄의 붉은 고추는 사악함과 부정을 쫓는 의미를 지닌다고

신부의 입술과 뺨에 바른 연지와 이마에 바른 곤지

하겠다. 음식의 으뜸인 장을 담글 때도 붉은 고추를 띄우고 장독에다가도 붉은 고추를 끼운 금줄을 쳤다.

상례 때는 명정 등 붉은 홍포를 많이 사용하며, 부적도 붉은 물감을 쓴다. 디딜방아를 거꾸로 세워 피가 묻은 여인의 속곳을 씌워놓았던 것도 이렇게 하면 돌림병을 전하는 잡귀가 물러난다고 믿었기 때문이다. 아기의 백일이나 돌의 수수팥단지, 동짓날의 팥죽, 고사때의 팥

시루떡 등도 마찬가지로 벽사와 초복의 의미가 있다. 신부가 얼굴에 찍는 연지·곤지도 역시 신성성을 부각시키기 위한 것이고, 심지어 손톱에 붉게 봉숭아 물을 들이는 것도 이와 무관하지 않다. 빨간색 자동차가 다른 색깔의 차에 비하여 교통사고율이 낮다는 현대적 통계까지 있다.

사실 붉은색에 대한 관심과 믿음의 정도는 중국을 따를 수가 없다. 일본 사람들도 주목(朱木)으로 문패를 만들어 대문에 달아놓으면 오래 산다는 속설을 믿고 있다. 『성경』의 「출애굽기」에 나오는 양의 피를 문설주에 발라 화를 면했다는 내용도 이와 크게 다르지 않다. 요컨대 한국문화 속에서 성스러움과 신비로움을 지키고자 하는 금기신앙의 일단으로서의 금줄 사용과 붉은색 숭앙현상을 어렵지 않게 발견할 수 있다.

"밥 먹다 수저를 두드리면 복 나간다"는 속담은 음식의 중요성과 더불어 식사예절을 요구하는 것이다. "제사 지낼 때 개가 짖으면 재수 없다"는 금기어는 의례의 엄숙성을 강조하기 위한 말이다. 제주도의 전통 가옥에서 대문 역할을 하는 정낭이라는 것도 신앙적 금기표지라 할 수 있다. 문을 대신한 정주석에 정낭이 세 개 걸리면 주인이 출타하고 없음을 뜻한다. 신성한 것을 보호하고자 노력하는 진정성, 정해 놓은 원칙과 질서를 믿고 지키려는 신뢰성의 가치를 돋보이게 하는 대목이다.

"갓 맺은 열매에 손가락질 하면 떨어진다"고 하는 것, "오이 밭에서 손가락질 하면 오이 맛이 쓰다"고 하는 것, 그리고 "꽃봉오리에 손가락질 하면 꽃이 피지 않는다"고 하는 것 등은 하나 같이 생명을 중시하는 금기신앙의 단적인 예로서 우리가 얼마나 생명을 소중히 여겼는가를 가늠할 수 있다. 세시풍속에서 볏가릿대를 세우는 날 키 작은 사람은 남의 집에 가는 것을 삼가야 했다. 이날 오는 손님의 키에 따라 곡물의 성장이 결정된다고 믿었기 때문이다. "고추씨를 밟으면 재수 없다", "콩깍지를 불에 넣으면 전염병 앓는다", "자기 집 감을 따서 불에 넣으면 감나무의 감이 모두 떨어진다"는 것들도 생명과 성장의 가치를 드높이는 속신의 표출이라 하겠다.

"식물이 말라 죽으면 집안에 불안한 일이 생긴다", "나무가 쓰러지는 쪽에 지은 집은 망한다", "큰 나무를 베는 사람은 쉬 죽는다"는 것도 생명의 존중과 자연과의 조화를 강조하는 금기적 속신의 예들이다. 한편 속담 "먹고 남은 잔술에 식은 안주다"(남들이 먹다가 남은 주안상으로 사람을 대접한다는 뜻)라든가 "한 잔 술에 눈물 난다" 등은 인정이나 예의를 소중히 여기는 마음을 담아낸 금기적 신앙이다.

이와 같이 자연의 이치를 깨닫고 생명의 가치를 인식하며, 남을 배려하는 삶을 실천하는 공동체적 인간생활을 위하여 우리 조상들은 금기를 신앙처럼 여겼음을 알 수 있다.

제2부

미적인 행위와 언어

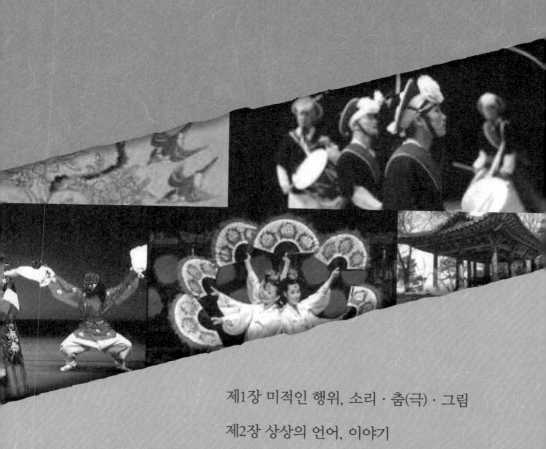

제1장 미적인 행위, 소리 · 춤(극) · 그림

제2장 상상의 언어, 이야기

미적인 행위와 언어

2012년 9월 남한산성 야외공연장에서 전통굿을 현대문화콘텐츠로 재해석하는 자리가 마련되었다. 이 축제는 무대와 객석이 하나 되는, 아니 수용자를 중심으로 하는 우리 음악의 향연이었다. 다시 말해 현대음악에 깃든 굿의 요소, 즉 굿성에 주목할 만한 굿음악제였다. 접신의 경지로 노래한다는 한영애 밴드의 포크락, 굿판을 꾸준히 돌아다닌다는 윈디시티의 레게, 젊은이들의 굿판을 이끈다는 펑크락밴드 크라잉넛의 락 등의 음악적 매력을 즐길 수 있는 귀한 기회였다.

굿음악과 대중음악이 어우러진 한국 최초 무박2일의 축제(남한산성, 2012)

오늘날과 같이 세계화가 빠르게 진행될수록 한국문화의 진정성을 이해하고, 부족하다면 새롭게 문화적 정체성을 수립하는 것이 중요한 과제로 다가온다. 가령 한국 사람들에게 한국 전통음악의 음계가 무엇이냐고 물으면 대부분 '궁상각치우'라고 대답하는데, '궁상각치우'는 중국 춘추시대부터 있었던 것으로 추정되는 중국 음악의 계이름일 뿐 한국의 전통음악에 사용하고 있는 음도 음계도 아니라는 것이다. 우리의 음계는 12음률이다. 『세종실록』에 기록된 고대악보인 율자보(律字譜)의 12율명은 지금도 변함없이 악보의 기본명으로 사용되고 있으며 정간보로 정착된 기보법도 모두 12율명으로 기록되고 있다. 12율명은 황종·대려·태주·협종·고선·중려·유빈·임종·이칙·남려·무역·음종이다.

임권택 감독,
한국 영화계를 대표하는 세계적인 거장

다양한 서양문화와 더불어 특히 우리의 문화적 전통에 크게 영향을 미치고 있는 주변국가들의 문화에 대해 더욱 관심을 갖고 관련성과 동이성을 파악하는 일이 선결과제라고 하겠다. 2002년 〈취화선〉으로 칸 영화제에서 감독상을 받았던 임권택 감독은 2012년 벽두에 다음과 같이 말한 바 있다. 미국 로스앤젤레스의 남캘리포니아대에서 열린 한국문화 특별강좌에서 그는 "감독 데뷔 초기에 만든 영화들이 싹 없어져버렸으면 한다."고 실토했다. 초기작품에 우리 문화를 제대로 담지 못해 부끄러웠다는 것이다. 그는 1961년 데뷔하여 10년 동안 50여 편의 영화를 찍었는데, 그 모두가 할리우드 아류였다고 회고했다. 물론 그 50여 편은 줄줄이 히트를 했던 작품들이다. 그리고 그는 제작비도 그렇고 영화에 필요한 기자재와 인적 자원도 그렇고 도저히 미국영화를 따라잡지 못하겠더라고 말했다. 결국 그는 감독으로 오래 살아남는 방법이 무엇인지를 고민했는데, 한국 사람이 아니면 만들 수 없는 문화적 개성이나 한국인의 삶이나 수난을 영화에 담아내는 것이 필요하다는 생각을 하게 되었다고 한다. 그 후 그는 〈씨받이〉,

〈서편제〉, 〈춘향뎐〉 등 우리 전통문화에 바탕을 둔 영화들을 쏟아내면서 한국영화계의 거목으로 확고히 자리를 잡았다.

전통문화에 대한 가치를 인식하고 논의하다 보면 무엇보다 민중의 문화와 예술에 대한 관심이 커지는 것은 당연하다. 그런 가운데 우리의 판소리, 탈춤, 민화, 남사당놀이, 장승공예 등 소중한 문화유산들이 대부분 조선후기에 폭발적으로 등장했던 사실을 크게 인식하지 않았음에 새삼 놀라게 된다. 흔히 '창조'를 두고 '발견'이라는 말을 하는데 이런 걸 두고 말하는 것이 아닌가 한다. 이제서야 조선후기야말로 문화예술의 '르네상스기'였음을 깊이 깨닫게 된다.

제1장

미적인 행위, 소리 · 춤(극) · 그림

　흔히 우리 민족에게 한이 많다고 하는데 그것은 고통과 슬픔을 함께 나누려는 한국인의 아름다운 정서에 연유한다. 한국의 예술을 대표하는 판소리의 주제로서 〈춘향가〉가 보여주는 신분을 뛰어넘는 사랑의 성취나, 〈심청가〉가 나타내는 자신의 희생을 통한 불교적 구원 등은 민중적 사고의 반영이자 우리 민족이 바라는 인간적 삶이다. 〈풍물굿〉은 삶의 현장을 벗어나지 않은 공간에서 행해지며, 뛰어난 기예보다는 많은 사람이 함께 잘 어울리는 것을 강조한다.

　민속춤을 보더라도 마찬가지다. 우리의 민속춤은 서양의 춤처럼 오락춤과 예술춤을 구분하기 힘들다. 어쩌면 남에게 보여주기 위한 서양의 세련된 예술춤과 같은 것이 우리에게는 없을지도 모른다. 우리의 춤은 몸으로 보여주는 것보다 마음에서 우러나오는 기운으로 연행된다. 기교로써 얼마나 관객을 감동시키느냐보다 춤꾼과 관객을 어떻게 하나로 융합시키느냐가 춤의 성패의 관건인 것이다.

　민중들의 진실한 삶의 모습을 담고 있는 〈가면극〉에서 우리 모두가 관심을 갖는 것은 극적 흥미보다는 더불어 갈등을 풀고 화합하는 대동놀이에 있다.

비록 말뚝이가 양반을 희롱하지만 양반의 반발에 대해 변명으로서 일시적인 화해를 이루게 된다. 마찬가지로 먹중도 노장을 비판하지만 상대방을 근본적으로 부정하지는 않는다. 극단적인 대립을 넘어 조화와 상생을 지향한다.

예술적 욕구나 감흥보다 생활과 결부된 인간적 갈등의 해소와 공동체적 정신의 함양에서 한국문화 속 미적 행위의 진정한 의의를 찾을 수 있다. "은력(殷曆) 정월에 하느님굿을 벌이는데 온 나라가 크게 모여 며칠이고 마시고 먹고 노래하여 춤 추었다. 그 이름을 영고(迎鼓)라 하였다"[1]고 한다. 우리는 어울려 노래하고 춤을 추며, 소박한 꿈을 그림으로 형상화하면서 소통하고 화합하는 지혜를 끌어냈던 것이다.

한마디로 한국예술은 융합이다. 소리든 산조든 춤이든 극이든 그리고 민화에 이르기까지 맺고 풀고 자유롭게 변화하면서 하나를 합쳐져 새롭게 나아간다.

1) 소리 – 소리는 순수와 조화의 표현

약 20년 전(1994) 종로 3가 단성사에서 창덕궁으로 이어지는 돈화문로를 '국악로'로 지정했다. 770m에 걸쳐 전통악기점, 국악전수소, 한복집이 밀집해 있는 이 거리는 조선시대 징·꽹과리를 팔고 빌려주던 만물상이 있었고, 궁중악과 제례악에 종사하던 악사들이 거주했던 곳이다. 고종이 지은 단성사에서 국창 김창환이 창극을

국악로가 된 창덕궁 돈화문 앞 거리(돈화문로)

---

1) 진수, 『삼국지』 위서 동이전 부여조.

하던 곳이며, 송만갑 · 이동백 · 임방울 · 성금련 명창 등 인간문화재들의 개인전수소가 있던 곳이다. 지금도 국악로는 전통문화상공인이 전통의상, 국악기 등을 제작 판매하고 있으며, 전통예술단체들이 국악전수소를 운영하는 등 국악교육의 중심이 되고 있다.

무엇보다 국악을 대중화 · 세계화하는 것이 문제다. 1985년 창단한 '슬기둥'은 우리의 대표적인 국악실내악단으로 국악 대중화의 길을 열었다. 김영동의 〈어디로 갈거나〉, 강호중의 〈쑥대머리〉, 조광재의 〈어화 둥둥 우리사랑〉, 채치성의 〈꽃분네야〉 등은 슬기둥의 활동을 잘 말해 준다. 1990년대 중반 이후 일본에 현대적 우리 가락을 전파한 국악그룹 '푸리'는 국악계에서 처음으로 오빠부대를 몰고 온 그룹이다. 우리 시대 최고

나윤선, TV광고를 통해 재즈버전의 아리랑을
선보여 누리꾼들의 관심을 모으고 있음

의 재즈 보컬리스트 나윤선이 등장하는 KDB금융그룹 TV광고 '재즈 아리랑' 편에 시선이 집중되고 있다. 마침내 2014년 세종문화상 예술부문 수상자가 된 그녀는 이미 2005년 국악축전에서 특유의 윤기 있는 목소리로 〈정선아리랑〉을 불러 화제를 모은 바 있다. 그리고 인순이가 퓨전 밴드의 연주에 맞춰 〈사설난봉가〉를 불렀다. 힙합그룹 '비바소울'은 힙합의 랩과 국악의 사설을 합쳐놓은 듯한 신곡 〈아침의 노래〉를 선보였다. 한국예술종합학교 해금 앙상블은 영화 〈번지점프를 하다〉에 삽입됐던 쇼스타코비치의 왈츠를 해금으로 연주하고, 해금연주자 트리오 '상상'은 〈도깨비 세 마리〉와 〈윙이자랑〉을 들려주었다.

이 밖에 첼로와 아쟁이 한 무대에서 어울리고, 힙합 음악인 '데프콘'이 퓨전 국악밴드 '토리'와 협연하는 등 국악을 월드뮤직으로 만드는 데 성큼 다

가가고 있다. 1999년 창단한 숙명가야금연주단은 파헬벨의 〈캐논〉 변주곡을 가야금으로 연주해 신선한 충격을 주었다. 2006년 출시된 이들의 베스트 음반 〈포유(fou you)〉는 국악 분야에서 3개월 이상 음반 판매량 1위를 차지하기도 했다. 7인조 퓨전 국악밴드인 '닮은 사람들'도 2007년 음반을 내면서 주목을 받은 바 있다. 국악과 클래식의 크로스 오버 실내악단인 11인조 '풀림앙상블'은 2010년 G20 정상회의 공연에서 정상들의 기립박수를 받았다. 리더 홍동기 피아니스트 겸 작곡가는 서양의 레퍼토리만 반복하는 현실을 조금이나마 바꿔보고 싶다고 한 바 있다.

한국의 음악은 융합과 조화의 소리다

'젊은' 국악인으로 유명한 김용우는 "소리는 버리는 겁니다"라고 말한 바 있다. 우리의 음악은 민족의 심성을 닮아 순박하고 여유롭기 그지없다. 느린 〈상영산(上靈山)〉부터 시작해서 서서히 속도를 더해가는 〈영산회상(靈山會上)〉 연주를 듣노라면 1시간 남짓의 시간이 아쉬울 정도다. 또 가곡 한바탕을 부를라치면 남녀가 교대로 노래하며 1시간을 끌어도 지루하지 않다. 정악뿐만이 아니다. 느린 진양조 장단에서 중모리 · 중중모리 · 자진모리로 점점 빠르게 몰아치는 산조(散調)

386 소리꾼 김용우

연주는 가히 점입가경의 경지를 느끼게 한다. 대여섯 시간 계속되는 판소리 현장에서 꼼짝 않고 듣는 이들을 보면 놀랍기까지 하다. 서양음악은 화성이 바탕이 되는 높낮이 중심의 음악이지만, 국악은 리듬과 가락이 바탕이 되는 장단 중심의 음악임을 새삼 깨닫게 된다.

우리 민족의 소리요 음악은 민중의 삶을 더욱 진실하고 정감 있게 만드는 데 크게 기여하고 있다. 한국의 음악은 감상을 위해 인위적으로 만들어지기 이전에 이미 삶 속에 존재한 자연스러운 것이다. 얼마 전 '경기문화의 전당'에서 국악 정기공연이 있었다. 1부·2부로 나누어, 1부는 정악이 2부는 민속악이 공연되었다. 공연의 후반으로 갈수록 어깨가 들썩거리면서 정신이 번쩍 들었다. 국악은 귀로 듣는 음악이 아니라 몸으로 느끼는 음악이라는 게 맞는 것 같다. 전과 달리 아, 이게 우리 음악이로구나! 하는 탄성이 절로 나왔다.

여러 악기가 어우러지면서도 사물 중심의 타악기가 단연 무대를 리드했다. 타악곡은 박자를 연주하기 때문에 연주자들 간의 호흡이 매우 중요하다. 박자의 어긋남이 없이 조화로운 음악을 만들어내기 위해서는 각고의 노력이 요구된다. 악기를 치는 것이 아니라 슬프고, 억눌린 감정을 몰아 죽을 힘을 다해 물건을 두드리는 듯했다. 살면서 부대끼는 온갖 긴장과 불만을 다 쏟아내는 것이라 느껴졌다. 그렇다, 우리의 음악은 자연스런 소리이다. 물바가지 두드리고, 수저가락 두드리던 데서 아름다운 악기소리로 이어지고 있다. 대개 국악기의 소재가 자연에 가깝고 거기서 나오는 음색 또한 친자연적인 투박함을 지녔던 것이다.

이같이 우리의 음악은 원천적으로 자연과의 융합에서 이루어지며, 그 다음에 소리와 소리의 조화에서 국악의 멋과 가치는 극대화된다. 은은하고 투명한 다듬이질 소리는 나무와 돌이 부딪혀 만들어내는 우리의 소리이자 음악이다. 그러므로 음악의 큰 틀 안에서 여러 악기들이 때와 장소에 따라 달리 호흡하며 자연스럽게 어울리는 소리의 융합과 조화를 간파하는 것은 국악을 이해하는 기본이 된다.

한국의 전통음악은 일반적으로 크게 정악(正樂, court music)과 민속악(民俗樂, fork music)으로 분류할 수 있다. 정악이란 상류층이 즐기던 음악을 가리키고, 민속악이란 서민층이 즐기던 음악을 말한다. 정악은 상당 부분 중국의 영향을 받았다고 하는 데 비해 민속악은 그렇지 않다는 점, 즉 한국음악의 고유성과 정체성을 잘 보유한다는 점에서도 주목할 만하다. 민속악보다 정악, 특히 궁중음악이 먼저 정착되었다는 점을 감안한다면 민속악도 중국음악의 영향을 배제할 수는 없다. 물론 조선후기에는 민속악이 궁중음악에 영향을 미치기도 한다. 그러나 중국의 영향이 컸다는 우리의 정악마저 전통음악적 보전 상황이 좋지 않은 중국에 역수출되는 현실을 감안한다면 한국음악의 독자성에 놀라지 않을 수 없다.

민속악의 원천인 무가를 비롯하여 기악곡인 시나위, 산조, 풍물굿, 사물놀이를 살펴보고, 다음 순서로 성악곡인 민요, 잡가, 판소리 등을 살펴보기로 한다.

무가는 민속악의 원천이다

민속악이란 오랜 세월을 거쳐오는 동안에 민중의 생각과 정서가 더해져서 이루어진 예술이다. 따라서 민속악은 서민들의 집단의식이 반영되어 있으며, 그들의 생활과 밀접한 관련을 가진다. 음의 높낮이가 없이 단순한 리듬의 반복으로 신명을 낼 수 있는 음악으로서 타악기 중심으로 연주되는 것도 민속악의 한 특징이다. 이러한 민속악에는 18세기 중엽 무가(巫歌)에서 나왔다고 하는 시나위, 산조, 판소리를 비롯하여 풍물굿(농악), 민요, 잡가, 산타령, 범패 등 다양한 종류가 있다. 범패(梵唄, 중요무형문화재 52호)는 불교에서 재를 지낼 때 승려들이 부르던 노래로서 속(俗)과는 거리가 멀기 때문에 정악에 넣기도 한다.[2]

무가(巫歌)는 가장 오랜 역사를 가지고 있으며, 민요·시조·한시·판소

---

2) 범패는 크게 안채비소리와 바깥채비소리로 나뉘는데, 안채비소리가 바로 염불이다. 박송 암 스님과 장벽응 스님이 범패로 인간문화재가 되었다.

리 등 다양한 갈래들을 수용하면서 동시에 민요·판소리·민속극 등 여러 분야에 자양분을 제공했다. 한국무가는 교술무가, 서사무가, 희곡무가, 서정무가로 나눌 수 있다. 더러 희곡무가를 제외하고 세 양식으로 분류하기도 한다.

무속의례, 곧 굿의 본질이 신을 대상으로 하여 무엇을 알리고 부탁하는 것에 있는 만큼 무당이 읊는 무가에는 어떤 상황이나 사실을 알리는 내용이 아주 많다. 다시 말하면 현존하는 무가의 대부분이 교술(教述)무가라 할 수 있을 정도로 교술무가가 가장 많고 또 긴요하다. 지금까지 조사된 1706편의 무가 중 약 100편의 무가는 서사적 양식이고, 그 나머지의 대부분은 교술적 양식의 무가다. 이 교술무가에는 신의 강림을 요청하는 내용을 비롯하여 제의를 베풀게 된 연유, 제의의 준비과정과 제물, 신의 뜻을 받아 전하는 공수, 신에게 인간의 소원을 전하는 축원 외에도 덕담 등이 포함된다. 〈성주굿〉·〈유왕굿〉·〈조상굿〉·〈고사축원〉·〈지두서〉 등 굿의 연유와 축원의 내용을 담은 무가 등이 교술무가의 대표적인 것들이다.

스님에게 정성껏 시주하는 당금애기

서사무가는 대체로 천지개벽과 인간출현 등 모든 존재의 근원을 밝히려는 내용으로 집약될 수 있다. 서사무가는 신들의 일생과 내력을 밝혀주는 노래라고 볼 수 있는데, 신에 대한 이야기이기에 신화라 할 수도 있고, 무당이 제의에서 구송한다는 점에서 구비서사시라 할 수도 있다. 서사무가라는 용어는 학술적으로 규정된 것일 뿐 실제 굿을 하는 현장에서는 '본풀이'라는 말을 많이 사용한다. 서사무가는 무가 중 가장 문학성이 짙으며, 그 종류에는 〈바리데기(바리공주)〉·〈당금애기(제석본풀이)〉·〈칠성풀이〉·〈장자풀이〉 등이 있다. 특히 우리나라 3대 서사무가로 〈성주굿〉의 성주무가, 〈오구굿〉의 바리데기무가, 〈당금애기〉의 제석무가를 들 수 있는데, 분포지역으로는 〈당금애기〉가 가장 넓다. 〈바리데기〉의 줄거리는 일곱 번째 공주로 태어나 피바다(강물)에 버려진 바리공주가 영약을 가지고 돌아와 딸을 버린 죄로 이미 병들어 죽은 대왕과 왕비를 소생시켰다. 그 후 바리공주는 무당이 되어 죽은 영혼을 저승으로 인도하게 되었다는 것이다. 이승과 저승을 넘나드는 여성영웅의 모습으로 인해 바리공주는 무당의 조상신이자 수호신으로 인식되었다. 〈바리데기〉 무가는 현재 50여 종이 알려져 있으며 지역마다 약간씩 차이가 있다. 〈당금애기〉는 대궐에서 혼자 집을 보고 있던 당금아가씨가 황룡사 스님과 눈이 맞아 관계를 맺고 아들 세 쌍둥이를 낳고 오빠들로부터 쫓겨났으며, 아들 삼형제는 제석이 되고, 당금애기는 삼신이 되었다는 이야기이다. 〈바리데기〉 유형의 서사무가는 죽은 넋을 저승으로 인도하는 〈지노귀굿〉에서, 〈당금애기〉 유형의 서사무가는 〈재수굿〉에서 핵심적인 기능을 수행하는 우리나라 대표적인 무가자료다. 이들이 전국적으로 널리 전승되고 있는 것은 인간의 삶에서 가장 중요한 문제가 출생하여 살아가는 일과 죽음을 맞는 것이기 때문으로 이해된다. 가옥의 근원을 서술하는 〈성주굿〉의 서사무가도 전국적으로 구연된다.

　희곡무가는 굿놀이처럼 극적인 형태로 연행된다. 대표적인 굿놀이는 〈장님놀이〉(전국적), 〈거리굿〉(동해안), 〈소놀이굿〉(중부지역), 〈세경놀이〉·〈영감놀이〉(제주) 등이다. 굿놀이는 굿판에서 굿의 일부로 공연되며, 가면극이나 인형극 등과 비교해 보았을 때 상대적으로 강한 신성성을 바탕으로 하고 있다. 이 굿놀이들의 내용으로 보아 서사무가로 취급해도 큰 문제가 없을 듯하지만, 극으로 부르는 것도 바로 이러한 강한 제의성 곧 행위적 표현 때문이다. 굿은 보통 여자 무당 혼자 끌어가지만, 많은 경우 굿놀이는 남자 무당이나 무부(巫夫)들이 배역에 따라 극을 진행한다. 굿놀이는 가면극보다 관중들의 참여에 훨씬 개방적이다. 경우에 따라서는 관중이 직접 배역을 맡아 동참하기도 한다. 이렇듯 굿놀이는 무당집단만의 극이 아니라 관객과 무당들이 호흡을 같이 하는 극이다. 그러나 오늘날 굿놀이의 실제장면은 제의성보다는 인간의 흥미 위주로 되어 있는 경우가 더 많다. 가면극처럼 강한 비판의식을 표출하지도 않는 게 일반적인 현상이다. 굿놀이에서 요구하는 웃음은 그다지 심각하지 않은 편이다. 생활에 지쳐 살아가는 우리를 한 번 실컷 웃을 수 있도록 즐거움을 주는 게 굿놀이다. 굿놀이는 오히려 가면극보다 더 활발하게 현재도 굿의 일부로서 연행되는 살아있는 민속극이라 할 수 있다. 〈배뱅이굿놀이〉는 서도지방을 대표하는 노래로서 수심가토리를 기반으로 '배뱅이'라는 여인의 운명적인 삶과 죽음을 소재로 한 노래다.

서정무가는 특정지역에서만 발견되는 게 특징이다. 서울과 경기도, 동해안지역의 굿에서만 〈노랫가락〉이나 〈창부타령〉이 불려진다. 〈노랫가락〉은 무녀시조라 해서 시조창과 비교되기도 하며, 〈노랫가락〉이 속화되어 민요로까지 불려지기에 이르러 〈노랫가락〉은 시조ㆍ민요와의 관계 속에서 논의되고 있다. 다시 말해 무당이 '서울굿'에서 부르던 〈노랫가락〉은 신에 대한 찬사와 경배의 무가였으나, 나중에 통속민요로 변하였다. 한편 "사랑, 사랑, 사랑이라니 사랑이란 게 무엇인가"라는 가사에 "얼시구나 절시구 지화자 좋네 아니 노지는 못하리라"의 후렴구를 지닌 〈창부타령〉도 무가에서 민요로 이행하여 통속

경기민요를 대표하는 창부타령

민요로 널리 자리 잡은 것이다. 특히 경기민요의 특성을 창부타령조라 할 만큼 〈창부타령〉은 경기민요를 대표한다. 창부(倡夫)는 원래 우리나라 무속에 등장하는 음악의 신이다. 다시 말해 창부신은 굿판에서 피리를 잘 불고 놀기를 좋아하던 광대가 죽어 신격으로 추앙받게 된 존재이다. 서울ㆍ경기지방에서는 굿을 할 때마다 멋스럽고 흥겨운 〈창부타령〉을 부르며 창부신의 가

호를 기원했던 것이다. 전라도지역의 경우 〈씻김굿〉에 서정무가가 많은데, 〈씻김굿〉에서는 초가망석, 넋올리기, 희설, 길닦음 등의 굿거리에서 많은 서정무가가 발견된다. 그런데 〈동해안별신굿〉, 〈강릉단오굿〉 등에서는 무녀들이 '등노래'나 '꽃노래'를 부르기도 한다.

창부타령의 이희완 명창

살펴본 바와 같이 무속제의에서 불리는 무가는 기본적으로 주술성·신성성을 지니고 있지만 이와 더불어 오락성이 짙기 때문에 더욱 많은 사람들로부터 호응을 받을 수 있었다.

시나위는 즉흥적인 기악합주다

시나위의 어원에 대해서는 여러 설이 있다. '시나위'라는 말이 신악(神樂)에서 비롯되었다고 하며, 시나위는 '신라노래'라는 뜻의 '사뇌(詞腦)'가 어원이라고도 하며, 대체로 시나위는 외래음악에 대칭되는 토속음악으로 설명되고 있다. 특히 시나위란 당악이 수입되기 전부터 불렸던 한국 고유의 음악인 향악이다.

민속악의 원천이라 할 만큼 중요한 시나위는 곧 무악(巫樂)을 가리키는 말이기도 하다. 고단하게 살아온 이승의 한을 다 풀지 못한 채 세상을 뜬 망자의 넋을 위로하기 위해 벌이는 전라도의 씻김굿판에서 생생하게 연주되는 시나위음악은 감동을 넘어 충격과 아픔을 느끼게 할 수 있다. 그리하여 현재 시나위라는 장르는 육자배기조로 된 즉흥적인 기악음악이라는 뜻으로 통용되고 있다.

한편 시나위란 무악에서 유래된 가락의 하나로서 원래 관악기만의 합주였으나 타악기(장구, 징, 북)와 현악기(거문고, 가야금, 아쟁)를 첨가시켜 연주하는 합주곡이 되었다. 특히 관악기는 대금(젓대)과 피리가 중심이 되며, 타악기는 장구가 중심이 된다. 현악기 편성여부에 따라 음악의 성격이 달라지는데, 가야금과 거문고를 사용하는 작은 편성의 음악은 줄풍류, 가야금이나 거문고가 빠져 관악기가 중심이 되는 음악을 대풍류 또는 삼현육각이라고 한다. 삼현육각은 대금, 피리2, 장구, 북, 해금의 6개 악기로 이루어진 편성이다.

요컨대, 시나위는 19세기말 한강이남 지방의 세습무들이 굿판에서 대금·피리·장구·징·북·아쟁·해금 등을 가지고 산조의 원형가락을 주로 살풀이나 도살풀이 또는 자진모리 등과 같은 장단에 맞춰 연주하던 기악합주이다. 산조가 남도음악에 기반한 독주곡이라면 시나위는 남도음악에 기반한 합주곡이다.

앞에서부터 대금,
중금, 소금, 단소, 퉁소

대금은 가장 한국적인 악기라고 할 수 있으며 신라의 〈만파식적설화〉와도 관련이 있다. 대금은 서양의 어느 악기도 흉내 낼 수 없는 독특한 음색을 띠며 청아하면서도 장엄한 소리를 낸다. 관현악 합주를 할 때는 모든 악기의 음 높이를 정하는 표준악기의 역할도 한다. 대금은 가로로 비껴들고 연주하는 악기로 80cm 정도의 길이에 6개의 구멍이 있다. 입으로 부는 취구(吹口)의 밑에 있는 청공(淸孔)에 갈대청을 붙이는데 이 청소리 덕에 대금 소리는 몇십 리를 간다. 대금에는 정악대금과 산조대금이 있다. 정악에서의 대금이 명상적인 여운을 담고 있다면, 산조를 연주할 때의 대금 소리는 바람 새는 소리와 더불어 극적인 편이어서 듣는 이에게 환상을 느끼게 한다. 대금·중금·소금을 신라 때부터 있었던 '3죽(竹)'이라 한다.

피리는 삼국시대부터 사용되었던 흔적은 보이나 언제부터 우리나라에서 연주되었는지는 분명치 않다. 다만 지금까지 우리나라에 향피리·당피리·세피리가 전하고 있다. 이 가운데 향피리는 고구려 때 중앙아시아(서역의 쿠

세 종류의 피리

차 kucha)에서 들어온 필률(觱篥)이 한국의 음률에 맞게 토착화되어 오늘날까지 전하고 있다. 25cm 정도의 향피리는 한국 피리의 대명사로 불리며 독주뿐만 아니라 정악과 민속악을 망라하여 두루 쓰이면서 중심 선율을 잡는다. 대금과 향피리가 한국의 대표적인 관악기이다.

거문고는 웅장한 음색을 지녔다. 거문고는 오동나무(뒷면은 밤나무) 공명통 위에 기타처럼 고정된 괘를 얹고 거기에 명주실로 만든 6줄을 걸어 연주한다. 연주할 때는 대나무로 만든 술대로 이용한다. 술대가 닿는 부분에는 바다거북의 등딱지라는 대모(玳瑁)가 덮여 있다. 한국 전통악기 중 가장 넓은 음역인 3옥타브를 연주할 수 있는 악기다. 중국에서 보내온 금(琴)을 가지고 역동적인 연주와 적극적인 농현이 가능한 거문고라는 새로운

모든 음악의 우두머리라는 의미의
'백악지장(百樂之丈)'이라 불리는 거문고

악기를 만들었다. 거문고·가야금·향비파를 신라시대부터 '3현'이라 불렀다. 향비파는 조선말기까지 궁중에서 쓰인 대표적인 국악기이다.

가야금은 가냘픈 음색을 지녔다. 맨 손가락으로 연주하는 가야금에는 12현의 산조가야금과 풍류가야금(법금)이 있다. 가야시대부터 큰 변화 없이 오늘날까지 전해진 것이 풍류가야금이고, 19세기 후반 산조음악의 발생과 함께 개조된

손으로 뜯어 소리를 내는 가야금

것이 산조가야금이다. 풍류가야금은 정악에 사용되며 비교적 크고 줄 간격이 넓은 편이다. 산조가야금은 민속악에 사용되며 빠른 곡조의 연주에 알맞게 크기도 작고 줄 간격도 좁은 편이다. 가야금은 중국의 쟁(箏)을 본떠 만들었으나 명주실로 된 12줄 모두가 이동 가능한 '기러기 발' 모양의 안족(雁足) 위에 얹혀 있다. 연주시 악기의 머리 부분은 연주자의 양 무릎 위에 놓이고 꼬리 부분은 바닥에 닿는다.

독특하게 활대를 사용하는 아쟁

아쟁은 정악과 민속악을 막론하고 우리 전통음악에서 매우 중요한 악기이다. 아쟁은 고려시대에 중국에서 건너와 조선시대 말기까지 주로 궁중음악 연주에 사용되어 왔다. 중국인들의 기질이 맞지 않아 중국에서는 사라진 반면 한국에서는 애잔하게 깔리는 소리 성향이 잘 맞아떨어져 지속적으로 발전할 수 있었다. 7줄로 된 아쟁은 다른 악기에 비해 음역이 넓고 낮아서 합주곡의 분위기를 장중하게 이끄는 역할을 했을 뿐 독주악기로 부각된 적은 없다. 그러다가 무용이나 창극 같은 데 쓰이면서 아쟁은 마침내 산조로 연주되기에 이르렀다. 우리의 아쟁은 아시아에 퍼져 있는 쟁 종류의 악기 중에 거의 유일하게 활대를 사용하는 악기이다. 특히 한국의 산조아쟁 연주는 오른손으로는 개나리나무의 활대를 문지르면서 왼손으로는 농현을 구사하는 쪽으로 크게 발전했다.

해금은 6세기 경 중국의 북방민족인 해족(奚族)에게서 비롯된 악기로서, 우리나라에서는 고려시대부터 연주되기 시작했다. 오늘날 중국의 얼후(二胡)에 가까운 우리의 해금은 두 줄 사이에 말총으로 된 활대를 끼워 문질러 연주하는 찰현악기이다. 자그마한 공명통과 키가 작은 입죽(立竹), 팽팽히 조이지 않은 두 줄과 느슨하게 묶은 활대 등 해금은 우리에게 친근감을 준다. 해금은 국악기 제작의 여덟가지 재료인 금(金) · 석(石) · 사(絲) · 죽(竹) ·

포(匏) · 토(土) · 혁(革) · 목(木)을 모두 사용한 유일한 것으로 '8음악기'라고도 한다. 최근에는 폭넓은 표현력으로 인해 쓰임새가 확대되고 있으며, 특히 서양악기와의 합주로 인기가 높다.

우리의 소중한 음악서인 『악학궤범』에는 조선전기까지 전하던 총 66종의 악기가 소개되고 있는데 이 중에서 고유악기는 오늘날까지 활발하게 연주되고 있는

깡깡이로도 불리는 두 줄로 된
해금을 연주하는 모습

대금, 거문고, 가야금, 향피리를 비롯하여 향비파, 소관자, 초적 등 7종이다. 우리 악기에는 금속성 선호의 서양악기와 달리 식물성 재질로 된 것이 많다. 식물성 재질을 악기로 만드는 공정에서 간단히 목질(木質)만을 변형시켜 완성하는 점을 우리나라 사람들의 자연 순응적인 세계관과 통하는 것으로 풀이하기도 한다.[3]

대금 · 향피리 · 장구 · 해금 이외에 거문고 · 가야금 · 징 · 아쟁 등으로 편성되는 오늘날의 시나위는 즉흥성이 별로 없이 미리 짜서 연주되기도 한다. 그러나 원래 시나위는 장단의 짜임은 정해져 있지만 선율진행은 자유로운 편이다. 굿을 할 때 악보 없이 연주되는 즉흥적인 음악으로 서양의 재즈하는 사람들이 놀라워하는 것이 바로 시나위다. 시나위 악사들이 자유로이 연주하는 과정에서 내 소리와 남의 소리가 완벽하게 어울리도록 기울여온 노력, 그것이 시나위의 본질이라고 한다. 그리고 이런 시나위의 본질이 즉흥적 음악의 미감을 추구하는 세계의 재즈 음악가, 또는 뉴에이지 음악가들에게 신선한 충격과 감동을 주는 모양이라[4] 한다. 굿판에서 즉

---

3) 한명희, 『한국음악미의 연구』, 성균관대학교 박사학위논문, 1994, 47~52면.
4) 송혜진, 『국악 이렇게 들어보세요』, 다른세상, 2002, 166면.

홍적으로 펼쳐지던 현장음악인 시나위가 지금도 무대의 공연으로 이어지고 있다.

산조는 자유로운 기악독주다

민속악 가운데 하나인 산조(散調)에서 우리는 '散'이 갖는 흩어지고 풀어놓는 의미를 넘어 자유롭고 창조적인 성격을 유추할 수 있다. 산조는 민속악의 원천인 시나위에서 파생된, 또는 판소리의 가락과 선율이 기악화된 독주곡을 가리킨다. 그만큼 산조는 서양의 소나타와 비교해 볼 수 있는 가장 한국적이고 즉흥적인 기악독주곡이다.

이렇듯 산조는 장단을 타고 노는 악기 연주로서 시나위에서 각 악기가 독립되어, 가야금산조 · 거문고산조 · 대금산조 · 해금산조 등의 독주곡이 생겨났다. 모든 악기에는 산조가 있을 수 있다. 특히 기악독주곡인 산조는 산조가야금, 산조아쟁, 산조대금이라는 산조 전용악기를 새로이 탄생시켰다. 이 악기들의 외형은 시김새 구사가 더욱 용이한 구조로 되어 있다.

가야금산조는 19세기 후반 전남 영암에 살던 아전 김창조가 시나위와 판

황병기, 한국 현대음악사의
상징적 예술가이자 가야금의 거장

소리에 바탕을 두고 처음 연주하기 시작한 것으로 모든 산조의 시조라 할 수 있으며, 가장 널리 연주되는 자유분방한 즉흥가락이다. 산조의 명인 김죽파가 가야금으로 독주한 정악 〈천년만세〉도 인기가 높다. 황병기에 의해서 가야금의 새로운 시대가 열렸다. 황병기는 1963년 최초의 현대 가야금 독주곡 〈숲〉을 비롯해 〈침향무〉, 〈미궁〉 등 20세기의 가장 대표적인 가야금 창작곡들을 발표했다. 2000년

대 초 〈미궁〉을 세 번 들으면 죽는다는 괴소문 덕에 그의 음악은 젊은층의 관심을 모으기도 했다. 영국 셰필드대학교 음악학 교수 앤드류 킬릭은 "만일 한 개인이 한 나라의 음악을 대표할 수 있다면, 한국음악을 대표하는 인물은 단연 황병기라 하겠다."고 했다. 황병기 명인은 '편견을 버리고 귀를 기울이면 우리 음악이 절로 좋아진다'는 말을 한 바 있다. 2013년 황병기의 음악세계를 다룬 영문학술서가 영국 SOAS대 음악학 시리즈로 나왔다. 서구학계에서 아시아의 전통음악가를 다룬 영문연구서를 낸 것은 처음이다.

거문고산조는 조선조 말에 백낙준이 짰고, 신쾌동 · 한갑득을 통해 오늘에 이르고 있다. 거문고산조는 헤아릴 수 없이 깊고 그윽한 선비의 소리로 불린다. 정악악기로 인식되고 있던 거문고로 19세기 후반 백낙준이라는 명인이 산조 연주를 시도하였다. 거문고의 세속화를 우려하며 산조의 출현을 달가워하지 않던 청중들의 우려와 달리 거문고산조는 여전히 장중한

한갑득과 더불어 거문고산조의
양대 산맥을 이룬 신쾌동 명인

음색을 지니고 있었다. 술대로 공명통을 내리치는 거문고산조는 타악적인 음향을 살려 남성적인 중량감을 전해준다. 안타깝게 북한에서는 1960년대 이후 거문고를 전통음악 연주에서 배제시켜 버렸다.

해금산조는 지용구가 처음으로 경기지방의 무속가락을 중심으로 연주하던 데서 비롯되었다. 이에 따라 해금산조를 지용구가 짜고, 경기 출신의 지영희와 충청 출신의 한범수 같은 이들이 현대의 해금산조 전통을 크게 계승했다고 말한다. 최근 이준호가 작곡한 〈그 저녁 무렵부터 새벽이 오기까지〉는 국악 청중들이 가장 좋아하는 곡의 하나로 꼽힐 만큼 큰 호감을 얻고 있다.

아쟁산조는 박성옥이 짰다. 아쟁은 처음에는 창극 반주악기로 쓰이다가 한일섭에 의해서 산조 독주악기로 자리 잡았다.

대금을 연주하는 이생강 명인

대금산조는 박종기와 한숙구가 짰고, 강백천·한범수·한주환에 의해 계승되었다. 조선말기 진도 출신의 명인 박종기는 대금을 갖고 최초로 산조를 연주함으로써 대금음악의 새로운 전기를 마련했다. 박종기가 판소리 가락을 따라 대금산조를 만들었다면 강백천은 시나위를 중심으로 대금산조를 구성했다. 현재는 이생강, 서용석 등에게 대금산조의 전통이 이어지고 있다. 그중에서도 이생강 명인은 자신의 천부적인 재능에 스승인 박종기로부터 배운 음악을 더해 대금산조의 새로운 지평을 열었다. 1988년 서울올림픽 폐회식 때 명인 이생강(중요무형문화재 제45호)의 대금 연주는 세계인의 갈채를 받았다. 한편 1998년에 나온 음반 〈원장현의 대금소리–날개〉는 베스트셀러 음반이 되었다.

산조는 장구 반주에 맞추어 4~6개의 악장(장단)을 구분하여 느린 장단에서 빠른 장단 순서로 연주된다. 대개 매우 느린 장단인 진양, 보통 빠른 장단인 중모리, 좀 빠른 장단인 중중모리, 빠른 장단인 자진모리, 매우 빠른 장단인 휘모리로 구성되는 경우가 많다. 그리고 산조는 어느 것이나 몇 개의 조(調)로 구성되는데, 흔히 장엄한 느낌을 주는 우조, 화평한 느낌을 주는 평조, 슬픈 느낌을 주는 계면조, 경쾌한 느낌을 주는 경드름으로 구성되는 경우가 많다.

산조는 민요나 판소리와 같이 여러 장단과 여러 조로 구성되어 음악적 변화를 주고 또 리듬과 선율로 맺고 푸는 변화를 주어서 가장 음악적 변화가 풍부한 음악으로 꼽히고 있다. 규모가 큰 합주에는 북과 장구가 함께 장단을 맞추며 판소리는 북으로 장단을 친다. 하지만 산조 등의 기악독주와 병주, 가야금병창 등은 다른 반주 없이 장구에만 장단을 맞추는 특징을 지닌다. 산조는 우리나라에만 있는 독특한 음악으로, 진양조에서 휘모리로 끝나는 산조를 듣고 있노라면 격정적인 기운에 흠뻑 빠져들게 된다. 산조의 매력은 긴장과 이완의 대비, 한과 흥의 교체 등 조이고 푸는 변화에 있다.

요컨대 자유로운 음악이라는 의미를 지닌 산조는 조선말 20세기 이후에 생겨난 창조적인 음악인만큼 엄격함과 자유로움이 결합되어 있고, 국악기의 속성과 매력을 최대한 표출시키기 때문에 대단히 높은 예술성을 지닌다.

풍물굿은 강력한 확장성을 지닌다

풍물굿으로 시작되는 서태지의 〈하여가〉로 인해 서태지를 좋아하게 되었다는 학자도 있다. 풍물굿의 발생에 대해 여러 설이 있지만 풍물굿의 기원은 어디까지나 마을굿에 있다. 여기서 마을굿이란 무당의 굿이나 제관의 독축헌작(讀祝獻酌)과 달리 마을 사람들의 풍물

온몸으로 표현한 서태지의 〈하여가〉

로 연행되는 굿의식이다. 북한과 중부지방에서는 마을굿을 무당이 전적으로 행하기 때문에 마을굿으로 연주되는 풍물굿이 따로 없다. 굿은 흔히 무당이 노래와 춤을 통해 신에게 소망을 비는 의식을 일컫지만, 풍물굿을 가리키기도 한다. 따라서 풍물 치는 것을 '굿한다(굿친다)'고도 한다. 요컨대 풍물굿은 〈당산굿〉·〈샘굿〉·〈성주굿〉과 같이 굿패들이 풍물을 치며 벌이는 민간신앙의식을 가리키거나 〈길굿〉·〈삼채굿〉과 같이 풍물가락을 가리키기도 한다. 풍물굿의 기원이 되는 이 마을굿이 〈두레굿〉, 〈판굿〉(짜여진굿) 등으로 분화되어 나갔다.

오늘날의 풍물굿의 원형에 접근하는 문헌적 기록들 가운데 주목할 수 있는 것으로는 성현의 『용재총화』(1525), 김육의 『송도지(松都誌)』(1648), 이옥

의 『봉성문여(鳳城文餘)』(1799) 등을 들 수 있다.[5]

풍물굿은 마을을 지키는 신에게 공동으로 제사 지낼 때 사용되던 음악이자(축원풍물), 고대·중세에 이르는 오랜 기간 농부들이 두레를 짜서 일을 할 때 연주하던 음악이며(두레풍물), 또한 특정한 풍속이나 의식 없이 마을 사람들의 친목이나 단합을 위해 축제를 벌일 때 쓰인 음악이다(걸립[6]풍물 또는 연예풍물). 따라서 풍물굿은 크게 순수한 마을사람이나 농민들이 행한 축원풍물과 두레풍물, 반(半)농민·반(半)직업적인 사람들이 행한 걸립풍물(연예풍물)로 분류된다.

특히 축원풍물굿이 연행되는 경우는 〈마을굿〉, 〈집안굿〉, 〈서낭굿〉(배굿), 〈기우제굿〉, 〈매굿〉 등이 대표적이다. 여기서 〈매굿〉은 '매구'라고도 하는데, 매구라는 말은 귀신을 땅에 묻는다는 '매귀(埋鬼)'에서 왔다. 전라도에서 음력 섣달 그믐날밤이 되어 마을에서 사악한 것을 쫓고 경사스러운 신년을 맞이하기 위해 행하는 풍물굿이 바로 축원풍물굿이다.

한편 축원풍물굿이나 두레풍물굿, 나아가 순수풍물굿으로서의 〈판굿〉과 사뭇 다르게 풍물을 치는 경우도 있다. 〈주당매기〉·〈액풀이굿〉이라 하여 급한 병이 있을 때 풍물을 치기도 한다. 전북 김제에서는 뒷간에서 기절하거나 일터에서 급체했을 때, 경남 통영군 광도면에서는 아플 때에 〈액풀이굿〉이라 하여 풍물을 친다. 장례의식 때 풍물을 치는 경우도 있다. 경남 밀양지방에

풍물장으로 치러진 전북 무형문화재 호남우도
농악 기능보유자인 이준용 명인의 장례식

---

5) 주강현, 『우리문화의 수수께끼2』, 한겨레출판, 2004, 129~130면.
6) 걸립(乞粒)이란 돌아다니며 쌀이나 돈 따위를 얻어 모으는 것이다.

서는 상여 나갈 때 풍물패가 상복을 입고 악기를 연주하며 상여를 장지로 인도한다. 근래에도 전남 진도에서는 흔히 풍물패가 상여를 인도한다.

그밖에 호남지방에서는 〈수렵굿〉이라 하여 풍물을 치면서 토끼나 돼지를 모는 풍속이 있으며, 군대의 행진, 보부상 놀이 등에도 사용된다. 이렇듯 풍물굿은 신앙, 전투, 노동, 경사, 흉사, 명절, 의례, 놀이 등에 사용되어 집단의 신명을 불러일으키고 공동체적 삶을 강화한다. 109가지의 집단놀이 가운데 풍물굿이 중심을 이루는 것이 35가지에 이른다는 점에서 풍물굿의 중요성은 단적으로 입증되며, 예술의 경지에 오른 47종의 우리 민속놀이의 반이 집단놀이라는 사실도 우리 예술문화의 공동체적 성격을 뒷받침한다.

이와 같이 풍물굿은 쓰임이 다양할 뿐만 아니라 본질적으로 음악, 춤, 놀이, 극 등을 망라하는 복합적 성격을 띤다는 점에서도 더욱 공동체의식 또는 집단의식으로 표현되는 한국문화를 대표하는 장르라 하겠다.

풍물굿이 농사에 크게 쓰이다

두레풍물굿의 경우는 주로 농사 중에서도 가장 고된 김매기를 하면서 또는 김매기가 끝난 후 이루어진다. 특히 7월 중순이 되면 바쁜 농사일을 마치고 이제 한시름 놓았기 때문에 이때 술밥을 차려놓고 마을잔치를 벌이며 씨름도 하고 수박도 치면서 한바탕 흐드러지게 논다. 아침에 풍물굿소리로 사람들을 모으고, 사람들이 모두 모이면 풍물굿을 울리며 논으로 나간다. 일이 시작되면 풍물패는 논두렁에서 풍물굿과 노동요를 하고, 두레꾼들은 풍물패의 소리에 맞추어 일을

두레풍물굿

논에서 김매기하는 모습

한다. 일이 끝나면 다시 농기(農旗)와 풍물패를 앞세우고 집으로 돌아온다. 농기는 마을을 대표하고 상징하는 깃발로서 시대와 지역에 따라 다양한 형태로 나타난다. 두레의 목적이 공동 노동과 생산에 있으면서도 과부, 환자, 노인, 어린아이만 있는 집의 농사를 거들어 주고 마을전체의 이해가 걸린 일에 우선적으로 노동력을 제공함으로써 농민들은 두레를 통해 공동체적 삶의 정신을 한껏 발휘했다.

두레가 끝나면 〈호미걸이〉(또는 호미씻이)를 통해 신명나게 풍물굿판을 벌이며 공동체 구성원의 결속을 공고히 한다. 농기구는 힘겨운 노동의 상징이기 때문에 우리나라에서는 사용이 끝난 농기구를 씻어 보관하는 풍속이 있다. 논의 김매기가 모두 끝나는 백중(7월 15일) 무렵이면 바쁜 농사일을 거의 마치고 추수만을 기다리게 된다. 〈호미걸이〉란 논매기를 마쳤다는 것을 상징적으로 드러낸 말로 지방에 따라서는 풋구, 풋굿, 머슴날 등으로 불린다. 두 벌 김을 호미로 매고 나면 호미가 필요 없으므로 호미를 씻어

호미걸이 풍물굿, 김을 다 매고 난 뒤
호미를 씻어 걸어두며 풍년을 기원하는 농신제

걸어놓는다고 해서 붙여진 이름이다. "날 궂은 날 호미를 씻으면 비가 많이 온다"는 속신도 있다. 이날 그동안 농부들의 노고를 위로하는 뜻에서 음식을 장만하여 먹고 마시며 하루를 즐겁게 보낸다. 〈호미걸이〉는 마을 공동의 제사이자 축제적인 행사로서 마을 구성원의 통

합을 이루는 데 큰 구실을 했다.

경상도 밀양에서는 김매기가 끝난 후 백중날 풍년을 기원하는 농신제를 지내고 하루를 즐기는 풍물굿을 하는데, 이것을 〈술멕이〉 또는 〈이화굿〉이라 부른다. '머슴날'이라고도 하는 이 백중날에 농사일로 수고한 사람들을 모아 술과 음식을 대접했던 것이다. 일본인들은 신정과 더불어 이 백중을 2대 명절로 친다. 경기도 강화에서는 김매기가 끝나고 음력 그믐께 하루 날을 받아 〈호미걸이〉를 하면서 풍물을 친다.

한편 당산에 두레기(농기)를 세우고 제를 지내고 음식을 나누어 먹으며 〈판굿〉을 치고 노는데, 이웃 마을 아우 두레패들이 두레기를 들고 풍물을 치며 들어와 형 마을 두레기에 기를 숙여 절하는 것을 〈기세배(旗歲拜)〉라 한다. 지역에 따라서는 논에 물을 대면서 또는 풀을 베면서도 풍물굿을 한다.

두레기에 절을 하는 기세배

공연화된 판굿이 풍물굿의 꽃이다

조선조에 이르러 불교가 쇠퇴함에 따라 승려들이 사찰 재원모금의 방법으로 굿중패를 조직하여 풍물을 치며 민가에서 걸립하던 것에서 '걸립' 형태의 풍물굿이 나왔다. 풍물굿의 특징에 있어 불교적 성격이 강한 것도 이때문인데, 치배들이 고깔을 머리에 쓰고 자바라를 치거나 잡색 가운데에 중이 들어가는 것이 이를 뒷받침한다. 곧 〈걸립굿〉이란 풍물을 치고 집집마다 돌아다니며 고사를 지내주고 쌀과 돈을 걷는 풍물굿을 말한다. 〈걸립굿〉을 하는 굿패가 마을 사람들일 경우도 있지만 전문적인(직업적인) 집단도 있다. 전문적으로 마을을 도는 걸립패들에 의해 〈판굿〉이 이루어진다. 판은 크게 두 가지의 뜻이 있다고 본다. '판소리'에서와 같이 장면이나 무대 또는 여러 사람이 모인 공간을 뜻하는가 하면, '판을 짜다'와 같이 물건을 일 정한 규격으로 찍어내는 틀이라는 의미도 있다. 판을 짜서 행하는 〈판굿〉은 스스로 즐기기 위해 그리고 구경꾼을 위해서 치는 풍물굿이다. 대부분 풍 물굿이 의례나 노동 등 뚜렷한 목적을 위해서 연행되는 데 비해 〈판굿〉은 즐기기 위해 치는 것이기 때문에 순수풍물굿이라 할 수 있다. 오늘날 농악 경연대회에서 연주하는 풍물굿은 거의 〈판굿〉이다.

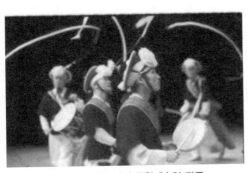
음악과 춤과 놀이의 종합예술인 판굿

제의적 의식이 끝나고 당 연히 뒤따르는 것이 음주가 무인데 〈판굿〉은 음주가무 를 수반하는 놀이로 볼 수 있다. 〈판굿〉의 진행을 보 면, 풍물패들이 열지어서 매스게임식으로 이리저리 움직이는 진(陣)풀이를 하 고, 다음으로 한 사람씩 나 와서 독자적인 기예를 발휘하는 개인놀이를 시작한다. 이것이 끝나면 사거 리·달거리·농부가 따위를 부르는 소리굿, 도둑잽이 같은 재담굿, 무동놀 이·잡색놀이 같은 춤굿을 한다. 그리고 마지막에 가서 뒷놀이를 한다. 이 같이 연예풍물은 일종의 행진무용으로서 앞놀이(길놀이)를 하고 나서 본격 적인 춤판인 〈판굿〉을 벌인 다음 뒷놀이로 마무리하는 구성이다. 풍물패에 서 악기를 연주하고 춤을 추는 사람은 물론 주위의 모든 사람들이 함께 할 수 있는 대동의 판이 〈판굿〉이다. 〈판굿〉은 다양한 춤과 음악, 놀이가 혼합 된 풍물굿의 꽃이다.

특히 19세기 상품화폐경제의 출현과 더불어 새롭게 탄생한 남사당패들은 풍물굿을 전문예술로 발전할 수 있는 가능성을 열어주었다. 장구를 비롯한 사물놀이로 명성을 떨친 김덕수와 꽹과리의 신으로 불리는 김용배도 남사당패 출신으로 유랑예인집단인 남사당패는 우리 풍물굿의 발전에 지대한 공헌을 했다. 현대에서는 〈판굿〉이 더욱 확장·강화되어 공연예술로 크게 발전하였다. 요즘 놀이패가 전 세계를 돌면서 한국음악 중 가장 크게 각광을 받고 있는 사물놀이도 〈판굿〉에서 출발하고 있다.

〈줄굿〉이라 하여 정초에 줄다리기를 할 때 풍물을 치며, 〈명절굿〉이라 하여 추석이나 단오 등에 풍물을 친다. 조선후기 풍물굿이 급속도로 발전하게 된 것은 마을 사람들의 공동 건설 작업과 군대의 신호수단이나 사기 진작으로 이용되면서부터라고도 하지만 무엇보다 우리 명절과 밀접하게 결부되면서부터라고 할 수 있다. 〈합(合)굿〉이라 하여 정월에 마을과 마을 사람들의 친목을 위해 〈판굿〉을 벌인다. 축원풍물로서의 〈마을굿〉·〈지신밟기〉가 끝나면 그날 밤에 마을 사람들이 모여 〈판굿〉을 벌이는 것이나 두레패들이 〈호미걸이〉에서도 〈판굿〉을 치는 것을 보면 축원풍물·두레풍물·연예풍물의 구분이 명확치 않음을 알 수 있다. 1990년 베이징 아시안게임 때는 우리가 북한과 함께 풍물굿을 가지고 〈합굿〉을 쳤다.

전문적으로 마을을 도는 걸립패는 서낭을 모시고 풍물을 치며 마을에 들어가 허락을 받은 후 동구 밖에서 〈문굿〉을 치고 집집마다 들러 〈지신밟기〉를 해 준다. 밤에는 마을 사람들을 위해 〈판굿〉을 치는데 이는 단순히 보여주기 위한 순수풍물굿이다. 이 전문적인 걸립패에 의해 풍물굿의 기예가 오늘날과 같이 발달하게 되었다. 최근에는 풍물굿이 지닌 축원이나 두레 등의 의례적 가치를 소홀히 하는 가운데 순수공연을 위한 풍물굿, 즉 〈판굿〉만이 공연되는 편이어서 풍물굿이 더욱 음악 부문으로 인식되고 있다. 또한 풍물굿은 공연적인 특성이 강하여 음악, 춤, 연극적 요소 등을 아우르는 종합예술장르라고 하겠다. 특히 잡색들에 의해 여러 연극적인 행위가 이루어진다.

풍물굿은 가락과 장단이 다양하다

풍물굿은 근래에 '농악'이라는 말로 널리 알려졌으나, 본래 '풍물', '풍장', '매구' 등의 용어로 불렸다. 우리의 대표적인 민속악으로 꼽히는 풍물굿의 명칭이 농악으로 된 것은 농사가 주업이었던 데서 연유한 듯하다. 그러나 농민들 스스로 농악이라고 불렀던 적은 없다. 오히려 일제의 민족 말살정책의 하나로써 일본의 탈놀이인 노가쿠[能樂]의 발음인 '노가쿠'를 본떠서 '농악'이라는 말을 만든 것으로 보는 경향이 있다. 분명한 것은 일제강점기부터 풍물굿이 농악으로 바뀌어 불렸다는 사실이다. 1936년 조선총독부에서 발행한 『부락제』라는 책에 '농악'이라는 용어가 처음 나오며, 일제시대 일본인에 의해 널리 유포된 말이다. 일하는 민중의 문화인 풍물굿이 농민의 음악이란 뜻의 '농악'이란 말로 일제에 의해 바뀌고 굳어지게 된 것이다. 일제말기에 일본은 태평양전쟁에 조달할 군수물자가 부족하자 이 땅에서 철물 공출의 명분으로 꽹과리와 징까지 모두 빼앗아갔다. 2006년 중국에서는 우리의 풍물굿을 '중국에 거주하는 조선족의 농무'라는 이름으로 유네스코 세계무형문화유산에 등재시켰다.

풍물굿에 사용되는 악기를 통틀어 '풍물'이라고 하는데, 사물(四物)인 꽹과리 · 징 · 장구 · 북은 물론 태평소(쇄납) · 소고(벅구) · 나발 · 가면 등이 풍물굿에 쓰인다. 특히 고려 말 중국에서 들어온 태평소는 40cm 정도 길이에 소리가 잘 퍼져 나가도록 나팔 모양으로 되어 있다. 우리나라 관악기가 주로 대나무로 만들어졌으나 이 악기만은 유자나무나 대추나무 같은 단단한 나무로 만들

태평소, 가락을 연주할 수 있는 악기 가운데 음량이 가장 큰 악기

고 밑부분을 동판으로 만들었다. 호적(胡笛) 또는 날라리라고도 하는 태평소는 가락을 연주할 수 있는 악기 가운데 음량이 가장 크다. 때문에 처음에는 군대에서 사용되었으며, 나중에는 풍물굿을 비롯한 민속악이나 종묘제례악 같은 궁중음악 등에 폭넓게 쓰이면서 강렬한 음색을 과시했다. 큰 음량과 더불어 구성진 음색, 다양한 시김새 가락은 국악기 중에서도 유명하다. 한편 나발은 115cm 정도 되는 긴 나팔 모양의 한국 전통의 관악기로서 유일한 금속악기다. 대취타와 같은 대규모의 군악에 주로 쓰일 만큼 우렁찬 음색을 지녔다.

풍물굿은 다양한 음악적 가락과 장단을 지니고 있다. 이는 '채'로 설명되는데, 풍물굿에 있어 채란 일종의 장단을 말하거니와 풍물굿은 채로 되어 있다고 할 수 있다. 채는 '두드리다' 혹은 '때리다'라는 뜻으로, 채에는 일채, 이채, 삼채, 사채, 오채, 육채, 칠채 등이 있다. 채라고 하는 이러한 가락은 때로 선후를 달리하거나 즉흥적인 변화가 있을 때가 많다. 이런 변화에 따라 즐거움을 주고, 집단적 신명을 불러일으킨다. 한편 '마치'는 단마치, 두마치, 세마치, 자진마치, 열두마치와 같은 다양한 장단의 변화를 지칭하는 말이다. 이와 같은 가락 이름에 들어가는 '채'와 '마치'는 징의 타점 수에 따라 붙여진 것이다.

풍물굿의 전반적인 가락구조를 보면, 기본 쇠가락이 대개 8~9종 정도가 된다. 이는 거의 4박자 자진모리 · 중중모리 · 휘모리 장단구조로 되어 있는데, 이 중에서 8할 이상이 자진모리이다. 풍물연주법의 특징은 음의 강약을 융합시키는 것과 엇붙임으로 장단과 장단 사이를 엮어나가는 것이다. 상쇠의 기본장단을 신호로, 처음에는 멋이 있는 가락으로 시작하여 점점 흥겨운 가락으로 승화되는 것이라 하겠다. 일반적으로 체계화된 지역이나 전문적인 걸립패들은 12채를 친다.

풍물패의 편성이 화려하다

풍물패의 행진

풍물패의 편성은 지방에 따라 차이가 있으나 깃발을 드는 기수, 악기를 연주하는 잽이, 탈을 쓰고 여러 가지 배역으로 분장하여 춤추는 잡색으로 편성되는 경우가 많다. 농기에는 흰색 천에다 먹글씨로 "농자천하지대본(農者天下之大本)", 또는 "신농유업(神農遺業)"이나 "황제신농씨유업(黃帝神農氏遺業)" 등의 문구를 적거나, 용의 모습만 깃발에 가득 차게 그리기도 한다. 기수는 더그레(쾌자, 까치등거리)에 벙거지(戰笠)를 쓰거나 평복을 입는다. 잽이를 굿치는 사람이란 뜻으로 '치배'라고도 한다. 잽이인 앞치배의 놀이는 크게 밑놀이와 윗놀이로 나눈다. 밑놀이는 굿가락의 악기연주를 말하며, 윗놀이는 상모돌리기를 말한다. 잽이들은 옛날 군졸들이 입었던 의상을 입고 그 위에 색띠를 걸쳐 매며 머리에는 벙거지나 고깔을 쓴다. 잽이들이 행진할 때는 보통 꽹과리ㆍ징ㆍ장구ㆍ북ㆍ소고의 순서로 선다.

꽹과리잽이는 2~5명 정도로 편성되며 '쇠잽이'라고도 부른다. 꽹과리잽이는 흔히 쇠옷에 벙거지를 쓴다. 꽹과리잽이의 리더를 상쇠, 상쇠의 발림을 쇠발림, 꽹과리 가락을 쇠가락이라 하듯이 '(진)쇠'는 '꽹과리'를 가리키던 것이다.

꽹과리잽이

그러다가 풍물패를 쇠꾼, 풍물패의 복색을 쇠옷, 풍물가락을 쇠가락이라 부르듯이 '쇠'라는 말이 '풍물'이란 뜻으로 두루 쓰이게 되었다. 쇠옷은 고장에 따라 다르나 본디는 색동 반소매가 달린 더그레를 입는다. 더그레나 등거리를 걸치면 색

쇠옷, 옛날 군졸의 의상차림에 색띠를 걸쳐 매며 벙거지나 고깔을 씀

띠를 띤다. 요즘에는 저고리에 색띠를 띠는 경우가 많다. 적 · 청 · 황의 색띠는 양 어깨와 허리에 두른다. 벙거지에는 긴 상모가 달려 이리저리 돌리게 되어 있다. 상모의 경우 종이를 가늘게 여러 가닥으로 접어 나비상을 만들기도 하고, 가늘고 긴 종이로 채상을 만들기도 하며, 깃털을 여러 개 모아 부포(날짐승의 깃털)상을 만들기도 한다.

꽹과리잽이 가운데 우두머리인 상쇠(上釗)는, 풍물패 전체의 지휘를 맡는다. 상쇠는 쇠가락과 여러 놀음의 솜씨가 뛰어나야 하고, 많은 가림새(절차)에 환해야 하며 쇠꾼들을 지도할 능력이 있어야 한다. 사실 세계 어디에도 쇠가락이 음악을 이끌어가는 사례는 없다. 우리의 꽹과리는 가락을 잘게 부수면서도 머릿속을 즐겁게 때리는 묘한 힘이 있다. 상쇠가 상모의 부포를 세울라 치면 객석은 흥겨움에 어깨가 들썩인다.

장구잽이는 1~4명으로 편성되는데, 우두머리는 설장구 · 수장구라 부른다. 설장구란 일어서서 어깨에 걸어 메고 치는 장구를 말한다. 여럿이 출 때도 있으나 대개 혼자서 추는 설장구춤(장구춤)에서는 치맛자락으로 날렵하게 허리를 매고 왼손에는 궁글채를, 오른손에는 채를 든다. 무엇보다 설장구춤은 다양하고 벼락치는 것 같은 가락에 발을 빠르게 옮기거나 도약하는 등 발디딤이 경쾌하고 발랄하다.

징잽이는 1~2명으로, 북잽이는 1~8명으로 편성된다. 소고잽이는 흔히 8

소고잽이

명으로 편성되며, 다른 잽이들과 같이 더그레나 색띠를 걸친 쇠옷에 고깔이나 채상이 달린 벙거지를 쓴다. 소고잽이는 꽹과리잽이와 같이 상모를 이리저리 돌리며 상모놀음을 하는데, 소고춤은 모자에 따라 춤이 다르다. 호남우도의 고깔소고춤은 상모에 꽃을 달고 춤에 몰두하며, 호남좌도의 채상소고춤은 긴 종이띠(채)를 단 상모를 돌리면서 추는 기예적인 춤이다. 소고잽이들이 지표면에서 20~30도가 되게 몸을 기울인 상태로 원을 그리며 회전하는 모습은 보는 이들로 하여금 가슴을 졸이게 한다.

잡색은 지역에 따라 가짓수에 차이를 보이나 보통 대포수(포수), 양반, 조리중, 각씨, 할미, 무동 등 10명 이내를 쓴다. 잡색의 복색은 저마다 배역대로 분장한다. 포수는 총을 들고 마을에 들어오는 잡귀를 쫓고 마을의 안녕을 비는 축귀적 역할을 한다. 잡색은 모두 하나씩인 데 비해 무동만 여럿인 경우가 많다. 이 잡색의 등장은 연극의 효시를 말해 준다. 두레 때의 풍물굿에는 잡색이 등장하지 않는다. 흔히 잽

잡색, 구경하는 사람들에게 장난을 걸거나 농담을 하며 판의 흥을 돋움

이가 앞에 서고 잡색이 뒤에 서기 때문에 전라도에서는 잽이를 '앞치배', 잡색을 '뒷치배'라 이르기도 한다. 잡색이 무수하게 따라다니는 〈판굿〉이야말로 공동체의식을 도모하는 풍물굿의 전형이다.

한국 5대농악이 있다

풍물굿은 지역에 따라 다양
한 모습을 보여준다. 호남지
역은 섬진강을 기준으로 산악
지대에 발달한 좌도풍물과 평
야지대를 중심으로 발달한 우
도풍물로 나눈다. 호남 우도
풍물은 장구 가락이 발달해 있
고 느린 가락이 많으며 리듬이

임실필봉농악, 임실군 강진면 필봉마을에서
300여 년 전부터 내려온 대표적인 호남 좌도농악

다채롭다. 우도풍물은 풍물을 치면서 각자 재능을 뽐내는 개인놀이가 발달
했고 발짓 중심의 아랫놀이가 매력적이다. 서쪽 평야지역에서 발달한 호
남 우도풍물 중에서 〈이리(익산의 옛지명)농악〉이 가장 많이 알려진 편이
다. 동쪽 내륙지역에서 발달한 호남 좌도풍물은 변주·기교가 덜하며 빠른
가락이 많은 편으로 단체놀이에 치중한다. 호남 좌도풍물은 꽹과리를 툭툭
치는 타법이 일품이며 빠르고 거친 가락에 상모 중심의 윗놀이가 다양하게
발달하고 음악과 춤사위에 있어서 짜임새가 정연하기로도 유명하다. 호남
좌도풍물은 모든 치배가 상모를 쓰는 게 특징이다. 상쇠 이하 징·장구잽
이까지는 부포를 단 부들상모를 쓰고, 소고잽이는 창호지를 길게 오려 단
채상모를 쓴다. 일명 '개꼬리상모'라 불리는 상쇠의 상모놀이는 전국에서
유일하게 남원농악 유명철만이 보유하고 있는 기량이라 한다. 호남 좌도풍
물 가운데 〈임실필봉농악〉이 매우 유명하다.

강원지역의 풍물굿은 여러 가락을 외가락으로 길게 반복하는 게 특징인
데, 강릉 홍제의 걸립풍물이 뛰어나다. 경기도지역은 가락이 분명하고 특히
꽹과리 가락이 다채로운데 평택의 걸립풍물과 이천의 마을풍물이 대표적이
다. 충청지역은 무동들의 단체무용과 설장구춤이 뛰어나며, 부여 추양리 마

을풍물과 대전 웃다리풍물이 대표적이다. 주로 충남지방에서 내려오는 웃다리풍물은 경기·충청 이북지역의 풍물로서 가락이 매우 빠르고 흥겨운 게 특징이다. 호남·영남지역의 풍물을 아랫다리풍물이라 한다. 영남지역은 '12차'라고 부르는 열두 차례의 거리가 있는데, 자진가락이 많고 꿋꿋하고 씩씩한 쇠가락이 특징이다. 예천 통영의 마을굿이 대표적이며, 〈진주삼천포농악〉이 중요무형문화재로 지정되어 있다. 경기·충청 일대의 풍물굿은 꽹과리가 중심이고, 호남풍물굿은 장구가, 영남풍물굿은 북이 중심이 된다.

풍물굿은 자체가 지닌 여러 확장적 요소와 전승력 때문에 분포도가 넓을 수도 있으나 풍물굿은 비교적 중부지방을 상한선으로 하여 남부에 집중되어 있다. 특기할 만한 것은 20세기 초반 제주도에도 풍물굿이 유입되었다. 오늘날 한국의 '5대농악'이라 하면, 국가지정 중요무형문화재인 〈평택농악〉, 〈진주삼천포농악〉, 〈이리농악〉, 〈강릉농악〉, 〈임실필봉농악〉 등이다.

풍물굿의 복식은 지역적 특색을 보임과 동시에 상징성을 나타낸다. 호남의 경우 머리에 상모·고깔·청목수건 등을 쓰고, 흰옷에 청·황·적의 색띠를 걸치고 대님을 맨다. 그리고 경기나 충청도의 경우는 머리에 나비상 벙거지를 쓰고, 흰옷에 등거리·잠방이를 입고, 흑색과 청색 더그레를 걸치고 홍띠를 두른다. 또한 영남지방의 경우 머리에 상모를 쓰고, 흰옷에 적·청·황색의 명주띠를 두른다. 이렇게 풍물굿의 복식은 백색을 모체로 하여 삼원색으로 아름다움과 역동성을 상징하고 있다. 뿐만 아니라 복식은 춤을 돋보이게 하는 역할도 한다.

풍물굿이 무대예술로 거듭나다

한국의 전통예술 중에서 풍물굿처럼 현대에 이르기까지 전승력을 과시하는 것도 드물다. 민속악 가운데 민요, 잡가, 판소리 등이 성악곡인 데 비

윗다리 평택농악, 윗다리농악은 다른 지역의
농악과 달리 유독 전문연희패적 성격이 강함

하여 풍물굿은 시나위나 산조와 함께 기악곡이다. 빠른 가락과 장단에 역동적인 소리 등을 가미한 풍물굿은 사람들에게 집단적 신명을 불러일으키는 강한 흡인력을 지니고 있다. 전국민속예술 경연대회를 중심으로 크고 작은 풍물굿 관련 경연대회가 전국적으로 1년에 100여 개 이상 열리고 있다. 예전 같지는 않지만 아직도 대사습놀이(국내 최고 권위의 국악경연대회)가 열리면 많은 사람들이 모여드는 전주실내체육관은 국악경연대회가 가장 많이 열리는 명소가 되었다.

국악공연으로 유명한 전주실내체육관

국악경연대회는 생활적 풍물굿을 예술적 풍물굿으로 변화시키는 역할을 하게 되었다. 경연대회로 인해 풍물굿에서 의례적, 놀이적, 연극적 요소 등이 사라지고 음악적, 무용적 요소 등이 강화되었다. 그리고 화려한 기예를 토대로 일치된 동작과 무용이 풍물굿의 중요한 요소로 자리잡게 됨으로써 〈판굿〉만이 풍물굿의 전부로 인식되기에 이르렀다. 한편 국악경연대

무대에서 공연되고 있는 판굿(풍물굿)

회에서 입상한 풍물굿은 문화재로 지정 받으면서 인근의 풍물굿을 통합하는 효과를 가져오며, 경연대회는 풍물굿의 공연화를 통해 예술성을 확보하는 데에도 일조를 한다. 뛰어난 기예를 갖춘 풍물패는 경연대회 입상을 기회로 인기를 얻으며, 지명도를 획득한 풍물패는 여러 곳의 행사장에 초청되어 풍물굿 공연을 한다. 풍물굿의 무대예술화가 이루어진 것이다. 흥과 신명을 바탕으로 무대와 관객이 하나 되는 풍물굿의 정신은 앞으로도 지속될 것이며 가꿔나가야 할 것이다.

악귀를 쫓고 복을 구하던 제의적 성격에서 출발한 풍물굿은 노동의 어려움을 극복하고 친목을 도모하는 차원에서 적절히 요구되었다. 무엇보다 19세기 농민운동, 민중봉기가 일어나는 곳마다 풍물굿이 있었다. 20세기 들어와서도 풍물굿은 성장 발전을 거듭했다. 그러나 일제의 억압과 함께 풍물굿은 중단될 수밖에 없었다. 순사들은 놋쇠로 된 징과 꽹과리 등을 모두 공출해 갔고, 풍물 치던 사람은 여기저기 흩어져 사라지고 말았다.

다행히 1970~80년대 들어 풍물굿은 노동 현장을 중심으로 사회통합을 모색하는 길에서 활발히 전개되었다. 특히 대학가를 중심으로 이루어지던 풍물굿의 보급과 전승운동은 1990년대 중반 이후 풍물굿이 사라진 농촌 현장으로 다시 돌아오게 되었다. 풍물굿은 각 지역별로 이루어지는 지방자치 시대에 맞춘 지역축제를 통해 쓰임이 빈번해진 것이다. 농촌지역 여성조직인 부녀회의 성장과 더불어 풍물굿의 향유자와 연행주체의 변화까지 일게 되었다. 부녀회의 등장과 함께 풍물굿이 활성화되면서 지도자의 필요성도 크게 대두되고 있는 실정이다.

시대의 변화와 사회발전에 따른 다양한 축제의 양상들이 풍물굿을 새롭게 요구하고 있다. 새해맞이 풍물굿을 통해 새 희망을 빌고 가옥을 새로 장만한 기쁨을 이웃과 함께하고, 새로운 정부의 시작과 함께 국가의 번영을 기원하면서 풍물굿을 즐긴다. 이제는 풍물굿이 농촌뿐만 아니라 도시로까지 확대되고 풍물패가 없는 학교는 거의 없을 정도이다. 요즘에는 도시의 동 단위까지 주부 풍물패가 결성되고 있는 추세다. 주부들의 경우 접근하기 힘든 고급예술의 난해함이나 고비용의 부담 등을 덜면서 인간 본연의 감성과 신명을 표출하기에 적절한 풍물굿에 빠져들면서 자신들의 문화적 욕구를 자유로이 발산하고 있다.

사물놀이는 외국에서 높이 평가받고 있다

사물놀이의 개척자이자 장구의 명인인 김덕수

사물놀이패는 한국 전통음악을 세계적인 음악으로 발전시켜 나가는 데 앞장서고 있다. 한국을 넘어 여러 나라의 팬을 확보하고 있는 사물놀이의 명인 김덕수는 만 5세 때 남사당패의 무동으로 예술세계에 뛰어들었다. 1978년 김덕수는 풍물에서 네 가지 악기, 즉 사물만 빼내어 실내악으로 편성한 사물놀이를 창조하였다.

풍물굿과 사물놀이의 차이를 살펴보면 다음과 같다. 첫째, 장르적 측면에서 풍물굿은 의례, 놀이, 극 등 다양성을 지닌 반면 사물놀이는 음악적이다. 둘째, 연행장소 면에서 풍물굿은 논, 마을, 마당 등 삶의 현장에서 이루어지는 데 비해 사물놀이는 무대에서 이루어진다. 셋째, 인물 면에서 풍물굿은 많은 사람이 한데 어우러지는 데 비해 사물놀이는 뛰어난 기예를 갖춘 전문가에 의해 이루어진다. 넷째, 가락의 짜임새를 보면 풍물굿은 맺는 가락과 푸는 가락이 반복 교체되는 반면 사물놀이는 느린 가락에서 빠른 가락으로 가속화된다. 이밖에 연주형태, 연주시간, 발림과 춤사위, 진풀이 행렬 등에 있어 차이가 난다. 다시 말해 사물놀이는 풍물굿에서 사용되는 악기와 가락을 중심으로 삶의 풍물굿을 무대예술화시킨 것이다.

세계적으로 한국악을 대표하는 사물놀이 공연

풍물굿도 삶의 현장에서 벗어나 사물놀이처럼 공연으로 이루어지고 무대화 과정을 겪게 되는데, 사물놀이의 영향이 크게 작용했다. 그리고 경연대회 등을 통해 근근히 명맥을 유지해 가는 정도이던 풍물굿은 사물놀이가 등장하면서 대학뿐만 아니라 초·중·고등학교 그리고 일반대중에게도 관심을 확장시켰다. 사물놀이가 풍물굿을 대중화시키는 데 크게 기여한 것이다. 사물놀이를 하기 위해서는 많은 시간과 노력을 투자하여 일정한 기예를 습득해야 하기 때문에 일반 사람들이 접근하기에는 어려움이 있다. 접근성이 좋은 풍물굿이 이러한 한계를 적절하게 보완해 주고 있다.

풍물굿에 뿌리를 두고 있는 사물놀이는 우리의 전통문화를 현대적으로 재창조한 성공적인 사례로 꼽힌다. 네 가지의 타악기로만 새롭게 구성한 이 실내무대악은 해외공연을 통해서도 각광을 받고 있다. 1980년대 이래 세계의 많은 사람들이 사물놀이를 통해 한국음악을 바라보고 한국의 문화를 이해할 만큼 사물놀이는 한국을 대표하는 음악으로 알려졌다. 사물놀이가 요새는 여러 가지로 달라진 모습을 보이고 있다. 공연자들이 일어서서 연주하기도 하고, 인원이 늘어 사물 이외에 태평소·소고가 추가되기도 한다. 풍물굿의 발림이나 진풀이 행렬을 연상케 하듯 동작적 요소까지 도입하면서 공연적 효과를 극대화시키고자 많은 노력을 하고 있다.

사물놀이에서 무엇보다 중요한 것은 조화의 원리라고 본다. 우선 음양의 조화로서 사물이라는 악기가 이미 음양으로 구별된다. 금속악기인 징[大金]과 꽹과리[小金]는 양을 상징하고, 가죽악기인 장구와 북은 음을 상징한다.

꽹과리   장구

북   징

사물놀이의 네 가지 악기

따라서 꽹과리소리가 커지면 장구소리는 작아지고, 반대로 장구소리가 커지면 꽹과리소리가 작아진다. 센소리가 나며 울림이 적은 금속악기는 하늘의 소리로 비유되고 부드러운 소리가 나며 울림이 큰 가죽악기는 땅의 소리로 비유된다. 따라서 사물놀이는 자연과 인간의 소리가 합쳐진 것으로 우리가 꿈꾸는 조화로운 삶을 나타낸다고 할 수 있다.

사물놀이의 날카로운 것과 부드러운 것의 조화도 들 수 있는데, 꽹과리는 가락을 잘게 쪼개는 데 비하여 징은 크게 뭉친다. 즉 징은 매번 장단이 시작되는 첫 박자에 쳐서 잔가락을 연주하는 꽹과리의 튀는 소리를 감싸는 역할을 한다. 징을 연주할 때는 채 끝에 헝겊을 여러 번 감아서 치기 때문에 소리가 웅장하면서도 부드럽고 파장이 깊어서 여운이 오래 지속된다.

한편 장구는 가락을 잘게 나누지만 북은 원박만 짚고 감으로써 소리를 다진다. '채를 들고 치는 북'이라는 뜻에서 이름 붙여진 장구[杖鼓]는 가운데 허리 부분에 울림통을 사이에 두고 양쪽에 큰 나무통 2개가 있다. 왼쪽 통은 오른쪽 통보다 조금 크고 가죽도 두꺼워서 저음이 난다. 보통 왼쪽 통은

쇠가죽으로, 오른쪽 통은 말가죽으로 만든다. 대개 왼쪽은 손바닥으로 두드리고, 오른쪽은 대쪽으로 된 채로 쳐서 연주한다. 장구는 이와 같이 사물놀이 연주에 함께 사용되거나 〈판굿〉 연주에서 다른 악기들과 서서 연주되는 게 대부분이나 솔로악기로서 연주되는 경우도 있다. 북은 소나무로 짠 공명통에 소가죽을 메어 만들며, 솜씨의 우열은 가죽을 다루는 데 있다.

가락이 느릴 때 한없이 느리고 빠르게 연주할 때 한없이 몰아치는 긴장과 이완의 조화도 사물놀이의 중요한 특징이다. 강렬한 금속성의 음과 묵직하고 요란한 비트[拍]의 속성이 강한 이러한 사물놀이는 서양의 헤비메탈에 비유될 수 있다.

요즘 사물놀이는 단독연주에 그치지 않고 국악관현악이나 대중가요와 협연하기도 하며, 나아가 서양의 오케스트라나 재즈와도 협연하는 경향이다. 무엇보다 최근에는 사물놀이의 변형이라 할 수 있는 '난타'라는 이름의 공연이 전 세계를 강타하고 있다. 난타는 사물놀이에 없는 '이야기'라는 극적 요소를 가미하며 재미를 유발한다.

민요는 가장 대중적인 음악이다

오늘날 개인의 심미적 체험이 상당히 중시되고 가상세계의 환상이 확산 일로에 있다. 이와 같은 경향 속에서 힘든 삶의 현장과 함께 어우러지며 정겹게 지내오던 우리들의 정서에 우위를 차지하는 민요(民謠)를 내세우는 일은 매우 어려운 일이 되었다. 그러나 우리의 가장 대중적인 민요는 현대에도 얼마든지 힘을 발휘할 수 있다. 일찍이(1970) 세계 각국 아기들을 빨리 잠들게 하는 세계자장가대회에서 슈베르트, 브람스 등 세계적 음악가의 자장가를 누르고 우리의 자장가 즉 한국민요가 1등을 차지한 바 있다. 1930년대 특정인의 작사와 작곡을 통해 민요풍의 대중가요가 등장하여 해방 이후까지 맥을 이었다. 1966년 첫 음반 〈지게소리〉를 내고 국악계에 나타난

김용우는 전통소리에 재즈·테크노까지 현대적 색채를 입히며 새 바람을 일으켰다. 〈진주난봉가〉는 이정식의 재즈 쿼르텟과 함께 했고, 〈군밤타령〉은 아카펠라 그룹 '더 솔리스트'의 노래에

기존의 아카펠라의 고정관념을 깨고 새로이 대중 앞에 나선, 더 솔리스트

맞춰 함께 부르며 민요의 현대화 작업을 거듭했다. 테크노 DJ의 리듬에 맞춰 전통민요를 소화하는 파격적 실험에 그가 움직일 때마다 항상 함께하는 고정 팬만 수백여 명에 이른다.

향토민요를 현대적 감각으로 재창조함은 물론 가곡이나 대중음악의 창작에 민요가 활용되고 있다. 한국음악의 미래를 위해 민요에 대한 애정 어린 관심과 새로운 시각을 보여주고 있는 동향을 보게 된다. 이러한 사정은 북한에서도 다르지 않다. '주체농법 만세소리 하늘땅에 울려가네', '얼싸좋네 새땅이 늘어나네'처럼 민요를 바탕으로 한 노래의 창작이 지속적으로 이루어지고 있다.[7]

민요에는 민중의 소박한 생활감정과 진솔한 사상이 표현된다. 옛날 성군들이 민요를 듣고 백성들의 삶을 살피고 마음을 헤아려 선정을 베푸는 데 참고했다고 하는 것도 바로 이런 점 때문이다. 조선은 건국 초부터 농업을 중시하는 정책을 펴나갔다. 실록에 의하면 태종은 상왕으로 물러앉은 뒤에도 농부들을 불러 농요를 부르게 했으며, 세조나 성종도 농요 듣기를 즐겨 했다.

민요는 일정한 이념이나 경직된 사고가 아닌 자유분방한 서민들의 느낌

---

7) 강등학, 「민요의 이해」, 『한국구비문학의 이해』, 월인, 2000, 276면.

과 의지와 생각의 결집이다. 대다수의 많은 민중들은 민요를 통해 공감대를 형성하게 됨으로써 민요는 한민족의 보편적인 정서를 획득한다. 재주를 앞세워 꾸미기에 급급한 요즘의 현란한 음악들에 비하면 태생적으로 민요의 체질은 다르다. 대부분의 민요는 만든 사람을 알 수 없다. 여간 겸손한 덕목이 아니다. 다투어 이름을 드러내고 싶어 하는 주변의 세태에 비하면 민요의 겸양은 군자의 품도에 다름없다.[8]

오래전 조지훈 시인은 시를 쓰려면 우리 음악을 알아야 한다고 강조한 바 있다. 그리고 신경림 시인은 민요를 통해서 국악에 가까이 다가갈 수 있었다고 술회했다.[9] 민요를 이해하는 데 가장 중요한 것 중의 하나가 사설이다. 그만큼 민요는 문학으로서의 위상이 높다. 민요는 민중들의 생활에서 떠나서는 탄생할 수 없는 구비문학의 한 갈래다.

민요의 기원을 알기란 불가능에 가깝다고 할 만큼 한국민요의 역사가 상고시대부터 시작되었음은 우리 문학사를 통하여 확인할 수 있다. 〈구지가〉는 분명 신맞이굿(영신제)을 하면서 가락국 민중들이 불렀던 민요이다. 또 향가 가운데 〈서동요〉·〈풍요〉·〈헌화가〉 등은 민요로 인정되고 있으며, 〈동동〉·〈처용가〉·〈정석가〉 등 고려속요 대부분이 민요로서의 성격을 갖추고 있음은 널리 알려진 일이다. 조선전기 정치적 목적에 따른 민요의 관심을 넘어 조선후기 대중문화적 욕구에 부응하여 민요가 성행했다. 또한 조선후기 발달한 판소리와 탈춤 장르에 민요의 영향이 컸다. 판소리와 탈춤 가운데 민요가 상당

드라마 〈서동요〉 출연진, 설화이자 향가이며 민요인 서동요가 드라마로 재현

---

8) 한명희(방일영국악상 심사위원장), 〈조선일보〉, 2006. 11. 8. 16면.

9) 송혜진, 앞의 책, 26면.

수 포함되어 있는 것도 이 때문이다.

민중의 노래이자 민족음악인 민요의 특징을 다섯 가지 정도로 요약해 볼 수 있다. 첫째 민요의 창자는 가장 대중적인 집단이다. 비교적 다른 음악장르가 계급적으로 그 고유성이 강하게 유지된다는 점에서 민요는 차별화된다. 같은 민속악이라도 무가가 무당, 불가가 승려, 잡가와 판소리가 광대들이라는 특수집단에 의해서 불리는 것과 대조를 이루기 때문이다. 따라서 민요를 노래한 비전문적인 민중은 합리적 현실에 대해서는 힘들어도 참고 견디며 오히려 익살과 해학으로 어려움을 달랬다. 대신 부조리와 모순의 현실에 대해서는 용기 있게 저항하는 모습을 보였다.

둘째, 민요는 창자의 자족적인 노래다. 설화나 무가 또는 판소리처럼 상대방에게 들려주기 위한 것이 아니라, 민요는 듣는 이 없이 혼자 부를 수 있다. 다시 말해 민요는 생활의 요청에 의해 불리는 자족적인 노래다. 스스로 필요에 따라 부르고 즐기는 노래가 바로 민요이다. 창자들이 삶의 현장에서 생활 감정과 생각을 진솔하게 표현하고 있다. 민요는 민중들의 일상적이고 보편적인 삶의 내용이다. 민요의 주제가 다양한 것도 이 때문이다. 인생, 자연, 가정, 사회, 노동, 유흥, 이성, 감성 등 일상적 생활에서 도덕적 관념에 이르기까지 주제의 범주가 지극히 방대하다.

셋째, 민요의 가사는 계속하여 재창조된다. 민요는 구비 전승된다는 측면에서 부를 때마다 노래의 가사가 다를 수 있다. 즉 민요는 민중에 의해 끊임없이 재창작된다. 하나의 노래는 민중의 공감대를 형성하여 불려지게 되면 무수히 전파되고 전승된다. 이때 새로 생겨난 변이형은 즉흥성과 개별성을 지닌 구체적인 현장 상황물로서 원심적인 구연을 이루게 되어 새로운 노래가 된다. 그러면서도 구심을 찾아 원형의 모티브를 지향하기도 한다.

넷째, 민요는 지역성이 강하다. 민요가 지역에 따라 다른 면을 보이는 것은 그것이 민중의 생활과 직접적으로 연결되어 있기 때문이다. 이렇듯 민요는 생활과 밀접한 관련을 맺고 형성되었으며, 그 기능에 따라 노동요, 의식요, 유희요로 분류된다. 따라서 전통적 생활양식이 바뀌는 산업화의 과정에서 비기능의 유흥민요가 크게 늘어났다.

다섯째, 민요를 듣는 대상은 비전문가 집단이다. 듣는 사람이 있더라도 듣는 대상이 다른 민속예술과는 차이가 있다. 설화나 판소리 등과 같은 장르는 지배층도 참여한다. 그러나 민요의 경우 청중이나 전승 대상이 민중에 국한된다. 그만큼 민요는 기층성이 가장 강한 장르라 할 수 있다. 민요가 심리적 일체감을 조성하고 행동의 통일을 이끄는 데 크게 기여하는 것도 이에 기인한다.

대중과 더불어 일찍부터 끊임없이 성장해 온 민요는 전파 범위에 따라 토속민요(향토민요)와 통속민요(유행민요)로 대별할 수 있다. 향토 주민들이 생활하며 자기 지역에서만 부르는 소리가 토속민요다. 이를테면 모심는소리, 회다지소리 같은 것들이다. 한편 잔치마당에 불려 다니면서 소리꾼들이 부르는 세련된 소리가 통속민요이다. 통속민요는 19세기 후반 잡가를 부르던 전문음악인들이 각 지역에 전승되던 민요를 그들의 취향에 맞도록 다듬어 노래한 것이다. 이 통속민요는 〈육자배기〉, 〈창부타령〉처럼 특정지역의 범위를 벗어나 전국적으로 유행하게 된 노래들이다.

이러한 성격을 지닌 민요는 장르, 창자, 가창방식, 기능, 율격, 시대, 지역, 창곡 등 분류의 기준에 따라 여러 가지로 나뉠 수 있다. 예컨대 장르에 따른 분류로 서사적인 민요와 서정적인 민요가 있고, 창자에 의한 분류로 동요·부요·여요·남요가 있으며, 가창방식에 따라 선후창·교환창·교창 등이 있다. 가창방식의 경우도 혼자 부르는 독창과 여럿이 함께 부르는 공동창으로 나누기도 하며, 공동창은 다시 선후창, 교환창, 복창, 제창 등으로 구분하기도 한다. 가장 많이 쓰이는 우리 민요의 가창방식은 독창과 선후창이며, 선후창은 후렴이 있는 민요를 부르는 가장 보편적인 가창방식이다. 그러나 무엇보다 민요가 생활 속에서 자연스럽게 형성된 소리라는 점에서 기능적 성격에 따라 노동요, 의식요, 유희요 등으로 구분될 수 있을 것이다.

가장 비중이 큰 민요는 노동요다

　민요를 부르는 사람들을 만나면 "살기도 어렵고 일도 힘들다"는 말을 많이 한다. 노래를 부르면 "힘도 덜 들고 고된 줄도 몰랐다"고도 한다. 노동요는 노동의 고통을 덜고 일의 능률을 높이기 위한 노래다. 노동요의 기능을 보면 여럿이 노동을 하는 경우 행동을 통일시켜서 힘을 모을 수가 있으며, 또한 작업을 독려하여 일의

도리깨질하는 모습

지겨움을 잊게 하는 역할을 한다. 노동요는 일을 하면서 부르는 노래이므로 단지 일을 소재로 한 민요는 노동요가 아니다.

　노동요에는 농업, 어업, 임업, 길쌈, 방아찧기 따위에 관한 것들이 있다. 즉 농민들이 농사지으면서 부르는 소리, 어민들이 고기 잡고 배를 몰며 부르는 소리, 나무꾼·목수들이 나무를 하거나 대목 일을 하면서 부르는 소리, 부녀자들이 길쌈이나 방아찧기를 하며 부르는 소리 등이 있다. 그러나 논농사·밭농사에 따른 농업노동요가 대부분을 차지하며, 그 가운데서도 논농사요가 많다. 논농사요에는 논가는소리, 논삶는소리, 모찌기소리, 모심는소리, 논매는소리, 벼베기소리, 볏단나르는소리, 벼타작소리 등이 있다.

　조선조 농업과 관련된 가장 중요한 성과의 하나는 이앙법의 시행이었다. 숙종 때에 이르면 이앙법이 전면 시행되기에 이른다. 그 결과 '모심는소리'가 전국적으로 불려지게 되었다. 한편 농사 중에서도 김매기가 무엇보다 큰 일인 만큼 '논매는소리'가 가장 가짓수도 많고 음악적으로 두드러진다. 논농사요 가운데 어느 지역이고 거의 예외 없이 존재하는 것은 모심는소리

모심는 모습

와 논매는소리다. 이 모심는 소리와 논매는소리를 통해서 민요의 전국적인 판도를 파악하기도 한다. 논매는소리는 고장마다 여러 가지가 있으나, 경기·충청·전라도에서는 방아타령(방개소리)을 많이 부르고, 강원도·경상도에서는 메나리(산유화, 어사용)를 많이 부른다. 방아타령은 경토리에 가깝고 메나리는 메나리토리로 되어 있다.

어업 관련 민요 가운데는 '노젓는소리'가 가장 흔하기 때문에 뱃노래라면 노젓는소리를 가리킨다. 노젓는소리는 동해안·서해안 모두 메나리토리가 많은데 남쪽으로 내려오면 육자배기토리가 섞이고, 서북쪽으로 가면 수심가토리로 바뀐다. 한 장단을 메기고 한 장단을 '어기여차'하고 받는데, 메기는 소리와 받는 소리가 다성

노 젓는 모습

적(多聲的)으로 얽히는 것이 많아 매우 구성지고 역동적이다.

임업과 관련하여 '나무하는소리'는 임산물채취요 가운데 분포가 가장 넓은 노래다. 나무꾼들이 부르는 나무하는소리는 흔히 경상도·강원도에서 들을 수 있는데 '어사용'이라 부른다. 이 어사용은 농사짓는 소리의 산유화 및 메나리와 관련 있는 민요로 자유리듬에 메나리토리로 매우 길게 부른다. 주로 남성들이 부르는데, "어허허야 에야 / 목은 말라 컬컬하고 배는 고파

등에 붙고 / 이내 팔자 어
찌되어 이런 꼴로 되었던
고 에헤이여"와 같이 일꾼
들의 신세타령이 주조를
이룬다. 제주도에서는 나
무꾼들이 장작을 패며 도
끼질소리를 하고, 대목들
의 경우 톱질소리·대패
질소리를 한다. 전라남도

길쌈노동요(2010), 전남 화순에서 열린 공연으로
고려시대부터 여인들이 부르던 노래를 재현한 것

에서는 상량소리를 하고, 충북에서는 나무하는소리와 나무꾼소리를 한다.

길쌈노동요는 물론 삼 껍질을 물에 축여서 째고, 말린 다음 삼을 이어가
며 삼 삼기를 하거나, 베틀에서 베를 짜거나, 실을 자아내기 위해 물레질을
하면서 부르는 소리를 일컫는다. 여기서 시집살이의 어려움을 노래하거나
삶의 고난을 읊조린다. 기능요라고는 하나 자신의 정서를 표출하기에 알맞
아 비기능요에 나타나는 사설들이 등장한다.

노동요 가운데 전국적으로 고르게 분포되어 있는 '목도소리'는 토목이나
건축의 현장에서 불린다. 목도소리는 무거운 통나무나 돌을 나를 때 여럿
이 함께 걸음을 옮기기에
알맞도록 되어 있다. 발도
맞추고 고통도 덜 겸 해서
보통 목도꾼들은 "어이야
어이야" 또는 "허어여허여
허영차허여" 등 짧은 소리
를 질러가며 짐을 운반하
는 것이다. 한편 '터다지
는소리'는 큰 돌이나 나무

목도소리, 경상남도 거창군이 주관한 경남민속
예술축제에서 공연된 양산시 원동 목도소리

를 여럿이 일시에 들었다 내리며 땅을 다지기에 알맞도록 되어 있다.

노동요의 형성과 내용 및 구성 등은 그 기능과 맞물려 있다. 노동요의 사설의 내용은 작업을 독려하거나, 일꾼들을 격려하는 것, 그리고 작업의 진행에 필요한 사항들을 전하는 것 등이 주종을 이룬다. 노동요의 사설 가운데는 이성관계의 내용이 많다. 남녀의 이별과 그리움, 성적 관심과 욕구 등에 관한 것이 대부분을 차지한다. 이러한 이성관계의 내용은 작업의 현장에서 지루함을 더는 실용적 효과가 있다.

민요에 의식요와 유희요가 있다

민요에는 노동요 외에도 의식요와 유희요가 많다. 일반적으로 의식요(儀式謠)는 크게 세시의식요와 장례의식요로 나뉜다. 그러나 의식요를 기원의식요 · 통과의식요 · 벽사의식요로 구분하기도 한다.[10] 다시 기원의식요는 안녕기원요(지신밟는소리 등) · 풍요기원요(고기부르는소리 등) · 탐색기원요(신부르는소리 등)로 나누고, 통과의식요는 결혼요 · 수연요 · 장례요로 나누며, 벽사의식요는 축귀요 · 축질요 · 축화요로 나눈다.

자연의 변화에 따른 재앙을 극복하고 풍요를 기원하는 세시의식요로 대표적인 것에는 가정을 위한 안택노

걸궁(걸립)노래, 상쇠가 앞장서서 풍물을 치며
마을을 도는 거리굿

래 · 성주풀이가 있으며, 마을을 위한 지신밟기노래 · 걸궁노래 · 고사요 같

---

10) 강등학, 「민요의 이해」, 『한국구비문학의 이해』, 월인, 2000, 225~228면.

은 것이 있다. 걸궁노래란 본굿을 시작하기 전에 거리마다 다니며 부정을 씻고 액을 물리치는 거리굿이다. 지신밟기노래와 걸궁노래에서 중심이 되는 노랫말은 성주의 근본, 벌목과 건축, 성주모시기, 기원과 축귀 등으로 짜여져 있는 성주풀이다. 특히 성주풀이는 흥과 멋이 어우러진 경상도지방의 무속음악이다. 이들 세시의식요의 가창 시기는 대체로 정초부터 정월대보름 사이다.

인간의 삶에서 중요한 고비마다 거행하는 통과의례 중 죽음에 이르렀을 때 치르는 의식이야말로 가장 엄중하다고 할 수 있으며, 이때 불려지는 노래들을 장례의식요라고 한다. 의식 수행에 있어 엄격한 절차에 따르는 장례요에 다스래기소리, 상여소리, 가래질소리, 회다지소리(달구질소리) 등이 있다. 즉 상두꾼들이 출상 전날 밤에 상여대를 메

망자를 묻고 묘를 만들기 위해 회(灰)를 섞은
흙을 다지며 부르는 민요인 회다지소리

고 부르는 다스래기소리, 장지까지 운구하는 과정에서 가창하는 상여소리, 장지에 매장하는 가운데 가래로 흙을 뜨면서 부르는 가래질소리, 흙과 회를 섞어가며 밟고 다지는 회다지소리가 그것이다. 상여소리, 회다지소리에 나오는 "세상천지 만물 중에 사람 밖에 또 있는가"라는 가사는 인간 생명에 대한 가치 인식이 돋보인다.

의식요에는 이밖에도 불교, 무속, 속신 같은 종교와 관련된 의식 수행에 필요한 민요가 있다. 불교의식요에는 회심곡·염불노래 같은 것이 있는데, 회심곡은 『부모은중경』에 바탕을 두고 서산대사가 지은 대중포교를 위한

불교노래로서 효도의 소중함을 읊은 정감어린 노랫가락이다. 『부모은중경』은 중국의 고승 구마라습(鳩麻羅什)이 인도 불경을 한역한 『불설대보부모은중경(佛說大報父母恩重經)』을 줄여 부른 이름이다. 무속의식요에는 조상굿·샘굿·대감풀이 등이 있다. 치병 관련 속신

부모은중경, 아버지의 은혜를 두드러지게 내세우는 유교의 『효경』과 달리 아버지보다 어머니 은혜를 강조하는 경

의식요로는 학질에 걸렸을 때 그것을 떼어버리는 의식을 행하며 부르는 푸심떼기소리나 흙을 잘못 다루어 지신이 분노함으로써 얻게 된 재앙을 물리칠 때 부르는 동투잡이 등이 있다.

민요에는 놀이의 진행을 돕거나 혹은 놀이에 흥을 더하기 위하여 부르는 유희요가 있다. 유희요는 무엇보다 일상성과 비일상성의 여부에 따라 구분될 수 있다. 그 밖에도 놀이의 방식에 따라 같은 조건하에서 승부를 가르는 경기적인 것과 단지 유희적 성격의 것 등으로 구분될 수 있다. 또 유희도구의 유무에 의해 구분될 수 있으며, 놀이하는 인원수에 따라서 집단놀이요, 개인놀이요 등으로 구분될 수도 있다.

무엇보다 일상성의 여부에 따라 구분되는 유희요로서 세시유희요와 일상유희요가 있다. 명절날 마을 사람들이 모여서 부르는 세시유희요에는 정월대보름에 성인 여성들이 집단으로 부르던 전남의 강강술래나 경북의 놋다리밟기노래 등이 유명하다. 일상유희요에는 투전노래, 술래잡기노래, 흙장난노래, 처녀총각노래 등이 있다.

도구 없이 몸으로만 노는 놀이에서 부르는 동작유희요가 있다. 동작유희요에는 승패를 가리는 동작경기요와 단지 율동을 즐기는 무용유희요(동작연기요)가 있다. 동작경기요의 대부분은 전국적인 분포를 보이는데,

그 대표적인 예가 "오거리 저거리 각거리 / 천지만지 조만지"로 시작하는 '다리뽑기하는소리'다. 무용유희요는 대체적으로 여럿이 줄을 지어서 원을 만들며 춤을 추면서 부르는 노래이다. 여성들에 의해서 가창되는 경우가 많으며, 농업과 어업의 풍요를 기원하는 주술성도 지닌다. 강강술래 · 놋다리밟기 · 월워리청청 · 청애엮기 · 기와밟기에 불리는 노래 등이 이에 포함된다.

　도구를 사용하는 놀이에서 부르는 기구유희요에도 경기적인 것과 연기적인 것이 있다. 먼저 경기적인 기구유희요는 줄다리기 · 윷놀이 · 골패 · 장기 등을 하면서 부르는 노래이다. 그리고 연기적인 기구유희요는 승부를 겨루기보다는 놀이적 성격이 강하며, 그네뛰기 · 널뛰기 · 연날리기 등을 하면서 부르는 노래들이다.

　유희요에는 언어유희요도 있는데, 언어유희요에는 천자문 · 한글자모 · 요일 · 성씨를 가지고 문자를 풀이해 나가며 부르는

술래잡기(놀이). 술래나 맨 앞사람이 일렬로
늘어선 대열의 끝 사람을 떼어내는 놀이

것이 있다. 끝소리를 맞추거나 말잇기의 방법을 사용하거나, 수를 세면서 부르기도 한다. 기준을 달리 함에 따라 유희요는 다양하게 구분될 수 있다. 아동유희요라고 한다면 소꿉놀이 · 술래놀이 · 고무줄놀이 · 그림그리기를 하면서 부르는 노래다. 술래놀이(잡기)는 꼬리잡기라고도 하는데 술래나 맨 앞사람이 허리를 잡고 일렬로 늘어선 대열의 끝 사람을 떼어내는 놀이이다.

　한편 생활상의 일정한 기능이 없이 노래 자체의 즐거움 때문에 불려지는 민요를 비기능요라 한다. 노래 자체만을 즐기는 비기능요는 사실상 민요의

분류에서 제외시켜 왔었다. 그러나 노래 자체를 즐기기 위해 부르는 비기능요들도 '가창유희요'라고 이름하여 유희요의 범주에 넣어 다루어야 한다는 주장이 새롭게 제기되었다.[11]

개인적 정서의 표출이 강한 비기능요 가운데 가장 대표적인 것으로는 아리랑을 들 수 있으며, 그 밖에 창부타령·노랫가락·도라지타령·양산도 등도 들 수 있다. 서울 경기지역에서 불리던 '창부타령'이나 '노랫가락'과 같은 민요는 무당들이 부르던 무가였던 것을 감안하면 무속의 영향력을 여기서도 새삼 느낄 수 있다. 물론 노랫가락은 원래 무당이 격이 높은 신령에게 바치는 무가인 데 비해 창부타령은 격이 낮은 신령이 인간에게 불러주는 무가이다. 1910년대에는 무당이 아닌 기생들이 무가를 부르기 시작했으며 노랫가락은 현재 통속민요로서 전 국민의 애호를 얻게 되었다. 비기능요는 크게 서정적인 노래, 서사적인 노래, 교술적인 노래로 분류될 수 있다.

서정적인 민요에는 부모를 원망하며 머슴도 좋으니 시집 보내달라는 노처녀의 호소를 비롯하여 며느리로서의 생활적 고통을 호소하는 등 여성들의 정한을 노래한 것들이 주류를 이룬다. 또한 위선적인 기성윤리에 아랑곳하지 않고 본능적 욕구나 감정 표출을 주저하지 않은 것들이 있다. 서사적인 민요는 이야기를 엮는 것처럼 인물이 등장하고 사건이 전개되는 노래이다. 친정에 가고 싶은 생각, 시집에 대한 항거, 꼬댁각시의 고생, 쾌자노래, 지배계층의 착취에 대한 괴로움과 반항 등이 있다. 이밖에 희극적인 서사민요의 유형에 영해영덕 소금장사, 강원도 금강산 조리장사, 메뚜기타령 등이 있다. 교술적인 민요는 동식물이나 사물의 특징을 자세하게 설명하는데, 타령의 형식을 지녀서 유희요적인 성격이 짙다고 할 수 있다. 꽃노래, 나무노래, 이노래, 쥐노래, 버선노래, 치마노래, 엿타령, 부채타령 등이 있다.

---

11) 강등학, 「삼척지역의 메나리에 관한 연구」, 『반교어문연구』 제2집, 반교어문연구회, 1990, 98~99면 재인용.

토리(목)가 지역적 특색을 나타낸다

　민요는 지방에 따라 독자적인 특성을 지니고 발달했다. 때문에 음악적으로 민요권이라는 것이 형성되어 왔고 따라서 민요는 지역적 특색을 기준으로 분류되곤 한다. 서양음악이 음의 높낮이와 지속을 중시한 반면, 한국음악은 음의 색깔, 즉 음색이 고도로 발전했다.

　지역마다 그 나름대로 갖고 있는 고유하고 독특한 음색을 순우리말로 '토리'(목)라고 하는데, 보통 'OO조(調)'라고도 한다. 소리꾼들이 각 지방 민요의 토리를 말할 경우 평안도의 수심가조, 경기도의 창부타령조, 전라도의 육자배기조, 경상도의 메나리조 등으로도 부르기 때문이다. 예컨대 육자배기조는 '미·라·도' 세 음으로 이루어져 있는데, '미'음은 주로 음을 흔들어 떠는 성질을, '도'음은 '도'에서 '시'로 꺾는 특성을,

지역별 민요분포도

미와 도 사이 가운데 해당하는 '라'음은 평평하게 소리 내는 특징을 지닌다.

　'김매기소리' 하나만 하더라도 강원도, 평안도, 경상도, 전라도가 다 다르다. 따라서 서도민요권(일명 수심가토리권, 평안도·황해도), 경기민요권(경토리권, 서울·경기도·충청도 북부), 남도민요권(육자배기토리권, 전라도·충청도 일부), 동부민요권(메나리토리권, 함경도·강원도·경상도), 제주민요권(제주토리권)이라는 5대 지역적 분류에 주목할 수 있다. 전국의

소리 권역을 크게 강원도, 경기도, 충남 및 호남, 영남의 넷으로 구분하여, 4개 민요권의 음악적 특징을 메나리토리, 경토리, 육자배기토리의 세 가지로 집약하기도 한다.

그러므로 보통 서도민요, 경기민요, 남도민요 등으로 지칭하는 것은 주로 대표적인 통속민요를 가리킬 때 사용되지만, 보다 세부적인 음악적 특징을 가리킬 때는 수심가토리, 경토리, 육자배기토리 등의 용어를 쓰게 된다.

각 지역의 민요들은 창법에 차이가 있음은 물론 음계나 시김새가 서로 다르다. 시김새란 음악의 멋과 맛을 내기 위해 '삭히는 것'으로서 음과 음 사이를 연결할 때 장식음 비슷하게 목으로 꾸미며 넘어가는 것을 말한다. 붓글씨처럼 선(線)적인 특성이 강한 국악에 사용되는 일종의 장식음 기법이라 할 수 있다.[12] 사실 노래하는 사람마다 개성 있는 시김새를 구사할 수

배뱅이굿의 대가 이은관 명창과 제자들의
서도민요 공연

있기 때문에 민요의 멋과 맛을 느끼게도 한다. 김열규는 "노래의 시김새는 창자가 즉흥적으로 흥을 발휘할 수 있도록 여유를 둔 것인데, 이것은 규범 속의 자유와 여유를 의미한다"[13]고 했다.

서도민요는 한이 맺혀 있는 듯하고 가락은 단조롭지만 콧소리를 섞는 요성(搖聲, 떠는 음)이 다양하다. 서도민요에는 황해도의 〈몽금포타령〉〈장산곶타령〉, 〈난봉가〉, 〈수심가〉, 〈배따라기〉 등이 있다. 보통 민요는 4도

---

12) 송혜진, 앞의 책, 108면.

13) 송혜진, 위의 책, 26면.

와 2도 진행이 많은 것과 달리 〈몽금포타령〉은 3도 진행 선율형태가 많은 곡이다. 평안도민요 중 백미로 치는 무형문화재 29호인 〈수심가〉는 전라도 민요인 〈육자배기〉와 쌍벽을 이룬다. "사람이 살며는 몇 뺑년이나 사드란 말이냐"며 목청껏 부르는 〈육자배기〉 가락이 무거운 망치로 때리는 듯한 아픔이라면, "생각사록 임의 화용이 그리워 나 어어할까요"라고 한 〈수심가〉는 예리한 송곳으로 찌르는 듯한 아픔이라고 한다. 서도소리의 정한을 대표하는 〈수심가〉의 처연함에는 '조르는 듯, 벼르는 듯, 애원하는 듯'이라는 비애적 수식어가 따른다. 대부분의 서도잡가는 그 끝을 〈수심가〉로 여미고 있다. 대동강 물을 먹어야만 제 맛을 낸다는 것이 평안도 민요 〈수심가〉이다.

경기민요 이은주 명창

경기민요는 소리가 맑고 부드러우며 음악적으로 짜임새가 있어 듣는 이가 저절로 흥이 날 만큼 경쾌하다. 주로 세마치나 굿거리 장단과 같이 흥겨운 장단에 실려 빠른 속도로 노래하는 것이 많다. 이 경기민요에는 〈태평가〉, 〈경복궁타령〉, 〈한강수타령〉, 〈천안삼거리〉, 〈사철가〉, 〈노랫가락〉, 〈청춘가〉, 〈창부타령〉, 〈노들강변〉, 〈닐리리야〉, 〈방아타령〉, 〈아리랑〉, 〈느실타령〉 등이 있다. "짜증은 내어서 무엇 하나, 성화는 바쳐서 무엇 하나. 속상한 일도 하도 많은데 놀기나 하면서 쉬어가세, 니나노 닐리리야 닐리리야……"의 〈태평가〉는 오래도록 불리지 않았다. 〈태평가〉를 6·25 전후로 직접 복원해 국민적인 사랑을 받았던 이은주 명창이 2006년 국악계에서 가장 권위 있는 상인 방일영국악상을 수상했다. 경기민요를 대표하는 이 명창은 국내 소리꾼 가운데 음반을 제일 많이 취입하기도 했다. 〈느실타령〉은 서울지방의 민요로 닭, 개, 봉황, 꾀꼬리 등의 모습을 엮어놓은 타령장단의 흥겨운 곡이다.

남도민요는 매우 강한 토속성과 더불어 슬픈 정서를 느끼게 한다. 다시

굵고 극적인 소리의 남도민요

말해 남도민요는 화사한 경기민요나 애수에 젖은 듯한 서도민요와는 달리 굵고 극적인 목 구사를 하는 것이 특징이다. 남도민요에는 세계적으로 가장 쓸쓸하고 한스럽다는 〈육자배기〉를 비롯하여, 〈까투리타령〉, 〈둥가타령〉(남원산성), 〈진도아리랑〉 등이 있다. 〈육자배기〉의 슬픔에 부쳐서는 '목이 메이도록 구슬픈 소리'라든가, '다 썩고 남은 간장을 마저 썩이는 소리'라고까지 했다. "듣기 좋은 육자배기도 한두 번"이라는 속담이 있을 만큼 〈육자배기〉는 한국의 대표적인 민요이다. 남도민요인 〈육자배기〉는 옛날에 '산타령'이라고 하여 지게 목발을 두드리며 부르던 것이며, 또한 김(풀)을 매면서도 부르던 소리였다. 특유의 꺾는 목과 떠는 목을 자유자재로 구사하면서 구성지게 부르는 것이 남도민요의 특징이다. 물론 남도민요라고 하면 넓게는 삼남지방의 민요를 가리키지만 좁은 의미로는 전라도지방의 민요만을 말한다. 남도민요는 한국 민속음악의 모태가 되고 있으며, 현재도 남도민요를 부르는 사람들과 판소리 창자와는 거의 일치된다.

동부민요는 태백산맥을 중심으로 한 함경도 · 강원도 · 경상도 지방의 민요로서 꿋꿋한 듯 처량하고 소박한 느낌을 주는 특징이 있다. 동부

함경도, 강원도, 경상도를 포함해 백두대간을
중심으로 하는 동부민요

민요에는 〈한오백년〉, 〈성주풀이〉, 〈신고산타령(어랑타령)〉, 〈보리타작노래(옹헤야)〉 등이 있다. 동부민요는 경토리로 된 것도 있으나 메나리토리로 된 것이 많다. 메나리는 강원도 · 경상도 · 충청도 일부에서 김매

기 하며 부르는 노동요이다.

제주민요는 육지와 떨어져 있
는 관계로 독특한 음악적 모습
을 보인다. 제주에는 토속적인
성격의 민요가 발달했는데 특유
의 방언과 소박한 가락이 독특
한 멋을 낸다. 또한 노동요가 풍
성하며 고된 노동을 여성들이

제주민요, 제주인의 눈물과 땀이 어려 있는
삶의 소리이자 애환이 담긴 노래

맡아왔기 때문에 여성의 노동요가 많다. 해녀들의 〈노젓는소리〉와 〈멸치
후리는소리〉를 비롯하여 〈방아찧는소리〉, 〈맷돌돌리는소리〉, 〈오돌또기〉,
〈이야홍타령〉 등의 민요가 전한다. 제주도민요의 선율은 경토리와 비슷하
여 경쾌하고 화창한 것이 많다. 최근 '듣고 싶은 국악' 목록에 들어가는 제
주도의 향토음악인 〈산천초목〉은 제주도지역에서는 '오광산타령'으로도
불리는 것으로 연원을 따져보면 조선후기에 예인들이 불렀던 잡가류에 속
한다.

이상과 같은 민요에는 보통 3분박이 넷으로 이루어진 굿거리나 중모리,
또 빠른 속도의 12박인 타령, 빠른 3분박이 셋이 모인 9박의 세마치장단,
그리고 느린 6박의 진양조이거나 불규칙하게 장단이 없는 노래들도 있다.
민중 속에 전승되는 민요가 다양한 만큼 장단 역시 한두 가지가 아닌데, 가
장 널리 쓰이는 것은 민속악에서 흔히 쓰는 굿거리장단과 세마치장단이다.

아리랑은 세계적인 한민족 노래다

수업시간에 외국학생에게 자국의 민요를 불러보라고 했더니 잘 모른다
고 하면서 한국의 〈아리랑〉을 구성지게 잘 부르는 것을 보고 놀라지 않을
수 없었다고 어느 교수는 말한다. 2002년 독일에서 저명한 음악인들이 모

여 '세계에서 가장 아름다운 노래'를 선정했다. 그 노래는 한국의 민요 〈아리랑〉이었으며, 놀랍게도 선정위원회에는 한국인이 한 사람도 없었다.

마침내 2012년 우리의 〈아리랑〉은 유네스코 인류무형유산에 등재되었다. 〈아리랑〉이 특정지역에 머무르지 않고 여러 공동체에서 세대를 거쳐 재창조되고 다양한 형태로 전승된다는 점에서 주목을 받았다. 오랜 역사를 지닌 우리의 민요는 19세기 말부터 새로운 경향을 보였다. 이전의 민요가 경기지역 〈방아타령〉, 충청지역 〈흥타령(천안삼거리)〉, 전라지역 〈육자배기〉 등으로 지역적 한계를 벗지 못한 데 비해 〈아리랑〉 혹은 그와 유사한 후렴구를 지닌 노래가 어느 샌가 전국적으로 나타났다. '아리랑'이라는 말이 생겨난 것에 대해서는, 아리랑(我離娘), 아이롱(我耳聾), 아랑 등 여러 기원설이 있다.

본래 향토의 노래였던 〈아리랑〉은 19세기 중엽에 접어들어 도시 공간을 차지하는 대중문화로 탈바꿈했다. 일부 지역 민요였던 〈아리랑〉이 전국적인 민요가 된 구체적인 계기는 경복궁 중건이다. 즉 〈아리랑〉이 〈경복궁타령〉과 관련이 있다는 것이다. "문전의 옥답은 다 어디 가고 / 동냥의 쪽박이 웬 말인가"라는 가사 등으로 전단이 압수되기도 했지만 1926년 10월 1일 단성사에서 개봉된 나운규 제작의 〈아리랑〉은 온 겨레를 감동시켰다. 일제의 억압에 저항하던 독립투사 춘사 나운규가 온 민족과 함께 불렀던 영화 주제가 〈아리랑〉의 가사는 "아리랑 아리랑 아라리요 / 아리랑 고개로 넘어간다 // 나를 버리고 가시는 님은 / 십리도 못 가서 발병 난다"였다.[14] 무엇보다 〈아리랑〉은 우리 민중의 정서에 깊이 뿌리 내리고 일제강점기를 거치면서 민족의 노래로 다시 태어나 현재에 이르고 있다. 〈아리랑〉은 한민족의 소리로,

나운규 감독의 영화 〈아리랑〉

이민족의 지배하에 놓이면서 시작된 근세 민족사의 애환을 반영하면서 민족적 공감대를 형성하는 데 크게 기여했다. 오늘날에는 통일의 염원을 담은 하소연이자 삶을 향한 강한 의지의 표현이 되기도 한다. 시대마다 민족에 의해 당대의 삶과 지향이 갱신되는 아리랑의 생명력을 볼 수 있다. 이제 〈아리랑〉은 단순한 민요가 아니라 영화와 문학 등의 예술 분야를 가로지르는 명실상부한 민족예술의 원형이 되었다. 이를 기반으로 1930년대에 이르러서 〈아리랑〉은 트로트, 신민요 등 대중음악의 새로운 장르로 자리 잡으며 오늘에 이르렀다.

한반도를 넘어 지구촌 곳곳 한민족이 있는 곳이면 어디든지 〈아리랑〉이 있다. 중국동포들에게는 〈독립군아리랑〉·〈얼쑤아리랑〉 등이 있고, 러시아 한인동포에게는 〈아리랑연곡〉·〈사할린아리랑〉 등이 있다. 일제강점기 중국동포들이 독립군들과 주고받던 비밀스런 암호가 다름 아닌 〈아리랑〉이었다. 2013년에는 한국에서 사멸했던 〈청주아리랑〉이 중국 옌볜[延邊]에서 제 모습으로 살아나기도 했다. 심지어 외국인들조차 '한국민요'라고 하면 우선 〈아리랑〉을 연상할 정도로 우리의 〈아리랑〉은 많이 알려져 있다. 한마디로 〈아리랑〉은 서러움과 고통을 함께 나눔으로써 흥겨움과 신명이 나게 하고, 마음을 환희와 광명으로 차오르게 만드는 겨레의 노래이다. 〈아리랑〉에는 늘 고개가 등장하는데 이는 지역의 특정한 고개보다는 백성들의 삶의 과정에서 다가오는 여러 고비들과 다양한 감정을 상징적으로 나타냈다.

문화체육관광부 집계에 따르면 한반도에 〈아리랑〉은 50~180여 종이 있으며, 약 4,000여 수가 전해온다. 일반인들이 주로 알고 있는 아리랑은 〈본조아리랑〉이다. 근본이라는 뜻을 지닌 〈본조아리랑〉이란 다름 아닌 나운규 감독의 영화 〈아리랑〉의 주제가를 일컫는다. 음악적으로 따지자면 〈서

---

14) 물론 나운규의 〈아리랑〉 곡이 일본식 리듬이라는 지적도 있다.

응원가 〈아리랑〉.
아리랑은 월드컵 응원가로도 불렸음

울아리랑〉 또는 〈경기아리랑〉이라고도 불린다. 가수 윤도현이 부른 "아리랑 아리랑 아라리요"로 시작되는 4박자 빠른 템포의 월드컵 응원가 〈아리랑〉은 사실 3박자 〈본조아리랑〉을 편곡한 것이다. 〈본조아리랑〉을 편곡한 월드컵 응원가 〈아리랑〉을 통해 다시 한 번 확인할 수 있었던 것은 〈아리랑〉이 한민족의 노래이면서 세계 모든 이들에게도 사랑받을 수 있다는 사실이다.

2011년 〈아리랑〉이 중국의 무형문화재가 되었다. 2011년 중국의 문화부는 '판소리'와 '가야금예술'까지 중국의 국가급비물질문화유산으로 선정하였다. 자국의 소수민족인 조선족의 문화유산을 보호하겠다는 명분 아래 동아시아 문화정체성의 흐름을 주도하겠다는 의도에 따른 것이다. 중국은 2002년부터 시작된 동북공정의 일환으로 한국의 〈아리랑〉을 중국 무형문화재로 지정했을 뿐만이 아니라 유네스코 세계무형문화재로 등재하기 위한 계획도 추진 중에 있었다. 이에 경기도가 앞장서서 〈아리랑〉을 유네스코 세계무형문화유산으로 등재시키기 위해 안간힘을 쓴 바 있고, 마침내 2012년 그 목표를 달성했다.

3대 지역적 아리랑이 있다

대한민국에는 우리가 가장 많이 부르고 듣는 〈본조아리랑〉 말고도 거의 모든 지역마다 독특한 〈아리랑〉이 있다. 그중에서 대표적으로 〈정선아리랑〉·〈밀양아리랑〉·〈진도아리랑〉을 들 수 있다.

이 가운데서도 원형이 가장 잘 보존된 〈정선아리랑〉은 1971년에 강원도 무형문화재 제1호로 지정되었다. 백두대간 화전민들이 1970년대까지도 김일성과 삼팔선에 대한 노골적인 저주를 이 〈정선아리랑〉에 실어 불렀다. 그 지역에서는 '정선아라리'로 더 많이 불리는 〈정선아리랑〉의 가장 큰 특징은 1,200여 수가 발굴 전해지고 있을 만큼 가사가 무척 많다는 점이다. 이 사실을 들어 〈정선아리랑〉이 아리랑의 시원이라는 설도 있다. 장식음이 발달해 있지 않고 고음

영화 〈봄날은 간다〉에서
〈정선아리랑〉을 부르신 할머니

과 저음의 차이도 크지 않아 노래라기보다 소리에 가깝기 때문에 〈정선아리랑〉을 따라 부를 수 있는 사람은 많지 않다. 영화 〈봄날은 간다〉에서 한 노부부가 서로 등을 돌린 채, 그러나 정이 넘쳐나게 부르던 노래가 바로 이 〈정선아리랑〉이다.

"아우라지 뱃사공아 배 좀 건네 주게 / 싸리골 올동박이 다 떨어진다 / 떨어진 동박은 낙엽에나 쌓이지 / 사시장철 임 그리워서 나는 못살겠네 // 아리랑 아리랑 아라리요 / 아리랑 고개 고개로 나를 넘겨주게(후렴)" 후렴구가 보통 다른 지방의 〈아리랑〉은 '아리랑 고개를 넘어간다'인 데 비해, '아리랑 고개로 나를 넘겨주게'로 되어 있어 정선이 지형적으로 얼마나 폐쇄적인 곳인가를 짐작케 한다. 정선지역을 일컬어 '하늘이 세 뼘밖에 되지 않는 곳'이라든가 '산과 산을 이어 빨랫줄을 걸 만한 고장'이라고도 하니 말이다.

〈정선아리랑〉은 고려말에 일곱 신하가 지금의 정선군 남면 거칠현동으로 들어와 지나간 옛 왕조를 그리워하며 부른 한시에서 비롯되었다. 〈정선아리랑〉의 배경이 된 곳이 아우라지인데, 구절리에서 흐르는 송천과 삼척 중봉산에서 흐르는 골치천이 '어우러진다' 하여 아우라지라 했다. 아우라지 강을 사이에 두고 사랑을 나누던 남녀가 큰장마로 만나지 못한 채 끝내 헤어지고 말았던 사연을 두고 뱃사공이 불렀다는 근원설화도 유명하다. 그때 사연은 다음과 같은 노랫말로 전해 온다. "아우라지 뱃사공아 배 좀 건네주

아우라지, 눈이 가득한 아우라지강을 굽어
보는 아우라지 처녀

게 / 싸리골 올동박이 다 떨어진다. // 떨어진 동박은 낙엽에나 쌓이지 / 사시장철 임 그리워 나는 못 살겠네 // 아리랑 아리랑 아라리요 / 아리랑 고개 고개로 나를 넘겨 주게". 아우라지는 강원도일대에서 벌목한 목재가 천리 물길을 따라 한양까지 운반되던 출발점이다.

〈밀양아리랑〉은 3박자 세마치장단으로 가락이 여느 고장의 〈아리랑〉과 달리 매우 밝고 경쾌하고 섬세한 것이 특징이다. "날 좀 보소 날 좀 보소" 하고 시작하는 〈밀양아리랑〉은 밀양부사 윤관의 딸 아랑이 자신을 욕보이려던 그 고을 관리인 통인 백가에게 항거하다 억울하게 죽음을 당한 일을 애도한 데서 비롯되었다. 아랑을 흠모하던 통인 백가가 그녀를 범하려 가슴에 손을 대자 아랑은 은장도로 더럽혀진 가슴을 도려냈다. 이에 격분한 백가는 그녀를 죽이고 시체를 아무데나 버렸는데 이때부터 밀양에 부사가 부임하면 첫날을 못 넘기고 죽었다. 이때 이상사라는 선비 하나가 밀양부사를 자원하고 나섰으며 첫날밤 아랑의 원혼이 나타나 밀양부사에게 자신의 억울한 사연을 호소하자 부사는 그 이야기를 듣고 원수를 갚아주었다. 아랑의 원혼은 다시 나타나지 않았으며 이후 여자들이 아랑의 정절을 칭송하면서 〈아리랑〉을 불렀다는 것이다.

아랑의 전설은 이와 같이 민요를 비롯하여 소설(1937), 오페라(1962), 영화(2006), 창작오페라(2010), 드라마(2012)로 재창조되었다. 특히 2010년 예술의전당 토월극장에서 공연된 창작오페라 〈아랑〉은 대한민국을 대표하는 국가브랜드 공연으로서 해외 오페라시장에 진출하기 위해 기획되었다. 작가 오은희는 "억울함보다는 어쩌면 그녀의 마음속에 몰래 자라났을 사랑에 관한 이야기를 들려 주고 싶었다. …그래서 인스턴트 사랑이 난무하는 현대인의 가슴에 나비 같은 사연으로 사뿐히 가라앉을 수 있는 오페라 〈아랑〉으로 재탄생할 것이다"라고 말한 바 있다. 2012년 말 막을 내린

〈아랑사또전〉, 아랑전설을 모티프로 한 드라마

드라마 〈아랑사또전〉도 밀양에서 전해지는 〈아랑전설〉을 원형으로 삼았다. 〈아랑사또전〉은 〈아랑전설〉을 모티프로 한 드라마로 자신의 억울한 죽음의 진실을 알고 싶어하는 기억 상실중의 처녀귀신 아랑과 귀신 보는 능력을 갖고 있는 사또 은오가 만나 펼치는 이야기다.

〈진도아리랑〉은 "문경새재는 웬 고갠가 / 구부야 구부구부가 눈물이로구나 // 청천하늘엔 잔별도 많고 우리네 가슴속엔 희망도 많다 / 아리 아리랑 스리 스리랑 아라리가 났네 / 아리랑 응응응 아라리가 났네"라는 가사로 되어 있다. 〈진도아리랑〉은 영화 〈서편제〉에서도 소개되었다. 한자로 조령(鳥嶺)이라고도 하는 새재는 조선시대 영남지방에서 한양으로 과거를 보러 가는 선비들이 유난히 많이 넘던 고개이다. 새재란 험해서 새도 날아서 넘기 힘든 고개라는 뜻이다. '문경새재'란 가사는 원래 진도의 옛 성문 앞에 있는 남산재·연둥재·굴재 등의 세 고개를 가리키는 '문전세재'였던 것이 와전된 것이라고 보는 이들도 있다.

고종 때부터 일제강점기까지 삼남지방에서는 '박젓대' 하면 모르는 사람이 없을 정도로 유명했던 대금의 명인 박종기가 처음 만들었다는 〈진도아리랑〉은 남도 특유의 창법으로 어떤 〈아리랑〉보다 세련된 느낌을 준다. '응응응' 하는 콧소리는 이 지방 〈흥타령〉에서도 찾아볼 수 있는 독특한 면모다. 한스러운 가락에 유장미가 흐르는 딴 〈아리랑〉과 달리 〈진도아리랑〉은 유머와 재치가 넘치고 가락도 어깨를 들썩이게 할 만큼 흥겹다. 밭에서 함께

문경새재, 영남대로 상의 가장 높고 험한 고개

일하면서, 빨래터에 모여 앉아 펼쳐놓는 수다와 신세한탄이 그대로 노래가 된 것이 〈진도아리랑〉이기 때문이다. 예전부터 이 고장 아낙네들은 남정네가 지나가면 소리를 청해 한 가락 제대로 뽑으면 극진히 대접했다고 할 만큼 소리에 대한 진도 사람들의 애착은 대단하다. 진도에는 〈진도아리랑〉만 유명한 게 아니다. 노래, 춤, 굿 등 무형의 문화유산이 넘쳐난다. 예컨대 〈강강술래〉, 〈남도들노래〉, 〈진도만가(판소리)〉, 〈남도잡가〉, 〈씻김굿〉, 〈다시래기(상여놀이)〉, 〈북놀이〉, 〈도깨비굿〉 등 무궁무진하다.

한편 문경시는 〈문경새재아리랑〉이야말로 경복궁 중수 때 가장 널리 불렸고 나머지 지역 〈아리랑〉에도 영향을 미쳐 가사를 공유하게 되었다고 말한다.

잡가는 전문소리꾼이 부르는 독특한 장르다

조선후기 전문소리꾼들이 부르던 잡가는 가사의 하위범주로 논의되거나 민요의 한 범주로 논의되곤 한다. 그러나 잡가는 형식, 내용, 담당층 면에서 독특한 성격을 띤다. 잡가는 형식면에서 4음보격의 가사와 달리 율격이 자유로우며, 민요에서 보이는 토속적인 표현보다는 점잖은 한자어구가 많다. 내용에 있어 전통적 유교이념을 담아내는 가사나 생활현실을 다루는 민요와 달리 자연 속의 유흥만을 토로하는 편이다. 담당층의 경우 가사를 부르는 사대부들이나 민요를 가창하는 농민들과 달리 잡가는 소리패, 사당패 등의 유랑연예집단에 의해 생산된다.

잡가는 주로 근대적 인간관계를 지향해 가는 도시 상공인들이 향유하는 독특한 면을 보인다. 또한 잡가는 홀로 부르는 통절형식이 많은 점에서 메기고 받는 장절형식이 많은 민요와 구분된다. 잡가는 앉아서 부르는 좌창(坐唱)이라는 점에서 발림을 곁들이며 서서 부르는 판소리 및 산타령 같은 입창(立唱)과도 구분된다. 좌창인 12잡가는 장구장단에 맞추어 부르며, 입창으로 부르는 잡가는 노래하는 이들이 직접 소고를 치고 그중에 노래를 이끌어가는 이가 장구를 치면서 노래를 부른다.

민속악 가운데 민요와 판소리를 제외한 모든 성악곡을 잡가라 할 수 있다. 잡가는 민요와 달리 전문소리꾼에 의해 불리는 비대중적인 노래지만, 〈성주풀이〉(경상도민요)나 〈새타령〉(전라도민요) 같이 민요이자 잡가로 분류되는 노래도 있다. 잡가는 일반적으로 지역에 따라 경기잡가, 서도잡가, 남도잡가로 구분된다. 잡가는 조선후기 경제발달과 궤를 같이하는 음악이다. 특히 서울의 상업발달과 도시 확장에 따라 주로 사대문 밖에서 흥성한 음악이 오늘날 경기잡가이다. 잡가가 발달한 서울 중심의 경기잡가는 비교적 사설이 길고 한 배(곡조의 장단)가

〈출인가〉를 부르는 중요무형
문화재 57호 김희자 명창

느린 긴잡가와 사설이 짧고 한 배가 빠른 휘모리잡가로 나뉜다. 긴잡가는 '경기잡가의 백미'라는 〈유산가〉, 〈적벽가〉, 〈제비가〉, 〈십장가〉, 〈소춘향가〉, 〈형장가〉, 〈집장가〉, 〈평양가〉, 〈달거리〉, 〈방물가〉, 〈출인가〉, 〈선유가〉 등 12곡의 12잡가를 말한다. 〈출인가〉의 경우 춘향이가 향단이와 오리정에 나가 떠나려 하는 이도령을 붙잡으려 한다고 해서 '출인가(出引歌)'라는 이름이 붙었다. 경기잡가는 20세기 이후 12곡으로 정착되었다.

12잡가는 앉아서 부른다는 뜻으로 '12좌창'으로도 불린다. 경기의 긴잡가는 경기민요라는 이름으로 중요무형문화재 제57호로 지정되었다. 사설

은 단가·가사·판소리와 비슷하게 그 장르들의 한 대목을 노래한 것이 많다. 장단은 도드리 또는 세마치로 된 것이 많고, 선율 또한 수심가토리와 경토리가 섞여 있는데, 구조로 봐서 가사에 가깝다. "화란춘성하고 만화방창이라. 때좋다 벗님네야, 산천경개를 구경을 가세"로 시작되는 〈유산가〉는 12잡가 중에서 으뜸으로 꼽힌다. 우리나라 산천의 아름다움을 중국의 명승지에 비유하여 봄의 흥취를 노래한 것으로 구비 전승되어 오다가 19세기 후반에 박춘경에 의해 개작되었다.

경기잡가 가운데 12잡가 외의 휘모리잡가는 우스꽝스러운 사설을 빠른 한 배로 촘촘히 엮어가는 노래이다. 휘모리잡가는 주로 삼패기생과 소리꾼 사이에서 널리 불렸다. 휘모리잡가에는 〈곰보타령〉·〈만학천봉〉·〈병정타령〉·〈기생타령〉·〈한 잔 부어라〉·〈맹꽁이타령〉 등이 있다. 서울 경기지방의 휘모리잡가인 〈맹꽁이타령〉은 익살과 기지가 넘친다. "열무 김치 담을 때는 님 생각이 절로 나서"로 시작되는 〈맹꽁이타령〉은 맹꽁이들의 세계를 통해 인간사회의 갖가지 모습을 풍자하였다. 선율은 경토리에 시조목이 섞여 있다. 처음에는 자진타령으로 몰아가다가 뒤에 시조로 여미는 것이 많은 게 특징이다.

〈맹꽁이타령〉을 잘 부르는
경기민요의 대가 이춘희

경기잡가는 서울 중심의 상인이나 장인 출신의 소리꾼들에 의해서 성장되었다. 조선말기 경기잡가의 명창으로는 추교신·조기준·박춘경 세 사람을 꼽는다. 추교신은 가장 선배로서 기량도 뛰어나고 정가도 잘 불렀다. 그리고 최경식·최정식·한인호를 거쳐 이창배·정득만 등 뜻있는 소리꾼들에 의해 계승 발전되었다.

서도잡가에는 시적이라는 〈관산융마〉를 비롯하여 〈공명가〉, 〈배따라기〉, 〈초한가〉, 〈제전(祭奠)〉, 〈추풍감별곡〉, 〈관동팔경〉 등의 서도좌창곡이 있다. 평양기생들이 잘 불렀다는 〈관산융마〉는 1745년 석북 신광수가 35세 때 과거에 급제한 시다. 서도잡가의 사설은 긴 통절형식으로 되어 있고 내용은 판소리 한 대목이나 단가와 비슷한 것이 많다. 선율은 수심가토리가 많고 장단은 불규칙장단으로 된 것이 많다. 조선말기 고종 때 허득선이라는 소리꾼과 그 후배인 김관준에 의하여 서도잡가가 시작되었고, 그들의 제자인 김종조 · 김주호 · 김칠성 · 이인수 · 김옥선 등의 소리꾼에 의해 오늘날과 같이 발달했다.

기생들의 이야기인
『조선해어화사』

　남도지방은 판소리가 유난히 강세를 보이기 때문에 경기나 서도에 비해 잡가가 발달하지 못했다. 남도잡가에는 입창곡(立唱曲)으로 〈보렴〉과 〈화초사거리〉, 비입창곡으로 〈새타령〉 정도가 있다. 〈새타령〉은 온갖 새의 지저귀는 것을 노래한 것으로 통절형식으로 되어 있고 장단은 중중모리이며 선율은 육자배기토리로 되어 있다.

　이 밖의 성악곡으로 서도지방의 판소리라는 〈배뱅이굿〉, 〈각설이타령〉이라고 낮춰 부르기도 하는 〈장타령〉 등도 있다. 〈장타령〉의 가사는 그 지방 일대의 주요 정기시장을 소개한다. 가령 영천지방의 장타령을 보자. "슬슬 긴다 기개장 무릎 아퍼 몬 보고 / 앉어 본다 안성장 고개 아퍼 몬 보고 / 서서 본다 서울장 다리 아퍼 몬 보고 / 입 크다 대구장 무서워서 몬 보고 / 도보한다 경주장 숨이 가뻐 몬 보고/ 울울

〈장타령〉을 부르는 각설이패

적적 울산장 답답해서 몬 보고 / 국 끼린다 장내장 묵고 싶어 몬 보고 / 초상
났다 상주장 시끄러워 몬 보고". 한편 "밥 빌어먹기는 장타령이 제일이라"
고 하는 속담이 있는데, 체면을 버리면 못 할 것이 없다는 뜻이다. 이는 수
많은 사람이 모이는 시장의 익명성을 강조하는 말이다.

　　우리는 소리를 통해 마음을 정화하고 춤과 놀이로서 함께 현실을 이겨
　　내면서 새로운 미래를 꿈꾸었다. 그러면 한국의 소리이자 음악극으로 유
　　명한 판소리에 대해서 자세히 살펴보도록 하자. 판소리는 평민예술에 기
　　반을 두면서도 탈춤이나 민요 등과 달리 보다 넓고 다양한 계층의 청중을
　　포용할 수 있는 유연성을 가졌다.

　한국의 중요무형문화재 5호인 판소리가 2003년에 유네스코가 선정하는
'세계무형유산걸작'으로 결정됐다. 2001년에 선정된 '종묘제례 및 종묘제례
악'에 이어 두 번째다. 같은 시기 하버드대 마셜 필이 완역한 판소리 〈심청
가〉를 토대로 미국 캘리포니아 주립대가 만든 퓨전 연극 〈심청〉을 우리의
극립극장에서 선보이기도 했다. 1988년 올림픽 폐막행사가 열리는 잠실올
림픽경기장 한가운데 큰 배를 띄워놓았다. 드넓은 세계로 뻗어나가는 한국
인의 이미지를 떠나가는 배에 담고자 했던 것이다. 바로 이 장엄한 배의 출
항 장면에서 김소희 명창은 판소리 〈심청
가〉의 한 대목인 〈뱃노래〉를 불러 감동을
불러 일으켰다. 판소리 속에는 소박하고
발랄한 서민적 사고와 언어가 있으며, 고
상한 운치와 우아한 멋을 추구하는 지향
이 있음을 현대인들도 공감하는 듯하다.
　판소리는 많은 사람들이 모인 곳이라
는 '판'과 서사성을 갖춘 음악이라는 '소
리'의 복합어이다. 판소리의 근원에 대해

88서울올림픽 폐막식 엔딩곡으로
〈뱃노래〉를 부른 김소희 명창

서는 원한을 달래기 위한 굿으로부터 시작되었다는 무가기원설이 지배적이다. 판소리는 대체로 전라도지방에서 유행하던 서사무가 즉 남도굿을 개조한 데서 유래했다. 황해도지방에서 나온 〈배뱅이굿〉이 판소리의 형성에 영향을 미쳤다고 보는 이도 있다. 19세기 이전의 우리 사회에서는 광대나 재인 같은 직업적 민속연희자들과 무당 사이에 밀접한 관계가 있었다. 판소리를 '남도창'이라 하는 것도 이 때문이다. 대개 무녀의 남편이면서 장단을 쳐주던 남자 무당들이 세속의 이야기에 여러 잡가, 민요, 시조, 가사, 불가 등 온갖 음악적 기량을 집약하여 판소리를 만들었다고 한다.

　판소리는 19세기 말까지 주로 전라·충청 양도를 중심으로 성행하였고 대부분의 창자들도 이 지역, 특히 전라도에서 나왔다. 판소리 사설에 전라도 방언이 지배적인 것도 이와 무관하지 않으며 지금도 전라도지역에서 창자들이 가장 많이 배출되고 있다. 전라도에서도 전주는 호남의 곡창지대일 뿐만 아니라 물류의 중심지였기 때문에 돈 많은 중인계급들이 몰려 있던 곳이요, 거기서 판소리가 크게 발전되었다. 전주시 완산구 교동 일대에 있는 700여 채의 '한옥마을'이 바로 부유한 중인계층이 판소리를 즐겼던 곳이다. 그 가운데서도 일제시대부터 수많은 명창들이 드나들었으며, 1970년대 한국 제일 갑부 이병철이 탐냈던 학인당(學忍堂)이 당시 최고의 공연장이다. 궁궐에만 사용되던 도리기둥이 민간에 쓰인 것은 학인당이 처음이라고 한다. 학인당은 판소리를 공연할 수 있도록 설계된 구조로서 12칸의 본채에 약 100여 명의 청중을 수용할 만한 공간이다.

　2012년 9월 제12회 세계소리축제가 열린 학인당의 무대 위에선 채수정

판소리 공연을 위해 지은 전주 교동 학인당

명창이 "화초장, 화초장, 화초장 하나를 얻었네 / 어따, 이것이 무엇인고. / 구들장, 방장, 천장, 뗏장, 고초장 / 옳다! 고초장이다"라고 〈흥보가〉 중 놀부가 흥부의 화초장을 탈취해 가는 장면을 열창했다. 처음으로 판소리 다섯마당의 사설을 완역해 영문자막과 함께 공연함으로써 외국인들이 웃고 즐길 수 있었던 자리였다고 하니 판소리의 세계화에 한층 다가간 듯하여 기쁘다.

판소리는 융합의 산물이다

판소리는 소리를 하는 소리광대인 창자(唱者)와 반주를 하면서 가끔 대화(추임새)도 주고받는 고수(鼓手), 이 두 사람으로 이루어진 음악극이라 할 수 있다. 창(소리)을 잘하는 소리광대와 달리 재담 잘하고 연기력이 뛰어나 아니리에 주력하는 명창을 '아니리광대'라 하기도 한다. 창자는 돗자리 한 장을 깐 위에 한 손에 접는 부채를 들고 청중을 마주 보고 선다. 그가 가진 부채는 작중 상황에 따라 여러 가지 물건의 대용물 구실을 하고, 격렬한 창과 연기로 인하여 더울 경우에는 부치기도 한다. 고수는 창자와 마주 보는 자리 또는 약간 비스듬히 옆으로 비켜난 자리에 창자와 3m 정도의 간격을 두고 앉는다. 그가 지닌 악기는 작은 북 하나뿐이다.

판소리 공연(창자와 고수)

소리꾼인 창자는 '아니리'를 통해 이야기의 장면과 상황을 설명하는 한편 목청을 쉬면서 재담을 곁들여 청중에 다가간다. 창자는 평이한 사설을 채용하여 친근하게 청중과 교감을 나눈다. 판을 장악하

는 현장감 넘치는 판소리 언어는 청중의 정
서에 깊이 침투하는 효과적인 장치가 된다.
1999년 동초제 〈춘향가〉 최연소 최장시간 완
창으로 기네스북에 오른 이자람은 뮤지컬로
가수로 음악감독으로 활약하고 있다. 독일의
극작가 베르톨트 브레히트(Bertolt Brecht)의
희곡 〈사천의 선인〉을 판소리화(〈사천가〉)
하면서 더욱 소질과 기량을 인정받기도 한
이자람은 자신의 삶에서 가장 중요한 게 이
야기라 하면서 판소리의 사설을 오래된 도

국악인 이자람

서관 같다고 한다. 물론 판소리사설을 비롯한 민요사설, 고전소설사설 등
에 수용된 대부분의 고사성어는 『십팔사략』에 나온다.

창자는 '창'으로써 빠르고 느리며 기쁘고 슬픈 선율을 통해 음악적 감
흥을 고조시키는 가운데 '아니리'로서 인물들의 서사적 스토리를 전달한
다. 그리고 상황에 따라 '발림(혹은 너름새, 너름새가 발림보다 좀 더 폭
넓은 의미로 쓰인다)'이라고 하는 창자의 몸짓과 표정이 들어가야 하는
데, 해당 대목의 내용이나 분위기에 적절하게 맞아야 한다. 이때 판소리
하는 사람들은 "이면이 맞는다"고 한다. '이면'이라는 말은 판소리 사설
의 수사와 창곡의 구성에 있어 묘사가 얼마나 사실적인가, 판소리의 사설
의 내용과 음악적 결합은 적절한가, 판소리의 부분과 전체가 유기적으로
짜여져 있는가 등을 문제 삼는 철학적 용어라 하겠다. 이렇듯 창자에게는
소리를 할 만한 탁월한 음악적 재능, 사설과 재담을 잘 구사할 줄 아는 문
학적 재능, 적지 않은 연기력 등의 세 가지 자질이 필요하다. 신재효는 그
의 〈광대가〉에서 광대, 즉 창자가 갖추어야 할 요건으로, 인물치레 · 사설
치레 · 득음 · 너름새의 네 가지 덕목을 꼽고, 그 가운데서도 순식간에 천
태만상을 보여주기 위하여 연기력에 해당하는 '너름새'를 개발해야 한다

고 말하고 있다.

소년 명창은 있어도 소년 명고는 들어보지 못했다. 고수는 북 하나로 반주를 하며 때때로 '으이', '얼씨구', '좋다' 등의 추임새를 넣어 창자의 흥과 소리판의 분위기를 조정한다. 추임새란 '추어주는 말'이란 뜻이다. 고수의 반주가 창자의 미묘한 호흡을 잘 맞추지 못하면 창은 유연한 흐름과 다채로운 변화를 이루기 어렵다. 소리꾼의 컨디션이나 상황을 잘 헤아려 적절히 북반주하는 것을 '보비위'한다고 말한다. 장단의 비중이 높은 국악 중에서도 변화무쌍한 장단으로 극적인 효과를 증폭시켜가는 판소리에서 북의

북에 미쳐 집안 망쳤다고 자술하는
양반 집안 출신의 김명환 명인

기능은 절대적이라 할 수 있다. 고수의 역할이 매우 중요하다는 뜻에서 '일고수(一鼓手) 이명창(二名唱)', 즉 '첫째가 고수 그 다음이 명창'이라는 말도 생겨났다. 1978년 판소리 고법(鼓法)의 최초 예능보유자가 된 김명환 명인은 '북은 소리를 살리는 컨덕터(conductor)'라 했으며, 이동백 명창은 속담에 부처님 살찌고 안 찌기는 석수장이 손에 달렸다고 하듯이 명창의 평판은 고수에 달렸다고 할 수 있다고 했다.

물론 직업적 예능인, 즉 광대로서 최고의 위치는 가객이라 할 수 있었으므로 소리가 딸리는 사람이 대개 악사가 되었다. 자연스레 고수들은 창자보다 낮은 대우를 받았던 게 사실이다. 송광록은 형 송흥록의 고수로서 따라다니다가 불만을 품고 명창이 되어 〈춘향가〉에 뛰어난 기량을 보였다. 송흥록·모흥갑의 고수였던 주덕기도 나중에 송흥록의 소리제를 많이 본받은 명창이 되었다. 박만순의 수행고수였던 이날치도 박만순의 면전에 북통을 내던지고 소리의 길로 나아갔던 것이다. 요컨대 판소리는 창자가 고

수의 장단에 맞춰 긴 이야기를 창과 아니리로 엮어 발림을 곁들이며 구연하는 음악극이다.

그러나 판소리 공연은 창자와 고수를 넘어 창자 · 고수 · 청중 3자의 합일로 이루어진다고 할 수 있다. 청중들은 창자의 정면 쪽으로 자리를 잡으며, 인원이 많을 때는 반원형 또는 원형으로 둘러앉거나 선다. 무대와 객석이 엄격히 구분되지 않는 판소리 공연에서는 창자 · 고수와 함께 청중들도 '얼씨구', '그렇지', '좋다', '잘한다', '아무렴', '어이' 등의 추임새를 하며 흥겨운 판이 되도록 공연에 참여한다. 추임새가 판을 살리기도 하고 죽이기도 한다. 소리판이 마음에 들지 않으면 향유자들은 추임새를 하지 않고 입을 닫아버린다.

하지만 판소리의 훌륭한 청중은 작중 상황에 이끌려 들어가서 작품 안의 사태에 대하여 깊은 정서적 관련을 느끼고 그것을 표현할 줄 아는 사람들이다. 각본과 악곡이 고정되어 있는 서양의 오페라 등과 달리 판소리는 청중과 창자 사이의 호흡의 일치를 존중하는 예술이므로 융통성 있는 연출의 수법 없이는 소리판을 유지하기 어렵다. 일체성을 우선시하는 이와 같은 요소는 대부분의 민속예술과 나아가 우리 문화 전반에서 볼 수 있는 현상이다.

이상과 같이 판소리는 창자 · 고수 · 청중이 하나로 합쳐져 만들어지며, 또한 판소리는 창 · 아니리 · 발림 · 추임새의 융합으로 이루어진다.

판소리에 앞서 단가를 부르다

창자와 고수가 음악과 사설만으로 이야기의 상황과 장면을 묘사하는데도 관중들은 이를 통해 극중의 주인공이 마치 자신인 양 기뻐하기도 하고 슬퍼하기도 하는 등 작품에 깊이 빠져들도록 하는 매력을 지닌 것이 우리의 판소리이다.

서편제 제일 명창이었던 이날치가 재상 앞에 불려가 그를 울리면 천금을 받고 못 울리면 목을 내놓기로 하고 심청이 팔려가는 대목을 불렀는데, 천민의 예술이라 깔보던 그 재상이 뒤뜰로 가서 꺼이꺼이 울었다고 하지 않는가. 명창이 되기 전 본디 줄타기를 했던 그에게 '날쌔게 줄을 잘 탄다'하여 붙여진 이름이 이날치다. 이날치가 〈새타령〉을 부르면 수많은 새가 그의 노래를 듣고 정말 날아들었다고도 한다. 〈새타령〉은 판소리 〈적벽가〉에서 불리는, 조조의 군사들이 적벽대전에서 참패한 후 달아나는 정황을 묘사한 더늠이다. 〈흥보가〉의 명창 권삼득은 안동 권씨 명문가의 자손인지

전라남도와 담양군이 1987년에 세운
국창 이날치의 기념비

라, 천인이 하는 소리를 한다 해서 가문회의에서 멍석말이로 처형 받는 처지가 됐다. 마지막 소리 한 가락 하게 해달라고 하여 멍석말이 속에서 흘러나온 소리에 가문 사람들이 울고 말았다고 한다.

판소리가 사대부들 앞에서 연행되는 국면을 통해 판소리에 실린 집단의식의 일단을 엿볼 수 있다. 사실 판소리는 모든 계층의 예술이다. 판소리는 애초에 천민계층에서 발생한

천민의 예술이었지만, 그 수용층이 중인계층과 양반계층을 거쳐 궁중에까지 확장된 예술이다. 신광수는 영조 앞에서 창을 하여 벼슬을 얻었고 모흥갑은 헌종 앞에서 소리하여 벼슬을 하사받았다. 이동백은 고종 앞에서 공연을 하고 고종이 감동해 손을 잡자 그 손을 씻지 않고 다녔다고 한다. 판소리는 표면적으로 충, 효, 열, 우애 등을 강조하는 관념적 주제를 표출하

면서 이면적으로는 도덕률에 대한 반성, 인간적 해방 등을 지향하는 현실적 주제를 지닌다. 결국 판소리는 현실적 민중의 고단한 삶을 바탕에 깔고 있지만, 그것을 풍자와 해학이라는 웃음으로 형상화하면서 인간의 건강한 삶을 성취시키고자 한다.

판소리의 연행방식으로서 특이한 것은 소리판이 준비된 다음, 긴 판소리를 부르기 전에 단가(短歌)를 먼저 부른다는 사실이다. '허두가(虛頭歌)', '영산(靈山)'이라고도 하는 이 단가는 창자가 목을 풀거나 청중의 관심을 유도하여 소리판을 정돈하기 위한 일종의 판소리 도창(導唱)이다. 하지만 독립적으로 불리는 것도 많은데, 기존의 민요나 판소리의 일부를 차용한 것, 또는 창작된 것도 있다. 단가는 평이한 장단과 악조로 시작해야 무리가 없기 때문에 거의 중모리 장단에 맞춰 부르며, 악조는 대부분 평조로 짜여져 있다. 즉 단가는 중간 속도의 순탄한 가락과 리듬으로 되어 있다.

판소리 명창들이 즐겨 부르는 단가의 종류는 50여 가지가 되는데, 요즘까지 자주 불리는 것들은 "만고강산 유람할 제 삼신산이 어드메뇨…"로 시작하는 〈만고강산〉을 비롯하여 20여 종 된다. 송흥록의 〈천봉만학가〉, 송만갑의 〈진국명산(鎭國名山)〉, 정춘풍의 〈소상팔경〉, 임방울의 〈호남가〉가 유명하며, 〈사철가〉, 〈초한가〉, 〈강상풍월〉, 〈죽장망혜〉, 〈천하태평〉, 〈불수빈(不須瀕)〉, 〈편시춘(片時春)〉, 〈장부한(丈夫恨)〉 등을 들 수 있다. '이 산 저 산 꽃이 피니 분명코 봄이로구나 / 봄이 찾아왔건마는 세상사 쓸쓸하드라'로 시작되는 〈사철가〉 또는 〈이산저산〉은 계절의 변화를 통해 인생무상을 노래한 단가이다. 대다수의 단가들은 인생이 짧고 덧없음을 한탄하고 자연과 인간이 조화된 아름다움을 그리는 내용이다.

음색이 소리의 핵심이다

창자로서 자유로이 소리를 할 수 있는 득음의 경지에 도달하기 위해서는 토굴 속이라도 들어가 혹독하게 '독공(獨功)'이라는 산공부를 해야 한다. 깊은 산속의 암자에서 10년씩 소리공부를 했다든지, 폭포수와 소리싸움을 했다든지 하는 것은 소리광대들의 필수적인 수련의 증언이다. 폭포의 습기가 목을 보호한다고도 한다. 칠선계곡 등 지리산 계곡은 판소리의 발상지이자 독공의 메카라고 한다.

  판소리의 기본 발성은 아랫배 단전에 숨을 모았다가 성대를 자연스럽게 긴장시킨 상태에서 힘차게 질러내는, 소위 '통성(通聲)'이다. 이런 발성을 과도하게 하면 성대에 만성후두염의 일종인 성대 결절이 생겨 발성할 때 성대 근육이 꽉 닫혀지지 않으므로 껄껄하고 텁텁한 소리가 나게 된다. 듣기에는 탁한 것 같으면서도 성량이 크고 변화가 많은 곰삭은 소리가 되는 것이다. 판소리는 서양에서 인정하는 부드럽고 곱고 아름다운 소리와 먼 갈라지고 거칠고 투박한 소리이다. 항간에서는 시조나 가곡이나 가사를 청주에 비유하면서 판소리를 탁주와 같다고 한다. 시조나 가곡이나 가사는 쨍하니 맑게 울려야 하는 데 비해 판소리는 목에서 소리를 돌려내며 심금을 후벼 파야한다는 것이다. 소리하는 사람들은 목이 터져 피가 나고 온 몸이 부을 때는 똥물을 마시기까지 했다. 이러한 발성으로 수십 년간의 피나는 수련을 거쳐 득음을 하게 되면 그 엄청난 성량과 깊이 있는 성음으로 청중을 압도하게 된다. 20세기 초의 명창인 송만갑의 소리는 십 리 밖까지 미쳤다고 하며, 그의 제자인 장판개는 쇠로 된 문고리를 진동시켰다고 한다. 판소리가 민요 · 무악 · 잡가 등의 민속악이 따를 수 없는 음악적 풍부함과 깊이를 지녔

폭포수가 떨어지는 지리산 계곡

다는 것도 이런 데 연유한다.

　악조나 장단이나 창제 등과 함께 판소리에서 아주 중요한 것으로 조성법을 들 수 있는데, 이는 판소리에 쓰이는 성음(聲音)의 문제이다. 성음이란 소리의 성질 곧 음색이나 음질을 말한다. 성음의 종류를 3가지 기준에 따라 다음과 같이 세분할 수 있다. 먼저 성음의 고저에 따라 7가지 소리로 나눌 수 있다. 평성으로부터 위로 상성·중(重)상성·최상성, 아래로 하성·중(重)하성·최하성이다. 둘째, 성음의 음색에 따라 통성(뱃속에서 뽑아 올리는 소리)·철성(쇠망치처럼 견고한 소리)·수리성(쉰 듯하면서 탁 트인 소리)·발발성(떨리며 나오는 소리)·천구성(튀어나오는 소리)·귀곡성(귀신 울음 소리)·양성(지나치게 맑은 소리) 등 12가지의 소리로 나눌 수 있다. 여기서 한 가지 예를 들면 옥에 갇힌 춘향이가 밤중에 귀신이 우는 소리를 듣는 정황을 그린 노래인 '귀곡성' 대목은 19세기 명창 송흥록의 장기였다. 어느날 송흥록이 진주 촉석루에서 이 대목을 노래 부르자 갑자기 바람이 일며 촛불이 일시에 꺼지면서 하늘로부터 귀신의 울음소리가 들려왔다고 한다.[15] 마지막으로 성음의 변화에 따라 생목(목이 트이지 않은 소리)·노랑목(기교에 치우친 소리)·속목(목 안에서 내는 소리)·겉목(피상적으로 내는 소리)·푸는목(느짓하게 푸는 소리)·감는목(몰아들이는 소리)·떡목(텁텁하고 얼붙어서 별 조화를 내지 못하는 소리) 등 37개의 목으로 나눌 수 있다. 이와 같이 성음에는

진주 남강변에 자리한 한국의 3대 누각 중 하나라는 촉석루

---

15) 유영대, 「판소리의 이해」, 『한국구비문학의 이해』, 월인, 2000, 350면.

7성·12색·37목이 있다.

성음의 세 가지 가운데 두 번째의 음색이 가장 주목의 대상이 된다고 볼 수 있다. 판소리의 음색에서 수리성을 높게 평가하고 양성을 낮게 친다. 수리성은 목이 약간 쉬어서 거칠고 텁텁하며 성량이 크고 깊이 있고 변화가 많은 성음이다. 이에 비해, 양성은 소리에 그늘이 없고 너무 맑아 깊이가 없는 성음이다. 판소리에서 가장 좋다고 치는 목소리로는 철성과 수리성이 합쳐진 소리를 꼽는데, 이런 소리를 하늘이 내린 소리라 하여 '천구성'이라고 한다. 한편 창법에 따른 악조에 따라, 성음을 평조성음, 우조성음, 계면조성음, 경드름성음, 설렁제성음 등으로 나누기도 한다. 경드름성음은 경쾌하고 발랄한 느낌, 설렁제성음은 씩씩한 느낌을 주는 소리다.

판소리의 음악체계를 이루는 것으로 이 성음 외에도 길이 있다. 길은 음계와 아주 유사한 개념으로, 솔음계로 이루어진 우조길과 레음계로 이루어진 평조길, 미음계로 이루어진 계면길이 있다. 판소리를 연창할 때는 이러한 성음과 길과 장단이 각각 어울려서 나름대로 독특한 분위기를 전달한다.

장단과 악조가 소리를 지탱하는 축이다

판소리는 무엇보다 음악성이 가장 중시되는 장르다. 그런데 판소리는 서양과 같이 일찍부터 이론적으로 체계화되지는 않았다. 그 전승과정에서 창자나 애호가들에 의해 자연스럽게 독특한 음악적 체계가 형성되었다. 대체로 장단·악조(조(調)라고도 함)를 비롯하여 창법의 계통에 해당하는 창제(唱制) 등을 판소리의 음악론이라 할 수 있다. 박자나 리듬 구조를 지닌 장단, 선법(mode)이나 선율(멜로디)과 관련된 악조, 유파나 바디 등으로 불리는 독특한 음악적 짜임새로 전승계보를 이룬 창제 등에는 판소리의 다양한 음악적 특질과 체계가 함축되어 있다. 특히 소리를 지탱하는 가장 중요한 축은 장단과 악조이다. 판소리는 다채로운 내용의 긴 이야기를 끌고 가야

하므로 한정된 리듬형만으로는 그 안의 느낌과 분위기를 표현하기가 불가능하다. 이에 판소리의 장단은 다양할 수밖에 없다. 판소리에 쓰이는 장단의 기본적인 것만 들더라도 여섯 가지가 있다. 즉 진양조·중모리·중중모리·자진모리·휘모리·엇모리이다. 물론 판소리에 쓰이는 장단은 산조에 사용되는 장단과 거의 같은데, 가장 예술성이 높은 음악을 만들어내는 장단은 진양조이다.

진양조는 24박의 가장 느린 장단으로 한가롭거나 비장한 대목, 이를테면 〈흥보가〉의 '박타령'이나 〈춘향가〉의 '옥중가' 등을 노래할 때 쓰인다. 〈흥보가〉의 경우 다른 판소리와 같이 설화에 의해 형성된 것으로서 민담의 복합으로 이루어져 있는데, 몽골의 〈박 타는 처녀설화〉가 가장 가까운 것으로 보인다. 한편 '심청이 달밤에 부친을 그리워하는 대목'에 진양조가 쓰인다. 중모리는 판소리의 기본을 이루는 장단이다. 휘모리는 4박의 가장 빠른 장단으로서 아주 급박한 상황이나 분주한 대목, 가령 〈흥보가〉의 '흥보가 박 속에서 쌀을 퍼낼 때'나 〈심청가〉에서 '심청이 물에 뛰어드는 장면' 등에 적절히 쓰인다. 엇모리는 도사·중·범 등이 등장하는 장면의 다분히 신비로운 분위기에 쓰이는 장단이다.

흥보가의 〈박타령〉

발레 〈심청〉(2010) 실제 물속에서의
발레 장면을 영상으로 재현

이 중 휘모리를 제외한 나머지 장단들에는 각각 약간 빠른 장단, 보통 장단, 약간 느린 장단의 3가지 변형이 있는바, '세마치장단'은 빠른 진양조를 말한다. 또한 변형장단이라 하여 엇중모리, 휘중모리, 단중모리, 평중모리 등도 있다. 모리란 '몰아간다'는 말에서 유래되었다고 본다. 국악의 여러 특징 중의 하나가 장단의 다양함인데, 판소리에서 장단의 다양성과 최적성이 더욱 두드러진다.

한편 판소리의 핵심이 되는 창에는 평조·우조·계면조와 같은 창법에 따른 악조가 있다. 다시 말해 선율을 만드는 데 쓰이는 기본음 체계인 악조는 크게 3종의 평조, 우조, 계면조로 나뉜다. 평조는 판소리의 기본이 되는 악조로서 온화하고 평온한 느낌을 자아내는 소리이다. 우조는 뱃속에서 우러나오는 웅장하고 호방한 남성적인 소리로서 강건하고 장엄한 맛을 낸다. 영웅호걸이 등장하는 〈적벽가〉 같은 작품에 우조가 많이 쓰인다. 계면조는 목과 입안에서 나오는 애련하고 처절한 여성적인 소리로서 잔가락을 풍부하게 구사하고 다양한 기교를 부리는 것이 특색이다. 이 악조들 가운데 가장 중요하게 쓰이는 것은 계면조인데, 이는 흔히 남도소리를 지칭하는 육자배기토리로 되어 있다. 이상의 세 악조가 서로 혼합되거나 세분되어 평우조, 진우조 등으로 나뉘어지기도 한다. 판소리의 음악적 구성은 하나하나의 장면이나 소리 토막(마디)이 가령 '진양+평조'와 같이 위의 여러 장단과 악조 중 하나씩의 결합으로 이루어진다.

창법에 따라 유파가 생기다

판소리의 음악적 원리와 특징을 이해하기 위해서는 악조·장단을 비롯하여 창법의 계통 등을 알아야 한다. 판소리 음악의 주축이 된 것은 육자배기토리로 되어 있는 시나위가락이다. 이 시나위는 전라도·충청도·경기도 남부지역에서 전승되고 있는데, 이처럼 지역적으로 음악성에 차이가 있기 때문에 이에 따라 판소리의 유파가 형성되었다. 한편 19세기 판소리가 양적으로나 질적으로 크게 성장을 하면서 음악에 있어 단순한 개인차에 그치지 않고 일련의 서로 다른 창법의 계통을 형성하기에 이르렀다.

다시 말해 판소리는 시대를 거쳐 전승되면서 자연스럽게 지역과 인맥에 따라 창법의 계통을 달리하는 유파가 생기게 되었다. 유파를 나타내는 말로 '제(制)'라는 접미사를 사용하고 있다. 제라는 용어는 물론 동편제 · 서편제같이 유파를 나타내는 큰 범주로 쓰인다. 그러나 제는 작은 범주에서 여러 가지 의미로 사용된다. 예컨대, 박유전제 심청가 · 정정렬제 춘향가라고 하듯이 '바디'를 지칭하기도 하고, 권삼득제 · 고수관제와 같이 '더늠'을 나타내는가 하면, 덜렁제 · 석화제 등의 명칭에서 보듯 악조의 의미로도 쓰인다.

우리의 판소리 유파는 동편제 · 서편제 · 중고제 · 강산제로 불린다. 지리산을 기준으로 그 동북쪽인 운봉 · 구례 · 순창 · 흥덕 등지에서 불리는 동편제, 서남쪽 평야지대에 해당하는 광주 · 나주 · 보성 등지에서 불리는 것을 서편제라 하며, 경기도 · 충청도 지역의 판소리를 중고제라 부른다. 고형의 중고제보다 먼저 사라진 호걸제 역시 맥락으로 보아 충청 · 경기지역에 기반을 두고 있다. 그러나 명창들이 사정에 따라 이사를 하는 바람에 유파의 구분은 자연스레 지역적 기준보다는 명창 자신 즉 소리 자체의 법제에 의해 이루어질 수밖에 없었던 것이다. 특히 19세기 후반이 되면서 가문을 중심으로 유파를 나누는 경향에 따라, '박유전제 심청가', '김세종제 춘향가', '송판 적벽가' 등의 계보가 이루어졌다. 송판은 송순섭의 호이며, 〈적벽가〉의 계승자인 송순섭 명창은 중요

정노식의 『조선창극사』
(조선일보사 출판국, 1940)

서편제의 비조 박유전의 추모비
(전남 보성군 보성읍)

무형문화재 제5호다. 판소리를 동편제·서편제·중고제 등 유파별로 나누어 서술한 자료로는 정노식이 지은 『조선창극사』가 처음이다.

서편제는 동편제보다 늦은 19세기 중엽 천구성으로 이름이 높으며, 홍선대원군이 그의 소리를 '제일강산'이라고까지 평했던 박유전이 창시한 것이다. 서편제는 수식과 기교가 풍부하고 섬세한 성음과 잔가락을 존중한다. 엇붙임이나 잉애걸이 등 장단의 변화를 통해 뛰어난 기교를 보여주기 때문에 흔히 "갈 데까지 간다"고 말한다. 잘 다듬어진 가락에 의존하기 때문에 창법이 정교하고 애절하며 주로 여성적인 계면조가 쓰임으로써 소리가 유연하게 이어지는 것이 특징이다. 장단이 느리기 때문에 발림이 풍부하다. 정노식은 일찍이 소리의 미의식과 관련하여 "우뚝 솟은 봉우리에 달이 시원하게 떠오르듯 소리하는 것이 동편제라면, 온갖 나무에 꽃이 화려하게 피듯 현란하게 소리하는 것이 서편제"[16]라고 말한 바 있다. 서편제는 '해남 관머리바람처럼 부드럽다'는 평을 받는 편이다. 명창 이날치·정재근·정창업·김창환·김채만·임방울 등이 이 계통에 속한다. 특히 박유전의 문하에서 서

영화 〈서편제〉의 한 장면, 서편제는 한국영화 최초로 관객 100만 명을 돌파했음

16) 정노식, 『조선창극사』, 조선일보사 출판국, 1940.

편제의 소리 맥을 일궈나갈
두 제자가 배출되어 각각 일
가를 이루었다는 명창이 바
로 바로 이날치와 정재근이
다. 1993년 임권택 감독에 의
해 판소리 서편제를 소재로
한 영화 〈서편제〉가 만들어지
기도 했으며 2010년 뮤지컬
〈서편제〉도 제작되었다. 그

영화 〈춘향뎐〉의 한 장면, 판소리와 영상의 결합이라는
새로운 형식을 시도했다는 영화

리고 서편제는 1999년 한국영화 최초로 칸느 영화제 본선에 진출했던 〈춘향
뎐〉의 소재가 되기도 했다.

서편제 가운데서도 박유전이 정재근에게, 정재근이 정응민에게 전수시킨
소리의 유파를 '보성소리'라고 한다. 보성소리 4대 명창인 정회석이 판소리
현대화에 나섰다. 서편제 소리의 창시자인 박유전의 제자였던 증조할아버
지 정재근, 할아버지 정응민, 아버지 정권진으로 이어진 정씨 집안은 130년
간 보성소리 명가의 계보를 이어왔다. 아버지로부터 판소리를 사사받은 정
회석은 조선왕조의 창업을 기린 악장 〈용비어천가〉와 인간의 이중성을 꾸
짖는 소설 〈호질〉을 대중적인 판소리로 창작하여 2006년 12월 첫선을 보였
다. 박유전과 다른 서편제소리
의 원형을 이루었다는 정창업
은 〈심청가〉 중 한 대목을 너무
슬피 불러 좌중이 눈물을 손으
로 닦아 비석에 뿌리자 물이 흘
렀다는 일화를 남길 정도였다
고 하며, 이 일로 말미암아 "정
창업이 소리하면 비석도 운다"

조선시대 최고의 작가라는 박지원이 쓴
소설 〈호질〉(『열하일기』에 실려 있음)

는 말이 생겨나기도 했다.[17]

동편제는 19세기 초에 명창 가운데 기량이 가장 뛰어났으며 귀신의 울음소리로 유명한 송흥록이 창시한 것이다. 동편제는 악조 중에서 남성적인 우조를 많이 사용하는 편이다. '대마디 대장단'이라는 말과 같이 장단에 소리를 맞춰서 붙여나간다. 창법에 있어 기교를 부리거나 잔가락에 의존하기보다는 뱃속 깊이서 내는 통성을 귀히 여기고 풍부한 성량을 바탕으로 '목으로 우기는' 수법을 쓴다. 장단에 있어서도 굵은 장단으로 소리를 운용하며 빠르기 때문에 발림이 적다. 결국 직선적이며 소박한 창법으로 인해 소리가 역동적이고 우렁찬 것이 특징이며 담백하고 깊은 맛이 있는 것도 사실이다. '지리산 바람처럼 웅건하다'는 평가를 받는 편이다. 『조선창극사』의 저자 정노식은 서편제소리를 입에 달라붙는 고기 맛에 견주면서 동편제소리를 채소처럼 담백한 맛에 비유했다. 박만순·김세종·정춘풍·김창록·박기홍·김찬업 등의 명창이 이에 속한다. 그러나 오늘날 동편제는 거의 명맥이 끊어져 안타깝기 그지없다.

중고제는 염계달과 김성옥을 시조로 하는데, 소리가 뚝뚝 끊어지는 동편제나 질질 늘어지는 서편제와 달리 창법이 소박하고 단조로우며 소리가 평평하게 시작되어 점점 높아지다가 다시 낮아지는 특징이 있다. 한마디로 중고제는 동·서편제보다 소박한 옛 스타일을 많이 간직한 편이며 약간 동편제에 가까운 소리이다. 소리에 서울지방의 경드름 가락이 많이 섞인 점이 주목된다. 고수관, 전정근 등의 명창이 이에 속한다. 모흥갑이 경기도 진위 출신이고, 방만춘이 충남 해미 출신이라는 점에서 중고제 명창으로 추정한다. 지금은 그 계승이 끊어지고 말았다.

강산제는 서편제의 작은 분파로서 박유전에서부터 제한된 범위로 전승된 갈래다. 강산제는 박유전이 말년에 거주했던 전남 보성군 강산리에서

---

17) 송혜진, 앞의 책, 236면.

나온 이름이다. 박유전은 자신의 본 바탕을 서편제 소리로 채운 후에, 한양에서 활동하면서 서편제와는 취향이 대조되는 다른 유파를 개발하게 되는데, 그것이 바로 강산제였다. 박유전이 정재근에게 전수시킨 〈심청가〉를 특별히 강산제라 부르기도 했다.

유파와 혼용해서 쓰는 것으로 바디가 있는데, 바디는 '선생에게서 전해 받다'의 '받다'와 베틀짜는 베틀의 '바디'에서 온 말인 듯하다. 바디는 판소리 한 마당 전체를 말하는데, 유파의 스타일을 가리킬 때는 '서편바디' · '동편바디', 개인의 한 판을 일컬을 때는 '송만갑바디' · '정정렬바디'라고 한다.

창자의 독창적인 더늠이 발달하다

판소리는 하한담이나 최선달과 같은 선구적인 소리광대들에 의하여 17세기 후반 경에 발생했다. 그 후 18세기에는 높은 수준의 음악극으로 성립되었고, 대표적인 평민예술로 성장했다. 판소리에 관한 가장 오래된 기록은 만화 유진한의 문집인 『만화집(晚華集)』에 실려 있는 한시로 쓴 〈춘향가〉이다. 18세기 중반부터 양반들도 판소리를 즐겨 들었으며, 이를 듣고 시를 쓰는 사람들도 생겨났다. 영조 30년(1754) 『어우야담』의 작가 유몽인의 6대 종손인 유진한은 당시에 불려지고 있던 〈춘향가〉를 듣고 감동하여 한시로 〈가사춘향가이백구(歌詞春香歌二百句)〉를 지었던

유진한의 만화집, 판소리기록 중 가장 오래된 것으로 여기에 〈춘향가〉가 실려 있음

것이다. 이를 〈만화본춘향가〉 또는 〈한시춘향가〉라고 하는데, 이 〈춘향가〉 가사가 지어진 때를 전후하여 판소리가 형성되었을 것이다.

18세기 소리꾼이 가장 잘하는 대목인 더늠의 형성과 창제의 분화가 서서히 이루어지면서 판소리 12마당의 틀이 갖추어졌다. 12마당에 대한 최초의 기록은 1843년에 지어진 송만재의 〈관우희(觀優戲)〉이다. 여기에 〈춘향가〉, 〈심청가〉, 〈흥보가〉, 〈수궁가〉, 〈적벽가〉, 〈변강쇠가〉, 〈배비장타령〉, 〈강릉매화전〉, 〈옹고집타령〉, 〈장끼타령〉, 〈왈자타령〉, 〈가짜신선타령〉의 존재가 소개되어 있다. 판소리는 18세기 말 경에 들어서면서 새로운 국면을 맞게 되었다. 평민층의 청중에 주로 의존하던 단계에서 상류층인 양반·부호들의 청중을 더 중요한 기반으로 받아들이는 단계로 이행하는 현상이 나타난 것이다. 비록 천민이지만 명창들은 양반·부호들이 베푸는 잔치에 불려가는 일이 빈번했다. 풍부한 내용과 음악적 세련미를 갖춘 판소리는 양반들이 지닌 기호나 미의식에 받아들여지기 쉬운 점이 많았다. 소리 한 곡조에 천 필의 비단을 받았다는 우춘대는 18세기 말에 주로 활동했던 당대 최고의 명창이었다.

연구 자료로 널리 쓰이는
송만재의 한시 〈관우희〉

19세기 초기는 판소리에 대한 오랜 기간 동안의 누적된 경험을 통해 양반사회에도 이에 대한 감상과 취미가 널리 전파 확립되어 간 시기이다. 19세기 중반에 들어서서는 양반층이 판소리에 열광한다고 할 수 있으며, 판소리 사설이 양반층의 미의식을 담게 되면서 이때 판소리의 성격이 크게 변모한다. 판소리 사설이 전아하면서 중세적 질서를 고수하는 방향으로 수정되었다. 신재효가 김세종을 자신의 집에 두고서 판소리의 사설을 고상한 한문투의 문장으로 개작토록 한 것은 잘 알려진 일이다. 19세기 후반에 이르러서는 판소리의 내용적 우아함이나 음악적 세련미 등으로 인해 서민층이 쉽게 따라 갈 수 없을 정도가 되어버렸다.

한 편의 판소리는 완창되기
도 하고 부분창으로 연행되기
도 하는데, 완창되는 소리 전
체를 '바탕소리'라 한다. 국내
에서 판소리 완창이 공연형식
으로 무대에 처음 오른 것은
1968년 박동진 명창[18]의 5시

'우리 것이 좋은 것이여'라고 외치는
박동진 명창

간짜리 〈흥보가〉가 시초였다. 완창은 특별한 수련과 공력을 요하기 때문에
옛 명창들도 함부로 도전할 수가 없어 부르는 사람이 많지 않았다. 청중들
이 좋아하는 이름난 작품일수록 내용이 다채롭고 풍부하여 더 많은 시간이
걸리는데, 〈춘향가〉는 완창하는 데 대략 7~8시간 걸리며 가장 짧은 작품인
〈적벽가〉도 2~3시간이 걸린다.

그러나 더늠은 보통 3~4분 소요되는 것으로 특히 20세기 초 축음기의 SP
판으로 크게 인기를 얻은 바 있다. 판소리 한 대목을 독립시켜 부르는 부분
창을 '토막소리' 또는 '더늠'이라고 하는데, 더늠은 '더 넣는다', '더 늘어난
다'는 의미로, 뛰어난 창자에 의하여 새롭게 짜여져 늘어난 부분을 가리킨
다. 이른바, 더늠은 창자 자신이 계발한 독창적인 대목이다.

가장 유명한 더늠 하나를 꼽으라면 불세출의 명창 임방울의 '쑥대머리'
를 들 수 있다. 본명이 임승근인 임방울이 '방울'이라 예명을 지은 것에서
보듯, 그는 맑고 기품 있는 목소리에 동편제·서편제를 두루 섭렵했다. 서
리서리 한을 풀어내는 듯한 창법으로 그의 공연마다 청중들이 눈물을 쏟
았다. 1961년 세상을 떠났을 때 국내 첫 국악인장이 거행됐으며 상여 행렬

---

18) 1992년 박동진 명창이 광고에서 외쳤던 '우리 것이 좋은 것이여'란 구호는 21세기 들어
문화소비층의 자발적인 호응을 얻고 있다.

'쑥대머리'를 부른 임방울 명창

만 2km에 이르렀다. '쑥대머리'는 〈춘향가〉 중 변학도의 수청을 거절해서 곤장을 맞고 옥에 갇힌 춘향이의 처참한 모습과 이도령을 그리워하는 애절한 심정을 노래한 것이다. 쑥대머리는 빗질을 하지 않아 쑥대처럼 헝클어진 머리다. 노래의 첫대목은 "쑥대머리 귀신형용 적막옥방 찬 자리에 생각난 것이 임뿐이라. 보고지고 보고지고 한양낭군 보고지고"이다. 임방울이 이 노래를 당시 여성 청중 앞에서 부를 때면 그 자리는 눈물바다가 됐다. 임방울은 본디 애절한 음색을 지닌 데다가 애간장을 녹일 것 같은 비장미 넘치는 악곡의 해석으로 다른 명창들보다 사랑을 받았다. 임방울은 계면조 소리의 대가였다. 비통한 분위기를 짙게 자아내는 계면조는 식민지 백성의 슬픔과 맞물려 상승작용을 하면서 암울한 시대를 표현하는 예술의 빛이 되었다. 임방울 명창이 목메게 부르는 노래를 들으며 마치 '울고 싶은데 빰 맞은 격'으로 절망적 상황의 한민족은 마음껏 눈물을 쏟았는지도 모른다. 1930년대 초 음반 120만 장이라는 당시로서는 천문학적인 판매량을 기록한 곡이 바로 임방울이 작사하고 노래한 '쑥대머리'였다.

권삼득의 더늠인 '제비가'는 〈흥보가〉 중의 '놀부가 제비를 후리는 대목'으로서 박동진 명창이 "제비 몰러 나간다"고 노래하는 TV 광고를 통해서 더욱 유명해졌다. 염계달의 더늠인 〈수궁가〉 중 '세상에 나온 토끼가 자라를 욕하는 대목'도 유명하다. 김제철과 신만엽의 더늠인 〈수궁가〉 중 '토끼가 세상으로 돌아오는 대목'인 '소지노화'와, 추천목이라는 염계달의 더늠인 〈춘향가〉 중의 '방자가 춘향의 행실 그른 내력을 말하는 대목'도 뛰어나다. 김창환의 '제비노정기', 송광록의 '긴사랑가'와 고수관의 '자진사랑가', 송흥록의 '동풍가'와 모흥갑의 '이별가', 염계달이 부른 '남원골 한량', 이화중선이 부른 〈심청가〉의 '선인따라'나 '추월만정'등도 대표적인 더늠으로 언급된다.

이 가운데 '동풍가(東風歌)'란 춘향이의 옥중 모습을 노래한 것으로 춘향이가 옥중에서 봄을 맞이하여 이도령을 그리며 신세 한탄하는 내용이다. 가을달이 뜰에 가득하다는 '추월만정(秋月滿庭)'은 판소리 중에서 음악적 완성도가 매우 높은 대목이다. 1920년대 이화중선이 이 노래를 불렀을 때 명창 박기홍이 '뭇 여인 중의 선녀'라 극찬하면서 '화중선(花中仙)'이라는 예명으로 불리게 되었다는 것이다.

19세기 여류명창까지 등장하다

판소리의 본격적인 발전은 19세기에 이루어졌다. 12마당이 모두 연창되었고, 장단·악조·더늠 등 음악성이 완숙한 단계에 이르렀으며, 2백여 명의 명창이 활동했다. 순조 때 활약한 인물로는 권삼득, 송흥록, 모흥갑, 염계달, 고수관, 김제철, 신만엽, 송광록, 주덕기 등 이른바 전기8명창을 들 수 있다.

권삼득은 8명창 중 가장 먼저 언급되는 인물로서 박경리의 《토지》에도 나오는 바와 같이 광대로는 드물게 양반 가문 출신이다. 신재효는 그의 소리를 '절벽에서 떨어지는 폭포'에 비유했다. 권삼득은 '덜렁제(권마성제)'라 불리는 호방하고 멋스러운 창법을 개척하여 오늘날까지도 '권삼득덜렁제'로 전하고 있다.

송흥록은 19세기 초까지의 판소리 가사와 창법을 집대성하여 판소리의 중시조로 불린다. '호풍환우(呼風喚雨) 송흥록'이라는 말이 전할 만큼 역대 판소리 명

송흥록 동상, 생가 앞에 세워진 입상

창 가운데 기량이 가장 뛰어나 그를 가왕이라 불렀다. 판소리에 그때까지 없었던 진양장단을 도입하여 소리를 짜고 평타령으로 일관되던 우조와 계면조의 선율을 오늘날과 같이 발전시켰다. 그는 동편제의 시조로도 불린다.

모흥갑은 〈적벽가〉에 뛰어나 당대 〈적벽가〉에 관한 한 그의 앞에서 감히 입을 열 사람이 없었다고 한다. 방만춘이나 주덕기 같은 명창도 밤을 새워

모흥갑의 평양 능라도 소리광경
(2006년 발행된 우표)

가면서 〈적벽가〉를 완창했다는 기록은 있다. 모흥갑은 평양 대동강의 연광정(練光亭)에서 판소리할 때 덜미소리를 질러내어 10리 밖까지 들리게 하였다는 일화가 전할 만큼 성량도 풍부했다. 다만 그의 더늠으로 전해 오는 것은 〈춘향가〉 중에서 이도령과 춘향이가 이별하는 장면의 '날 데려 가오'라는 대목뿐이라 한다.

염계달은 중고제의 시조로서 경제(京制) 또는 경드름이라는 새로운 창법을 개척하였다. 이는 서울 근교 사람들의 언어와 경기민요의 특징을 흡수한 것으로서, 화사하고 경쾌한 느낌을 표현한다.

고수관은 송흥록·모흥갑·염계달 등보다 후배로서 사설을 지어내거나

고수관 명창 생가지
(충청남도 서산시 고북면 초록리)

변화시키는 데 비상한 재질을 지녀, '딴청 일수 고수관'이라는 칭호를 얻었으며, "고수관의 딴전피기"라는 속담까지 낳았다. 다시 말해 고수관은 19세기 전기 8명창 가운데 임기응변에 능하여 즉흥적으로 소리판을 이끌어 나가는 데 일가견이 있었다.

김제철은 고수관보다 후배로서 〈심청가〉에 뛰어났고, 석화제의 창법을 잘 구사했다. 신만엽도 석화제의 창법에 특기가 있었는데, 석화제는 간드러진 고운 선율과 성음을 중시하고 악상이 화창하며 명쾌한 느낌을 준다.

　한편 철종 때 활약한 인물로 박유전, 박만순, 이날치, 김세종, 송우룡, 정춘풍, 정창업, 김창록, 장자백, 김찬업, 이창윤 등 소위 후기8명창이 있었다. 박유전은 흥선대원군의 총애를 받아 무과의 교지(敎旨)까지 제수받았던 서편제의 창시자다. 박만순은 동편제 창시자인 송흥록의 제자로서 8명창 이후 최대의 명창으로 꼽혔다. 이날치는 서편제 시조인 박유전의 창법을 계승한 수제자로서 수리성의 대가답게 성량이 풍부하고 소리의 기교도 비범하였다. 김세종은 19세기 후반 동편제의 대표적인 명창이었다. 후기8명창에 오른 송우룡은 송광록의 아들이다. 정춘풍은 양반 출신의 광대였다. 전남 함평 출신의 서편제 명창 정창업은 〈흥보가〉와 〈심청가〉를 잘하였고 그의 더늠은 〈심청가〉 중에서 '몽은사의 중이 내려오는' 대목이다. 그의 소리는 김창환을 통해 전승되었다.

　19세기 중엽에는 광대들의 후원자였던 전북 고창에 사는 중인 출신의 신재효가 종래의 판소리 12마당을 〈춘향가〉, 〈심청가〉, 〈흥보가(박타령)〉, 〈수궁가(토끼타령)〉, 〈적벽가(화룡도)〉, 〈변강쇠가(가루지기타령)〉의 6마당으로 정리했으며, 이때 여창이 시작되었다. 신재효의 문하에서 이날치, 박만순, 김세종, 정창업, 김창록 등과 진채선, 허금파 등의 여류명창이 배출되었다. 최초의 여류명창인 진채선은 세습무당의 딸로 어릴 적부터 여러 굿을 통해 음악과 무용 등을 익혔다. 당시에는 여류명창이란 많이 존재하지 않았고 여성들은 민요 혹은 잡가라는 소리만 했을 뿐이다. 사실 동서양을 막론하고 초기의 성악예술은 남성 전유물이었다.

신재효, 그는 판소리의 명창
이자 이론가였음

진채선, 최초의 판소리 여류명창이자
대원군이 사랑한 여인

1933년에는 판소리 6마당 중 〈변강쇠가〉가 탈락된 채 이선유의 『오가선집』이 나왔다. 지금까지 전래의 창과 사설 그대로 불려지고 있는 것은 〈춘향가〉, 〈심청가〉, 〈흥보가〉, 〈수궁가〉, 〈적벽가〉 이 5마당뿐이다. 19세기 초까지 존재하였던 판소리 12마당이 5마당으로 축소되었는데, 이때 전승이 중단된 7마당은 평민적 세계관과 미의식이 뚜렷하여 양반층으로부터 환영받기 어려웠을 것이다. 내용은 대충 알 수 있으나 노래로 전승되지 않는 실전 판소리 7마당 가운데 〈변강쇠가〉만 유일하게 사설이 온전히 남아 있었고 박동진 명창이 이 사설에 곡을 붙여 불렀다. 즉 〈변강쇠가〉는 19세기 중반부터 가창되지 않고 신재효가 정리하여 남긴 6마당 중의 하나로 사설만 알려져 오다가 1970년대 와서 박동진이 한때 불렀으나 지금은 거의 불리지 않고 있다.

19세기에 이르러 지역적 특색이 더해짐에 따라 창제의 분화로 동편제 · 서편제 등 유파도 생겨나게 되었고, 19세기의 전성기를 거치면서 음악에서 극단적인 표현인 산조가 등장한 것처럼 판소리에서도 사설이 분리되어 소설이 등장하였다. 20세기에 들어서면서 일제에 의한 국권의 상실과 서구화의 충격 등으로 판소리는 위축될 수밖에 없었다. 이 시기 명창으로는 김창환, 송만갑, 이동백, 정정렬, 유성준, 김창룡, 박기홍, 김연수, 김채만, 이선유, 전도성 등을 들 수 있는데, 이들 중에서 특별히 '5명창'을 거론하기도 했다. 이후의 인물들로는 장판개, 김정문, 공창식, 임방울, 이화중선, 박록주 등이 활약했다.

20세기 판소리 극장에서 공연되다

20세기 초 대한민국 최초의 근대극장(옥내상설극장)으로서 왕실극장인 협률사(協律社)가 개장(1902)되어 광대들의 판소리와 기생들의 각종 가무가 공연되었다. 이어 1908년 우리나라 최초의 국립극장인 원각사(圓覺社)가 설립되었다. 이인직이 원각사 극장을 창설한 후 약 3개월이 지난 11월 13일에야 우리나라 신연극의 첫 작품인 〈은세계〉가 공연되었다. 20세기 초부터 새

왕실극장인 협률사를 설립한(1902) 김창환

로운 판소리에 대한 기대가 충만한 가운데 김창환은 원각사에서 최초의 창작 판소리라 할 수 있는 〈최병두타령〉을 공연하였다. 〈최병두타령〉은 강원도 관찰사 정 아무개라는 사람이 그 고을 양민인 최병두를 잡아다가 곤장으로 때려죽이고 재산을 빼앗았다는 실화를 토대로 만든 판소리이자 창극 작품이다. 이인직이 이 작품을 신소설 〈은세계〉로 각색한 것이었다.

원각사에서 공연된 모든 예술형태 중에 가장 중요한 레퍼토리가 판소리였다. 처음에는 여러 종류의 민요·잡가·무용 등과 함께 전통적인 1인창의 형태로 가창되었다. 그러나 이후 광대 김창환, 송만갑 등의 활약으로 신재효의 뒤를 이어 배역과 분창이 시도되고 판소리는 창극(唱劇)으로 변신되기에 이르렀다. 비로소 1인창의 판소리에서 벗어나 배역을 나누어 분창하는 새로운 연극적 무대예술, 즉 판소리에 드라마를 덧댄 창극이 공연된 것이다.

한국 최초의 국립극장인 원각사

최초의 창극은 1902년 가을, 고종의 즉위 40년을 경축하기 위해 김창환이 전국의 명창들을 불러 원각사에서 공연한 〈춘향전〉이라고 하나, 실제로 이 공연은 무산되었고 1903년 강용환에 의해 창극 〈춘향전〉이 공연되었다.

판소리는 19세기 말까지만 하더라도 대갓집 또는 관청의 뜰이나 대청마루, 아니면 장터 등 야외무대로 올려진 1인극이므로 걸쭉하고도 시원시원하며 풍부한 성량을 필요로 했던 것이었다. 그러나 서양식 극장이 판소리의 주무대가 되어버린 후부터는 음향적 한계 때문에 마이크를 사용하는 일이 잦아졌고 소리도 나긋나긋해졌으며 아예 배역을 나눠맡는 창극의 형태로 발전한 것이다. 그다지 볼거리가 없었던 1950년대까지 새롭게 창작된 창극들이 크게 번성했다. 그러나 1960년대부터 불기 시작한 유행가와 팝송의 붐, 본격적인 영화나 연극 공연 등 다채로운 대중문화의 등장으로 창극은 급속도로 쇠퇴하였다.

21세기 창극콘서트가 열리다

일본 제국주의와 서양문화에 가려 쇠퇴일로에 있던 판소리는 다행히 1964년부터 정부에 의해 중요무형문화재로 지정되었다. 창자들은 인간문화재로 인정받았다. 그리고 전통에 대한 인식이 새로워지면서 판소리에 대한 관심도 증대되는 등 오늘날 전통문화의 계승과 창조라는 뜻 있는 작업이 활발히 이루어지고 있다.

전통문화에 대한 자각과 인식이 새롭게 대두되는 가운데 각 음악대학의 국악과 개설(1954년 덕성여대, 1959년 서울대), 국악예술학교 개교(1960년) 등 국악에 대한 학문적 관심이 제고되면서 판소리 또한 각광을 받게 되었다. 각종 국악경연대회의 개최를 비롯하여 〈변강쇠가〉·〈배비장타령〉 등 실전되던 판소리의 부활, 창작판소리의 등장 등은 판소리사상 특기할 만한 일이다. 특별히 〈배비장타령〉을 통해서 우리가 공감하는 것은 우상의 권위를 부

정하고 숨길 수 없는 욕망의 보편성을 긍정하
는 점이라 하겠다. 이 작품에 나오는 제주목
사나 애랑도 중요하지만 실질적으로 방자가
중요한 인물이다. 〈춘향전〉에도 나오는 방자
와 달리 여기서 방자는 그의 상전인 배비장과
대결하여 승리하는 주역이기 때문이다. 이같
이 〈배비장타령〉은 실전 7마당 중에서 반중
세적 골계정신이 강한 대표적인 작품이다.

1970년 〈오적〉 담시를 발표했던
김지하 시인

　20세기 후반, 임진택은 새롭게 창작판소리
를 만드는 데 앞장섰다. 그는 1970~1980년대 암울한 시대적 상황을 사실
적으로 그려내고자 했다. 그는 김지하가 지었던 담시(譚詩) 〈오적〉·〈똥바
다〉 등을 판소리로 짜서 불렀다. 그리고 광주민주화 항쟁을 소재로 창작판
소리 〈오월광주〉를 지어서 부르기도 했다. 더욱이 1993년 판소리 영화 〈서
편제〉가 흥행에 성공하여 1990년대 판소리에 대한 관심과 인식에 새로운
전기를 마련하게 된 것도 의미가 크다. 판소리를 잘 모르던 사람들에게 이
영화에 삽입된 단가 〈이산저산〉의 인기 또한 대단했다.

　이 시기 주요 명창으로는 김연수, 김여란, 정광수, 박동진, 박초월, 김소
희, 박봉술, 강도근, 한승호, 정권진, 한애순 등이 있다. 그 후로 오정숙, 성
우향, 성창순, 조상현, 조통달 등이 활약하고 있다.

　20세기 후반 들어 고전 판소리 '오대가'를 바탕으로 규격화하여 언제든지
동일하게 레퍼토리화한 창극이 만들어졌다. 허규의 작품 〈춘향전〉과 〈심청
가〉 등 '오대가'는 국립창극단에서 레퍼토리로 만들어 둔 대표적 사례.[19]
또한 창극을 내용이나 형식에 있어 새롭게 전망하려는 노력이 여러 방향에
서 일고 있다. 창극은 현재 구극(舊劇) 또는 국극(國劇)이라고도 불린다. 이제

---

19) 유영대, 앞의 책, 393면.

토끼 배 가르는 대목(국립극장, 2011),
〈수궁가〉가 버라이어티쇼로 진화

판소리를 대중화·현대화하는 방법이 다양하게 시도되고 있다. 북 반주에 맞춰 전 바탕을 부르던 판소리를 국악관현악 반주에 맞춰 눈대목만 골라 들려주는 '창과 관현악'을 만들고 있다. 서양식 협주곡 형식을 본떠서 만든 콘서트용 판소리인 '창극콘서트'라는 새로운 공연양식이 등장한 것이다.

판소리에서 주요 레퍼토리를 '눈대목'이라 한다. 사람의 얼굴에서 눈이 중요하듯 소리에서 눈처럼 중요한 대목이라는 뜻이다. 다시 말해 눈대목은 서사구조상 가장 극적인 사건이 전개되는 부분이고 음악적으로는 가장 짜임새가 완벽한 곳으로 판소리의 핵심을 이룬다. 오페라로 치면 주인공이 부르는 아리아에 해당한다. 오페라의 아리아나 뮤지컬의 히트넘버와 같이 서사성과 음악성이 뛰어난 가장 감동적인 장면을 눈대목이라 하는 것이다.

〈심청가〉에서 심봉사 눈 뜨는 대목, 〈춘향가〉에서 어사또 출도부터 춘향 상봉까지, 〈흥보가〉에서 흥보 박 타는 대목, 〈적벽가〉의 관우가 조조를 놓아주는 대목, 〈수궁가〉의 토끼 배 가르는 대목 등이 손꼽히는 눈대목이다. 서너 시간 듣는 완창 판소리나 완판 창극이 부담스러운 것을 감안하여 요즘에는 눈대목만을 모아서 감상할 수 있도록 배려하고 있다.

1980년대 이래 인기를 끌고 있는 마당놀이 공연도 판소리의 현대화와 긴밀하게 연관되어 있다. 창극과 달리 서양의 뮤지컬 어법을 취함으로써 대중들에게 보다 가까이 다가가고자 한다. 고전을 끌어다가 오늘의 현실에 맞게 적극 패러디함으로써 관객을 확보하는 데 성공하고 있는 편이다. 그동안 창극은 소리만 판소리를 유지했지 극적인 부분은 서양연극을 흉내 냈기 때문에 가치가 떨어진다는 의견도 있었다. 우리는 지금 새로운 판소리의 시대를 맞아 고민하고 있다. 서양극의 충격 속에서도 본질을 지키고 있는 가부키나 경극에 비교할 때 우리 창극의 정체성 확보가 시급하다. 대중성의 확보도 관건이다. 무엇보다 판소리든 창극이든 전문 작가와 연출가가 절대 부족하다. 현대를 수용하는 창작판소리도 늘어나야 할 것이며, 수준 높은 새로운 창극과 마당놀이 공연 등을 기대해 본다.

1992년 허규 연출로 〈심청가〉가 국립극장 대극장에서 공연되었다. 그리고 다시 2006년 말 국립극장에서 창극의 세계화를 목표로 우리의 영원한 고전 〈심청가〉를 새롭게 탄생시켰다. 새로운 모습의 창극 〈청(淸)〉(김홍승 연출) 은 뮤지컬보다 더 큰 무대와 풍성한 국악 오케스트라로 관객을 사로잡았다. 심청의 모습도 효녀라는 고정적 이미지보다 자기 성취를

창극 〈청〉 공연(해오름극장)

이뤄가는 과정과 고난을 극복해가는 인간상을 보여주는 데 주력했다.

국립극장이 2012~2013 국립레퍼토리 시즌의 개막작으로 국립극장 해오름극장 무대에 판소리 오페라 〈수궁가〉를 올렸다. 이는 독일의 세계적인 오페라 연출가 아힘 프라이어(Achim Freyer)와 국립창극단이 함께 만든 것이다. 혹자는 무대에서 벌어지는 사건을 낯설게 보이도록 만든 독일 극작가 브레히트의 소격효과 등을 시도한 〈수궁가〉에서 창극 세계화의 가능성을 엿볼 수 있다고 했다.

록의 힘 있는 소리 사이를 뚫고 나갈 수 있는 엄청난 성량을 가진 게 바로 판소리다. 판소리 대중화를 위해 2005년 1월 말 데뷔 앨범을 낸 록 밴드 '고스트윈드'는 국악과 헤비메탈을 접목시킨 새로운 음악으로 평론가들의 주목을 받고 있다.

'판소리 버전 나가수'가 떴다. 2012년 9월 전주 MBC가 기획한 프로그램의 정식명칭은 '광대전'이었다. 판소리 명창 서바이벌 '광대전'에는 여섯 번의 경연을 통해 최고 명창 1인을 뽑는 국악계 최초의 시도였다. 명창들의 서바이벌 대회를 통해서 '판소리의 대중화'에 한껏 다가갈 수 있었다.

전라북도 전주에서 열린 판소리 명창 서바이벌,
〈광대전(廣大戰)〉

판소리는 삶의 진정성을 추구한다

조선후기 신재효가 정리한 판소리 6마당 가운데 〈변강쇠가〉를 제외한 5마당만 오늘날 전해오고 있다. 노골화된 성적 표현이 풍부하다는 〈변강쇠가〉는 유랑민인 변강쇠와 옹녀가 만나 정착을 시도하다가 비극적인 결말을 맺는 과정을 익살스럽게 그려낸 작품이다. 옹녀는 상부살(喪夫煞)이 끼어 마을에서 쫓겨나고, 변강쇠는 노름이나 싸움을 일삼고 여자를 좋아하는 건달이다. 변강쇠와 옹녀가 강한 성적 욕구를 나타내는 것은 2세를 많이 생산해서 정착하려는 고육지책일지도 모른다. 가진 것이 없는 그들에게 강한 육체는 유일한 재산이라 할 것이다. 또한 강쇠가 노름으로 일확천금을 노리고 정착민들이 떠돌이를 배

〈변강쇠 2〉(1987), 간신히 만난 옹녀와 변강쇠가
사랑가를 부르며 백년해로를 약속

척하기 때문에 싸우게 되며 경작할 땅과 할 일이 없기 때문에 게으를 수밖에 없다고도 하겠다. 12마당 중에서 어느 작품보다도 광대들의 생활이 많이 투사되어 있을 뿐만 아니라 생계의 근거를 갖지 못하고 참담한 방랑을 계속해야 했던 유랑민들의 경험이 희극적 굴절을 거쳐 표현되어 있다. 〈변강쇠가〉도 유랑하는 민중들의 소원이 공동체를 회복하는 데 있음을 노래하였다.

지금 남아 있는 5마당의 판소리는 표면적으로 유교의 오륜을 충실히 반영하고 있다. 효의 중요성을 드러낸 〈심청가〉, 부부 사이의 정절을 중시한 〈춘향가〉, 임금에 대한 신하의 충성을 부각시킨 〈수궁가〉, 친구 사이의 신의를 강조한 〈적벽가〉, 형제간의 우애를 다룬 〈흥보가〉가 그것이다. 그러나 이 판소리들에는 민중집단의 진정성 있는 자유로운 삶을 향한 염원이 담겨 있다.

〈심청가〉에서는 원초적인 불행을 지니고 태어난 심청이 자기희생을 통해 불교적 구원을 이루게 된다. 하지만 탐욕스런 뺑덕의 유혹에 빠져 곤궁한 처지에 이르는 심봉사를 통해 욕망에 지배되는 평범한 인물의 어리석은 모습을 비장과 골계로써 보여주기도 한다. 〈심청전〉을 훌륭하게 패러디했다는 최인훈의 〈달아달아 밝은 달아〉에서는 심청이 용궁에서 되살아온 황후가 아니라 청나라에 작부로 끌려간 여인으로 등장한다.

인도의 불교 경전에 나오는 '원숭이와 악어' 이야기에서 유래한 〈수궁가〉는 용왕을 통해 왕권의 부패한 정치권력을 비판하고 토끼를 통해 자유로운 삶을 지키려는 민중의 시각을 반영한다. 용궁세계는 곧 중세적 권력의 허위성과 비현실적 몽상을 지닌 곳으로 비판의 대상이 된다. 반면 토끼는 위협과 공포의 세계에 굴하지 않고 다시 탈출하여 삶의 기쁨을 노래하는 주인공이다. 서양에서는 토끼가 마녀의 심부름꾼, 교활한 동물로 인식되며 우리나라에서도 외설스럽다거나 오만한 동물로 묘사되는 바 있으나 대체로 토끼는 선하고 영특하며 친근감을 주는 것으로 여겨왔다. 〈수궁가〉는 서민적 생활의식의 승리를 보여준다고 할 수 있다.

〈적벽가〉의 내용은 명대의 소설 《삼국지연의》의 적벽대전에서 조조가

〈흥부놀부전〉, 국악과 현대음악이 조화된
퓨전 마당극으로 지루할 틈이 없이 재미를 유발함

크게 패하는 대목이다. 본래 영웅담에 가까운 적벽대전 이야기를 한국인의 정서에 맞게 재현했다고 하겠다. 요컨대 전쟁에서 명분 없이 죽어가는 군사들의 입장에서 권력자들의 횡포를 비판하고 있다. 특별히 눈에 띄는 것도 전쟁에 시달리는 군사, 즉 평민들의 괴로움을 절실하게 표현한 장면과 조조를 격하시켜 풍자한 대목들이다.

〈흥보가〉에서는 흥보가 착하기는 하지만 아무런 생활능력도 없이 체면만 따지면서 극도의 가난 속에서 헤매는 자로 희화화된다. 그리고 자신의 욕망과 충동을 거리낌 없이 추구하는 놀부의 현실적이고 솔직한 모습을 해학적으로 표현했다. 오늘날 내용을 윤색한 새로운 소재의 창극이 만들어지고 있는데, 놀부를 현대적으로 해석해 낸 〈놀부전〉에서도 기존의 부정적 이미지를 지닌 놀부를 근면하고 성실한 인간상으로 그리고 있다. 두 인물을 통해 빈부 격차에 의해 일어나는 계층 간의 갈등을 부각시키며, 졸부의 비도덕적인 행위에 대해 민중들이 강한 거부감을 가지고 있었음도 드러낸다.

신재효가 삭제한 나머지 6마당에서도, 부정적 인물형이 희롱당하는 내용이 주를 이룬다. 〈강릉매화전〉, 〈옹고집타령〉, 〈왈자타령〉 등을 보더라도 모두 비정상적인 양반·관리·부자·선비들이 도승이나 기생에게 망신을 당하는 내용이다. 그들의 탐욕과 허세를 해학과 풍자로서 비판하고 있다. 이와 같은 판소리 작품들이 지니고 있는 진정성에 기반한 복합성이 한국문화사적 가치를 높이는 큰 요인이 된다.

춘향가는 자유와 진실 지향의 사랑 노래다

판소리 중의 으뜸인 〈춘향가〉는 애초에 민간에서 자연스럽게 유포되고 있던 여러 설화가 집적되어 이루어졌다. 일단 성립된 조잡한 사설이 여러 광대나 아전의 손에 의하여 더 다듬어지고 윤색되었으며, 다시 각지를 유람하면서 대중을 위하여 사설이 개작되는 가운데 좀 더 세련미가 가해져 오늘에 이르렀다.

〈춘향가〉는 조선후기 힘들게 살아가던 민중들의 소박한 꿈이 담긴 노래요, 불만스런 현실을 이겨내는 데 필요했던 정당한 가치관의 표출이었다. 남녀 간의 진솔한 사랑이야기나 양반과 평민이 차별화될 수 없는 인간세상 얘기 등 그들의 소망과 함께 현실이 리얼하게 묘사된 재미있는 작품이었다. 그러므로 이를 노래하는 광대라는 창자와 이를 보고 들으며 감상하는 관객이 같은 호흡 속에서 하나가 되어 사회의 변화를 동경하며 즐거움을 향유했을 것이다. 그리고 사회는 조금씩 변모해 갔을 것이다.

〈춘향가〉는 『청구야담』에 나오는 바와 같은 〈박문수 이야기〉를 비롯한 설화에서부터 판소리는 물론 수많은 이본 소설을 남기고 있으며, 신소설 작가 이해조의 저작인 〈옥중화(獄中花)〉는 근대적인 요소를 수용하여 확대된 독서층의 요구에 부응하였던 작품이다. 설성경은 2007년 일제강점기 지식인들이 민족의 고전인 〈춘향전〉의 재조명을 통해 민중의 항일민족의식을 고취하려 노력했다는 연구결과를 내놓았다.[20]

〈춘향전〉은 오페라로도 유명한데, 1995년 일본 도쿄, 1996년 미국 애틀랜타 공연에 이어 2004년에는 한국고속철도(KTX)개통 축하공연으로 프랑스 파리의 모가도르 극장에서 공연되었다. 파리는 1999년 임권택 감독의 〈춘향뎐〉이 한국영화론 최초로 칸느 영화제 공식경쟁 부문에 진출한 곳이기

---

20) 〈동아일보〉 2007. 2. 28.

도 하며, 안숙선 명창이 〈춘향가〉를 완창한 곳이기도 하다.

2006년 12월 뉴욕에서 세계적 거장 미하일 포킨이 안무한 발레 〈사랑의 시련〉의 동영상자료가 발굴되었다. 1936년 몬테카를로 오페라 극장에서 공연된, 포킨의 〈사랑의 시련〉은 바로 우리의 〈춘향전〉을 소재로 한 무용이다. 이 포킨의 원작 안무를 고스란히 복원할 땐 세계무대에서 한국을 알릴 문화상품이 되는 것이다. 2007년 5월에는 유니버설발레단이 경기도 고양시 아람누리극장 개관 기념작으로 〈춘향〉을 공연, 남다른 주목을 받은 바 있다. 2013년 8~12월 국립국악원의 〈춘향〉을 비롯하여 2013년 10월 국립무용단에 의해 이몽룡과 춘향의 사랑이 아름다운 한국춤(〈춤, 춘향〉, 해오름극장)으로 재현되기에 이르기까지 '춘향'에 대한 관심은 사라지지 않는다.

판소리 가운데서 〈춘향가〉만큼 인기를 끌고 향유되어온 작품은 드물다. 1964년 판소리 〈춘향가〉로 정광수는 우리나라 최초의 판소리 예능보유자가 되었다.

■ 궁자타령과 업음질사설 ■

【중중머리】궁자 노래를 들어라. 좁은 천지 개태궁(開胎宮),[21] 뇌성벽력 풍우 속 서기삼광(瑞氣三光) 품어있는 엄장하다 창합궁, 그 곁에 장낙궁(長樂宮), 반첩여(班倢伃)의 장신궁(長信宮), 당명황(唐明皇)에는 소양궁(昭陽宮), 월궁(月宮) 속에는 광한궁(廣寒宮) 용궁 속에는 수정궁(水晶宮), 이 산은 이 궁이요, 저리 올라 법궁이요, 이 궁 저 궁 다 버리고 너와 나와 합궁(合宮)할 제, 양각(兩脚)사이 오목궁 내 가죽 방망이로 궁궁궁 올려 놓으면 그 아니 별궁이랴."

【말로】"에, 여보시오. 그런 잡소리는 마오."

"이 애, 그게 잡담이 아니라 진담이다. 그러나 업음질 좀 하여보자."

"에고. 야릇하여라. 업음질은 어떻게 하여요?"

---

21) 여자가 애를 낳는 것을 말한다.

도련님은 늘 하여 본 줄로 말을 하것다.

"천하 쉬우니라. 너와 나와 훨씬 벗고 배도 대고 문지르고, 등도 대고 문지르고, 업고도 놀고, 보듬고도 놀고. 그게 모두 업음질이로다."

"애고, 부끄러워 어찌 벗어요?"

"이 애, 가시버시[22] 목도(目睹)이어든[23] 무엇이 부끄럽단 말이냐. 어서 벗어라."

"그러면 불 끄고 벗읍시다."

"불을 꺼서야 무슨 재미가 있겠느냐. 어서 벗어라."

"부끄러워 나는 싫어요."

"네 아니 벗고는 못 견디리라."

와락 뛰어 달려들어 춘향의 의복을 벗기려 할 제,

【중머리】만첩청산 늙은 범이 살진 암캐를 물어다 놓고 이는 빠져서 먹지는 못하고 흐르르앙 하고 어루는 듯, 북해흑용이 여의주를 물고 채운(彩雲) 간에 넘노는 듯, 단산봉황이 죽실(竹實)을 물고 오동 속에 넘노는 듯, 구곡청학이 난초를 물고 송백(松柏) 간에 넘노는 듯, 춘풍황행이 나비를 물고 세우(細雨) 중에 넘노는 듯, 춘향의 가는 허리 에후리쳐 담쑥 안고 저고리 치마 바지 벗겨 차차 얼러 속옷까지 아주 훨씬 벗겨 놓으니,

【말로】춘향이 부끄러움을 못 이기어 한편으로 잡치고 이만하고 앉은 모양, 짓거리에 못 이기어 머리도 좀 부푼 듯하고 살거리가 너틀너틀 도담도담한 게 퍽 어여쁘게 생겼구나. 도련님 좋아라고,

"네가 뉘 간장을 녹이려고 저리 곱게 생겼느냐. 어서 와 업히어라."

"애고, 부끄러워."

"이 애, 어서 와 업히어라."

도련님이 춘향을 업고 추켜 서 보것다.

"똥집 솔찮이 무겁다. 네가 내 등에 업히니 마음이 어떠하냐?"

"좋소."

"어떻게 좋아야?"

"그저 좋소."

---

22) 부부를 가리킨다.

23) 눈으로 보았거든으로, 이미 부부가 되었다는 뜻이다.

"나는 한정없이 좋다. 좋은 말을 할 터이니 대답을 하려느냐?"

"하시오."

【중머리】"네가 금(金)이냐, 네가 금이야?"

춘향이 속목으로 대답한다.

"금이란 말이 당치 않소. 옛날 초한(楚漢)적 진평(陳平)[24]이가 범아부(范亞父)를 속이려고 황금삼만을 흩었으니 무슨 금이 되오리까."

"그러면 네가 진옥(眞玉)이냐?"

"옥이란 말도 당치 않소. 곤륜산 불이 붙어 옥석이 모두 다 탔으니 무슨 옥이 되오리까"

"그러면 네가 해당화냐?"

"해당화란 말도 당치 않소. 명사십리 아니거든 해당화 어찌 되오리까."

"사랑 사랑 사랑 내 사랑이로다. 어허둥둥 내 사랑이지. 그러면 네 무엇 먹으려느냐. 시금털털 개살구를 애기 서는데 먹으려느냐?"

"아니 그것도 내사 싫어."

"어허둥둥 내 사랑이야. 그러면 네 무엇 먹으려느냐? 충암의 절벽상에 떼그르르르 궁굴러 오는 생율숙율을 네 먹으려느냐?"

"아니 그것도 내사 싫소."

"그러면 네 무엇 먹으려느냐? 둥글둥글 수박 웃꼭지 떼버리고 강릉백청(江陵白淸)을 다르르 부어 붉은 점만 네 먹으려느냐?"

'아니 그것도 내사 싫어."

"어허둥둥 내 사랑이야. 능금을 주랴? 포도를 줘? 유자 석류를 네 먹으려느냐? 으으으으 내 사랑이로다. 어허둥둥 내 사랑이야.

【말로】그만 내려라. 나도 너를 업었으니 너도 나를 업어야지. "

"도련님은 기운이 세서 나를 업었거니와 나는 무거워 어찌 업어요?"

"이 애, 무엇하러 무겁게 업어야. 나는 되게도 업지 말고 늦춰도 업지 말고 내 발이 땅에 잘잘 끌리게 업어주면 그 언간(焉間) 좋은 일이 많다."

---

24) 한나라의 승상으로서 여섯 가지 계략으로 초나라의 승상 범증(范增)을 물리친 일이 있다. 진평은 항우와 범증의 사이를 떼어놓기 위해 유방으로부터 황금 4만 근을 얻어가지고 여기저기 뇌물을 쓰고 이간책을 써서 결국 항우와 범증 사이를 갈라놓았다.

춘향이가 도련님을 업고 되게 추켜 서 놓으니 한정없이 지낸다.

"나도 너를 업고 좋은 말을 하였으니 너도 나를 업고 좋은 말을 하여야지."

"좋은 말을 하오리다."

【중중머리】둥둥 좋을씨고. 부열(傅說)[25]이를 업은 듯, 여상(呂尙)이를 업은
듯, 흉중대략(胸中大略)을 품었으니…

…이리 보아도 내 서방, 저리 보아도 내 서방. 둥둥둥둥 어허둥둥 내 서방.

《장자백춘향가》

〈춘향가〉는 다양한 측면에서 우리나라 판소리를 대표하는 걸작이다. 판소
리 가운데 가장 길어서 완창 공연에 4~8시간이 걸리고 음악적으로 매우 정교
할 뿐만 아니라 문학적으로도 제일 뛰어난 것으로 꼽히고 있다. 특히 사랑 이
야기를 주제로 하는 가장 훌륭한 작품 중의 하나이다. 사랑은 모든 장르에서
문제 삼고 있는 인류 보편의 가치이다. 다만 〈춘향가〉가 오늘의 고전으로 우
뚝 설 수 있었던 데는 그 작품
이 단순한 사랑 이야기로 머물
지 않기 때문이다. 〈춘향가〉에
서 춘향은 기생의 딸로서 온갖
고난 끝에 양반의 자제인 이도
령과 사랑을 성사시켜 결국 신
분상승을 이룬다. 표면적으로
보면 춘향은 한 남자에게 정절
을 바치는 지조 있는 여성으로

고향임 명창, 〈춘향가〉를 9시간에 걸쳐
완창해 국악계의 화제를 모았음

등장한다. 그러나 춘향의 정절은 유교식 정절이 아니다. 자기가 선택한 남
성에게 자신의 몸을 지킨 사랑에 대한 약속이다. 그것도 당시에는 불가능한
신분의 벽을 뛰어넘는 과감한 사랑의 승리라고 할 수 있다.

---

25) 은제(殷帝)의 무정(武丁)을 도와 은나라를 중흥시켰다는 전설상의 정치가를 말한다.

〈춘향가〉는 남녀의 통속적인 사랑을 출발점으로 하여 당대 중세사회가 지닌 모순과 한계를 깨부수고 신분의 해체와 민중의 욕구를 성취하는 과정을 보여주고 있다. 〈춘향가〉에서 춘향은 민중이 집단적으로 창작한 가공의 인물로서 부패한 양반관리를 응징하고 인간해방을 이루게 된다. 변학도에게 수청 들기를 거절한 춘향에게 형장을 치는 대목에서는 조선후기 사회의 모순을 여실히 드러낸다. 관가에서 벌어지는 옥사(獄事)가 얼마나 어처구니없이 자행되는 기만적 행위인지를 분명하게 보여주는 것이다. 이와 같은 풍자적 대목은 〈춘향가〉의 도처에서 볼 수 있으며, 바로 이 점이 〈춘향가〉로 하여금 사랑 이야기를 넘어 비상한 매력과 깊이를 가지게 하는 요인이 된다. 〈춘향가〉에서 우리는 사랑의 숭고하고 초월적인 힘을 확인할 수 있으며, 〈춘향가〉에 중세적 모순에 저항하는 근대적인 의식이 배어 있기 때문에 〈춘향전〉이 단순한 연애소설을 넘어 사회소설로서의 가치까지 인정받는 것이다.

한국인 모두가 그 내용을 대충은 알고 있을 만큼 〈춘향가〉는 우리 민족문화의 영광스런 고전이다. 수없이 많은 〈춘향가〉와 〈춘향전〉의 이본 중에서 《장자백춘향가》는 〈춘향가〉 가운데 하이라이트인 '사랑가' 대목이 어느 노래에 비해 상세하게 전개되는 특징을 가지고 있다. 앞에 제시된 '궁(宮)자타령'과 '업음질사설' 외에도 '사랑가', '정(情)자타령', '금옥(金玉)타령', '자진사랑가', '말농질사설', '승(乘)자타령' 등 매우 풍성한 내용을 싣고 있다. 여기에서는 성행위가 묘사되기도 하고 성적 유희어가 난무하는 등 외설적인 행위와 대사가 출현하고 있는데, 이러한 측면은 《장자백춘향가》의 서민적인 발랄함과 유희적인 성격을 형성하는 데 기여한다.

요컨대 〈춘향가〉는 사랑 이야기다. 그러나 이 작품은 조선후기의 중세사회에서 성춘향과 이도령이 성리학적 규범과 질곡을 뚫고 신분해방의 길로 나아가 자유로운 사랑을 성취하는 과정을 그리고 있는 우리 고전 중의 고전이다. 또한 〈춘향가〉에는 19세기 당대인의 언어와 풍속과 꿈 등이 폭넓게 수용되어 있다.

2) 춤과 극 — 춤과 극은 함께 살아가기 위한 몸짓

한국의 춤과 극은 오랫동안 우리 삶 속에 뿌리 내려온 한민족의 정서와 영혼이 깃든 결정체이며, 우리 모두에게 한국인으로서의 정체성과 자긍심을 일깨워주는 소중한 문화유산이다. 여러 예술 분야와 달리 민속춤 나아가 우리의 춤은 중국의 영향이 거의 없었다고 할 수 있다.

특히 우리의 민속춤과 민속극은 원초적으로 마을의 안녕과 번영을 빌며 풍요를 기원하는 등 다양한 사회적 기능을 지닌다. 이는 민속적 춤과 극이 개인을 넘어 마을 전체를 아우르는 공동체적 성격, 제의를 넘어 일상적 삶을 염두에 둔 생활적 성격, 현실을 벗어나고자 하는 오락적 성격 등의 복합성을 띠었음을 의미한다. 더우기 생활에서 오는 온갖 갈등과 고통에서 해방되고자 하는 충동은 민속적 춤과 극을 한껏 예술로 발전시키는 데 기여했을 것이다.

춤의 동작과 표현 역시 기원의 형식에서 시작하여 자유와 환희로 승화되는 성격을 보인다. 이는 자연의 순리를 그대로 반영하고자 하는 예술적 시도라 할 수 있을 것이다. 그리고 민속춤의 전개양상을 보면 대체적으로 도입과 강조와 종결로 구성되는 것을 알 수 있다. 또한 어느 춤을 막론하고 처음에는 비교적 느리게 추다가, 점점 빨라진다는 사실을 확인하게 된다. 단적으로 말해, 민속춤은 멋있게 즉흥적으로 넘기는 특색을 지니며, 춤에서 풍기는 무기교의 절제미와 춤의 고결한 격조가 느껴진다. 즉 자연미와 예술미의 조화가 민속춤과 극의 특징이 된다.

한국춤은 융합적 원리를 구현한다

한국인은 늘 자연의 순리를 따르고자 했으며, 그 자연의 아름다움을 예술을 통해 표현하고자 노력해 왔다. 따라서 우리의 춤은 기교적이고 현란한 몸이나 동작이 아닌 깊은 내면에서 우러나온다. 한국춤의 대가인 이매방은 팔순 기념 공연을 앞두고 '마음이 고와야 춤도 고운 법'이라고 강조한 바 있다.[26] 요컨대 한국의 춤은 자연과 인간, 몸과 마음의 조화로운 경지에서 나온다고 하겠다.

사지를 휘저으며 힘차게 풀었다 쥐는 우리 민속춤의 춤사위는 집중과 발산의 융합적 원리를 구현하고 있다. 정신을 모으고 적절히 다시 풀어가면서 인간의 다양한 심성을 자유롭고 아름답게 표현한다. 민속춤의 춤사위에 대해서는 고문헌에서 전혀 언급되지 않는다. 춤사위는 현지 연희자 사이에서 구전으로 전해진다. 따라서 춤사위의 명칭은 춤꾼에 따라 또는 지역에 따라 다르다. 그러나 그 동작의 원리는 공통적인 것이 많다. 대체적으로 상체동작인 윗놀이사위와 하체동작인 밑놀이사위로 유형을 나누어볼 수 있다.

윗놀이사위로는 맺고 끊는 '매듭 동작'을 위주로 회전하는 동작·어르기 동작·흔드는 동작·펴는 동작·뿌리는 동작·정적인 동작 등이 있다. 밑놀이사위로는 까치걸음형·사선진퇴형(S자형)·잔걸음형·회전형·빠른진퇴형·도약형 등이 있다. 윗놀이사위의 매듭 동작과 회전하는 동작은 어느 춤에서나 볼 수 있으며, 정적인 동작은 주로 기방춤의 특징으로 나타나고 있다. 흔드는 동작은 주로 어깨춤이 주축이 되는데, 서울의 무당춤과 기방춤의 밑놀이에서도 보인다. 밑놀이사위의 회전형과 까치걸음형은 어느 춤에서나 흔히 볼 수 있으며, 빠른진퇴형은 주로 기방춤에서 나타나고, 도약형은 서북지방의 탈춤이나 무당춤 또는 제주의 무당춤에 나타나는 특징이다.

---

26) 〈동아일보〉 2007. 1. 18.

이상과 같이 우리의 민속춤은 남에게 보여주기 위해 기교적으로 추는 춤이기보다는 살아오면서 서리고 쌓인 속마음을 표출한 것이라 할 수 있다. 그리고 우리의 춤은 집중과 발산, 정과 동의 융합적 원리로 이루어진다. 이러한 우리의 민속춤을 크게 소리춤 · 풍물굿 · 탈춤 등과 같은 집단춤과, 허튼춤 · 모방춤 등의 개인춤으로 나눠볼 수 있다.

개인춤이 집단춤을 보완하다

소리춤은 대부분 민요에 속하는 유희요에 맞추어 추게 되나 노동요를 부르면서 추기도 한다. 따라서 그 사설내용에 따라 춤의 내용이 정해진다. 소리춤은 대체적으로 원무형식의 집단춤이다. 소리춤에서 가장 흥겹고 신나게 추는 춤은 여성춤으로는 전라도 남부 해안지방에서 전승되는 〈강강술래〉와 강원도 명주의 〈고사리꺾기〉, 남성춤으로는 전북 익산지방의 〈지게목발춤〉 등을 들 수 있다.

여성집단의 강강술래춤

풍물굿의 경우 쇠꾼들이 추는 〈발림춤〉과 〈부포놀이춤〉, 장구잽이가 추는 〈설장구춤〉, 북잽이가 추는 〈북춤〉, 소고잽이가 추는 〈채상소고춤〉과 〈고깔소고춤〉, 무동들이 추는 〈깨끼춤〉과 〈쩍쩍이춤〉 등, 잡색들이 추는 〈동물가장춤〉과 〈일인이역춤〉 등이 있다.

탈춤의 경우 가장 흥겹고 멋이 있으며 본격적으로 추는 춤은 산대 계통의 춤으로, 해서지방에는 봉산탈춤의 〈팔먹중춤〉과 〈사당춤〉, 강령탈춤의 〈말뚝이춤〉과 〈취발이춤〉, 은율탈춤의 〈마부춤〉 등이 있다. 그리고 중부지방에는 양주별산대놀이와 송파산대놀이의 〈상좌춤〉과 〈옴중춤〉 등이 있다. 남부지방에는 오광대와 야유의 〈양반춤〉, 〈말뚝이춤〉, 〈문둥이춤〉 등의 배김새춤이 있다.

위와 같은 집단춤은 대부분 춤의 순서와 격식이 있어 그에 맞춰가며 추게 되지만 허튼춤은 자유로이 자기 개성을 드러내는 독무(獨舞)이다. 허튼춤은 문자적인 의미 그대로 '흐트러진 춤'이다. 다시 말해 허튼춤은 일정한 격식 없이 자기 멋대로 자유로이 추는 춤이다. 풍물굿이나 탈춤판이 벌어질 때 길놀이·앞놀이·뒷놀이에서 허튼춤을 추고, 단옷날 '화전놀이'할 때도 추지만, 우리는 관습적으로 일상생활 속에서 허튼춤을 추고 있다. 또 사랑방이나 기방에서 선비들이 여흥으로 허튼춤을 추기도 한다. 따라서 구김새가 없어 어느 의미에서는 한국 사람의 일면이 잘 나타나는 춤이라고 할 수 있다. 어디서나 출 수 있는 허튼춤에는 추임새가 따르기 마련인데, '얼씨구', '좋다' 등의 흥을 돋우는 추임새 소리에 춤꾼들은 자기 마음속에 담고 있는 감정이나 신명을 풀어낸다. 허튼춤은 집단적인 춤판에서 멋을 부리는 즉흥적인 개인춤으로 〈막대기춤〉, 〈보릿대춤〉, 〈배김새춤〉, 〈절구대춤〉, 〈황새춤〉 등 다양하다. 〈막대기춤〉이란 팔만 벌리거나 몸의 관절만 움직이거나 또는 아래위로만 움직이며 제 나름대로 멋을 부리며 추는 춤이며, 〈보릿대춤〉이란 엉덩이를 불쑥 내빼물고 꼽추처럼 등을 숙여 추는 춤이다.

경상도 보릿대춤

모방춤은 사람의 비정상적인 모습을 흉내 내거나 양반의 행동을 우스꽝스럽게 풍자한 데서 나온 병신춤, 동물과 불가분의 관계에 놓이는 인간이 동물을 보호하는 뜻에서 그 움직임을 모의하는 춤, 다산과 풍요를 기원하는 의미를 담아내는 성모의춤 등으로 나뉘어진다. 특히 병신
춤은 〈난쟁이춤〉, 〈문둥이춤〉, 〈중풍쟁이
춤〉, 〈곱사춤〉, 〈절름발이춤〉 등 다양하다.
1인 창무극 무형문화재로 유명한 공옥진
은 병신춤의 대가였다. 그의 창무극은 전
통판소리에 바탕을 두고 춤과 재담을 곁들
여 만든 모노드라마이다. 공옥진은 1931
년 전남 영광에서 명창 공대일의 딸로 태
어나 일본으로 보내져 무용가 최승희 집

병신춤을 추는 공옥진

에서 일꾼으로 살았다. 그는 해방 후 돌아와 광주 양림동 다리 밑에서 공연
을 하다 1970년대 후반 서울로 진출했고 특히 대학축제 때는 단골로 불려
다녔다. 그는 〈곱사춤〉, 〈원숭이춤〉에 걸쭉한 사투리를 섞어 관객들의 이
목을 사로잡았다. 한편 동물을 모방한 춤에는 〈거북이춤〉, 〈사자춤〉, 〈원숭
이춤〉, 〈곰춤〉, 〈개구리춤〉, 〈두꺼비춤〉, 〈학춤〉, 〈오리춤〉 등이 있고, 성모
의춤에는 하체를 심하게 흔드는 〈요동춤〉과 남근의 형태를 숭배하는 듯한
〈용두춤〉을 비롯하여 개구리의 성행위를 흉내내는 〈개구리춤〉 등이 있다.

한국의 춤 조화미를 연출하다

한국의 민속춤을 민속놀이와 함께 전승된 일반민속춤, 전문예능인 중심
으로 전승된 전문민속춤, 무속적 제의로 전승된 무당춤, 탈판에서 전승된
탈춤 등으로 나누기도 한다. 특히 무속의식의 목적에 따라 연행되는 무당
춤은 신을 맞이하는 〈청신무〉, 신을 즐겁게 하는 〈오신무〉(향연무), 신을 보
내는 〈송신무〉, 원한을 씻겨주는 〈세령(洗靈)무〉, 악귀를 퇴치하는 〈축귀무〉
등으로 유형화할 수 있다. 물론 무당춤이나 탈춤도 전문예능인이 추는 전문
민속춤에 들어갈 수 있다.

일반민속춤은 민중의 생활을 바탕으로 한 축제적·공동체적 특징을 지닌다. 이와 달리 전문민속춤은 직업적·예술적 특성이 강한 편이다. 일반민속춤에는 〈강강술래〉, 〈놋다리밟기〉, 〈부채춤〉 등이 있고, 전문민속춤에는 〈처용무〉를 비롯하여 〈승무〉, 〈살풀이춤〉, 〈학춤〉, 〈한량무〉, 〈소고춤〉, 〈노장무〉, 〈사자춤〉 등이 있다.

일반민속춤 가운데 〈강강술래〉와 〈놋다리밟기〉[27]와 〈부채춤〉은 대표적인 여성춤이자 집단춤이다. 특히 〈강강술래〉는 주로 추석날 밤에 여인들이 손에 손 잡고 둥그렇게 원을 그리며 집단으로 추는 역동적이며 아름다운 춤이다.

무엇보다 〈부채춤〉은 20세기에 들어와서 전통을 새롭게 재구성한 창작춤이다. 당대 최고의 무용가인 최승희가 무당들이 굿을 하며 춤을 출 때 쓰던 소도구인 부채를 춤에 응용하여 만든 것이다. 1954년 서울 시공관에서 김백봉에 의해 독무로 추어진 이래 1968년 멕시코올림픽에서 군무로 재구성되어 많은 사람들에게 극찬을 받고 1986년 서울 아시안게임에서 400여 명의 군무로 펼쳐져 장관을 이룬 작품이다. 최승희의 수제자였던 김백봉은 〈부채춤〉과 〈화관무〉로 명성을 떨쳤는데 한국을 상징하는 입체적 군무의 〈부채춤〉은 그에게서 나온 것이다. 〈부채춤〉은 부채의 움직임이 만개한 꽃이 물결 따라 춤을 추는 듯 포근함과 우아함을 자아내며, 한복과 부채가 어울려 역동적인 선의 미학을 연출함으로써 조화로움과 화려함의 극치를 보여준다. 더구나 군무형식으로 굳어

김백봉이 창작한 부채춤

27) 〈강강술래〉와 〈놋다리밟기〉는 앞 성신앙 부분(190~191면)에서 비교적 자세히 다루었다.

진 〈부채춤〉은 우리 민족의 공동체적 의식을 잘 반영함으로써 외국인들에게 우리의 정체성을 알리는 데 가장 많이 활용되는 춤이기도 하다.

전문민속춤 중에서 특히 〈처용무〉는 고려와 조선시대에 연행되었는데 이와 관련 이미 『삼국유사』에 전하는 〈처용설화〉와 함께 향가와 속요 가운데 〈처용가〉가 있다. 『악학궤범』에 의하면 처용의 모습은 눈썹이 무성하고

남성 5인이 탈을 쓰고 추는 처용무

귀가 우그러지고 얼굴은 붉으며 코가 우뚝 솟았고 턱이 튀어나왔으며 어깨가 굽었다. 이 같은 서역인의 험상궂은 외모 때문에 처용의 아내와 동침했던 역신이 처용의 그림만 보아도 도망갔을 것이다. 그러나 조용진은 처용은 서역에서 온 인물로 알려져 있지만 『악학궤범』의 기록을 보면 눈이 작고 치아가 작다는 점에서 한국인의 남방계형에 가깝다고 말했다. 처용은 체질인류학적으로 경북 해안지역에 자주 나타나는 얼굴형이라는 것이다.

〈처용무〉는 조선시대 궁중에서 잡귀를 쫓는 '나례무'로 전승되던 고전무용이다. 고려시대의 〈처용무〉는 1인 또는 2인이 추었으나 조선시대에는 오방처용무로 확대되었다. 『악학궤범』에 따르면 다섯 처용이 다섯 방위를 상징하는 청·적·황·흑·백의 의상에 처용의 가면을 쓰고 사방의 잡귀를 물리치는 춤을 추었다. 한삼(汗衫)의 움직임이 돋보이는 처용은 머리에 모란과 복숭아나무 가지를 꽂는데, 모란은 부귀를 상징하는 꽃이고, 복숭아나무 가지는 귀신을 쫓는다는 의미가 있다. 한삼은 손을 가리기 위해 윗옷 소매 끝에 길게 덧대는 소매를 말한다.

〈학춤〉은 고고하게 학의 탈을 쓰고 추는 민속춤으로 중요무형문화재 제40호로 지정되었다. 〈학춤〉은 훨훨 날다 돌연 먹이를 낚아채는 학의 모습

양산 통도사에서 시작했다는 학춤

을 선비의 차림으로 재현하는 게 특징이다. 고려 때 발생해서 조선에 이르기까지 궁중행사나 나례의식에서 추던 대표적인 궁중무였다. 현재 전하는 유명한 〈학춤〉으로는 〈양산학춤〉과 〈동래학춤〉이 있다. 〈동래학춤〉의 경우 당시 한량들의 출입복였던 명주 도포와 통영갓이 최고의 의관이었음을 보여준다.

〈한량무〉는 건듯건듯 흥과 끼가 넘치는 춤으로 유명한데, 그중에서도 〈동래한량무〉와 〈진주한량무〉가 대표적이다. 옛 선비의 춤인 〈한량무〉는 원래 극적인 요소가 가미된 춤으로 한량, 주모, 각시, 노승, 동자춤 등으로 구분되었다. 이는 시류를 풍자한 춤이었으나 세월의 흐름에 따라 독무로 변화하여 남성춤을 대표하게 되었다. 〈진주한량무〉의 특징은 2인의 대무형식으로 표현되고 있는 점이다.

궁중계열에서 나온 〈검무〉, 〈승전무〉, 〈태평무〉 같은 것도 전문민속춤에 포함된다. 현존 〈검무〉(무형문화재 12호)는 고려 때부터 궁중잔치에서 기생들이 추던 것인데, 세속화되어 오늘날 진주지방에서 전승되고 있다. 진주감영에는 교방청이 있었으므로 이곳의 기생들이 자주 궁중연회를 위해 장악원에서 춤을 연습하면서 궁중 〈검무〉를 전수받을 기회가 있었기 때문에 이들 관기에 의해 전해진 것이다. 현행 〈진주검무〉는 8명의 무희가 등장하는 팔검무가 일반적이다. 〈검무〉는 처음 도입부에 군복에 전립을 쓴 무희가 등장하여 사방으로 나누어 마주보고 춤을 춘다. 강조부에 들어가면 칼 두 자루를 쥐고 화려한 칼놀이를 하며, 마지막 종결부에는 무희 전원이 앞을 향해 일렬로 앉아 큰절을 하고 〈검무〉를 끝낸다.

기생들이 전립을 쓰고 추던 검무

〈승전무〉는 궁중의식무용인 무고(舞鼓)가 민속화된 북춤이다. 무고의 유래에 대해서는 『고려사』 악지에 기록되어 있다. 고려 충렬왕 때 시중 이혼(李混)이 영해(寧海)에 유배되어 있을 때 바다 위에 떠 있는 뗏목을 얻어 그것으로 큰 북을 만들었더니 소리가 크고 웅장하여 그 북을 두드리면서 춤을 춘 데서 무고라는 명칭이 생겼다고 한다. 그 후 무고는 궁정에 들어가 의식무용으로서 형식을 갖추면서 조선말기 고종 때까지 무고라는 명칭의 정재무(呈才舞)가 전하여 왔다. 통영에는 삼도 수군통제사영이 있고 그 안에 악사를 양성하기 위한 교방청이 설치되었는데 그곳의 연희자들이 중앙과 빈번히 교류하면서 궁중에서 추던 무고를 배울 기회가 있었기 때문에 이들에 의해 통영에 전해질 수 있었던 것이다.

〈승전무〉는 무용수들이 충무공을 추앙하는 노래를 부르면서 중앙에 놓인 북을 치고, 그 다음에는 기하학적인 형태의 대열로 춤을 춘다. 〈승전무〉를 연희할 때 먼저 〈검무〉를 추고 이어서 북춤을 추었으나 1968년 중요무형문화재(21호) 지정

승전무, 경남 통영에서 전승되어 온 북춤이라 하는데, 승전무에는 북춤과 칼춤이 있음

당시 북춤만 추는 것으로 되었다.

〈태평무〉는 무속장단에 맞춰 왕 또는 왕비로 분장하여 나라의 태평성대

태평무를 추는 강선영 선생

를 기원하는 내용으로 되어 있다. 활옷에 당의를 입고 왕비의 자태로 내딛는 발디딤새는 우아하고 격조가 있다. 〈태평무〉 예능보유자 강선영은 2006년 83세의 나이로 뉴욕 링컨센터에서 춤사위로 관객을 사로잡았다. 테러로 상처 입은 거대도시에 〈태평무〉로 평화를 빌고 살풀이로 죽은 영혼을 쓰다듬었다. 이러한 전문민속춤들은 구한말부터 일제

식민지하에서 권번(券番)이라는 기생조합과 서구식 근대극장을 통해 맥락을 이어왔다.

이상과 같은 행위예술로서의 한국의 춤에서 우리는 인간과 자연의 융합을 지향하고, 사람과 사람이 긴밀히 소통하며, 몸과 마음이 일체가 되는 조화미의 표출을 느낄 수 있다.

살풀이춤은 한국적 정서를 대표한다

〈살풀이춤〉과 〈승무〉는 한국의 대표적인 춤으로 불린다. 이 두 춤을 지금과 같은 무대예술로 승화시킨 공로자는 1930년대 우리나라 최고의 예인이었던 한성준이다. '한국춤의 아버지'라고도 불리는 한성준은 당대 최고의 고수이기도 했다. 한성준은 충남 홍성의 몰락한 집안에서 태어났다. 일곱 살 때부터 줄타기와 장단을 배웠다. '조선음악무용연구소'를 만들어 100여 가지에 달하는 전통춤을 집대성하고 무대화시켰다. 당대 최고의 스타였던 최승희는 일본 도쿄제국호텔로 그를 모셔놓고 전통춤을 익혔다. 한성준의 어머니는 무당이었다.

〈살풀이춤〉(무형문화재 97호)은 시나위가 울려 퍼지면서 그 반주음악에

맞추어 추던 춤으로 한국적 정서를 대표한다. 〈살풀이춤〉은 하얀 한복을 입고 흰 명주수건을 손에 든 채 단아하고 절제된 몸짓으로 한을 토해낸다. 물론 수건 없이 추는 〈민살풀이춤〉도 있다.

〈살풀이춤〉을 보면, 처음에는 중모리로 시작하여, 타령과 굿거리로 옮겨지고, 마지막에는 자진모리와 휘모리 등 빠른 가락으로 춤을 추게 된다. 〈살풀이춤〉은 한국무용의 미학이라는 '정중동'

남도 무속의식에서 나온 살풀이춤

의 극치를 이루는 환상적인 춤으로 평가받는다. '살풀이'는 인간을 해치는 악독한 기운인 '살(煞)'을 풀어주고 '액(厄)'을 막아주는 주술적인 의미를 지닌다. 〈살풀이춤〉을 남도 무당굿에서 파생한 춤이라 하는 것도 남도의 〈씻김굿〉이 망자의 한을 풀어주는 내용이기 때문이다. 게다가 기본적 춤사위 또한 남도 무속춤을 모태로 하며, 긴 천을 사용하는 춤이라는 점도 남도 무속춤과 같다.

무엇보다 우리는 〈살풀이춤〉에서 섬세한 손끝의 흰 명주 수건의 움직임에 아름다움을 느끼게 되는데, 남도의 무속의식에는 기다란 흰 천을 사용하여 고를 만들거나 넋이 왕래하는 길을 만들어놓는 이른바 '고풀이'와 '길닦음'이 있다. 이처럼 〈살풀이춤〉은 중요무형문화재로 지정된 한국 고유의 춤으로서 애초에 죽은 사람의 영혼을 천도할 때 씻김굿판에서 잡귀들을 몰아내기 위해 무당들이 추었던 것이다.

그 후 일제시대 권번에서 활동하던 기생들이 〈살풀이춤〉을 예술적으로 가다듬었다. 기생들은 굿장단의 하나인 살풀이장단에 맞추어 손에 수건을 들고 가장 여성적인 모습으로 춤을 추었을 것이다. 〈살풀이춤〉이라는 명칭도 이 장단의 이름에서 나온 것으로 본다. 다시 1930년대 한성준에 의해 오

이매방 명인

늘날과 같이 무대에 올릴 수 있는 세련된 춤으로 격상되고 일반화되었다. 즉 1936년 부민관에서 제1회 한성준 무용발표회를 하면서 손녀인 한영숙을 통해 처음으로 〈살풀이춤〉이라는 이름의 춤을 추게 하였다.

〈살풀이춤〉 예능보유자인 이매방은 신들린 몸짓으로 관객을 사로잡는 명인이다. 현존하는 예술인 가운데 유

경극배우 매란방

일하게 중요무형문화재 27호 〈승무〉와 97호 〈살풀이춤〉, 두 분야의 예능보유자로 지정된 이매방은 프랑스 정부로부터 훈장까지 받은 바 있다. 목포에서 출생한 그는 목포권번에서 춤을 배웠고 기방춤을 경이로운 경지로 이끌었다는 평가를 받는다. 그는 5년간 중국에 살면서 중국의 전설적인 경극배우 매란방(梅蘭芳)에게서 칼춤 등을 배운 뒤 본명인 규태를 매방으로 바꿨다.

승무는 장단이 다양하고 작품성이 뛰어나다

〈승무〉는 한국 민속무용 중에서도 가장 작품성이 뛰어난 춤이다. 특히 〈살풀이춤〉의 춤사위에 바탕을 둔 〈승무〉는 우리 춤에 들어 있는 장단이 전부 쓰인다는 점에서 한국춤의 정수이자 미학적으로 우아하게 잘 다듬어진 춤이다. 〈승무〉의 전개형식을 보면, 앞놀이로서 느린 장단인 염불에서 시작하여 앉아서 엄숙하게 추다가 일어선다. 다음으로 타령장단과 굿거리장단으로 옮겨지면 춤은 화려해진다. 마지막으로 뒷놀음에서는 빠른 장단인 자진모리 · 휘모리로 북을 치게 된다. 이렇듯 〈승무〉는 다양한 장단에

따라 일곱 마당으로 구성되며, 처음
에는 고뇌하듯 꿈틀거리다가 시간이
지날수록 격렬한 춤사위로 깨달음의
경지에 이르는 모습을 표현한다.

〈승무〉는 원래 불교의식을 치르는
가운데 승무복을 입고 북채를 들고
가락에 맞춰 추는 춤으로서 수행에
도달하지 못한 파계승의 고뇌를 나
타낸다. 따라서 지금도 〈승무〉에는
불교적 상징이 남아 있다. 머리에 쓴

불교의식의 영향을 받았다는 승무

고깔, 옷에 두른 붉은 띠, 북 등이 그것이다. 더구나 춤이 고조되었을 때 법
고를 치는데, 이것은 승려의 수행과정에서 직면하는 인간적인 고통과 번뇌
를 잊으려는 몸부림을 반영한다. 물론 몸부림은 더욱 애절한 슬픔으로 느
껴지기도 하는데, 이에 〈승무〉는 인간적 고뇌와 함께 그를 넘어서고자 하
는 기원을 표출한다고 하겠다.

조지훈 시인도 〈승무〉에서 '번뇌는 별빛'이라 하여 고깔 속으로 흘러내리
는 인간적 슬픔이나 회한과 동시에 장삼이 지닌 비상하는 자유와 희망을 내
면화했던 것이다. 부처님을 공양하고 예불하는 과정에서 이뤄졌던 〈승무〉
는 조선말기에는 절 밖에서 걸립을 하기 위한 탁발승의 가무로 변형되었다.
그 후 사당과 거사라는 놀이패가 나타나 판염불을 부르며 시주를 걷는 일을
하는 과정에서 〈승무〉는 종교적 성격을 벗어나게 되고 그러면서 오히려 미
적 완결성을 얻게 되었다.

우리에게 한국적인 극이 절실하다

한국적인 연극의 창조를 내세우면서 극단 '자유'는 1978년 〈무엇이 될고

장승에 관한 민담에서 소재를 취한
연극 〈무엇이 될고하니〉

하니〉(박우춘 작, 김정옥 연출)를 공연하였다. 억울하게 세상을 떠난 꺽쇠와 달래가 죽어서 장승이 되었다는 민담에서 소재를 취하였다. 우리 민족 고유의 정서라는 한을 체념과 포기로 보지 않고 이승을 넘어서 저승에까지 이어지는 저항의 정신으로 본 독특한 작품이다. 연극은 한국적 장례행렬의 등장으로부터 시작해서 억울하게 죽은 두 남녀의 넋을 달래는 굿판으로 끝을 맺는다.

우리의 창과 무용 등을 작품에 삽입하고 전통극의 에피소드식 구성을 활용하여 전통의 현대화에 주력한 것이다. 이듬해 〈한국일보〉가 수여하는 '한국연극영화 예술상'의 대상과 작품상을 수상했다. 마침내 〈무엇이 될고하니〉는 우리나라 극단으로서는 최초로 해외에서 열리는 국제연극제에 참가하게 되었다. 1981년 스페인의 시제스와 프랑스의 렌느에서 열리는 연극제에 초청된 것이다.

한국 현대연극에 있어서 전통 수용 작업은 1970년대부터 활발히 전개되었다. 그러나 현대극 속에서 전통극이 확고하게 자리매김하기에는 여전히 미흡하다. 전통을 계승하고 한국적인 극을 창조하는 데 더 분발하지 않으면 안 된다. 〈오페라의 유령〉의 7개월 장기공연을 계기로 2001년 여름 우리 공연계에는 〈레 미제라블〉, 〈웨스트사이드 스토리〉, 〈갬블러〉 등 대형 뮤지컬 붐이 일었던 일이 기억난다. 하지만 당시 한국인이 지어낸 창작뮤지컬은 유감스럽게도 1편도 없었다. 1년여 뒤 2002년 말 윤호진 연출가에 의해 새로운 뮤지컬이 탄생했다.

『삼국사기』에 나오는 〈도미 아내 설화〉를 내용으로, 조선시대 화가 안견이 안평대군의 꿈을 그린 〈몽유도원도〉를 제목으로 하는 창작뮤지컬 〈몽유도원도〉가 무대에 오른 것이다. 윤호진은 소설 〈몽유도원도〉를 처음 읽고

전율을 느꼈다고 한다. 윤호진은 브로드웨이는 이미 소재가 바닥이 났다면서 국내뿐만 아니라 브로드웨이 관객까지 사로잡을 것이라고 포부를 밝힌 적이 있다. 우리의 정서가 물씬 풍기면서 누구나 공감할 수 있을 만한 한국적인 극을 이 시대에도 우리는 절실히 원하고 있다. 2013년 한국 창작뮤지컬 1호인 〈살짜기 옵서예〉가 재탄생했다는 것은 더욱 반가운 일이다. 〈살짜기 옵서예〉는 고전 〈배비장전〉을 각색한 것으로 1966년 초연되었다.

우리에게는 고려시대의 우희(優戲), 조선시대의 소학지희(笑謔之戲), 영등희, 만석중놀이 등 다양한 민속극의 전통이 있었다. 특히 광대의 놀이에는 곡예와 춤을 중심으로 노는 규식지희(規式之戲), 우스갯소리와 우스갯짓으로 관객의 웃음을 자아내는 소학지희가 있었는데, 소학지희는 오늘날의 코미디와 흡사하다. 현재 한국의 전통극에는 판소리, 가면극(탈춤)을 비롯하여 무극(巫劇), 인형극, 발탈 등이 있다.

여기서, 무극이란 무당이 행하는 굿에 포함되어 있는 연극을 말한다. 다시 말해 굿의 한 대목이 원래부터 놀이의 형태를 갖추고 배역이 분화되어 있는데, 이를 가리켜 무극 또는 굿놀이라 한다. 평안도의 〈제석방아놀이〉, 경기도의 〈소놀이굿〉, 동해안의 〈별신굿〉, 제주도의 〈입춘굿〉·〈세경놀이〉·〈영감놀이〉 등이 대표적인 예이다. 다만 무당이 행하는 무극은 무속신앙의 굿에서 자연스럽게 다루어진다. 무극의 연행 기회는 가면극이나 인형극에 비해 아직은 상대적으로 많은 편이다. 발탈은 발에다 탈을 씌워 인형처럼 움직이게 하는 놀이이다.

조선 최고의 예술인은 남사당패다

조선시대 활동하던 광대라도 재인청[28] 소속의 광대들과 조선말기의 불법

---

28) 경기 · 충청 · 전라 3도에 1784년 이후 만들어져 1920년까지 존속했던 재인들의 자치조직

집단으로 규정되어 탄압받은 사당패 계통의 광대는 완전히 달랐다. 재인청 소속의 광대들은 중앙과 지방의 산대에서 공연되던 가면극 산대희, 궁중과 지방관아의 가면극인 나례, 사신의 영접의례, 과거급제자의 축하의례 등 각종 공식행사를 위해 관이 확보하고 있는 고급연희집단이었다.

(남)사당패는 역사적으로 볼 때 조선초기 불교의 탄압과 함께 사찰이 사라지는 과정에서 속세에 내려온 비승비속(非僧非俗)의 거사집단에서 유래한다. 사당패의 원래 명칭이 거사패였던 것도 이 때문이다. 불교에서는 집에서 불도를 닦아 깨달은 남성을 거사(居士)라 하는 데 비해, 속가에서 불교를 믿는 여성을 사당(社堂, 寺堂, 寺黨)이라 한다. 사당이란 말이 조선초기에 등장함을 알 수 있으며, 사당패의 경우 승려들이 거사가 되고 여성 노비들이 사당이 되었다고 할 수 있다. 이를테면 사당패는 조선초기 서울에 거주하는 불교도의 모임에서 비롯되었던 것이다.

사당패는 무리를 지어 정처 없이 떠돌아다니면서 춤추고 노래하던 천민 재인(才人)들 중 여성 중심으로 구성된 패거리였다. 사당패의 책임자는 '모갑이(남)'라 했고 그 밑에 남성인 거사와 여성인 사당이 있었다. 사당패는 거사와 사당이 짝을 지어 보통 4~6명이 한 패를 이루었다. 그런대로 종교성을 지녔던 거사들은 사당들과 어울려 다니면서 본격적인 예인의 길로 들어섰다. 거사패가 사당패로 명칭이 바뀐 것도 이때라고 추정한다. 실제로 모갑이와 기둥서방격인 거사는 사당에 붙어먹는 자들로서 갖가지 잔일과 뒷바

민속학자 이능화

인 재인청에는 무악을 하는 광대, 무악을 반주하는 화랑, 곡예를 하는 재인, 가무를 하는 예인 등이 있었다.

라지를 할 뿐이었다. 사당은 연희를 행하는 외에 '치마를 벗고 돈을 받는다' 는 뜻의 '해의채(解衣債)'라는 몸값을 받아 거사에게 바쳤다. 이능화의 『조선 해어화사』에 보면 "남자가 여자를 등에 업고 각지로 돌아다니면서 기예를 팔고 몸을 파는 것을 업으로 삼았다"고 한다. 남녀가 한곳에 뒤섞여 사는 이 같은 사당패를 두고 유생들은 짐승과 다를 바 없다고 비난을 했으며, 조정에서는 사당패의 매매춘을 엄중히 단속하고자 했으며, 숙종 때는 음란한 행위를 막기 위한 법률 제정이 이루어졌다.

사당패는 본래 여성들 위주로 짜여졌으나 짓궂은 남정네들에 의해 희롱당하고 풍기문란을 일으키자 조선후기에 이르러 남성들로 구성된 남사당패가 발족되었다. 그래서 남사당에는 여성들이 없는 게 상식이다. 그러나 여기에도 여성들이 들어가 있었다. 더욱이 조선후기 생산력의 발전으로 농촌사회가 분화되고 힘들어진 농촌생활 때문에 유랑민이 생기면서 아예 자기 마을의 근거지를 떠나 전문예술인들로 짜여진 남사당패가 만들어지게 되었다.

남사당패는 숙식만 제공하는 곳이 있으면 어디든지 찾아갔다. 이들은 매우 천한 계층으로 인식되어 마을에서 함부로 공연할 수가 없었다. 놀이 가운데 양반을 희롱하는 덧뵈기(탈놀이) 같은 것도 있기에 양반사회에서 수용되기는 더욱 힘들었을 것이다. 그러므로 마을이 내려다보이는 곳에서 노래, 춤, 재담 등 자신들의 온갖 재주를 보여주고, 이를 본 마을 사람들이 마을로 들어오라는 승낙을 해야 마을에 들어가 자신들의 재주를 펼칠 수가 있었다. 풍물을 치며 들어가 열두 발 상모를 돌리면서 동네 사람들의 혼을 빼놓는다. 긴 담뱃대를 입에 물고 앵두나무 채로 사발을 돌리면 구경꾼들은 손에 땀을 쥔다. 애초에 그들이 보여준 재주는 7가지였으나 '얼른(요술)'은 인멸되었다.

17~18세기에는 그들의 활동이 전국적으로 확산되었으나 19세기에 이르러 활동무대가 농촌으로 옮겨졌다. 무엇보다 판소리 · 잡가 등을 전문으로

남사당패의 본거지로 유명한 경기도 안성의 청룡사

하는 자들과 기량을 겨룰 수 없었던 탓이다. 그들의 활동 근거지는 경기도 안성 청룡사, 경상남도 하동 쌍계사, 전라도 강진 정수사, 황해도 구월산 패엽사 등의 절이었다. 일제강점기에는 일제의 민족문화말살정책에 의해 활동이 위축되면서 소멸의 위기를 맞기도 했다.

잘 알려진 바와 같이 바우덕이의 개다리패가 유명해지자 이어서 안성에는 여러 놀이패가 이합집산을 거듭하였는데, 1930년대까지 오명선패, 심선옥패, 복만이패, 원육덕패, 이원보패 등 많은 남사당패가 생기게 되었다. 수많은 유랑예인집단 중에 제일 늦게 시작되어 최근까지도 명맥을 이어오는 패거리로 가장 오래되고 조직적인 것이 남사당패라 하겠다. 남사당패 이외에도 주요 예인집단으로는 솟대쟁이패, 대광대패, 걸립패(비나리패), 중매구패, 각설이패 등의 떠돌이 예인집단이 있었다. 장대를 높이 세우고 줄을 늘어뜨려 놓은 뒤 곡예를 펴던 솟대쟁이패는 서커스꾼이라

신파극 〈사랑에 속고 돈에 울고〉

하겠으며, 대(竹)광대패는 오광대놀이로 유명하고, 걸립패는 무엇보다 비나리(고사소리)를 잘하고, 중매구패는 글자 그대로 중이 매구를 치는 패거리며, 각설이패는 거지들로 이루어졌으며 〈장타령〉이 일품이다.

유랑예인들은 오늘날의 연예인들보다도 더 전문적이고 대중적이었다고 할 수 있다. 조선후기 민중에게 폭발적인

인기를 얻던 이 유랑예인집단이 안타깝게도 19세기 초 전통을 잇지 못하고 사라지면서 일본에서 들어온 대중오락문화가 판을 쳤다. 유랑예인집단이 없는 빈 자리를 엥카[演歌], 신파극, 여성가극, 곡마단의 곡예 등이 새롭게 등장하여 민중들을 열광케 했다. 2009년에는 한국연극배우협회 주관으로 신파극의 원조로 꼽히는 〈홍도야 우지마라〉를 현대적으로 재해석하고 춤과 노래를 가미한 악극 〈사랑에 속고 돈에 울고〉를 무대에 올린 바 있다.

바우덕이는 조선 유일의 여성꼭두쇠다

안성의 남사당은 전국의 여러 남사당패 가운데 최고로 평가받았다. 그리고 안성시 서운면 청룡리에 위치한 청룡사의 사당 가운데 가장 유명한 사람이 바우덕이(본명 김암덕(金岩德))이라는 여인이다. 양귀비에 비

〈남사당의 하늘〉, 바우덕이를 기린 연극(미추, 1993)

견되는 아름다운 용모에 소고에 능했던 그녀는 마흔 두 살인 남편과 짝을 지어 연희를 펼치다 폐병을 얻어 스물 두 살에 요절했다.

꽃다운 나이에 죽은 안성 남사당의 상징이자 조선시대 유일한 여성 꼭두쇠였던 바우덕이를 기리는 축제가 성황을 이룬다. 1993년에는 윤대성 작, 손진책 연출로 극단 '미추'에서 〈남사당의 하늘〉이 공연된 바 있다. 남사당패가 쇠락해 가던 20세기 초를 배경으로 주인공 바우덕이의 드라마틱한 인생 역정을 펼쳐나가며 남사당패의 생활과 예술혼, 그리고 남사당놀이들을 재현하였다. 남사당패의 예술혼이란 자신들이 하늘나라에서 죄를 짓고 이

땅에 떨어졌으므로 많은 사람들에게 위로와 즐거움을 주면 다시 하늘나라로 갈 수 있다는 것이었다. 2002년부터 시작된 안성 남사당 바우덕이풍물단의 매주 토·일요일 상설공연은 해가 갈수록 더욱 다양하고 품격 높은 공연을 선사하고 있다. 바우덕이는 고종 2년(1865) 경복궁 중건 현장에 안성 남사당패를 이끌고 출연하여 흥선대원군으로부터 당상관 정 3품의 벼슬과 옥관자를 하사받은 것으로 유명하다.

우리나라에서 가장 주목받는 전문예인집단인 남사당패의 조직을 보면 공연단장격인 꼭두쇠, 공연을 기획하는 곰뱅이쇠, 놀이를 관장하는 뜬쇠, 연희자인 가열, 새내기인 삐리, 나이 든 저승패와 등짐꾼 등으로 이루어졌다. 꼭두쇠는 패거리의 우두머리로서 한 사람이었으나 그를 보좌하는 곰뱅

〈왕의 남자〉에 나오는 수동모와 암동모

이쇠는 규모에 따라 두 사람일 때도 있었다. 곰뱅이쇠는 남사당패를 풍기문란하다는 이유로 박대하던 양반들을 설득해 허가를 받는, 즉 곰뱅이를 트는 중요한 존재였다. 뜬쇠는 각 연희 분야의 선임자로서 14명 내외가 된다. 살판·어름·버나 등 기예를 익힌 기능

보유자들이 가열이요, 이들에게서 기예를 배우는 초입자들은 삐리라고 한다. 세간에서 신참이나 초보를 '삐리 같다'고 하는 것도 여기서 나왔다고 본다. 남색(男色), 즉 동성애 조직인 남사당패는 수동모(男)와 암동모(女)로 짜여졌는데, 수동모는 가열 이상이, 암동모는 삐리가 담당했다. 영화 〈왕의 남자〉의 장생은 수동모, 공길은 암동모였다. 중국의 영화 〈패왕별희〉도 남성예인집단에서의 동성애를 다룬 것이다.

고려말 명승인 나옹화상이 창건했다는 안성의 청룡사는 당시 광대들의 본거지로서 바우덕이가 살았던 곳이다.

남사당놀이는 세계무형문화유산이다

남사당놀이 가운데 1964년 '꼭두각시놀음'
만 중요무형문화재로 지정되었다가, 1988년
남사당놀이 전부가 중요무형문화재로 확대
지정되었다. 현재 서울 강남구 삼성동의 서
울무형문화재전수회관에 남사당놀이보존회
사무실을 두고 있다. 2009년 마침내 남사당
놀이는 유네스코 세계무형문화유산으로 등
재되었다.

땅재주넘기인 살판

현재 전하고 있는 남사당놀이 여섯 마당은
① 풍물굿(농악), ② 버나(대접돌리기), ③ 살
판(땅재주넘기), ④ 어름(줄타기), ⑤ 덧뵈기
(탈춤), ⑥ 덜미(꼭두각시놀음)이다. 접시 돌
리는 사람을 '버나잡이', 줄타는 광대를 '어름
산이'라 한다. 대개 직업예능인, 즉 광대 가
운데 가객이나 악사와 같은 음악적 소질이
부족한 경우에 땅재주넘기, 접시돌리기, 줄
타기 등을 하는 재인이 되는 편이었다.

대접돌리기인 버나

버나는 중국의 접시돌리기와 비슷하게 대
접이나 쳇바퀴 등을 막대기나 담뱃대 등으로
돌리는 묘기다. 버나놀이는 얼른(요술)이 함
께 행해지기도 하며, 버나잽이와 어릿광대인
매호씨가 서로 주고받는 재담과 소리가 있어
매우 극적이다. 살판은 오늘날의 덤블링, 즉
재주넘기와 같이 두 손으로 땅을 짚고 공중

줄타기인 어름

제비를 넘는 것으로, 살판이란 '잘하면 살판이요 못하면 죽을 판'이라는 뜻에서 붙인 이름이다. 살판을 비롯하여 줄타기, 널뛰기, 그네뛰기, 격구, 씨름, 장기, 쌍륙, 윷 등의 놀이는 중앙아시아 및 중국 신장(新疆)성 일대에도 널리 퍼져 있는 북방문화적 요소이다.

　우리나라 전통연희 중 가장 대중적 인기를 얻고 있는 것의 하나가 줄타기라 하겠는데, 줄타기를 어름이라 한 것은 '어름 위를 걷듯이 조심스럽다'는 뜻에서 붙인 것이다. 어름은 초청에 의하여 관가나 양반집에 불려 다니면서 연희를 하던 광대줄과는 달리 보수없이 서민의 취향에 맞는 재담과 기예로 구성되어 있기 때문에 구분할 필요가 있다. 흔히 서역에서 시작되어 중국을 거쳐 우리나라로 전래되었다고 하는 줄타기 가운데, 남사당놀이에 속하는 줄타기는 1976년 중요무형문화재 제58호로 지정되었으며, 초대 인간문화재에 김영철 명인이 지정되었고, 그의 제자 김대균 명인이 2000년 최연소로 제2대 인간문화재가 되었다. 현재 줄타기의 예능보유자 김대균 명인은 과천시의 전폭적인 지원을

줄광대 김대균

받고 과천을 학습근거지로 마당놀이의 꽃으로 불리던 '판줄'의 화려한 비상을 위해 전수자 교육에 전념하고 있다.

　줄타기 종류에는 걷기, 외홍잡이, 쌍홍잡이, 코차기, 거중틀기, 풍치기, 가새틀음 등 43가지의 기예(잔노릇)가 있다. 특히 뒤쌍홍잡이, 두무릎꿇기, 두무릎가새틀음, 허공잡이 등에 주목할 수 있다. 뒤쌍홍잡이는 줄 가운데에 섰다가 줄의 탄력을 이용하여 허공에서 한 바퀴 돌아 줄을 양 다리 사이에 넣고 앉는 동작이다. 두무릎꿇기는 먼저 줄을 양 다리 사이에 넣고 앉았다가 줄의 탄력을 이용하여 솟구쳐 오른 뒤, 내려오는 순간 몸을 45도 정도 돌려 두 무릎을 꿇고 앉는 동작이다. 두무릎가새틀음은 두무릎꿇기 동작을

한 뒤 다시 솟아올랐다가 왼쪽으로 180도 돌아 두 다리 사이로 줄을 타고 앉는 동작이다. 허공잡이는 허공으로 몸을 띄우는 경쾌한 동작이다. 줄타기의 하이라이트는 몸을 솟구쳐 공중에서 한 바퀴 거꾸로 돈 다음 다시 줄 위에 걸터앉는 묘기이다.

〈나에게 불의 전차를〉의 주요 출연진,
맨 왼쪽이 이순우 역의 차승원

어름산이는 단순히 줄만 타지 않는다. 줄타기를 하면서 반드시 재담과 노래를 곁들인다. 어름산이와 매호씨가 주고받는 재담 중에는 "이 놈의 줄이 성질이 지랄 같아서 박수소리가 죽은 놈 방귀소리보다 못하게 나오니 아, 요놈의 줄이 심통이 났네"라는 부분도 있다. 남사당놀이는 흥겨운 가락과 익살스러운 퍼포먼스로 대중들에게 즐거움을 선사해 왔다. 줄타기는 전 세계에서 널리 행해지는 공연예술이지만 대부분 줄을 타는 재주에만 관심을 집중하고 있다. 그러나 우리나라 줄타기는 음악 반주에 맞춰 줄을 타는 줄광대와 땅에 있는 어릿광대 사이의 대화, 즉 재담이 특징이다. 2013년 한일 합작 연극 〈나에게 불의 전차를〉에서 꼭두쇠 이순우(차승원 분)는 외줄타기를 멋지게 해냄으로써 환호를 받았다.

남사당패가 인형극을 공연하다

전통극 가운데 그림자극은 절에서 행해지던 것으로 지금은 전해지지 않는다. 그리고 인형극은 남사당패가 공연하던 〈꼭두각시놀음〉(일명 박첨지놀이, 혹은 홍동지놀음)이라 불리는 단 하나의 극이 전해진다. 다시 말해 꼭두쇠 또는 모갑(某甲)이라는 우두머리를 중심으로 40~50명의 독신남자로 이루어진 유랑연희집단인 남사당패에 의해 연행된 〈꼭두각시놀음〉은 우리

꼭두각시놀음, 유일하게 우리나라 민속인형극으로
현재까지 전하고 있음

나라에 전래되고 있는 인형극으로는 유일한 것이다.

조선후기 자연발생한 남사당패들은 〈꼭두각시놀음〉을 '덜미'라고 부르는데, 이는 인형의 목덜미를 쥐기 때문이다. 인형에는 목덜미를 잡고 조종하는 인형, 즉 막대기인형을 비롯하여 줄인형, 손인형, 줄타기인형 등이 있다. 대부분 막대기인형과 줄인형은 복합되어 있다.

인형극의 유래는 신에 대한 제의에 사용되는 신상(神像)에서 출발한다. 고대의 목각 신상이 고구려의 목(木)부인상과 괴뢰, 신라의 괴뢰 등을 거쳐 고려 이후에 광대인 우인(優人)이 주도하는 괴뢰로 발전된 것이라 하겠다. 한편 우리의 인형극은 중국과 인도에서 유행하던 인형극의 영향을 받은 것으로 본다. 무엇보다 한국의 고유한 인형놀이 형태는 중국 인형극의 영향을 일부 받고 전승된 것이다. '꼭두'라는 말도 중국 인형극인 〈곽독(郭禿, 중국어 발음은 궈투이다)〉에서 유래하였다.[29] 특히 삼국시대에 전래된 〈꼭두각시놀음〉이 오늘날의 형태로 된 것은 시인 이규보가 인형극을 본 시를 남기고 있는 것으로 보아 고려시대로 추정된다. 그러나 내용적으로 검토해보면 가면극과 비슷한 서민문학의 양상을 보여주므로 조선후기에 시대정신을 담아 오늘날에 전해지는 형태로 만들어졌다고 볼 수 있다. 〈꼭두각시놀음〉은 오늘날 남사당놀이의 한 종목에 포함되어 '민속극회 남사당'에 의해 전해지고 있다. 요즘 충남 서산의 〈박첨지놀이〉가 유명하며, 박첨지 일가

---

29) 흔히 쓰는 인형이란 단어는 일본식 표현이라고 하는데, 일제강점기에 인형이 꼭두를 대신하면서 꼭두는 '남의 조종에 따라 움직이는 사람'이라는 안 좋은 어감을 지닌 '꼭두각시'라는 말로 주로 쓰였다고 한다.

의 일대기적 성격을 잘 드러낸다.

인형극과 가면극은 전개방식과 내용 및 주제 등에 있어서 유사하면서 약간 차이가 있다. 전개방식을 보면, 가면극은 사람이 직접 탈을 쓰고 나와 공연하는 데 비해, 인형극은 인형을 조종하는 연희형태이다. 인형극의 연희자에는 인형의 주종자인 대잡이, 악사석에 앉아 반주를 하면서 대잡이의 상대역으로서 잽이도 되고 전체 연출을 맡기도 하는 산받이, 그리고 악사인 잽이가 있다. 무대 위에 포장을 친 후 대잡이는 포장 속으로 들어가 의자에 앉아서 인형을 조종한다. 인형들은 상반신만 포장 위로 올라와 관중들에게 보이게 되며 포장 앞에는 꽹과리·징·장고·날라리 등을 연주하는 악사들이 앉는다.

또한 가면극은 춤과 재담이 중시되고 노래와 몸짓이 곁들여지는 데 반해 인형극은 대잡이와 악사의 상쇠격인 산받이의 재담이 주가 되어 진행되며 가면극과 달리 일정한 운율이 있고 삽입가요가 많이 사용되는 것이 특징이다. 남사당패가 우리 전통극의 주요 갈래인 재담극의 전통을 잘 보여주고 있는 것이다.

〈꼭두각시놀음〉은 구전성을 기본으로 했기에 채록본마다 내용이 다소 다르며 보통 7~10막으로 구성되었다. 그러나 대체로 주인공 일가의 고난과 구원이라는 일관된 줄거리를 유지하는 특색이 있다. 다만 파계승에 대한 풍자와 양반층에 대한 저항 및 서민의식을 드러내는 점에서는 가면극의 내용이나 주제와도 상통한다. 등장인물도 채록본에 따라 다르다. 주인공 꼭두각시의 이름마저 박첨지, 홍동지 등으로 불리는데, 이에 따라 〈박첨지놀이〉 또는 〈홍동지놀음〉이라고 한다. 박첨지는 허세를 부리고 비속한 말씨를 쓰는 현실적 인물이며, 그의 조카 홍동지는 혈기왕성하며 의협심이 있는 인물이다.

남사당패의 손님 끌기는 다음과 같이 시작된다. "니나노 나 난실 니나노 난실 나는 왜 …" 자진모리 가락으로 대잡이가 선창을 하면 산받이가 뒷소

꼭두각시놀음의 주인공인
박첨지

박첨지의 조카딸인 피조리

박첨지의 조카인 홍동지

리를 이어받는다. 포장 뒤쪽에선 박첨지의 조카
딸인 피조리의 요염한 춤이 벌어지고 이를 시샘이
라도 하듯이 박첨지의 조카인 홍동지(발가벗은 힘
꾼)가 성기를 내놓고 오줌을 질금질금 싸며 분탕
질을 한다. 이쯤 되면 구경꾼들은 박장대소하고
흥에 빠진다. 이때 단원들은 〈박첨지놀이〉로 '있
는 자'들을 사정없이 후려갈기고 울분을 토하기도
한다. 평양감사의 어머니를 욕보인다는 내용을 통
해서는 관민·남녀·노소의 질서를 모두 파기하
고 성의 금기마저 허물어버리고자 했다.

　〈꼭두각시놀음〉의 대사는 가면극의 대사보다
저속하거나 상하관계를 무시한 내용이 더 많다.
홍동지는 여러모로 가면극의 취발이와 유사하나
행동양식이 취발이보다 한층 더 노골적이며 모든
도덕적 권위를 파괴하는 주역이다. 양반집 큰 마
누라와 작은 마누라가 엮어내는 풍자는 오늘날도
비슷하다.

　오늘날 공연되는 〈꼭두각시놀음〉의 내용은 크
게 박첨지마당과 평안감사마당으로 구성되어 있
다. 박첨지마당은 다시 박첨지유람거리, 피조리거
리, 꼭두각시거리, 이시미거리로 짜여져 있다. 평
안감사마당은 매사냥거리, 상여거리, 절 짓고 허
는거리(건사거리)이다. 각 과장(거리)의 내용은
유기적으로 연결되어 있지 않고 독립적이다. 그
러나 박첨지가 극의 해설자 역할을 하면서 여러
과장에 걸쳐 등장하여 각 과장을 잇고 있는 점이
특이하다.

남사당패가 떠돌이가면극을 전승하다

유랑예인집단 중에서 가
장 규모가 큰 남사당패는
승려와 양민까지 흡수하고,
고려와 조선조로 이어오면
서 구한말의 기방예술을 창
조하게 되었다. 따라서 민

경기 안성의 남사당놀이 전수관

속악과 더불어 민속춤과 극은 이들에 의해서 더욱 예술적으로 승화되었다.
현재까지 남사당패의 은거지로 밝혀진 곳은 경기도 안성·진위를 비롯하
여 황해도의 송화·은율, 충청남도의 당진·회덕, 전라남도의 강진·구례,
경상남도의 진양·남해 등지다. 그곳에서는 공연이 거의 없는 겨울철에 초
입자들인 삐리들을 가르쳤다.

최근에는 안성 남사당패의 공연이 주목을 받고 있으며, 〈왕의 남자〉가
2005년 말 개봉되어 2006년 한국영화 최고의 흥행작이 된 이후 안성의 남
사당놀이 전수관이 붐비고 있다. 1000만 관객을 돌파한 〈왕의 남자〉의 이
준익 감독은 기성세대나 신세대 모두 서양전통에 목을 매고 있다며, 서양
전통을 과거 우리에게 있었던 문화처럼 오독하는 것에 대해서 상당한 불쾌
감과 불만의식이 있다고 말한
바 있다.

일정한 지역을 근거로 한 토
박이가면극 외에 떠돌이가면
극이 있다. 유랑예인집단인 남
사당패의 남사당놀이의 하나
인 '덧뵈기'가 그것인데, 이는
현재 서울을 근거지로 전승되

남사당패의 덧뵈기

고 있다. 덧뵈기의 명칭은 '탈을 쓰고 덧(곱) 본다'는 뜻으로 가면이나 가면극을 가리키는 것이다. '덧뵈기'는 지역 전승의 가면극에 비해 의식성이나 행사성에 관계없이 그때그때 지역민의 취향에 따라 영합했다. 춤보다는 재담과 연기가 더 우세한 풍자극이다. 제1과장 마당씻이, 제2과장 옴탈잡이, 제3과장 샌님잡이, 제4과장 먹중잡이로 구성되어 있다. 다른 가면극에서 반드시 나오는 벽사적인 의식무는 마당씻이의 고사문(告祀文)인 '비나리'로 대치되어 있는 게 특징이다.

'덧뵈기'라는 떠돌이가면극은 현재 남사당패가 유일하게 전승해서 보여주고 있다. 이들은 원래 경기도 안성을 본거지로 떠돌던 남사당패가 중심이 되어 1960년에 재규합한 것으로 1900년대 초 원각사에서도 공연한 바 있는 당시의 이름난 탈꾼인 이운선의 후예다. 이운선은 진위패(振威牌) 남사당의 2인자인 곰뱅이쇠였는데, 그에게서 가면극을 배운 이경화(덧뵈기쇠, 바우덕이의 남편)가 경기도 안성에 있는 청룡사를 거점으로 당시 조정까지 출입하던 바우덕이의 도움을 받아 안성 개다리패의 초입자들에게 '덧뵈기'를 가르쳤다. '덧뵈기'는 각 지역의 토박이가면극의 요소를 두루 갖추고 있으며, 토박이가면극보다 풍물가락과 춤사위가 힘차고 극 진행이 기민하며 대사가 풍부하다. 다시 말해 '덧뵈기'는 춤보다는 재담과 연기가 더 우세한 풍자극으로서, 〈양주별산대놀이〉와 내용이 매우 흡사하다.

남사당패의 '덧뵈기'와 같은 떠돌이가면극의 영향으로 서울 및 경기도에 노량진, 녹번, 애오개, 큰고개, 사직골, 구파발, 퇴계원, 가믄돌, 의정부 등지의 산대패 혹은 딱딱이패의 본산대놀이가 발전했다. 특히 떠돌이가면극으로서 경상도의 오광대가 유명했다. 합천 밤마리와 의령 신반 대광대패의 오광대, 진주 솟대쟁이패의 오광대, 남해 화방사의 중매구패 오광대, 하동의 목골사당패 오광대 등이 그 예이다. 떠돌이놀이패로는 이 밖에 사당패나 걸립패들도 공연종목의 하나로 가면극을 놀았을 것으로 짐작된다. 떠돌이가면극은 유랑하는 놀이꾼들에 의하여 공연되었으므로 그 전승뿌리가 약하여 근대화과정에서 거의 인멸되었다.

> 민중의 꿈과 희망을 제시하는 우리의 전통극 가운데, 그 대표격인 가면극(탈
> 춤)에 대해 자세히 살펴보기로 한다. 산대놀이 가면극은 몽골 등 북방유목민의
> 후예에 의해 전승되었다. 가면과 관련된 용어인 탈이나 탈바가지도 몽골어에
> 서 유래한 것이다.[30]

가면극은 한국사와 함께 발달해 갔다

세계 어디에서든 연극은 종교적 의식인 제의(祭儀)에서 시작되었으나, 서
양에서는 그 제의적 성격을 탈피하고 인간 중심의 연극으로 발전한 반면
동양에서는 제의적 성격을 가지면서 전승되었다. 요컨대 3세기 경 제천의
식과 더불어 가무희(歌舞戲)를 연행한 것이 한국연극의 기원이라 하겠다.

우리나라의 가면극도 부여의 영고, 고구려의 동맹, 동예의 무천과 같은
제의에서 기원하여 자생적으로 발전 계승되었다. 그리고 전승과정에서는
변모를 주도하는 몇 가지 요소들이 있었다. 즉 삼국시대 중국에서 들어와
조선후기까지 연행된 산악백희(散樂百戲)[31]를 비롯하여 일본에 전한 백제의
기악(伎樂), 통일신라의 오기(五伎)와 처용무, 고려시대의 산대희(山臺戲), 조
선시대 승려와 광대들의 연희 등을 예시할 수 있다. 한국 가면극 가운데 본
산대놀이는 삼국시대에 유입된 산악백희가 통일신라시대, 고려시대, 조선
시대를 거치면서 발전 형성된 것이다. 잡희, 백희, 산대희, 산대잡희 등으로
불리던 것들은 중국에서 유입된 산악 계통의 놀이다. 이와 관련 한국 가면

---

30) 전경욱, 「한국가면극과 몽골문화의 관련양상」, 『몽골과 한국민속의 비교 심포지엄』, 고려
대 민속학연구소, 2000, 130~147면.
31) 서역악(西域樂)의 영향을 받아 이루어진 민간 잡희(雜戲)의 총칭으로 산악 또는 산악잡
희라고도 한다. 산악이란 정식으로 격식을 갖춘 무악(舞樂)인 아악(雅樂) 또는 정악(正
樂)에 대칭되는 말로서 오락 위주로 민간에서 행해지던 놀이이다.

극의 기원에 대해서는 산대희기원설, 산대도감극계통설, 기악(伎樂)기원설, 풍농굿기원설, 무굿기원설 등이 제시되고 있다.

역사적으로 삼국의 연희는 중국과의 교류 속에서 발달했으나, 중국에 전해진 고구려 연희의 괴뢰희는 그 맥락이 오늘의 민속인형극 〈꼭두각시놀음〉에까지 이르고 있다. 중국 남조의 영향을 받은 백제의 기악은 미마지(味摩之)를 통해 612년 일본에 전해졌으며 7~8세기의 기악탈이 현재 일본에 2백여 개나 보존되고 있음은 특기할 만한 일이다. 일본의 대표적인 가면극인 노[能]의 원류가 기악, 즉 기가쿠[伎樂]인 셈이다. 기악의 내용은 절에서 불교적 공양의 무용곡으로 연출되던 교훈극으로 묵극이었다. 다시 말해 기악은 원래 불교의식에서 사용하는 음악을 지칭하는 말이었으나 7세기 초 일본에 전해지면서 가면극의 용어로 쓰이게 되었고, 한국에서는 산대극과 〈봉산탈춤〉의 뿌리로 여겨지고 있어 한일 양국의 예능사를 논하는 데에 기악이 차지하는 위치와 의미는 매우 크다.[32] 이 백제의 기악이 현존하는 한국 가면극의 모체라 보기도 한다.

신라의 가면극 관련 놀이는 가무백희와 황창무(黃昌舞)를 들 수 있다. 가무백희라는 용어는 『삼국사기』에 처음 보이는데,[33] 이 가무백희는 바로 산악백희와 같은 놀이로 추정한다.[34] 신라의 가무백희 중에서 내용을 구체적으로 알 수 있는 것은 〈검무〉라 하겠다. 『동경잡기』에 의하면,

신윤복의 〈검무도〉

32) 이지선, 「기악의 변모양상」, 『국악원논문집』 26집, 국립국악원, 2012, 3면.

33) 김부식, 『삼국사기』 권1 신라 유리이사금 9년 가배조.

34) 김학주, 『한·중 두 나라의 가무와 잡희』, 서울대학교출판부, 1994, 33~35면.

〈검무〉는 신라 품일장군의 일곱 살 먹은 아들 황창랑이 적국인 백제에 들어가 〈검무〉를 빙자하여 백제왕을 살해하고 자기도 잡혀 죽었으므로, 훗날 안타깝게 여긴 신라인들이 그의 모습을 가면으로 본뜨고 칼춤을 추며 그의 영혼을 위로해 주었다는 고사에서 유래되었다.

통일신라시대의 가면극 관련 놀이는 〈오기(五伎)〉와 〈처용무〉를 들 수 있다. 이능화는 "가면극은 신라에서 시작되었으니 오기와 처용무가 그것이다"[35]라고 했다. 오기는 『삼국사기』[36]에서 언급되고 있는 최치원의 『향악잡영(鄕樂雜詠)』에 묘사된 〈금환〉·〈월전〉·〈대면〉·〈속독〉·〈산예〉의 다섯 가지 놀이다. 〈금환〉은 여러 개의 금칠한 공을 공중으로 던졌다 받는 곡예의 일종이고, 〈월전〉은 풍물패의 잡색무처럼 가면이나 분장을 한 광대들의 골계적인 놀이이다. 〈대면(大面)〉은 황금색의 방상시 가면을 쓰고 손에 채찍을 들고 귀신을 쫓는 시늉을 하면서 봉황새같이 우아하고 태평스러운 춤을 추는 가면무의 일종이다. 〈속독〉은 머리가 흐트러진 가면을 쓴 연희자가 북장단에 맞춰 여럿이 추는 춤이고, 〈산예〉는 사자춤이다. 이 다섯 가지 놀이는 전문적인 놀이꾼이 공연한 산악백희에 속하는 것이며, 특히 〈대면〉·〈속독〉·〈산예〉에 등장하는 놀이꾼은 가면을 쓴다. 〈처용무〉의 경우 『삼국유사』의 기록[37]에 헌강왕이 남산신(南山神)의 가면을 쓰고 춤을 추었다고 하는 사실로 이해된다.

고려조는 신라의 풍속에 해당하는 토속신에 대한 제사인 팔관회나 불교 제전인 연등회를 거행하면서 채산(彩山) 또는 채붕(綵棚)이라는 비단장식의 화려한 가설무대를 설치하고 가무백희를 연출하였다. 여기서 연행된 놀이를 '산대희'라 하는데, 이때 여러 종류의 가면이 사용되었다. '산대(山臺)'라

---

35) 이능화 저, 서영대 역주, 『조선무속고』, 창비, 2008, 83면.
36) 김부식, 『삼국사기』 권32, 잡지(雜志) 1, 악.
37) 일연, 『삼국유사』 권2 기이2 처용랑과 망해사(望海寺)조.

팔관회에 쓰인 산대잡극, 2011년 대구시는
고려팔관회를 복원하는 행사를 개최했음

는 말은 산처럼 높게 생긴 가설무대를 뜻한다. 산대희는 신라시대부터 조선중기까지 지속되었다. 고려시대 가무백희 가운데 나희가 평안을 기리고 귀신을 추방하는 의식에 쓰였으며, 산대잡극은 팔관회나 연등회뿐만 아니라 왕의 거둥·궁중연회·개선장군의 환영잔치 등에서도 쓰였다. 특히 팔관회는 고려시대 국가의례로 왕이 직접 주관하는 가장 큰 행사였다.

고려시대에는 가면을 쓰고 놀이하는 자를 우리말로 '광대'라고 불렀다. 『고려사』에 "우리나라 말로 가면을 쓰고 놀이하는 자를 광대(廣大)라 한다"[38]는 기록이 있고, 〈쌍화점〉에 '죠고맛감 삿기 광대'라는 구절이 나오는 것으로 보아 전부터 광대가 활동해 왔음을 짐작할 수 있다. 우리나라 광대의 원조를 앞에서 언급한 신라 〈오기〉의 연희자들이라 보기도 한다. 이능화는 우리말에 남자 무당을 또한 광대라고도 한다며 광대란 춤과 노래를 하는 배우라 했다.[39]

조선시대는 고려를 계승하여 나희나 산대잡극이 성행했다. 더우기 광해군 때 나례도감, 산대도감이 설치됨으로써 국가적인 행사로 계속 공연되었다. 그러나 인조 때 이르러 그 기관들이 해체되었다. 조선후기 국운이 쇠잔해지면서 나례나 산대잡극의 명맥만 유지되다가 정조 이후에는 그 마저도 공적인 극으로서는 정지되었다.

다시 말해 조선시대에 이르러 연극의 형태로 자리 잡게 된 가면극은 한

---

38) 김종서 외, 『고려사』 권124 전영보(全英甫)전.

39) 이능화 저, 서영대 역주, 앞의 책, 81면.

때 국가가 관리하기도 했고 17세기 무렵부터 서민들의 연극으로 바뀌게 되었는데 이때 비로소 가면극이 크게 번성할 수 있었다. 조선시대에는 산대에 바퀴를 달아 사람이 끌고 다니면서 무대배경을 이동시켰다. 그 후 가면극은 모두가 웃고 즐길 수 있는 장르가 되었고 19세기 후반에 절정을 이루었다. 그러나 안타깝게도 대규모 산대희는 정조대인 1784년 '너무 비용이 많이 드는 행사'라는 이유로 중단된 뒤 맥이 끊겼다. 그런 와중에도 뜻 있는 연희자들이나 놀이패 등 민간에 의해 전승되어온 가면극들이 면면히 이어져 오늘에 이르고 있다.

요컨대 한국의 가면극은 자생적이면서도 문화적 교류와 함께 삼국시대에 유입된 산악백희의 영향 속에서 통일신라시대의 오기를 거쳐 고려의 산대잡극으로 발전해 가면서 조선조 후기의 산대도감 계통의 무극(舞劇)이 형성된 것이라 볼 수 있다.

가면극은 마을굿에서 시작되었다

한국의 가면극은 놀이가 행해지던 지역의 이름을 붙여서 전해지며 내용이 약간씩 다르지만 큰 차이는 없다. 이러한 가면극은 농촌지역의 마을굿(서낭굿)에서 유래한 것과, 궁중의 나례도감이나 산대도감이 해체된 후 그에 속해 있던 산대놀이패의 활동에서 유래된 것이 있다. 그러나 가면극이 처음에는 농촌지역에서 발달했음을 감안하면, 가면극은 마을굿에서 유래되었다고 해야 옳을 것이다. "군(郡)의 사당에 매달 초하루와 보름에는 관에서 제사를 드린다. 비단으로 신의 가면을 만들어 사당 안에 비치해 두면……"이라는 기록[40]도 이를 뒷받침한다. 가면이 마을의 수호신을 형상화하며 그 가면이 마을굿에서 쓰였음을 입증하는 예다.

---

40) 홍석모, 『동국세시기』 12월조.

예술적 경지의 집단놀이에서 우리는 신에게 맛있는 음식을 바치면서 한바탕 놀이판을 펼쳐 보임으로써 신도 즐거워 소원을 들어줄 것이라 여겼다. 우리의 민속놀이나 가면극은 전반부의 제의와 후반부의 놀이로 이루어지는 셈이다. 가면극에는 남녀의 결합도 많이 나온다. 곧 할미·영감의 만남과 갈등, 중·소무의 결합과 분리, 취발이·소무의 결합이 나타난다. 더우기 〈하회별신굿탈놀이〉에는 남녀의 모의 성행위가 야간에 이루어지기도 한다. 이것은 마을의 풍요를 비는 신앙적 행위이다.

다만 마을굿이 현대에도 풍물굿패나 제관 또는 무당에 의해 전국에서 행해지고 있는데, 제관이나 무당이 주관하는 마을굿은 현재의 가면극과 그 모습이 상당히 다른 것으로 보아, 풍물굿패가 주관한 마을굿이 가면극

오방신장무, 다섯 방위의
잡귀를 쫓아낸다는 춤

의 원천이라 하겠다. 지금도 놀이마당에서 가면극을 공연할 경우에 간단히 제물을 차리고 고사를 지낸 후에 시작하는바, 당고사와 길놀이가 주요 부분을 차지한다. 경상도지방 가면극의 첫 과장은 〈오방신장무(五方神將舞)〉인데, 이 춤은 마을을 평안하게 하고 탈판을 정화시키는 데 목적이 있다. 특히 춤의 시작은 탈판, 나아가 마을을 정화시키는 의식무의 성격을 잘 드러낸다. 벽사(辟邪)의 의식무에 해당하는 〈오방신장무〉를 비롯하여 상좌춤, 사자춤이 흔히 가면극의 첫 과장에 설정되어 있다. 다섯 방위의 잡귀를 쫓아낸다고 하는 〈오방신장무〉는 전국에서 유일하게 경상남도 사천시에 남아 전승되고 있다.

탈이 처음에는 귀신을 형용한 데서 점차 인간의 모습으로 바뀌어져 왔

고, 주술적인 내용이 현실비판적인 내용으로 바뀌어져 왔다 하더라도 제의적인 요소는 지금도 첫거리나 마지막거리에서 발견되고 있다. 〈강릉관노가면

하회별신굿탈놀이보존회 회원들이
주말 상설공연을 한 뒤 한자리에 모였다

극〉이나 〈하회별신굿탈놀이〉에 나오는 신맞이도 그 적절한 예이다. 우리의 민속놀이나 민속예술에는 생업의 풍요와 마을의 태평을 기원하는 제사를 지낸 뒤에 신과 인간이 하나가 되어 춤을 추고 노래 부르는 축제로부터 나온 것이 적지 않다. 신도 인간과 같이 배불리 먹고 나면 한바탕 놀고 싶을 것이라고 여기는 데서 출발한다고 본다. 〈하회별신굿탈놀이〉 신맞이의 경우, 요즘도 놀이를 하기 전에 마을사람들이 풍물패와 함께 서낭당에 가서 제사를 드린 후 신이 내리면 가면을 쓴 광대들이 탈춤을 연기하고 있어 이를 잘 뒷받침한다.

또 해서지방의 가면극에서 나오는 무당들이 송신하는 것과 경남지방의 야유와 오광대에서 나오는 송신의례로서의 상여놀이가 바로 그런 제의적인 요소를 말해 준다. 〈양주별산대놀이〉의 전체적인 진행이 내림굿 → 오신 → 싸움굿 → 화해굿 → 전송굿으로 이루어지는 점에서도 마찬가지다. 곧 고사, 상좌춤, 팔먹중춤은 부정을 몰아내고 정화를 통해 강신을 이루는 과정이다. 그리고 마지막에 신할아비와 미얄할미의 갈등에 의해 미얄할미가 죽게 되자 딸인 도끼누이가 굿을 하는데, 이는 일종의 〈지노귀굿〉으로서 신을 보내는 의식이라 할 수 있다.

여기서 가면극의 구성이 풍물굿을 비롯한 우리의 다른 예술장르와 마찬가지로 크게 3단계로 되어 있음을 확인하게 된다. 가면극이 앞놀이 · 본놀이(판굿) · 뒷놀이로 진행되는 것이다. 풍물을 앞세우고 마을 사람들이 탈

판을 향해 뒤따라간다. 탈판에 도착하면 간단히 고사를 지내고 이어서 본격적으로 탈꾼들의 춤판이 벌어진다. 그리고 마지막으로 관중들과 함께 뒷놀이춤을 춘다.

하회별신굿탈놀이 · 강릉관노가면극이 마을굿을 대표한다

한국 농촌의 가면극을 대표하는 것은 〈하회별신굿탈놀이〉, 〈강릉관노가면극〉, 〈북청사자놀음〉 등이다. 〈하회별신굿탈놀이〉의 경우를 보면, 안동시 풍천면 하회동에서는 10년에 한 번씩 정초부터 대보름까지 별신굿을 행했다고 하는데, 별신굿은 1928년을 마지막으로 전승이 중단되고, 탈놀이만 중요무형문화재 제69호로 지정 보존되고 있다. 일설에는 17세의 처녀인 의성김씨가 하회의 서낭신이 됐다고도 하나, 하회의 서낭신은 이 마을에 시집와 15세에 남편과 사별하고 이곳의 서낭신이 되었다고 전한다. 시집온 지 며칠 안 되어 남편을 잃고 쓸쓸하게 살다간 한 많은 각시신이다. 하회마을 사람들은 이 여신이 마을을 잘 지켜주기를 바라며 또 그렇게 해왔다고 믿고 있다. 본 가면극에 앞서 서낭신인 각시의 가면을 쓴 놀이꾼이 무동을 타고 수시로 걸립을 한다. 서낭신인 각시의 등장은 이 가면극이 각시에 의해 주도되며, 이 가면극이 마을굿과 밀접한 관계임을 보여준다.

〈하회별신굿탈놀이〉는 탈놀이 중심의 마을굿이었기 때문에 별신굿보다 탈놀이가 훨씬 널리 알려지게 된 것이다. 이 탈놀이는 다른 지역의 어떤 굿놀이보다도 연희성이 두드러진다. 세련된 표정의 탈, 다양한 장단, 풍자성 짙은 대사가 굿으로서보다는 가면극으로서의 가치를 드높이고 있다. 놀이 내용은 제1과장 주지춤, 제2과장 백정놀이, 제3과장 할미놀이, 제4과장 파계승놀이, 제5과장 양반 · 선비놀이로 구성되어 있다.

〈강릉관노가면극〉은 '강릉단오굿'에서 공연되는 가면극인데 묵극(默劇)으로 진행되는 것이 특징이다. 가면극 전체가 묵극으로 된 경우는 없다. 굿놀이의 경우에도 전체가 묵극으로 되어 있는 것은 이 놀이뿐이다. 이는 관의 노비들이 주류를 이루어 전승되어온 것으로 특별한 재담이 필요치 않았기 때문이다. 굿놀이라는 측면에서 보았을 때 이 탈놀이의 경우 무당이 전혀 관여

강릉관노가면극

하지 않고 관노들만이 공연주체가 되었다는 점에서 다른 굿놀이와 성격이 아주 다르다. 이렇게 무당이 공연주체에서 완전히 배제된 굿놀이로는 〈하회별신굿탈놀이〉 정도가 있을 뿐이다.

다른 지방의 가면극은 각 과장의 내용이 독립적인 모습을 보이는 데 반해, 〈강릉관노가면극〉은 각 과장이 서로 긴밀하게 연관되어 있는 것도 특징이다. 즉 양반과 소매각시를 중심으로 서사적인 내용의 연희가 진행된다. 〈강릉관노가면극〉은 관노들에 의해 한말까지 전승되었으나 1909년에 전승이 중단되고 말았다. 이렇듯 〈강릉관노가면극〉은 연희자와 가면극이 전해지지 않아서 무형문화재로 지정받지 못했다. 현재 연행되고 있는 〈강릉관노탈놀이〉는 1965년 제6회 전국민속예술경연대회에 참가하기 위해 재연한 것이다.

〈하회별신굿탈놀이〉와 〈강릉관노가면극〉은 내용과 등장인물들이 다른 지방의 가면극과 전혀 다르다. 그것은 이 가면극들이 마을굿에서 자생적으로 형성되어 발전해 왔기 때문이다. 이같이 이 가면극들은 마을의 평안과 풍년을 기원하는 마을굿과 함께 공연됨으로서 형식에서 다양한 시도를 하기 어려웠다. 무엇보다 농촌의 열악한 환경과 재정 능력의 부족으로 독자적 공연이 힘들었으며, 탈춤이 지닌 지배층에 대한 저항의 표출도 자유로울 수

없는 한계 때문에 발전을 기대하기 힘들었다. 마을굿인 '하회별신굿'은 무당들이 주도했지만, 가면극인 〈하회별신굿탈놀이〉는 마을 주민인 농민들이 담당했다. '강릉단오제'도 마찬가지로 단오제는 무당들이 주도했지만, 가면극인 〈강릉관노가면극〉은 관노들이 이끌었다.

산대놀이가 한국가면극의 중심에 서다

한국의 가면극은 크게 계통을 달리 하는 두 가지로 나눠볼 수 있다. 하나는 농촌의 마을굿에서 유래하여 발전되어온 가면극들이요, 다른 하나는 나례 등에서 연행되던 산악백희 계통의 놀이가 전문적인 놀이꾼에 의해 발전되어 온 것들이다. 물론 후자인 산악백희 나아가 산대 계통의 가면극이 우리 가면극을 대표한다고 할 수 있다. 이러한 분류는 한국 · 중국 · 일본의 가면극 역사에 공통적으로 적용되며, 따라서 산대놀이 · 나희(儺戲) · 노가쿠(能樂, 줄여서 노라 함)를 각각 세 나라의 대표적인 가면극으로 말하기도 한다.

중국 가무악의 시조라는 〈나희〉는 현재 중국의 수많은 지역에서 전승되고 있는데, 그중에서도 구이저우[貴州]성이 가장 많이 보유하고 있다. 이 〈나희〉 혹은 〈나례〉는 고려시대에 전래되어 우리나라에서도 성행했는데, 영화 〈왕의 남자〉 주인공 공길도 나례에 등장하는 인물이다. 일본의 가부키[歌舞伎]가 노래와 춤과 연기가 어우러지는 일본의 서민문화이자 대중적인 전통연극이라 한다면 노가쿠는 일본의 쇼군[將軍]이 장수들에게만 보여주던 가면음악극이라 할 수 있을 것이다. 다시 말해 노가쿠는

나희, 한국의 가면극과 같은
전통적 양식의 중국의 가면극

노래와 춤과 이야기가 어우러진 일본의 대표적인 전통 가면극으로 서양의 오페라와 같다고 하겠다.

본격적인 우리의 가면극은 상업이 발달한 도시를 중심으로 나타나기 시작했다. 산대놀이는 원래 사자

노가쿠, 줄거리가 있는 가무극 노[能]와 대사 위주의 희극 교겐[狂言]으로 구성

나 호랑이 따위를 만들어놓고 춤을 추는데, 놀이패는 대개 서울 주변이나 전국의 교통중심지를 찾아다니며 탈춤을 공연했다. 본산대놀이 중 가장 유명한 〈애오개산대놀이〉가 행해지던 '애오개(현 아현(阿峴))'는 서울의 3대 시장의 하나인 칠패시장(현 남대문시장)과 인접한 곳이다. 별산대놀이의 전승지인 양주와 송파는 18세기 금난전권을 가진 서울의 시전상인에 대항하는 사상(私商)들이 서울로 들어가는 물자를 장악하면서 상설시장을 벌였던 곳이다. 해서탈춤지역은 서울에서 평양을 거쳐 의주로 가는 교통로에 자리하거나 서해안의 상업지역이었다. 황해도 해주, 봉산 등지에서는 전국

오광대의 발상지인 경남 합천의 초계 밤마리

서 가장 큰 시장이 열렸다. '소리는 호남, 춤은 영남'이라고 한다. 경상남도의 야유(野遊 ; 들놀이)지역은 동래를 중심으로 대일무역의 근거지였고, 오광대지역은 낙동강과 남해를 이용한 교역로에 자리잡고 있었다. 특히 야유와 오광대의 발생지라는 초계 밤마리는 낙동강변의 수상요충지로서 경남 합천군 덕곡면 율지리를 가리킨다. 수많은 상선이

정박할 수 있어 낙동강을 거쳐 들어오는 해산물의 교역이 활발히 이루어졌고, '삼'이라고도 하는 대마의 집산지이자 내륙의 농산물이 대량으로 모여드는 곳으로서 '난장(亂場)'이라는 큰 장터가 형성되어 300호의 큰 마을을 이룰 정도였다. 이곳 시장 상인들의 비호 아래 유랑광대들이 모여들어 놀이판을 벌였던 것이다.

산대도감 계통의 가면극으로 현재까지 그 대사가 채록된 것을 요약해보자. 먼저 황해도지역(해서지방)에는 〈봉산탈춤〉·〈은율탈춤〉·〈강령탈춤〉·〈해주탈춤〉 등이 있다. 해서탈춤은 크게 봉산탈춤형과 해주탈춤형으로 나눌 수 있다. 봉산탈춤형의 기본의상은 좌청 우홍의 원동에 초록색 소매를 단 등거리를 나삼 위에 입은 후 붉고 푸른 띠를 두른 것이다. 그러나 해주탈춤형은 주로 회색의 칡베 장삼을 입는데, 소매는 팔을 내리면 땅에 닿을 정도로 길다. 경남지역에서 연행되던 것으로는, 야유와 오광대놀이가

흥겨움이 많은 동래야유

있다. 야유는 〈수영야유〉·〈동래야유〉 등의 낙동강 동쪽지역이 유명하다. 야유는 마을의 제당과 공동샘에 드리는 앞고사, 가장행렬인 길놀이, 허튼춤을 추는 덧뵈기춤놀이, 극적인 놀이를 하는 탈놀음, 탈을 모아놓고 고사를 지내고 불태우는

뒷고사의 놀이과정으로 된 고을의 민속대동놀이다. 〈동래야유〉는 〈수영야유〉보다 연희화된 것으로서 제의적인 놀이과정이 없다. 〈동래야유〉는 반주음악인 굿거리가락이 뛰어나고 배김새를 강조하는 덧뵈기춤이 힘차기 때문에 흥취를 불러일으킨다. 오광대놀이는 〈고성오광대〉·〈가산오광대〉·〈통영오광대〉·〈진주오광대〉·〈마산오광대〉 등 낙동강 서쪽지역이 유명하다. 〈진주오광대〉의 경우 가면의 입이 유난히 큰 게 특징이다. 오광대의

영노마당과 문둥이마당은 다
른 지방 가면극에서 볼 수 없
는 특징적인 것이다. 한편 경
기지역(중부지방)에는 〈송파산
대놀이〉·〈양주별산대놀이〉
등이 있다.

진주오광대 문둥이(황탈)

이렇듯 도시적·상업적 배
경을 기반으로 등장한 가면극
은 18세기 중엽 비약적으로 발전했으며, 주제나 소재 등에 있어 농촌의 가
면극보다 훨씬 더 다양하고 과격했다. 현재 전승되고 있는 많은 가면극 가
운데 민중적 성격이 잘 드러나는 것은 바로 이 조선후기에 이루어진 산대
도감계통의 가면극이다. 이 산대도감 계통의 가면극들은 벽사의 의식무,
양반과장, 파계승과장, 할미과장을 공통적으로 갖는다. 양반과장은 몇 개
의 단락을 반복하면서 양반들과 하인 말뚝이 사이의 갈등을 다루고 있다.
별산대놀이와 해서탈춤에서는 파계승과장인 노장과장이 커다란 비중을 차
지하고 있으며, 노장은 먹중들이 데려온 소무에게 현혹되어 파계를 한다.
이때 취발이가 등장해서 노장을 힘으로 내쫓고 금전으로 소무를 유혹하여
차지한 후 아들을 낳는다. 할미과장은 영감과 할미가 젊은 첩 때문에 싸우
는 내용이다. 할미는 영감에게 헤어지겠으니 세간을 나눠달라고 한다. 영
감은 화를 내며 세간을 부수다가 동티가 나서 쓰러졌다가 다시 살아나 할
미를 때려 죽게 만든다. 그리고 나서 무당이 나와 할미의 원통한 한을 풀어
주기 위해 천도굿을 거행한다.

12종의 가면극이 중요무형문화재이다

오늘날 우리의 가면극 가운데 12가지가 중요무형문화재로 지정되어 특

별히 보호를 받고 있다. 산대도감극 계통의 놀이로서 현전하는 중부지방의 〈양주별산대놀이〉와 〈송파산대놀이〉, 서북지방의 〈봉산탈춤〉과 〈강령탈춤〉과 〈은율탈춤〉, 영남지방의 〈통영오광대〉와 〈고성오광대〉와 〈가산오광대〉, 〈수영야유〉와 〈동래야유〉가 있고, 계통을 달리하는 놀이로서 〈하회별신굿탈놀이〉와 〈북청사자놀음〉이 있다.

특히 경남지방에 전해 오는 가면극 오광대란 다섯 광대가 등장하거나 다섯 마당으로 이루어졌기 때문에 붙여진 이름이다. 〈통영오광대〉는 오광대 가운데 유일하게 사자춤이 있으며, 한센병 환자의 한을 표현하는 '문둥이춤'이 특징이다. 〈통영오광대〉에서는 출신의 근본을 알 수 없을 정도로 성적으로 문란한 부모를 통해 양반들의 삶을 노골적으로 희롱하고 있다. 경상남도 사천시 축동면 가산리에서 전승되고 있는 〈가산오광대〉는 전국에서 유일하게 '오방신장무'의 춤사위가 남아 있으며, 오광대 중 독특하게 할미가 아닌 영감이 죽는 가면극이다. 오광대가 전문적인 연예인에 의해 행해진 도시가면극이라면 야유는 마을 사람들에 의해 토착화된 시골가면극이다. 정월대보름 〈동래야유〉에서 추던 입춤은 정해진 얼개 없이 연주에 몸을 맡기는 즉흥무로서 장단을 넘어서는 엇박자의 움직임이 볼거리다. 1930년대까지만 해도 상당수의 야유와 오광대가 전승되고 있었으나, 모두 단절되었다가 현재는 〈동래야유〉·〈수영야유〉, 〈통영오광대〉·〈고성오광대〉·〈가산오광대〉만이 1960년대부터 복원되어 전승되고 있다. 야유와 오광대는 가면극 전체가 말뚝이놀이로 인식될 정도로 말뚝이의 비중이 크게 나타난다. 말뚝이의 활약은 양반과의 대립을 극명하게 보여주면서 상층계급의 부조리한 생활을 파헤치고자 하는 의도를 드러내는데, 〈동래야유〉에서는 상층계급 부인의 간통까지도 묘사되고 있어 주목할 만하다. 야유와 오광대에서는 다른 가면극에 비해 직설적인 욕도 많이 등장하는데 이도 현실에 대한 불만과 분노가 컸음을 의미한다. 적극적으로 성행위를 표현한다는 점에서도 〈동래야유〉와 〈수영야유〉는 다른 가면극들과 차이를 보인다.

〈북청사자놀음〉은 함경남도 북청군 산하 11개 면과 3개 읍에 속하는 각 마을에서 음력 정월대보름 밤 세시풍속의 하나로 잡귀를 쫓고 복을 맞아들이기 위해 벌여온 행사였다. 마을마다 제각각 한 마리

북청사자놀음

의 사자를 꾸며 놀았다. 종이 따위로 꾸민 사자탈을 뒤집어 쓴 사람이 풍물패를 앞세우고 집집마다 찾아가 춤을 추며 복을 빌어주었다. 백수의 제왕이라는 사자가 방울소리를 내면서 집안 구석구석의 잡귀를 몰아냈던 것이다. 현재는 〈북청사자놀음〉에 사자가 두 마리 등장하지만, 원래는 두 마리가 등장하는 마을이 없었다. 사자는 본디 우리 땅에는 없는 짐승이지만 함경북도 북청을 비롯하여 황해도의 봉산, 강령, 황주 그리고 경상남도의 마산, 통영, 김해, 수영의 탈춤에서 나타난다. 본 고장이 인도로 추정되는 이 사자놀이는 서역과 당나라를 거쳐 우리나라에 들어 왔고 뒤에 일본으로 건너갔다. 마쓰리[祭り]나 쇼가쓰[正月], 본[盆] 등에 사자무를 추는 일본을 비롯하여 사자춤은 한중일 공통의 춤이다. 〈북청사자놀음〉에는 다른 가면극과 달리 퉁소가 사용된다. 퉁소는 고려시대에 중국에서 들어온 것으로 길이가 55cm 정도이며 세로로 잡고 연주하는 악기다. 음색이 구성지고 처량하여 깊은 여운을 느끼게 하는 것이 특징이다.

황해도 〈강령탈춤〉은 느린 춤사위로 장삼춤을 추는 부드러운 점이 같은 황해도 가면극인 〈봉산탈춤〉과 다른 특징이다. 〈은율탈춤〉은 원래 황해도

은율탈춤

은율군에서 전승되어온 것인데 6·25 때 남하한 놀이꾼들에 의해 인천에서 복원되었다. 다른 가면극에 비해 호색적인 표현이 심하며 파계승의 조롱보다 양반을 모욕하는 대목을 부각시키고 있다.

가면극은 개방적이며 독자적인 성격을 띤다

우리의 춤과 극은 불가분의 관계에 있다. 즉 『경도잡지』에 이르길 "춤은 반드시 대무(對舞)인데, 남자는 소매를 펄럭이고, 여자는 손을 뒤집는다. ……연극에는 산희(山戲)와 야희(野戲)의 두 부류가 있는데, 나례도감에 소속된다. 산희는 무대를 만들고 포장을 치고 하는데, 사자·호랑이, 만석중 등의 춤을 춘다. 야희는 광대 당녀(唐女)와 소매(小梅)각시, 즉 소무(小巫)로 분장하고 춤을 춘다."고 했다.

한국의 가면극의 기본형태는 음악 반주에 광대의 춤이 주가 되며 거기에 묵극적인 몸짓과 동작[科]에다 덕담과 재담이라는 사설을 곁들이고 노래도 부르는 것이다. 특히 가면극에는 몸짓이 많이 삽입되어 있으며, 대사가 없는 몸짓으로만 연기하는 인물이 등장한다. 노장·소무 등은 완전히 말이 없는 무언의 인물로서, 상대의 말에 몸짓과 춤으로만 반응을 나타낸다. 강릉의 〈관노가면극〉, 경북 예천의 〈청단놀음〉은 처음부터 끝까지 무언극으로만 진행된다.

김홍도의 〈무동〉, 삼현육각 편성

놀이판 한쪽에서 반주를 하는 악사는 극중인물과 대화를 하기도 하고 그들과 함께 춤을 추기도 한다. 다시 말하면 〈하회별신굿탈놀이〉와 〈야유〉·〈오광대놀이〉에서는 악사가 풍물패이고 악기도 풍물패의 타악기로서 모두가

서서 반주를 한다. 그러나 〈해서탈춤〉
과 〈산대놀이〉의 경우 악사들이 앉아서
삼현육각(三絃六角)으로 구성된 악기를
연주한다. 가면극을 비롯하여 〈검무〉,
〈승무〉, 〈굿춤〉 등 우리 춤의 반주로는
삼현육각이 쓰였다. 삼현육각은 관악
기 중심의 음악인 대[竹]풍류를 말하며,
피리(목피리와 곁피리) · 젓대 · 해금 ·
장구 · 북으로 편성된 것이다. 반주곡

통소

조는 염불 · 타령 · 굿거리 등의 민속무용의 반주음악과 같다.

　〈봉산탈춤〉이나 〈양주별산대놀이〉에서는 관아에 소속된 악사들이 반주
를 맡는다. 〈북청사자놀음〉의 경우 가면극 중 유일하게 통소가 반주로 쓰
인다. 통소란 위아래가 관통해 있다는 뜻으로 붙여진 이름이다. 이 통소는
조선의 궁중에서부터 풍류객이나 민간인에 이르기까지 큰 인기를 누렸지
만 악기의 몸체가 너무 길어서인지 민속악에서만 간혹 쓰일 뿐 한국에서
제대로 정착하지 못했다.

　한국의 가면극은 전통극으로서 현대극과 다른 개방적이며 독자적인 특
성과 가치를 충분히 지니고 있다.

　첫째, 탈판이 열린 공간이며, 관객과 배우가 하나가 된다. 가면극은 공연
장소에 특별히 구애받지 않으며 탈판에는 배경장치가 필요치 않다. 가면극
은 장터 · 냇가 · 마을의 공터나 뒷산 등 어디서든 가능하며 공연장에는 야
간이 되면 횃불로 불을 밝히는 정도이다. 현대연극에서는 극의 배경을 위
해 무대에 여러 가지를 설치해야 하지만, 가면극에서는 공연 장소가 곧 극
중 장소가 된다. 공연하는 마당이 현실적 삶의 장소이기 때문이다. 배경 장
치를 따로 만들지 않고 등장한 인물이 여기가 어디라고 말하면 그때부터
그곳은 극중 장소로 바뀐다. 그만큼 극중의 내용이나 공연의 진행이 자유

로울 수 있는 가능성이 크다.

가면극의 관객이 판에 적극적으로 개입함으로서 현장감을 느낄 수 있다. 가면극은 무대와 객석의 구분이 명확하지 않은 편이다. 가면극이 공연되는 곳은 잘 꾸며진 공간이 아니라 관객이 둥글게 앉아서 관람할 수 있는 곳이면 충분하다. 그런 곳에서 관객은 '얼쑤'라는 추임새를 넣으며 판에 흥을 불러 넣어주고 뒷풀이에는 배우와 함께 춤을 출 수 있다. 배우와 재담을 주고받을 때는 적극적으로 자기의 의사표시를 할 수 있다. 물론 악사도 등장인물과 대화하거나 극의 진행에 관여할 수 있다. 가면극을 공연하는 곳은 모두가 하나 되는 대동놀이의 현장이다.

둘째, 주제가 풍자적이다. 현존하는 가면극의 공통된 주제는 크게 파계승 또는 양반에 대한 비판과 풍자를 비롯하여 처첩간의 갈등, 서민생활의 빈곤상을 보여주는 것들로 구분할 수 있다. 가령, 산대놀이와 해서탈춤에서는 파계승과장인 노장과장이 커다란 비중을 차지하고 있다. 노장과장은 노장과 먹중들이 티격태격하는 노장춤, 노장과 신장수가 실랑이를 벌이는 신장수춤, 노장과 취발이가 대결하는 취발이춤 등 여러 삽화로 구성되어 있다. 〈양주별산대놀이〉의 경우에는 이 밖에도 옴중과장, 연잎·눈끔적이과장, 염불놀이과장, 침놀이과장, 애사당법고놀이과장 등 중이 등장하는 삽화가 계속 이어진다. 〈봉산탈춤〉의 경우만 하더라도 고려말에 세상 사람들로부터 매우 존경을 받는 만석이란 고승이 있었는데, 그를 질투하던 취발이라는 처사가 그 고승을 파계시키고 세상 사람들로부터 웃음거리가 되게 하려고 미모의 소무로 하여금 그를 유인하니 그의 방탕함이 이르지 않은 곳이 없었다. 그리하여 어느 뜻 있는 인사가 나타나 승려의 파계 및 민중들의 퇴폐풍조를 시정하고자 이 가면극을 만들어냈다고 보는 것이다. 말뚝이와 취발이로 대표되는 민중은 허위적 지배층의 모순을 통렬하게 비판한다.

셋째, 과장이 독립되어 있다. 우리의 가면극은 구성상 각 과장(마당)이 독립되어 있다. 가면극 구성의 단위를 '과장'이라고 하는데, 각 과장들은 서로 내용이 연결되어 있지 않고 독립성을 띠고 있다. 중국의 나희(儺戲), 일본의 노(能), 인도네시아의 토펭, 태국의 콘 등 다른 나라의 가면극이 대부분 한 편의 서사적인 내용으로 짜여져 있는 점과 사뭇 다르다. 우리의 가면극은 옴니버스 스타일의 극적 구성이라 하겠다.

가면극에 자유로운 삶의 의식이 반영되다

가면극의 주제에 대한 일반적인 입장과 다른 새로운 견해가 있다. 말하자면 노장과장의 주제가 파계승에 대한 풍자라면, 가면극은 노장의 파계를 비판하고 계율을 지키며 불도를 닦으라고 권장한다는 의미로 오해될 수도 있다는 것이다. 따라서 〈봉산탈춤〉의 경우, 파계승

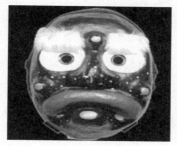

봉산탈춤의 노장탈

인 노장과 먹중·소무·신장수·취발이의 갈등구조에 입각하여 대립의 양상과 풍자의 의미를 살펴보는 방향으로 논의를 전환할 필요가 있다고 주장한다.[41] 초월적 무관심을 보이던 노장은 소무의 등장으로 완전히 변모한다. 소무에 대한 성적 관심 때문에 부르르 떨며 소무를 차지하기 위해 온갖 수단을 동원한다. 불교의 상징인 염주를 사랑의 선물로 주었을 때, 소무가 그것을 받아들이자 기뻐서 흥겹게 춤을 춘다. 이는 삶의 보람을 발견한 자의 환호이다. 나아가 노장은 신발값을 떼어먹고도 오히려 신장수를 위협하여 쫓아버릴 수 있을 정도로 생활능력을 갖게 된다. 새로운 생활의 기쁨을 발견한 노장은 소무를 빼앗으려는 취발이와 격렬한 싸움을 벌인다. 하지만 노장은 취발이에게 패하여 쫓겨나고 만다. 노장의 태도의 변화는 잠재되어

41) 전경욱, 「가면극」, 『한국민속의 세계』 6, 고려대학교 민족문화연구원, 2001, 275~276면.

취발이의 역할이 두드러진 봉산탈춤

있던 내적 갈등의 노출이다.

노장과장은 초월적인 관념론의 공허함을 비판하고, 먹중이나 취발이가 지닌 세속적 사고의 중요성을 내세우는 것이다. 먹중은 마음이 검은 중이라는 뜻으로 저속하고, 취발이는 노장을 힘으로 내쫓고 금전으로 소무를 유혹하여 차지한 후 아들을 낳는다. 가면극에서 취발이는 시장을 배회하는 젊은 상인으로서 승려나 양반의 권위를 인정하지 않고 돈으로 무엇이든지 해결하려 하는데, 취발이의 역할이 가장 두드러진 것은 〈봉산탈춤〉에서이다. 신체적 · 경제적 · 성적인 힘을 가진 취발이를 통해서 새 역사의 주인공이 될 수 있는 근대적 자아의 전형을 엿볼 수 있다. 또한 늙고 힘없는 남성과 관계를 맺고 있던 여성을 젊고 힘센 남성이 빼앗아간다는 대결구도의 설정을 기존질서를 거부하고 새로운 가치관을 요구하는 민중의식을 반영하고 있는 것으로 파악한다.

전경욱은 가면극에서는 판소리의 경우처럼 기생 춘향이가 정렬부인이 된다든가, 악한 놀부가 벌을 받고 착한 흥부는 부자가 된다든가 하는 결말은 찾아보기 어렵다고 했다. 그러면서 문제가 되고 있는 갈등을 부각시켜 제시할 뿐, 극의 내용에서는 어떤 해결이 일어나지 않는다고 했다.[42]

가면극은 임진 · 병자 양란 이후, 봉건적인 낡은 인간관계가 낳은 당시 양반들의 특권의식과 승려들의 종교적 권위를 비웃던 시대적 분위기의 반영이다. 그러므로 가면극의 가장 중심적인 놀이는 취발이나 말뚝이가 양반들을 재판하는 놀이가 된다. 취발이는 노장과의 싸움에서 이기고 말뚝이도

---

42) 전경욱, 「민속극의 이해」, 『한국구비문학의 이해』, 월인, 2000, 446면.

양반과의 싸움에서 이긴다. 가면극은 양반과 승려에 대한 저항뿐만 아니라 자기 자신마저 객관화하여 웃어버리던 서민의 비평정신을 보여주고 있다. 이렇듯 가면극에 반영된 민중의식과 해학과 풍자 때문에 현대까지 특별한 무대 없이도 '마당극' 또는 '마당놀이'라는 갈래로 활발하게 이어져오고 있는 것이다.

한국의 가면극은 흥취와 신명이 있다

한국의 산대놀이 계통의 가면극들이 공통으로 '양반과장'을 수용하고 있는 것은 예사가 아니다. 양반과장은 몇 개의 단락을 반복하면서 양반들과 하인 말뚝이 사이의 갈등을 다루고 있다. 심지어 말뚝이가 양반을 '절반, 개다리소반, 좃반'이라는 말로 희롱하듯이 가면극은 재담에 의한 해학과 골계가 잘 나타난다. 그리고 양반에 대해 신체적 공격을 감행하고 양반은

봉산탈춤의 양반탈

스스로 〈각설이타령〉을 부르거나 무당의 흉내를 내며 신분을 비하하듯 가면극은 행위를 통해서도 해학과 골계가 잘 나타난다. 양반이나 중의 가면도 비정상적인데, 양반은 코삐뚤이·언청이로 나오며 중은 옴이 오른 흉한 모습이다. 이에 비해 양반을 조롱하는 말뚝이의 가면은 다른 것보다 크고 색깔도 붉은 계통이 많은 건장한 인물로 묘사된다. 이렇듯이 가면극은 외모에 의한 골계도 나타난다.

양반의 신분적 특권, 노장의 관념적 허위, 영감의 남성적 횡포 등은 봉건사회의 유물이다. 이런 부정적 잔재가 청산되어야 한다고 주장하는 가면극의 주제를 통하여 새로운 시대정신과 사회의식의 대두를 엿볼 수 있다. 판소리의 경우 발생 초기에는 천민들에게서 출발하나 차츰 양반층의 참여가

두드러진 것을 감안하면, 조선후기 민중예술의 전형은 판소리보다는 가면극에서 찾을 수 있다. 우리 가면극의 역동성과 예술성은 가면극이 거의 끊긴 중국의 경우나 일본의 노가쿠와 같은 귀족적이고 섬세한 가면극과도 쉽게 비교될 수 있다. 누군가는 우리의 가면극에는 흥취와 신명이 있는데 비하여 일본의 인류무형문화유산인 노가쿠는 극도로 절제되고 내밀화된 극이라고 말했다. 노의 명인인 다쓰미 만지로[辰巳満次郎]는 노의 매력이 무엇인지 묻는 질문에 "참고 상상하면서 자꾸 보면 물리지 않는 재미가 난다"고 했다. 심지어 전 세계에 노를 알리는 제작자이자 일본전통문화교류협회장인 우메와카 가즈코조차 노를 처음 봤을 때 나무가면을 쓴 주인공이 80분 동안 무대에서 움직이질 않는 바람에 꾸벅꾸벅 졸다가 공연을 빠져나왔던 이야기를 술회한 바 있다.

가면극은 수시로 공연할 수 있지만 대개 해마다 일정한 시기에 연행된다. 서해지방의 가면극이나 경기지역의 산대놀이, 강릉의 관노가면극은 5월 단오에 주로 연행되고, 4월 초파일에도 연행된다. 그리고 영남지역의 오광대와 야유, 〈하회별신굿탈놀이〉, 〈북청사자놀음〉은 정월대보름에 연행된다. 특히 마을 주민들 중심으로 전승되는, 마을굿과 관련된 가면극은 대부분 서울 이북지방은 5월 단오, 남쪽지방은 정월대보름에 공연했다. 이와 같이 대부분의 가면극은 정월대보름, 단오절 같은 명절날 축제판에서 공연되었다. 민중들은 축제의 날 가면극을 통해 내적 갈등과 불만을 해소하고 기존 질서로부터 탈출하고 싶은 욕구를 충족하려 했을 것이다. 나아가 순박한 민중들은 축제의 장을 사랑과 화합의 계기로 삼는 데 지혜를 모았을 것이다.

공연시간은 주로 밤이었는데, 어두워지면 공연을 시작해서 한밤중 또는 새벽까지 횃불을 켜놓고 계속했다. 공연 장소의 경우, 따로 무대를 설치하여 공연하기도 했으나 점차 특별한 무대 없이 넓은 공터 등에서 공연했다. 연희자는 주로 신분이 낮은 전문직업인이지만, 마을 주민들 가운데 선발될 경우에도 천민이나 농어민 등 비교적 신분이 높지 못한 편이었다.

가면극의 춤사위는 역동적이다

연희자의 춤 · 동작 · 대사 · 창으로 구성되어 있는 가면극은 악기 반주에 의해 진행되며 가면극의 반주음악은 대체로 영산회상 · 염불로부터 타령 · 굿거리 · 자진모리 · 길군악 등 다양하다. 그러나 춤사위[舞法] 반주에는 염불장단, 타령장단, 굿거리장단이 주로 쓰인다. 염불장단(6박자)은 느린 장단으로서 흔히 상좌 · 옴중 · 노장의 마당에서 사용된다. 타령장단(4박자)은 덩(1박)-기덕(4박)-더(6박)-덩(7박)-기덕(9박 : 강조)-더(12박)로 흥겹고 신명나는 춤사위에 쓰이는 반주로서 장구가 선동 역할을 한다. 굿거리장단(4박자)은 '덩―, 덩―, 쿵-따, 쿵―'으로 되어 있는 것이 일반적인 사례이며 등장이나 퇴장 또는 길놀이 할 때 주로 사용되는 장단이다. 가면극에서 춤사위를 맞추어주는 악기는 북이라 할 수 있다.

가면극의 기본 춤사위는 〈화장무〉, 〈여다지〉, 〈멍석말이〉, 〈곱사위〉, 〈깨끼리〉, 〈돌단이〉, 〈건더렁〉, 〈장삼춤〉 등이다. 〈화장무〉는 느린 타령장단에 맞추어 무게 있게 팔과 무릎을 높이 들고 손을 이마 앞에 멈추어 어르고 내린 다음에 반대쪽으로 반복하는 두 장단의 춤이다. 〈여다지〉는 문을 위로 열듯이 두 팔을 펴 들었다 내리는 춤이고, 〈멍석말이〉는 나선형으로 도는 춤이며, 〈곱사위〉는 한 팔을 몸 앞으로 들어 머리 뒤로 젖히면서 추는 춤이다. 〈깨끼리〉는 오른쪽 다리를 굽혀 들고 두 팔을 활짝 폈다가 오른 무릎 위에 차례로 손을 얹어가며 추는 춤이며, 〈돌단이〉는 두 팔을 벌리고 깨끼 춤으로 좌우로 돌면서 추는 춤이다. 〈장삼춤〉은 느린 사위로 긴 소매를 고개 너머로 휘두르는 춤이다. 한바탕 흐드러진 춤사위로 파계승과 몰락양반들의 부도덕과 부조리를 해학적으로 풍자하던 가면극의 특징을 지방별로 살펴보면 다음과 같다.

해서지방의 가면극은 대체적으로 팔먹중들의 〈사위춤(한삼춤)〉이 주축이 되고, 북방계의 영향을 받아서 타령장단에 맞추어 '원박춤'으로 활발한 한삼 뿌림과 장삼 휘두름을 통한 힘찬 곡선미를 보여주는 춤사위이다. 주로 탈춤에서만 볼 수 있는 〈사위춤〉은 춤집(무폭)이 크고 남성적이며 푸는 춤의 성격을 띠었고 매듭동작으로서의 꺾음과 쪼갬춤으로서의 뿌림사위가 지배적이다. 두 다리가 바닥에서 떨어지며 힘차게 뛰는 큰 동작의 춤이 많이 나타난다. 특히 해서탈춤 가운데 봉산탈춤형의 춤사위는 장삼의 소매를 휘어잡고 뿌리거나 한삼을 경쾌하게 휘두르면서 두 팔을 굽혔다 폈다 하는 〈깨끼춤〉이 기본이다. 해주탈춤형의 춤사위는 느린 사위로 장삼의 긴 소매를 고개 너머로 휘두르는 동작이 기본이다.

서울·경기지방의 가면극은 비교적 춤사위가 다양하고 잘 정리되어 있으며, 부드럽고 우아하다. 주된 춤사위는 마디마디에 신명을 집어넣는 〈거드름춤〉과 신명을 풀어내는 〈깨끼춤〉이다. 염불장단의 〈거드름춤〉은 장삼으로 얼굴을 가리거나 고개잡이로 고개를 끄덕이는 동작으로 느리게 움직이는 것이 특징이다. 타령장단의 〈깨끼춤〉은 장삼 소매를 휘어잡고 뿌리거나 한삼을 경쾌하게 휘뿌리면서 두 팔을 빠르게 굽혔다 폈다 하는 것이 특징이다. 손이 주로 사용되는 작은 동작이 많이 나타난다. 춤집이 작고 여성적이며 맺는 춤의 성격을 띤다.

영남지방의 야유와 오광대의 춤은 '배김새'라는 기본동작이 하나 있을 뿐 단순하기 때문에 누구나 쉽게 추는 허드레춤 위주로 되어 있다. 배김새란 (장단을) '메긴다' 또는 '박는다'는 뜻에서 나온 것으로 추측된다. 배김새는 우리 춤에서 볼 수 있는 가장 강력한 매듭형 동작이다. 다시 말해 영남지방에서는 즉흥적인 허튼춤을 추는 경우가 많은데, 이는 예능인들의 춤보다 민중적인 춤이 더 성행했기 때문이다. 따라서 야유와 오광대의 춤을 〈배김새춤〉 또는 〈덧뵈기춤〉이라고도 한다. 덧뵈기 춤사위는 어느 지점에 온몸을 던져 정지하였다가 적절히 풀어나가는 게 특징이다. 특히 서해지방이나 경기지방의 춤이 중 관련 과장이 세분화되고 춤이 다양한 반면에, 영남지방은 과장과 춤이 단순한 편이다.

각 지방의 가면극 춤사위 중 상징성이 높은 춤사위로는 〈부채놀이〉, 〈사방치기〉, 〈합장재배〉, 〈사위춤〉, 〈배김사위(배김새)〉 등을 들 수 있다. 〈부채놀이〉는 춤판에 잡귀가 범하지 못하도록 부채로 쫓는 행위이다. 〈사방치기〉는 동서남북 사방의 잡신을 쫓고 춤판을 정화시킨다는 의미를 지닌다. 〈합장재배〉는 천신께 고하는 인사로서 관객들에게는 판붙임을 한다는 뜻으로 첫인사를 드리는 춤사위이다. 팔먹중의 〈사위춤〉은 농경행위나 성행위 또는 부정을 쫓는 행위이다. 〈배김사위〉는 역신 또는 잡귀를 베어버린다는 상징성과 땅을 힘차게 밟아 몰아낸다는 뜻을 가진 춤사위다.

이상의 춤사위로 볼 때, 가면극의 춤은 우리 민속춤 중에서 유일하게 살아남은 역동적인 남성춤이며, 시작과 끝이 뚜렷하고 구분 동작이 확실한 매듭춤이다. 또한 탈춤은 고개짓과 표정으로 대화를 하는 듯이 색다른 몸짓으로 시선을 끄는 몸짓춤이다.

가면극은 마당극으로 재창조되었다

가면극은 1970년대에 와서 현실비판적인 내용을 풍자와 해학으로 보여주는 '마당극'의 형태로 재창조되었다. 우리의 현대희곡 중에서 등장인물에 전통적 가면을 씌운 것은 윤대성의 〈망나니〉(1969)가 처음이다. 윤대성은 우리 연극계에서 전통을 가장 먼저 수용한 극작가라고 할 수 있다.[43] 탈판의 개방성을 받아들여 보여주는 사람과 보는 사람이 일체

전통 수용에 앞장선
윤대성 작가

---

43) 김미도, 『한국 현대극의 전통 수용』, 연극과 인간, 2006, 112면.

감을 가질 수 있는 마당극으로 만들어진 것이다. 농촌과 도시의 근로자, 빈민층, 소외된 민중의 삶을 마당극의 양식을 빌려 형상화시키려고 하였다. 요즘도 전문적인 연극단체 가운데 가면극을 비롯한 판소리, 창극 등 전통예술을 현대적으로 계승한 창작극을 무대에 올려보고자 하는 시도가 눈에 띈다.

마당극 〈서울 말뚝이〉(1974)

1973년 연출가 허규를 중심으로 한 극단 '민예극장'과 손진책의 극단 '미추' 등의 활동이 대표적인 경우다. 극단 민예가 1974년에 공연한 〈서울 말뚝이〉는 제도권 안에서의 마당극의 신호탄으로서 현대판 가면극이라 할 수 있다. 1975년에 공연한 〈놀부뎐〉도 마당극의 성격을 단적으로 잘 보여준다. 1977년 제1회 '대한민국 연극제'에서 공연된 허규 작·연출인 〈물도리동〉은 최고상인 대통령상을 수상했다. 이는 〈하회별신굿탈놀이〉를 소재로 창작한 것이다. 민예는 가면극의 춤사위와 장단을 활용하여 1970년에 〈허생전〉(오영진 작)을 무대에 올린 바도 있다. 허규는 창극에 전통적인 요소를 많이 집어넣어 훨씬 볼거리 있는 공연물을 만들고자 노력하면서 창극 〈광대가〉나 〈가로지기〉 등의 극본을 직접 쓰고 연출하기도 했다. 한편 극단 '미추'는 〈이춘풍전〉·〈심청전〉 등 마당놀이의 공연으로 관중들을 불러 모으고 있다. 2006년에는 손진책 연출 〈변강

마당놀이 〈변강쇠〉(2006)

쇠〉가 공연되었다. 오늘날 전국 마당극축제가 열리는가 하면, 퓨전마당극이 공연되고 있다. 극단 '더굿씨어터'에서는 콩쥐팥쥐 이야기를 〈콩쥐킥 팥쥐쑉〉이라는 퓨전마당극으로 재현했다.

한편 마당놀이는 마당극과 약간 차이가 있다고 본다. 일부 방송국이 후원하는 마당놀이는 전통연희인 가면극을 현대적으로 재해석하여 많은 인기를 모으고 있다.

탈에는 자유와 해학이 넘친다

'탈났다'는 말에서 알 수 있듯이, 탈 즉 가면에는 원래 좋지 않은 의미가 따른다고 할 수 있다. 곧 탈(액)을 쫓아내기 위해 탈을 쓰고 추는 춤이 탈춤이다. 탈춤, 즉 가면극이라는 우리의 고유한 연극형식은 탈의 예술적 기능을 유감없이 드러내 준다.

탈은 얼굴을 가림으로써 펼칠 수 있는 인간의 자유로움을 보장하는 소중한 장치라 하겠다. 인간은 탈을 씀으로써 신 또는 영웅이 되기도 하며 자기가 아닌 다른 인격적 존재가 되기도 한다. 이와 같이 탈은 인간이 자신의 한계를 극복하고자 하는 데서 만들어낸 것임을 알 수 있다. 탈은 원시 미개 사회에서 뿐만 아니라 현대 서구사회에서도 가장무도회 때 사용된다. 그리고 현재 각종 연극이나 무용 등에서도 탈을 사용하고 있다. 탈이 지닌 장점을 보자.

첫째, 탈은 초월적인 힘을 갖는다. 탈은 인간의 능력을 벗어나 신의 능력에 가깝게 다가서도록 한다. 성별을 벗어날 수 있고 시간과 공간, 삶과 죽음을 마음대로 넘나들 수 있어 비현실적인 행위도 얼마든지 가능하게 한다. 둘째, 탈은 사악한 잡귀를 쫓는다. 〈봉산탈춤〉의 말뚝이는 험한 모습의 귀면(鬼面)형으로 악귀에 해당하는 양반을 공격하며, 경상도의 〈오방신장무〉도 축귀의식무의 성격을 지닌다. 셋째, 탈은 대범한 행위를 가능하게 한

봉산탈춤의 말뚝이탈

다. 본래의 얼굴을 가리고 탈을 씀으로써 약자의 한계를 뛰어 넘어 적극적이고 대담해진다. 따라서 말뚝이가 양반을 공격하고 취발이나 팔먹중이 노장을 희롱할 수 있다. 넷째, 탈은 전형적인 인물을 창조한다. 탈을 쓰는 순간 그 인물로 쉽게 탈바꿈된다.

영노탈

이 밖에 동물의 형상을 한 탈을 쓰고 상대를 위협하는 경우도 있는데, 우산국을 정벌한 김이사부 장군이 사자의 형상을 한 '목우탈'을 쓰고 적을 굴복시켰다. 가면극에 나오는 동물 가운데 영노나 비비는 상상 속의 동물로서 양반 풍자의 주역으로 등장하는 영노는 하늘에서 죄를 짓고 내려와 양반을 99명이나 잡아 먹고, 한 명만 더 잡아 먹으면 하늘로 승천할 수 있다고 한다. 탈은 과거에는 신에게 다가가기 위한 수단으로 사용되었으나, 근래에는 현실을 풍자하거나 표현의 한계를 극복하기 위한 인물탈의 성격을 지니는 경우가 많다. 위에 기술한 탈의 장점에서도 첫째와 둘째의 경우는 탈이 갖는 신적인 성격이라 할 수 있고, 셋째 이하는 인간적인 성격으로 볼 수 있다.

가면극에서는 탈의 역할이 절대적이라 할 수 있으므로 가면극을 시작하기 전에 탈고사를 지내어 탈에 신격을 부여했고 축제가 끝나면 탈을 불에 태워 버림으로서 탈의 신격을 보존시킨다고 믿었다. 그러므로 목재로 된 안동의 하회탈 · 병산탈과 양주별산대 탈들만이 지금까지 소중하게 보존되어 오고 있다. 탈은 보통 인간의 얼굴을 왜곡 과장해서 만들기 때문에 자유로움과 해학이 넘쳐흐른다.

한국탈은 인간적이고 소박하다

경상도지역 안에서도
야유와 오광대의 탈은
비인간적 · 주술적 성격
이 강하다. 상상의 괴물
인 영노와 비비 탈을 비
롯해 비정상적으로 큰 말
뚝이탈, 얼굴이 문드러진
문둥이탈, 불구의 모습이

한국의 여러 가지 탈

훨씬 강화된 양반탈 등이 그러하다. 선이 굵고 투박하며 생김새가 단순하
면서도 개성이 강하다고 할 수 있다. 유난히 큰 말뚝이탈은 기존 체제에 대
한 저항을 강하게 표현한 것이라 하겠다.

한편 해서탈춤의 경우 탈의 기본 재료로 종이를 많이 쓴다. 탈의 형태가
원형보다는 사각형으로 된 것이 많은 편이며 탈에 혹이 많은 것도 특징이
다. 해서탈춤 가운데 봉산탈춤형의 탈은 종이를 잘 활용해 형태나 색채면
에서 조형 감각이 뛰어나며, 팔먹중탈과 취발이탈은 비인간적인 귀면형으
로 요철의 굴곡이 심하다. 그러나 해주탈춤형의 탈은 사실적인 인물의 탈
로 요철이나 혹이 없고 눈망울만 크다.

중부지방 산대놀이의 탈은 크기가 대부분 비슷하며, 탈의 재료는 바가지
이다. 또한 산대놀이 탈은 해서탈춤의 탈과 같이 매우 인간적인 모습이다.
산대놀이의 탈은 비교적 아기자기하며 손질이 많이 가해져서 기교적이고
다양하다.

한국의 탈은 전반적으로 수수하면서도 강렬한 원색의 사용이 많고, 심한
요철과 희화적인 표정으로 인하여 괴기스러운 느낌을 주는 편이다. 그리고
비교적 남쪽지방의 탈이 주술적이고 사회적이며 풍자적인 성격이 강한 데

비하여, 북쪽지방의 탈은 인간적이고 기교적이며 다양한 것이 특징이다. 특히 외국가면들이 대개 무서운 얼굴을 하고 있는 데 비해 우리의 가면은 온유하며 소박한 모습을 하고 있다.

우리의 탈은 기본적으로 5가지 색깔을 중심으로 채색된다. 청·적·백·흑·황의 오방색을 사용하는 것은 동·서·남·북·중앙의 5방위와 관련되며, 이것은 벽사적 의미를 지닌다. 특히 경상도지역의 〈오방신방무〉가 벽사를 통해 탈판의 정화를 이루는 것과 상통한다. 탈의 뒷면에는 탈보가 달려있어 이것으로 머리에 동여매어 얼굴 전면을 덮게 되어 있으며 후두부를 가리게 된다. 우리나라도 다른 여러 나라와 마찬가지로 평민 남자들만이 탈을 썼다.

하회탈은 유일하게 국보로 지정되었다

경북 안동시 하회마을에서 공연되는 〈하회별신굿탈놀이〉는 강신 → 무동마당 → 주지마당 → 백정마당 → 할미마당 → 파계승마당 → 양반·선비마당 → 당제 → 혼례마당 → 신방마당 → 허천거리굿(뒤풀이)의 순서로 행해진다. 첫째마당에서는 각시가 무동(舞童)을 탄다. 둘째마당은 주지라는 사자 한 쌍이 춤을 추어 잡귀와 사악한 것들을 쫓아내어 탈판을 정화한다. 셋째마당에서는 백정이 소를 때려 눕혀 염통과 우랑을 떼어내어 관중을 향해 해학적인 말로 희롱하며, 성에 대해 내색하지 않는 지배층의 권위의식을 풍자하고 있다. 넷째마당은 할미마당으로 15살에 청상과부가 된 할미가 베틀가로 신세타령을 한다. 다섯째마당인 파계승마당에서는 중이 부네[婦女]와 춤추고 놀다가 초랭이한테 들키자 부네를 업고 달아난다. 여섯째마당인 양반과 선비마당은 부네를 사이에 두고 양반과 선비 간에 벌어지는 삼각관계를 익살스럽게 표현한다. 이렇게 하여 정월 초하루부터 집집마다 돌며 별신굿판을 벌인 후, 정월대보름이 되면 신을 보낸다는 송신의 의미로 당제를 지낸다. 송신이 끝나면 혼례마당과 신방마당을 끝으로 탈은 다시 마을의 사당에 보관되고, 광대들은 해산한다. 그 후 무당은 별신굿 기간 중에 묻어 들어온 잡귀를 밖으로 몰아내는 허천거리굿을 뒤풀이로 별신굿을 끝내게 된다.

〈하회별신굿탈놀이〉에서 지역의 안녕과 풍요를 비는 수단으로 이용되는 하회탈은 유일하게 국보로 지정되었다. 1964년 하회탈 11개가 병산탈 2개와 함께 국보 121호로 지정되었다. 하회탈은 고려시대 12세기 무렵에 제작된 것으로 '한국의 얼굴'로 자주 소개되는 미소 짓는 순박한 모습의 우리나라 대표적인 탈이다. 부드러운 웃음의 여유로운 표정을 하고 있는 양반, 젊은 첩 혹은 기생 역할을 하는 매혹적인 미소의 부네, 양반의 종으로 경망스러운 표정을 하고 있는 초랭이, 눈을 살포시 아래로 깔고 있는 각시, 여색을 좋아할 파안대소하는 인상인 스님, 선비의 하인으로 순박한 성격을 나타내는 이매 등 10가지의 11개(주지 즉 사자 가면이 2개)가 전하고 있다. 이 중에 남성탈은

부네탈, 젊은 첩 혹은
기생역할을 함

초랭이탈, 양반의 종노릇을 함

턱이 자유롭게 움직이지만 할미, 부네, 각시는 턱이 고정되어 있다. 함부로 말하지 말라는 여성에 대한 차별적인 의미가 담겨 있는 것이다.

하회탈의 전설적 유래는 흥미롭다. 옛날 하회마을에는 재앙이 끊이질 않았는데 어느 날 허도령이 꿈속에서 재앙을 물리칠 수 있는 서낭신의 계시를 받고 탈을 만들기 시작했다. 탈을 만드는 곳에는 다른 사람들이 출입할 수 없도록 금줄을 쳐놓았는데 허도령을 사모하던 처녀가 보고 싶은 마음을 억누르지 못하고 금줄을 넘어 탈방을 엿보았다. 그 순간 입신의 경지에서

이매탈, 일명 바보탈

탈을 깎던 허도령은 피를 토하며 쓰러져 죽고, 마지막으로 깎고 있던 '이매탈'은 턱을 완성하지 못한 채 전해진다는 것이다. 하회마을에는 600년 전부터 풍산 류씨들이 모여 살고 있는데, 초창기에는 김해 허씨가 들어와 살았다고 한다. 〈하회별신굿탈놀이〉도 김해 허씨 출신의 허도령이 만든 것으로 전해진다.

하회탈의 특징은 등장인물의 성격과 감정표현을 섬세하게 전달한다는 점이다. 대부분의 탈이 바가지나 종이로 만들어진 것과 달리 하회탈은 오리나무를 정교하게 깎은 다음 옻칠을 하여 만들었으므로 탈의 개성이 뚜렷하게 드러나며 조형미가 매우 뛰어난다. 더욱이 살아 있는 표정을 연출하기 위해 턱을 따로 만들어 노끈으로 연결한 것도 특이하다. 가령 고개를 뒤로 젖히면 탈은 입이 크게 벌어지며 웃는 모습이 되고 고개를 숙이면 턱과 윗입술이 붙어 입을 꾹 다문, 화가 난 표정이 되기도 한다.

하회탈은 외국에서도 인기가 높다. 2008년 다큐멘터리로 유명한 디스커버리 채널을 통해 전 세계에 알려진 이후 계속하여 CNN방송이나 아시아 언론 등에서도 수없이 거론되기도 했다. 특히 안동을 세계적인 관광도시로 조성하고 전통문화의 세계화를 위해 매년 10월에 개최되는 국제탈춤축제에서는 세계 각국을 대표하는 전통 춤의 향연이 펼쳐진다. 국제탈춤축제에서는 탈 만들기·탈놀이 교육프로그램 등도 추진된다.

2013 안동국제탈춤페스티벌

한편 하회마을은 1999년 엘리자베스 2세 영국여왕의 방문과 부시 전 미국대통령 부자방문에 이어 2010년 유네스코 세계문화유산 등재를 계기로 방문객이 몰리고 있다. 나아가, 우리나라 유교문화의 60% 이상을 보유하고 있는 안동을 찾는 관광객은 매년 증가하고 있는 추세다.

무극, 인형극 등을 제외하고 우리나라 전통극의 중심이 되는 무용극으로서의 가면극 가운데 대표적인 작품이라 할 수 있는 〈양주별산대놀이〉를 대상으로 우리의 전통극을 감상해 볼 수 있다.

양주별산대놀이는 하층민의 성욕을 다루었다

고려시대에 발생하여 조선시대를 거쳐 오늘날까지 전해지고 있는 산대놀이는 탈을 쓴 광대가 산대(무대)에서 반주에 맞추어 춤을 추고 재담을 하는 가면극이다. 다시 말하면 산대놀이는 불교 전성시대인 고려말기 천인을 포함하는 평민들에 의해 이루어졌다. 그리고 조선시대에는 한양 사직골에 근거를 두고 일명 '딱딱이패'들이 공연을 함으로써 '딱딱이극'이라고 불리어 왔다. 이 '딱딱이극'이란 명칭은 상대방과 재담을 나눌 적마다 안면을 딱딱 때리면서 대화를 하기 때문에 생겨난 것이다. 평민들은 양반이나 승려들에게 학대와 유린을 당했기 때문에 그에 분노하여 산대놀이 극을 만들어 가지고 놀았다는 것이다. 인가에서도 못 놀고 깊은 산중에 들어가서 양반에 대한 욕설, 승려에 대한 음담패설 등을 통해 마음껏 자기네의 심회를 풀었다는 전설도 있다.

그러나 딱딱이극은 점점 쇠퇴하여 자취를 감추면서 마침내 사직골, 애오개(아현동), 녹번 등지의 산대놀이마저 사라지고 말았다. 이렇듯 각처에 산재하였던 산대놀이가 쇠퇴하여 오늘날은 명맥만 유지되고 있는 실정이다. 현재 〈양주별산대놀이〉와 〈송파산대놀이〉 두 가지만 전할 뿐이다. 서울 및 경기도의 산대놀이 중에서 전문적인 놀이패가 놀던 것을 본산대라 한다면, 주민들이 놀던 별산대로는 〈양주별산대놀이〉(중요무형문화재 2호)가 있다.

송파산대놀이

특히 본산대놀이라 할 수 있는 서울 근교의 가면극은 조선후기 성균관 소속의 노비인 반인(泮人)들에 의해 연행되고 있었다. 반인은 섣달 그믐날 밤 묵은해의 잡귀를 몰아내기 위한 관아의 나례의식이나 중국 사신 영접행사 등에 동원되어 산악백희 계통의 놀이를 담당했던 놀이꾼 가운데 한 부류이다.

〈양주별산대놀이〉의 내용은 산대놀이의 공통 주제라 할 수 있는 무능하고 비열한 양반에 대한 희롱, 세속에 매몰된 승려에 대한 비판, 가부장제하 남성의 횡포에 대한 폭로 등이 주조를 이룬다. 다만 가부장제하의 권위적 남성의 비판은 연희집단이 남성이란 점에서 적극적 풍자보다는 자신들의 문제를 노출시키는 데 머무르고 있다. 무엇보다 엄격한 신분사회가 가져다준 하층민의 성적 억압과 배출 같은 내용은 〈양주별산대놀이〉의 매력이라 하겠다. 다음 7과장에 나오는 '계간(鷄姦)'이 바로 그 근거가 될 수 있다. 가령 남색조직인 남사당패, 특히 여성성이 강화된 암동모들은 농촌으로 공연을 나갔다가 경제력이 없는 머슴 등 하층민의 남색대상이 되어 주기도 했는데, 그들의 성행위를 남성끼리의 동성애에 해당하는 '계간'이라 불렀던 것이다.

신분적 차별과 성적 비애의 문제는 이미 5과장 애사당 북놀이에서 더 노골적으로 나타났다. 일명 여사당 자탄가라고도 할 수 있는 것으로 "안성 청룡으로 사당질 가세 …… 이내 배는 나룻뱃가 이놈도 타고 저놈도 타네"라고 절규했다. 천민집단인 남사당패의 여성인 사당은 연예만 판 것이 아니라 몸까지 허락하며 남성인 거사와 부부처럼 살아야 하는 운명이었다.

양주별산대놀이의 춤은 부드럽고 대사는 거칠다

〈양주별산대놀이〉의 경우 서울의 사직, 아현, 녹번 등지에서 공연되던 본산대놀이가 양주에 정착하여 변형된 것이므로 '별산대'의 명칭이 붙었다. 하지만 본산대라 할 수 있는 서울의 산대놀이가 전해지지 않고 있어 산대와 별산대의

양주별산대놀이

차이는 알 수 없다. 〈양주별산대놀이〉는 1929년 경복궁에서 열린 '조선박람회'에서 공연하는 계기를 통해 세상에 널리 알려졌다. 〈양주별산대놀이〉는 서울을 중심으로 한 산대놀이의 하나로서 경기도 양주시 유양동(행정구역 개편 전에는 양주군 주내면 유양리)에서 4월 초파일 · 5월 단오 등에 행해지던 가면극이다. 4월 초파일이나 5월 단오는 생장의례의 시기다. 5월은 보리수확과 모심기의 시기요 중부 이북지방에서 단오는 추석 이상의 중요한 명절로 여겨진다. 한편 4월 초파일은 부녀들 중심으로 연등행사가 이루어지는 반면 농민들은 이날 일손을 놓고 휴식을 취한다. 양주에서도 농번기의 힘든 노동에서 벗어나 휴식을 취하며 곡식의 성장을 기원하는 의미에서 이 놀이를 했을 것이다.

양주시 유양동에서는 예전에 춤, 희롱, 잡담 등이 수백 년을 계승하여 내려오고 있었다. 그러다가 약 200년 전부터 연중행사로서 산대놀이를 해 왔다. 그러나 6 · 25 전쟁으로 인하여 가면과 도구 일체가 불에 타서 없어지고, 그 후 연기자들의 잇단 사망 등 연기자 부족과 지원의 열악함 등 계승에 어려움을 겪고 있는 형편이다. 다행히 사단법인 양주별산대놀이에서는 1998년부터 〈양주별산대놀이〉를 상설로 공연하고 있다. 5월 5일 정기공연

을 시작으로 매주 주말에 공연을 하며, 보통 3~4과장을 1시간 정도로 진행한다.

〈양주별산대놀이〉는 희롱·잡담·무용·삼현육각으로 된 것이다. 〈양주별산대놀이〉에 쓰이는 가면은 약 25개인데, 그중에 중요한 역할을 하는 가면은 6개 정도이다. 즉 관을 쓴 중인 완보, 늙은 중인 노장, 절간의 불목하니인 취발이, 하인인 말뚝이, 먹중, 옴중이 쓰는 가면이 이에 해당된다. 말뚝이는 양반의 하인으로 언제나 양반의 잘못을 들춰내고 그들을 골탕 먹이는 인물이다. 말뚝이탈은 건장한 인물로 묘사하기 위해 여느 탈보다 크게 제작된다.

가면에는 말뚝이, 먹중, 옴중 등과 같이 말을 하는 것이 있는가 하면, 상좌, 노장, 소무, 연잎 등과 같이 말을 못하는 가면도 있다. 연잎은 천살성으로서 그가 부채를 얼굴에서 떼면 상좌들이 놀라 도망가는데, 이는 나례의 구나 형식이 가면극의 극적 형식으로 변용된 것이다. 가면들은 바가지로 만들었기 때문에 전반적으로 완만한 타원형의 곡선과 곱게 다듬어진 볼록면을 갖고 있으며 색채가 밝은 것이 많고 사실적인 인물가면이 많은 점이 특징이다. 이와 같이 산대놀이의 가면은 매우 인간적인 모습이고 비교적 아기자기하고 손질이 많이 가해져서 기교적이고 다양하며 가면의 크기는 대부분 비슷하다.

절간의 불목하니인 취발이

초능력 소유의 고승인 연잎

등장하는 배역의 총 인원 수는 32명이다. 춤의 방식은 삼진사퇴, 사방치기, 거드름춤, 자라춤 등 12가지 정도가 있다. 일반적으로 가면극이 다른 민속춤에 비해 활달한 남성춤 위주이고, 정형화된 춤사위가 많으며 춤사위 속에 극적인 요소와 몸짓 표현이 많다. 그런데 〈양주별산대놀이〉의 경우, 섬세한 손춤을 중심으로 거드름춤과 깨끼춤이, 장단은 염불장단이 많이 나온다. 〈봉산탈춤〉에 비해 〈양주별산대놀이〉는 유연한 형식미를 갖추었다.

〈봉산탈춤〉에는 일반인들도 잘 아는 춤꾼이 음악을 청하는 '불림'인, "낙양동천 이화정!" 같은 한시가 포함된 대사가 많고 운문조인 데 비해 〈양주별산대놀이〉의 경우 대사가 은유보다는 익살스럽고 호색적이며, 수사적이기보다는 즉흥적이고 직설적이며 일상적인 회화조이다.

■ 말뚝이과장 ■

신등장 인물

1. 말뚝이

안색 : 흑홍색(黑紅色)

재담 : 유언(有言)

의상 : 청쾌자, 평량이

소지품 : 채찍

2. 원숭이

재담 : 무언

의상 : 홍쾌자(紅快子)

소지품 : 없음

말뚝이는 여당혜(女唐鞋) 행상인데, 원숭이를 데리고 신발을 행상하러 다닙니다. 이리저리 다니다가, 물건을 팔려고 산대판으로 오는 것입니다. 어느 담 모퉁이를 지나는데, 담 터진 사이로 들여다보니 그 별당 안에서 절세미인(絶世美人)이 둘이서, 하나는 바느질을 하고 또 하나는 음식을 만드는데, 모두 미인이었읍니다. 말뚝이는 이 가인(佳人)을 보고서 눈에서 쌍심지가 솟아나오는 것입니다.

"옳지! 저놈의 계집을 한 번 후려볼까? 저 늙은 중놈을 어떻게 배송을 낼까? 옳지! 원숭이를 시켜서 유인을 해 볼까?"

말뚝이는 이러한 마음을 먹고, 물건을 팔려고 원숭이를 업고 장중으로 들어가, 물건(원숭이)을 팔려고 외우는 소리를 합니다.

말뚝이 : 에휘리 ──── 진피 발막 발마개〔女唐鞋〕.

(이런 소리를 하면서 장중 입구에 들어옵니다)

말뚝이 : 에── 여러 합품만에 나왔더니, 아래 위가 휘청휘청하고 마음이 싱숭생숭하다. 사람이 이렇게 인성만산하고 만산편야(滿山遍野)하니 참 대단하구나. 한 번 여기서 물건이나 팔아 볼까? 에휘리 진피 발마개, 운녀 신 사려────

(노장은 이 소리를 듣고 말뚝이 앞에 와서 화선(花扇)을 휙 펴 들고 너울질을 칩니다.)

말뚝이 : 이크, 이놈 보게. 오늘 아침에 해장 한 잔 해서 얼굴이 지지뻘개지니까 남산 독수리란 놈이 꾸미 자판인 줄 알고 머리 위로 자꾸만 넘나드네. 깨딱하다간 얼굴 잊어버리겠다. 이놈의 독수리를 쫓아 버려야지. 휘여── 휘여────

(말뚝이는 독수리가 온 줄 알고서, 독수리를 쫓아버립니다. 말뚝이는 신을 팔려고 또 소리를 합니다.)

말뚝이 : 에──휘리 진피 발막개. 운녀신 사려────

(노장은 또 이 소리를 듣고. 화선을 휙 펴면서 부릅니다.)

말뚝이 : 일은 단단히 났구나. 독수리 같으면 벌써 날아갔을 터인데, 이것이 무엇일까? 자세히 보아야지.

(말뚝이는 사방을 돌아보다가, 땅을 치면서 대소(大笑)를 합니다.)

말뚝이 : 하아, 하아, 하아. 아── 저놈 보게. 저놈이 계집을 둘씩 가지고서 농락을 해! 허──허────

(노장은 손짓을 하면서 말뚝이를 부릅니다.)

말뚝이 : 야──저놈 보게. 앉아서 나를 부르네. 안수해(雁隨海), 접수화(蝶隨

花), 해수혈(蟹遊穴)이라더니, 물건 살 사람이 있으니, 물건 팔 놈더러 오라는 말이로구나. 옳지! 가서 보자.

(말뚝이는 노장 앞에 가서 땅바닥을 치면서 하는 말입니다.)

말뚝이 : 어찌 불러 계시오?

(노장은 화선을 휙 펴면서 부채질을 합니다.)

말뚝이 : 네 —— 물건을 사시자고요? 네 —— 어떤 것을 사자고요?

(노장은 신을 들고 진양을 재봅니다.)

말뚝이 : 이놈 보게. 자벌레가 중패질을 했나? (교미(交尾)했다는 뜻이다)

재기는 무얼 재 보오? 신겨 보지. 그러면 어떤 것을 사시자고요? (노장은 신을 가리킵니다.)

말뚝이 : 네 —— 알아멧오. 육촌, 오촌짜리 신을 사자고요?

(노장은 좋아서 고개를 끄덕끄덕합니다.)

말뚝이 : 네 —— 알아멧오. 육촌짜리는 당신 할머니를 주고, 오촌짜리는 당신 어머니를 주어요.

(노장은 아니라고 손짓을 합니다.)

말뚝이 : 네—— 알아멧오. 육촌짜리는 당신 큰 마누라에게 주고, 오촌짜리는 작은 마누라에게 주어요.

(노장은 좋아서 어깨춤을 춥니다.)

말뚝이 : 그러면 얼마나 주시려오?

(노장은 손을 꼽아 봅니다.)

말뚝이 : 알아멧오? 일천냥 두돈 오푼을 주마구요? 언제 주시어요?

(노장은 또 손으로 가리킵니다.)

말뚝이 : 네—— 윤동짓달 스무 초하루 날 주마구요? 에게 안갑을 할 놈 같으니 ! 이놈 보게! 이놈이 큰 도적놈이구나. 이 일을 어떻게 하나? 이놈한테 단단히 걸렸으니.

(말뚝이가 물건을 팔다 보니 늙은 중놈이 인가에 나려와서 계집을 하나도 아니요 둘씩이나 데리고서 농락질을 하는 것을 보고, 눈에서 쌍심지가 나는 것입니다.)

말뚝이 : 오냐, 잘 되었다. 원숭이를 시켜 유인을 해 보자.

(말뚝이는 그 계집을 유인하려고 원숭이에게 재주를 가르칩니다. 옛날에는 내외(內外)가 심하여 외간(外間)남자는 남의 집에 출입을 마음대로 못하므로 원숭이를 시켜서 유인을 하였던 모양입니다.)

(말뚝이는 원숭이 앞에 가서 채찍으로 가리키면서)

말뚝이 : 욘석—— 일어나거라!

(원숭이는 깜짝 놀라 일어나서 발발 떱니다.)

말뚝이 : 욘석 —— 왜 그리 떠느냐? 요놈이 죄를 졌나 봅나 보다. 너는 왜 요리 떠느냐? 너 떠는 것을 보니, 나도 떨린다. 아서라 고만 떨어라.

(채찍질을 할수록 원숭이는 더 떱니다.)

말뚝이 : 욘석, 이것 보아라. 저기—— 저 건너 후원(後園) 별당(別堂)에 가서 물건을 팔고 오너라. 네—— 가면 어여쁜 계집들이 있다. 그 계집들은 허리가 개음하고 얼굴도 그럴 듯하다. 네가 가서 그 계집을 잘 후려 오너라. 너도 홀아비, 나도 홀아비, 밥도 해 먹고, 옷도 해서 입고, 밤이면 나는 그것을 하는데 너는, 못하고. 재주를 가리켜 줄 터이니, 잘 유인해 보아라.

(원숭이는 좋아서 고갯짓 손짓을 합니다. 그 계집들을 유인하려고 원숭이에게 재주를 가르쳐 줍니다.)

(가사)

원추리 팟추리

덤에꿍 광해닭

대양푼에 갈비찜

소양푼에 영계찜

봉지 봉지 깨소금 봉지요

계수나무 요본틀에

네것도 박고

내것도 박고

(말뚝이가 가르쳐 주는 대로 원숭이는 따라서 잘 배웁니다.)

말뚝이 : 곤지 곤지요. 쥐암, 쥐암, 쥐암. 짝짝꿍, 짝짝꿍. 욘석 어서 갔다 오너라. 그 계집을 잘 후려 오너라. 네가 재주를 배웠으니, 어서 잘 유인해 오너라.

(말뚝이는 어서 갔다 오라고 채찍질을 합니다. 원숭이는 삼현청 앞에서 손뼉

을 딱딱 치면서 장단을 청합니다.)[44]

(삼현 연주. 타령조)

(멍석말이식의 춤을 추면서, 소무 앞뒤로 돌아다니다가, 소무 앞에 가서 손목〔간통〕을 잡고 신이 나게 한참 희롱을 하다가 말뚝이 앞에 와서 안면을 때리면서 손짓을 하면서 "이것을 하고 왔오" 합니다.)

(삼현 중지)

(말뚝이는 원숭이의 표정을 보고 천만 의외로 낙심을 합니다.)

말뚝이 : 요석── 너를 이때까지 길러서 자미나 볼가 하여 글까지 가르쳐 주었더니. 이놈아── 계집을 후려 오지 않고 너만 해? 이 안갑을 할 놈아! 이놈아 나는 어떻게 하라느냐? 평생을 두고 홀아비 면치 못하겠구나. 이왕지사(已往之事) 할 수 있느냐? 너라도 한 번 할 수밖에 없다.

(말뚝이는 원숭이를 엎어놓고 계간(鷄姦)을 하는 것입니다. 원숭이가 계간을 당하고 퇴장하면, 말뚝이는 춤을 추려고 금강산을 부릅니다.)

(삼현 연주. 타령조)

말뚝이 : 금강산은 좋다마는 ………

(팔뚝잡이 · 깨끼리 · 여닫이 · 멍석말이 식의 춤을 추고 퇴장합니다.)

1957년본 楊州別山臺놀이

〈양주별산대놀이〉의 대본은 1930년본, 1957년본, 1979년본이 있다. 1930년본에 비해 후대본이 더욱 내용이 비속화되고 세분화되며, 상하 계층간의 갈등이 부각된다. 이 대본은 1957년에 경기도 양주군 주내면 유양리 현지 주민에 의해 기록된 것이요, 현재 조동일이 소장하고 있는 것이다. 〈양주별산대놀이〉의 연희 공간은 주내면 유양리의 개방된 마을 공간이다. 시대의 변화에 따라 불곡산 아래 사직골(당집 소재)→뒷산 송림 속의 잔디밭→향교 밖 삼문→전수회관 앞뜰로 바뀌었다. 공간적 성격이 제의적이고 자연적인 공간에서 후대에 인위적인 공간으로 바뀐 것이다.

---

44) 춤을 추기 위해서 장단을 청하는 것을 '불림'이라 한다.

대본에 쓰인 서두에 있는 머리말, 놀이의 경과, 춤식의 설명, 악기 설명, 연기자 소개 등은 다른 연희본에서 찾아보기 어려운 것으로 〈양주별산대놀이〉의 유래와 변천을 살피는 데 참고가 된다. 특별히 주목할 수 있는 것은 대본 속의 본문에 해당하는 대목인데, '각 과장의 해설'이라는 전체적인 제목을 쓰고 나서 각 과장에 들어가 사건의 개요를 미리 설명하고 있는 점이다. 뿐만 아니라 각 과장에서 전개되는 인물의 행동이나 심리 하나하나를 소상하게 서술해서 연극이 실제로 어떻게 진행되는가를 보여주고 있는 것도 이 대본의 특징이다.

연희과정으로 보면, 〈양주별산대놀이〉의 첫 마당은 길놀이→고사→상좌춤으로 진행된다. 이 연희본의 과장 구성은 (1) 상좌과장 (2) 옴중과장 (3) 먹중과장 (4) 연잎 눈끔적이과장 (5) 팔먹중과장 ① 염불놀이 ② 침놀이 ③ 애사당의 북놀이 (6) 노장과장 (7) 말뚝이과장 (8) 취발이과장 (9) 샌님과장 ①포도부장 놀이 (10) 신할아비 미알할미과장으로 되어 있다. 이 가운데 '(7) 말뚝이과장'을 앞에 예시한 것이다. 가면극에서 각 과장 또는 장면은 사건의 전후관계나 인과관계가 없이 독립성을 지니고 있다.

말뚝이는 제5과장의 '염불놀이'에 이미 등장한 인물이며, 청쾌자를 입고 패랭이를 쓴 천인이다. 말뚝이가 제9과장의 '샌님춤'에서는 양반 3형제의 마부 노릇을 하면서 양반을 풍자하는 역할을 한다. 샌님과장은 샌님(노양반)이 아들을 데리고 과거를 보러 가는 도중 숙소에서 모두가 잠든 후에 여인을 불러 즐기려다가 포도부장에게 여인을 빼앗기는 내용이다. 사실 패랭이를 쓰고 채찍을 들고 양반을 따라다니는 종인 말뚝이에 의한 양반 풍자는 여러 가면극에서 두루 보인다. 말뚝이가 양반을 풍자하는 것은 농촌가면극에서 시작되어 도시가면극에 이르러서 더욱 다채롭고 철저하게 되었다.

〈양주별산대놀이〉는 여러 가면극과 공통점을 지니면서도 제5과장의 '침놀이'나 제10과장인 신할아비 미알할미과장 등에서 발견되듯이 다른 가면극에서 볼 수 없는 극적인 요소가 강하다. 다시 말해 〈양주별산대놀이〉는 여러 가면극 중에서 아주 특이한데, 그 이유는 극으로서의 독자성이나 극적 구조의 다양성이 다른 어느 가면극에 비할 바 없이 두드러지게 나타나는 데서 찾을 수 있다.

양반의 종인 양주별산대놀이의 말뚝이

본산대놀이 계통의 가면극들은 벽사의 의식무, 양반과장, 파계승과장, 할미과장을 공통적으로 가지고 있다. 특히 위 〈양주별산대놀이〉를 비롯하여 〈송파산대놀이〉·〈봉산탈춤〉 등에서는 상좌춤이, 〈강령탈춤〉·〈은율탈춤〉 등에서는 사자춤이, 〈진주오광대〉·〈가산오광대〉에는 오방신장무가 첫과장으로 설정되어 있다. 이렇듯 흔히 가면극의 첫과장에 '벽사'의 의미를 지닌 춤을 배치하는 것은 이 춤들을 통해 공연의 시작을 알리려는 의도다. 이 춤들은 본격적인 극의 공연을 위해 놀이판을 정화하는 의식무의 성격을 띤다. 무당굿에서도 부정(不淨)굿으로 첫거리를 시작하듯이 본격적인 행사에 들어가기 앞서 주변을 정리하는 우리의 문화적 관습에서 비롯된 것이다.

3) 그림 – 민화는 자유와 융합의 지향

일반적으로 서양화는 화가의 강한 욕구와 의지에 따라 대부분 화면이 가득 차게 된다. 다시 말해 바탕이 빈틈없이 화려한 색으로 채워지기 일쑤다. 그러나 동양화는 자연스럽게 여백이 많은 편이다. 복잡하고도 분석적인 것보다는 단순하고도 관조적인 것을 더 좋아하는 동양적 사고, 그리고 한국인들의 소탈하고 넉넉한 성향 때문일 것이다. 다채로운 색보다는 간결한

선으로 형태를 묘사하고 나머지 바탕을 여유롭게 남겨놓는다. 그림의 빈 공간을 바라보는 사람들의 자유로운 상상에 맡기며, 예술적 감수성을 자극할 뿐이다.

자연을 숭배의 대상으로 여기던 사람들은 미를 표현하면서 자연을 이해하는 마음으로 접근했다. 그리하여 암각화에 등장하는 대상들도 자연에 관심을 갖고 좋아하는 심정에 의해 선택된 것이다. 인물을 미적 대상으로 삼더라도 마찬가지다. 자연과 함께 살아야 할 인간이기에 달리 생각할 수 없다. 거짓이 없고 소박하길 바라는 기원을 예술적 매체에 담아냈다.

조선의 미술을 비애미로 규정하고 조선인을 연약하고 수동적인 이미지로 고착시켜 식민사관의 정립에 일조했다는 평과 달리 한국문화를 사랑한 일본의 민예학자 야나기 무네요시(柳宗悅, 1889~1961)는 고통 받고 있는 조선에 대해 일본에서 태어난 한 사람으로서 사죄하려 했던 인물이다. 그는 일제강점기 광화문 철거를 반대하고 경복궁에 조선민족미술관을 세웠던 미학자로 유명하다. 그의 수필 〈아, 광화문〉은 광복 후 우리 교과서에도 실릴 만큼 한국의 미를 높이 평가했다. 그는 민중의 예술과 공예라는 의미로 '민예(民藝)'라는 용어를 만들고 조선과 일본 민중의 삶이 담긴 공예품을 수집하였다.

조선 공예에 심취해 '민속적 회화'라는 의미로 '민화(民畵)'라는 명칭을 처음 사용하기 시작한 야나기 무네요시는 그의 저서에서 한국의 민화를 '상상도 못할 만큼 신선하고 자유로운 작풍'이라며 올바로 전승되어 알려진다면 온 천하의 주목을 받을 것이라 확신했다. 물론 야나기 무네요시가 민화란 용어를 쓰기 전부터 우리나라에서도 민화에 대한 개념은 있었다. 조선의 실학자 이규경(李圭景)의 『오주연문장전산고(五洲衍文長箋散稿)』에서는 여염집의 병풍·족자 또는 벽에 붙어 있는 그림을 '속화(俗畵)'라고 칭한 바 있다.

1996년 카를로스 스페인 국왕이 왕비와 함께 한국을 방문했다. 소피아 왕비는 한국의 그림을 보고 싶어 인사동에 갔고 거기서 우리 민화를 보고 감탄한 뒤 기념으로 호랑이 그림을 가져갔다. 한국화의 본질은 한국인의 원초적인 미감이 응축된 민화에서 찾는 게 바람직하다. 통치계층의 고차원적인 정신의 추구 속에도 본능적인 원색 지향이 도사리고 있음을 민화를 통해 알 수 있기 때문이다. 민화는 우리 민족이 지닌 생활과 밀착된 예술적 성격과 집단적 가치 지향의 상징을 잘 보여준다.

한국 민화에 감탄한
스페인 왕비 소피아

민화 속의 호랑이의 얼굴은 친근함이 있고 인간적인 영락없는 한국인의 얼굴이라 할 것이다. 호돌이가 1986년 서울 아시안게임의 마스코트이자, 1988년 서울올림픽의 공식 마스코트였던 것도 우연일 수 없다. 커다란 눈망울에 밝게 미소 짓는 호돌이는 우리 전통 민화에 등장하는 호랑이다. 2008년 중국 베이징 올림픽 성공 개최를 기원하면서 한중우호의

호돌이, 1988년
제24회 서울올림픽의 마스코트

상징으로 민화작가 서공임은 가로 530cm의 대작 호랑이 그림을 제작 선보이기도 했다.

민화는 민중이 그린 가장 한국적인 그림이다

우리가 흔히 알고 있는 한국의 민화는 조선시대의 것들이다. 물론 이 시기에 새롭게 창조된 것이라기보다 중국에서 도입되었다고 보는 견해도 있다. 다만 민화의 역사는 신석기시대까지도 올라갈 수는 있으나, 일반적으

로 민화의 기원을 삼국시대 고분벽화의 하나인 〈사신도(四神圖)〉에서 찾는 편이다. 민화 가운데 큰 비중을 차지할 만큼 많은 조선시대 〈호작도(虎鵲圖)〉의 까치와 호랑이도 〈사신도〉에 등장하는 주작과 백호에서 유래하는 것으로 볼 수 있을 것이다.

그런데 오행철학에 기반을 두고 있는 〈사신도〉를 비롯한 고분벽화는 민중이 아닌 전문화가들의 작품이다. 다시 말해 전문화가들이 그렸던 벽화들은 시간과 더불어 서민의 생활 공간으로 확산되었고, 민중의 손에서 재탄생되었다. 임두빈은 민화는 엘리트층의 고급 회화를 오랜 세월 동안 되풀이 모방하는 데서 서서히 형성된 것이라 했다.[45] 그 후로 민중들이 그린 민화에서 정통회

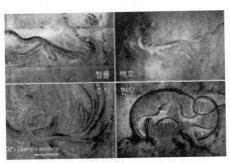

사신도(四神圖), 청룡, 주작, 현무, 백호

화의 흔적이나 변형이 나타나는 것도 이 때문이다. 대표적으로 매화, 난초, 국화, 대나무 등이 등장하는 민화는 문인화인 '사군자'의 영향이라 하겠다.

그럼에도 조선의 민화는 기존의 그림들과 다르게 새롭게 조명을 받았다. 민화만의 독특한 한국적 고유색을 강하게 담아냈기 때문이다. 민화는 궁중의 화원이 그린 궁중화나 조선조 선비들이 즐겨 그렸던 문인화나 전문화가들이 남긴 풍속화와 달랐다. 민화는 문인이나 전문화가들이 그리는 감상 중심의 순수한 예술작품이라 보기 어렵다. 민화는 대체로 비전문가에 의해 그려지는 것으로 생활 공간을 장식하고자 하는 대중의 요구에 부합하는 생활밀착형 예술이자 실용적인 회화이다.

---

45) 임두빈, 『한국의 민화』 I, 서문당, 2008, 9면.

물론 진경산수화로 대표되는 겸재 정선이 〈화조도〉를 그렸듯이 민화가 이름 있는 화가의 손을 거친 것도 상당수 있다. 이에 넓은 의미에서의 민화는 직업화가인 도화서의 화원이나 화가로서의 자질과 소양을 갖춘 화공이 그린 그림도 포함시켜 말하고 있다. 그러나 민화는 대부분 시골의 비전문적인 무명화가나 일반대중들에 의해 그려졌다고 본다. 그럼에도 거의 비슷한 역량의 화가들이 그렸을 거라고 추정하며, 유사한 양식의 그림이 지속적으로 그려졌고, 같거나 비슷한 생각을 가진 일종의 유파가 있었을 것이라 추측되기도 한다.[46] 민중계층의 아마추어 화공들은 관습적으로 생계 때문에 또는 생활의 필요성에 따라 소비자가 원하는 그림을 그렸을 것이다.

따라서 정통회화가 작가 개인의 예술성이나 가치관을 드러내는 것과는 사뭇 다르다. 작가의식이나 창작의식이 거의 작용되지 않는 민화에는 서명이나 낙관도 있을 수 없다. 민중들은 배우지 못했기 때문에 오히려 자유로울 수 있었고 화법이나 격식에 구애받지 않아도 되었다. 그림의 주제나 소재, 표현이나 방법 등 전 방위에서 구속받지 않고 어떤 그림이라도 그려낼 수 있을 만큼 자유분방했음은 그들의 소중한 자산이었다. 이런 무명화가의 민화에는 그림을 원하는 서민들의 소박한 공동체적 소망이나 의식이 자연스럽고도 원초적인 형태로 드러난다. 그림을 그리는 사람의 마음이 아니라 주로 그림을 보는 이의 생각이나 감정과 동일시될 수 있는 그림이 완성되었다. 민화는 보는 사람으로 하여금 사실처럼 믿게 만드는 힘이 있다. 제작에 참여한 사람과 수용하는 사람 사이에서 동질감이 형성되면서 심리적으로 일체가 된다. 〈신선도〉에 등장하는 신선조차 더 이상 신선이 아닐 수 있다. 신선이 마음씨 좋은 뒷집 아저씨나 할아버지를 닮았다. 그러므로 신선이 사는 신비로운 먼 세상도 이웃에 있는 뒷동산처럼 가깝

---

46) 이기영, 『민화에 홀리다』, 효형출판, 2010, 176면.

김홍도의 〈운상신선도(雲上神仙圖)〉,
구름 속의 소 위에 올라탄 신선과 네 동자

게 느껴진다.

이는 민화가 일상생활의 필요에서 나온 미적 체험이며 나아가 집단 공통의 세계관을 공유하기 위한 수단으로 그려진 것임을 의미한다. 처음부터 개인의 예술성이나 창조성을 염두에 두지 않고 서민집단의 생활 속에서 자연스럽게 우러나온 것이다. 요컨대 민화의 작자들 가운데는 국가기관인 도화서의 화원도 있으나 대개는 재주를 익혀 생업의 수단으로 삼는 떠돌이 화공이나 마을의 재능 있는 사람들이었다. 따라서 그들이 그린 작품들은 대개 국가가 인정하는 정통적인 회화사에는 포함되지 않았다.

민화는 원초적 미감의 자유로운 표출이다

우리의 민화는 손끝에서 나온 기술이 아니다. 우리의 다른 예술장르와 마찬가지로 마음에서 우러나온 예술이다. 더욱이 세계 어느 민속화보다도 우리 민화는 덜 기교적이고 소탈하고 자연스럽다. 우리 민화는 중국의 화풍을 따르는 궁중이나 양반들의 관념적 화풍과는 고답적이지 않다는 점에서 근본적으로 차원이 다르다. 특히 처음에는 정통회화를 모방했으나 시간이 흐르면서 한국인의 소박한 기질과 미의식을 더 잘 드러냈다. 한국의 민화를 그린 무명화가들을 두고 오히려 사상가니 철학자니 하는 것도 이런데 이유가 있는 듯하다. 당시 민화를 그렸던 한국인들은 예술 앞에서도 좀더 인간적·내면적인 것에 몰두하고자 했을 것이다. 민화는 다음과 같이 크게 두 가지 미학적 특성을 보인다.

첫째, 내용적 측면에서 인간 본능의 성격이 강하다. 민화 가운데 가장 많이 보이는 그림이 부귀영화와 수복강령으로 상징되는 것이듯 민화는 자연주의적 · 현실주의적 특성이 짙다. 숭고미 · 절제미를 추구하는 정통회화에서 보기 어려운 벽사, 부귀, 행복, 애정, 장수, 다남(多男) 등을 바라는 본능적인 인간의 소망이 적나라하게 표출된다. 그러나 노골적인 성애 묘사는 민화에 잘 나오지 않는다. 민화가 춘화와 선을 긋는 것도 나름의 이유를 갖는다. 비록 민화를 그리는 사람들이 많이 배우지는 못했어도 인간에 대한 세심한 통찰과 더불어 '낙이불음(樂而不淫)'의 정신을 몸에 지니고 살았다고 본다.

근엄하고 고상한 척 하는 우리 속에 깃들어 있는 자아의 본모습을 민화를 통해서 확인할 수 있다. 민화는 모든 동물이 평화롭게 자연 속에서 노닐듯이 사람도 남녀가 만나서 아들 딸 낳고 행복하게 오래 오래 잘 살고자 하는 마음을 솔직하게 담아내고 있다. 민화는 우리의 자연스럽고 소박한 꿈들이 한 데 집적된 그림이다. 현세적이며 기복적인 성격이 짙게 배어 있음에 따라 민화를 주술적 · 무속적인 민간신앙적 회화로 이해할 수 있는 근거를 제공하기도 한다.

탐스런 자태의 모란은 부귀와 행복을 상징한다. 자잘한 물고기떼나 석류 열매에 빼곡히 박힌 씨앗은 다산을 소망하고, 오리나 꿩 등의 다정한 모습은 부부애를 기원하는 것이다. 잉어는 출세나 관직에 오르는 것을 기원하는 그림의 소재로 선택되었다. 잉어가 변하여 용이 된다고 하는 '어변성룡(魚變成龍)'은 입신출세를 바라는, 민화의 대표적인 주제였다. 설날이면 불행을 막아주고 행운이 깃들기를 기원하며 집집마다 대문과 집안에 붙여두었던 세화(歲畵) 또한 민화이다. 세화는 신격화된 노자를 뜻하는 태상노군(太上老君)을 비롯하여 성수선녀(星壽仙女), 직일금장(直日金將)

무병장수를 기원하는
의미의 세화

오래 살기를 바라는 마음을
10가지 자연물에 비유하여 그린 십장생도

등을 그린 것으로 대부분 건강과 장수를 기원하는 의미를 내포하며, 가장 많은 화제는 '십장생'이었다. 우리의 세화에 해당하는 중국 연화(年畵)에는 돈 버는 얘기로 가득하다.

민화의 경우, 쓰임새를 위해서는 꽃, 새, 나무, 물고기, 동물, 신선, 서가, 문자 등 소재의 제약이 있을 수 없고, 중국의 그림, 왕실의 그림, 사대부의 그림 등 어떤 제한도 두지 않았다. 이렇듯 의도하는 목적과 기능에 따라 민화는 다양하게 제작될 수 있었다. 그만큼 민화 속에는 평범하게 살아간 선인들의 소망과 가치관이 고스란히 담겨 있다. 민화에는 인간의 형이상학적인 관념론이 아니라 당시 사람들의 지극히 현실적이고 구체적인 목표가 담겨 있다.

둘째, 표현적 측면에서 형태나 화법이나 색채가 자연스럽다. 민화를 얼핏 보면 일률적이고 틀에 박힌 그림 같이 느껴지지만 똑같은 그림은 하나도 없다. 짜여진 형태나 일정한 구도도 없다. 처음에는 어떤 사물이나 현상을 사실적으로도 묘사하고 있지만 시간이 지남에 따라서 형태나 구도를 짐작할 수 없을 정도로 표출하고자 하는 의미와 미적 정서를 위해서는 변형을 가하게 된다. 기교적 사심이 없는 무명작가의 생각대로 그려진 민화에서는 과장과 생략도 과감하게 이루어졌다. 형태적으로 마음껏 키우고 넣는가 하면 마음대로 줄이고 뺄 수 있었다. 산보다 나무를 더 크게 그리고 바위 속에 꽃을 피게 했으며, 새보다 건물이 작고 꽃 한송이 아래 인간은 왜소하게 그려졌다. 비정상적이지만 어색하지 않고, 기괴한 듯 하지만 정제된 느낌을 갖게 된다.

표현 화법에 있어서도 사실적 묘사보다는 활달하고 자유분방하다. 정통회화에서보다 훨씬 자유분방한 시점의 이동현상을 민화의 한 화면 속에서 드러내 보이고 있다는 점을 들어 주체와 대상과의 미분화 상태에서 가능한 동양문화적 특색으로 지적되기도 했다.[47] 민화는 합리적이고 분석적인 구도나 원근 등의 화법이 엄격히 지켜지기보다 생활에 편리하도록 공간에 잘 어울리게 그린 장식적인 그림이다. 예술적 욕심이 없는 민화 속의 모습은 모두가 너그럽고 원만하다. 무엇보다 사회적인 억압에서 벗어나려는 민중들의 염원은 뛰어난 유머감각과 자유로운 표현으로 이어져 호랑이를 귀여운 고양이처럼 그렸다. 중국에서는 물고기를 좋아하고 일본에서는 고양이를 좋아하는데 비해 우리는 동물 중에 호랑이를 가장 좋아한다. 옛 이야기 속에 가장 많이 등장하는 동물도 호랑이고 호랑이가 많이 살아 호랑이 나라[48]라고도 불렸다. 고조선 이후 한민족을 상징하는 동물은 곰이 아니라 호랑이가 됐다. 한국인은 호랑이와 더불어 살아왔고 이 맹수를 무서워하면서 공경했다. 역사적으로 호랑이를 표현한 가장 오래된 그림은 청동기시대에 그려진 울주군 반구대 암각화이다. 그 후 고구려 고분벽화의 사신도, 석상, 장식품 등에 호랑이가 묘사되었다. 왕건의 고려 건국설화에 호랑이가 중요한 존재로 등장하는 것도 이 때문이고, 조선시대 민화에서 가장 자주 등장하는 동물이 호랑이인 것도 마찬가지다.

한편 수묵 위주의 정통회화의 색채와 달리 민화에서는 원색에 가까운 화려한 색채의 표현이 많다. 이는 감각적 또는 감성적 분출을 억제하고자 하던 지배층의 문화와 거리를 둔 민중 대다수의 소박하고 진솔한 내면을 드러낸 결과라 하겠다. 원색이 지닌 감각적 호소력이 민중의 순진한 시각적 본능에 쉽게 부합했기 때문이라 본다. 민화에서 강렬한 색채 효과를 위해

---

47) 임두빈, 앞의 책, 15면.
48) 이광표, 『한국미를 만나는 법』, 이지출판, 2013, 227면.

입체감을 살리지 않았다는 점도 지적되곤 한다. 따라서 선비들이 흰 종이 위에 검은 먹으로 그린 수묵화에서는 고결하고 절제된 아름다움이 느껴지는 데 비해 서민들이 다양한 색으로 그린 민화를 보면 자극적인 감각과 흥취가 매력적으로 다가온다. 한국 회화사가 조선시대 회화에 의거 문인들이 즐겼던 수묵화 중심으로 이해되는 편향된 시각을 벗어나 고구려 고분벽화나 고려불화 등 채색화가 압도적으로 많은 한국의 회화사를 감안할 때 채색화의 전통을 민화에서 찾아볼 수 있다.

주변에 있는 일상의 재료나 물감을 가리지 않고 사용하는 점도 간과할 수 없다. 감각이 있으면 누구나 민화를 그릴 수 있었고 정해진 틀과 방식을 따르지 않아도 됐기 때문에 민화는 다른 어떤 그림보다도 재료가 풍부하게 넘쳐났다. 다시 말해 민화가 지향하는 현실적인 목표를 위해서는 어떤 재료의 선택이나 표현도 가능했다. 분명한 의사전달과 상징적인 의미를 강조하기 위해서는 어떤 수단도 거침없이 사용되었다. 이렇듯 민화가 서민들의 일상적 욕구와 감정을 소통케 하는 표현양식이기 때문에 친화력을 확보할 수 있었던 것이다.

민화는 구조적으로 융합의 가치를 지향한다

민화는 총체적으로 볼 때 여유와 해학이 넘치는 그림이다. 민화가 추구했던 독자적인 체질은 '자유'였다. 통제되고 자제하는 관념의 세계가 아니었다. 제약도 없고 막힘도 없는 개방과 소통의 꿈의 세계이자 현실이 바로 민화의 본령이었다. 민화는 내용이나 표현에 있어서 그다지 심각하지 않고 친근감이 가는 편이다. 사나운 호랑이를 웃음 띤 얼굴로 그려놓았고, 빈 술병 속을 뚫어보는 신선의 아쉽고 못마땅한 마음도 묘사했다. 우리 민족의 넉넉하고 자유분방한 기상이 민화 속에 무르녹아 자연스럽게 배어나오고 있다. 대상을 꿰뚫어 보는 비판적인 시각이 있음에도 불구하고 어설프게 마음을 거슬리지 않는 풍요로운 심성과 여유로운 재치가 바로 해학을 낳고 있는 것이다. 성실하게 살아가는 것이 바람직한 인간의 삶임을 깨닫는 듯 인생을 달관한 것처럼 매사에 잔잔하게 미소 짓는 듯한 우리네 가치관이 깃들어 있다. 모난 데가 거의 없고 선이 부드러운 것도 이 때문이다.

구조적인 측면에서 민화가 가지는 미학적 의미 내지 가치는 서로 대척점에 있는 요소들이 하나의 이미지로 융합된다는 점이다. 즉 대립과 소통의 복합적인 구조를 갖추고 있다는 대목에서 민화의 특성이 증폭된다고 하겠다. 민화에는 현실사회에 버티고 있는 갈등과 긴장이 깔려 있으면서도 인간이 추구하는 상생과 조화라는 보편적 덕목이 강하게 부각된다.

예컨대 민화를 보면, 천적관계인 물고기와 백로가 함께 노니는 모습에서 긴장과 불안을 넘어 공존과 조화를 느끼게 된다. 또한 호랑이 옆에 있는 동자가 겁에 질려 도망치는데, 그 호랑이는 산신 앞에서 한 마리 강아지처럼 온순하기만 하다. 마치 〈해와 달이 된 오누이 설화〉에 등장하는 친근함을 넘어 어리석어 보이는 호랑이 같다.

물고기와 백로, 천적관계인
물고기와 백로가 공존함

또한 놀란 토끼 두 마리 위에는 웅건한 매 두 마리가 기회를 엿보고 있으나 평화롭게 느껴지는 분위기다. 서로 배타적이지 않고 화목하게 공존하는 큰 틀에 이질적인 요소들이 한데 어우러지고 있다.

민화에 대칭형이나 균형 잡힌 나열형의 구도가 많은 것도 심리적 안정을 주고 시각적 완전성과 더불어 균제와 조화를 중시하는 민족적 기층의식의 표출이라 할 수 있다. 있던 것을 보고 베끼는 그림이라는 한계를 부정할 수 없지만 결코 그게 전부는 아니다. 단순하고 도식적인 면도 있으나 기괴

토끼와 매, 연약한 토끼와
무서운 매가 함께 놀고 있음

하고 개성이 넘치는 그림이기도 하다. 오히려 닮은 듯 다른 그림이 민화다. 우리 전통예술과 역사문화가 지닌 미학의 본질과 특성이기도 하지만 민화는 서로 다른 상극의 이미지, 서로 대립하는 이질적인 요소 등이 팽팽히 맞서면서도 파괴적이거나 불안하지 않고 서로 융합하여 창조적인 조화를 이뤄낸다. 민화의 미학은 이중적인 구조의 밀고 당김에서부터 출발한다. 말하자면 이기영은 은유와 직유, 과장과 생략, 사실과 비사실의 혼재는 사람의 복잡한 심사를 그대로 드러내 보여준다고 했다.[49]

요컨대 민화는 민중이 함께 생활하면서 공유한 사상과 정서 나아가 공동체적 이상을 표출한 미술이자 문화다. 이는 이기적인 욕심의 차원을 넘어선 자유분방한 경지, 자연스러운 상태에서 우러나온 것이다. 한국의 민화는 민족의 순수하고 소박한 인생관이 묻어나는 그림이다. 자유롭고 청정한 심정에서 인간의 본성을 드러내고 색깔도 화려하고 묘사도 직설적이며 표현이 과감한 가운데, 해학과 여유가 넘치고 놀라운 상상력을 드러내는 융합의 구조가 바로 우리 민화가 지닌 특징이다.

민화의 종류는 매우 다양하다

민속미술 가운데 큰 비중을 차지하는 민화란 광의적으로는 민간층에서 생활 습속에 따라 제작하며 즐겨오던 그림을 가리킨다. 따라서 정통회화에

---

49) 이기영, 앞의 책, 161면.

서 볼 수 있는 종류가 민화에서도 대부분 존재하며, 또 민화만이 가지고 있는 대상도 상당히 많아 어느 부류의 그림보다 광범위하다고 할 수 있다. 생활과 밀접하면서도 크게는 종교적 또는 기원적인 것, 현실적 또는 장식적인 것, 남녀 간의 성 풍속을 그린 춘화 등이 모두 민속화, 즉 민화에 포함된다고 하겠다.

민간에서 제작된 민화를 구체적으로 살펴보면 다음과 같이 다양하다. 무신 그림, 신선 그림, 꽃과 새 그림, 까치와 호랑이 그림, 사냥 그림, 풍속 그림(경직도, 평생도 등), 산수 그림, 물고기 그림, 동물 그림, 십장생 그림, 이야기 그림, 글씨 그림, 지도 그림, 책거리 그림 등 민화는 헤아릴 수 없을 정도이다. 이렇듯 민화의 종류는 많은 편이며, 민화를 분류하는 방법 또한 여럿일 수 있다. 다만 민화는 영역이나 주제에 따라서 크게 종교적 민화와 비종교적 민화로 나눌 수 있다. 종교적 민화는 한국 고유의 신앙인 무속적인 그림을 비롯하여 도교적, 불교적, 유교적인 회화 등을 들 수 있으며, 비종교적인 민화에는 장식을 위한 민화를 중심으로 풍속화, 인물화, 산수화, 고사화(故事畫), 기록화 등이 있다.

특별히 종교적 민화 가운데 무속화에 관심을 집중할 수 있는데, 여기에는 무속, 무교(巫敎)의 신들을 그린 〈무신도〉나 절에 있는 그림들이 포함된다. 이 중에 〈무신도〉는 가장 한국적인 그림이라 할 수 있으므로 특히 주목할 만하다. 민중 화가가 서민들의 종교적 열망을 그린 것이라는 점에서 그러하다. 한국의 민중들이 좋아했던 작은 신들을 그렸는데 모두 이웃집에 사는 사람들처럼 친근감이 간다. 〈무신도〉는 무

무신도, 무당이 신앙하는 무신이자 무속에서 섬기고 있는 신들을 그린 그림

엇보다 민간계층과 관련된 그림이라는 점에서 민화로 볼 수 있다. 역사적으로 외래종교(불교, 유교 등)의 유입 이전부터 무속신앙이 토착종교로 자리 잡은 이후, 모든 주술적인 제의에 무속신이 그려지거나, 무구(巫具) 또는 무화(巫畵)가 등장했다. 그렇게 본다면 무속화의 기원은 우리의 역사와 함께 있어온 셈이다. 더욱이 고대의 사회가 제정일치시대였던 점을 감안한다면 단군 이래 무속화는 종교화로서 상당히 많이 그려져 왔을 것으로 여겨진다. 단군영정이나 삼국시대의 벽화들을 면밀히 살펴보면 무속화로서의 성격을 포착할 수 있다.

이밖에도 민화에는 〈장생도(長生圖)〉를 비롯하여 〈신선도〉·〈장군도〉·〈지옥도〉 등 민간신앙적인 그림이 많은 편이다. 〈십장생도〉에 들어가는 장수 상징의 존재물이 항상 같은 것은 아니며, 〈십장생도〉라 하더라도 꼭 10가지를 그린 것은 아니고 몇 가지를 선택하여 그린 경우도 많다.

그리고 효, 제(悌), 충, 인, 의, 예, 지, 신, 염(廉), 치(恥) 등의 유교적 윤리 덕목을 글자로 추상화한 〈문자도〉도 많다. 문자 그림은 처음에는 글자 중심이었으나 나중에는 그림이 주가 되는 경향으로 바뀌었다. 조선초기 〈문자도〉가 처음 그려질 때는 글자가 강조되고 그림은 글자 속에 묻혔으나 후기로 넘어오면서 동식물의 그림 뒤에 글자가 묻히게 되었다. 유교적 윤리규범의 약화에 따라 〈문자도〉의 문자가 장식적이 되고 회화성이 강화되었음을 뜻한다. 효자나 열녀의 행실을

충효 글자가 새겨진 문자도

그린 〈행실도〉·〈효제도(孝悌圖)〉도 널리 퍼져 있었다. 효를 그린 민화에는 거의 잉어가 등장하는 것이 특징이다.

책장과 그 안의 서책·골동품을
그린 〈책가도〉, 아이들이 노는 모
습을 담은 〈백동자도(百童子圖)〉,
선비들이 평생 살아가면서 겪는
중대사를 그린 〈평생도〉, 조상숭
배의 사상을 담은 〈명당도〉 등도
주목의 대상이 된다. 특히 중국에
서 수입된 〈책가도〉는 왕실이나
상류층에 유행되다 서서히 민간
계층으로 전파되었다. 〈책가도〉가

책가도

처음에는 책 위주의 그림이었으나 점점 책과 주변의 기물이 들어간 화려한
그림으로 바뀌었다. 잃어버린 자아를 발견하는 과정을 그린 〈심우도(尋牛
圖)〉 같은 불교 계통의 그림도 민화에 포함될 수 있다.

한편 〈수렵도〉는 사냥하는 장면을 묘사한 풍속화이다. 거대한 힘에 저항
하며 풍자적으로 그려지다가 장식적인 그림으로 바뀌어갔다는 〈수렵도〉
도 민화에 많다. 즉 〈수렵도〉 속에서 우리 겨레의 상징동물인 호랑이가 호
복(胡服)차림의 사냥꾼에 맞서 호령하는 모습들을 통해 겨레의 정신을 엿볼
수 있다. 그러므로 한국화의
본질적 성격을 민화에서 찾는
것은 당연하다.

혜원 신윤복의 〈춘화〉

우리나라의 〈춘화〉는 조선
중기 중국의 영향을 받은 것
으로 중국의 〈춘화〉가 그대로
들어왔다. 〈춘화〉는 원래 감
상의 대상으로 존재하는 예술
작품으로서의 그림이 아니다.

〈춘화〉는 남녀의 성적 쾌락을 돕기 위해 성행위를 노골적으로 묘사한 그림이다. 대낮에 진달래가 흐드러진 언덕에서 성애를 즐기는 한량과 기생, 은은한 달밤에 연못가에서 정사를 펼치는 남녀 등을 그린 〈춘화〉는 성을 유쾌한 놀이로 표현한 성희와 성애의 장면들이다. 그래도 조선중기까지의 〈춘화〉는 비교적 은근하게 춘흥을 돋우는 정도였다. 조선후기에 오면 〈춘화〉의 수입이 본격적으로 이루어지면서 19세기에는 〈춘화〉를 대상으로 시를 짓기까지 한다. 상업이 발달하면서 성리학을 토대로 한 예교와 풍속이 흐트러져 있던 이 시기, 시나 그림도 같은 시대상을 굳이 감추지 않는다. 일본 · 중국 등 이웃 나라에서도 〈춘화〉가 유행하던 때였다. 그러나 남녀가 밀회하는 그림이 〈춘화〉의 주종을 이루었으며, 남녀 성행위가 노골적으로 표현되는 것은 일제강점기 왜색문화의 영향이라 하겠다.

민화엔 화조도 · 호작도가 많다

우리나라의 민화를 그림의 소재적 측면에서 〈화조도〉·〈호작도〉·〈산수도〉 등 자연을 품은 민화, 〈고사인물도(故事人物圖)〉·〈감모여재도(感慕如在圖)〉·〈백동자도〉 등 인간을 그린 민화, 〈책가도〉·〈문자도〉 등 기물(器物)을 그린 민화 등으로도 분류할 수 있다.

화조도

현재 남아 있는 민화 가운데 유별나게 수효가 많은 것은 〈화조도〉이다. 물론 꽃과 새를 그린 〈화조도〉는 정통회화에서 유래한 것이라 할 수 있다. 그러나 정통회화의 〈화조도〉는 비교적 자연에 대해 작가가 느낀 주관적인 정서의 사실적인 표현인 데 비해, 민중이 그린 〈화조도〉는 자연에 대한 집단적 감정이나 통속적 기원의 소산이다. 〈화조도〉에는 꽃은 여자요 새는 남자라는 음양사상이 깃들어 있다. 부부가 영원히 행복하게 살고 가정이 늘 화목하기를 바라는 마음을 담고 나아가 자연과의 아름다운 조화를 염원했을 것이다. 참새·꿩·오리·원앙 등과 어우러지게 연꽃·모란·파초·대나무 등이 추상적으로 그려진 〈화조도〉는 한국민화의 최고봉으로 꼽히는 작품이다. 많은 꽃과 새가 등장하는 풀벌레 그림의 〈초충도(草蟲圖)〉 역시 음양의 조화와 부부간의 애정을 상징한다. 그리고 십장생을 수놓은 〈자수십장생도〉 8폭병풍은 학의 날개와 사슴의 털이 생생한 입체감으로 다가온다. 이렇듯 화조계통의 민화가 많은 이유는 한국인의 순수하고 절실한 사랑의 표현에 따른 것이다.

또한 우리가 보통 머릿속에 쉽게 떠올릴 수 있는 민화로 호랑이와 까치 그림인 〈호작도〉를 들 수 있다. 병풍이나 도자기에 새겨진 민화에서 친숙하게 만나는 호랑이는 악귀를 쫓는 벽사의 상징인 동시에 특히 신분차별을 깨는 풍자의 대상이기도 하다. 자연에 대한 친화감과 경외감이 결합될 때는 호랑이를 산신과 같은 수호신적 존재로 등장시켰으나, 근엄하고 무서워야 할 호랑이를 익살맞게 표현한 것은 권위적인 세력을 풍자한 것이라 하겠다. 따라서 사나워야 할 호랑이인데 커다란 이빨과 왕방울만 한 눈에 특이한 눈썹을 한 어리숙하고 귀여운 모습이다. 〈호작도〉 안에서는 우스꽝스럽게 그려진 호랑이와 당당하게 표현된 까치가 대조를 이룬다. 맹수인 호랑이 앞에 천연덕스러운 까치 몇 마리는 은근한 해학과 긴장을 불러일으키기까지 한다. 유럽에서는 까치를 잡새로 여겨 대수롭지 않게 취급하지만 우리나라에서는 까치를 좋은 소식을

호작도

전하는 길조로 생각해 왔다. 뿐만 아니라 까치는 높이 날지 않고 사람 주위에서 지낸다. 일찍이 신라의 시조로 알려진 석탈해가 떠내려온 배 안의 궤속에서 나왔을 때 까치들이 주변에 모여 울어주었기 때문에 사람들을 끌어들일 수 있었다고 할 만큼 까치는 우리에게 오랫동안 길조로 여겨진 새다. 우리나라에서는 1964년에 까치를 국조(國鳥)로 선정하였다. 민중은 〈호작도〉를 통해 갈등과 차별이 없는 소통과 화합의 가치를 부각시키고자 했을 것이다. 〈호작도〉에서 여유롭고 포용력 있는 우리네 조상들의 자연스러운 정신세계를 엿볼 수 있다.

이와 같이 민화에는 음양의 조화, 계층 간의 소통 등의 가치를 부각시키는 〈화조도〉와 〈호작도〉가 많았다. 그리고 이 밖에도 한국인의 자연에 대한 천성적 사랑으로 인해 산수를 소재로 한 것이 매우 많고, 봉황, 학, 매 등의 조류를 소재로 한 것도 많다. 민속놀이, 세시의례 등 민속에 관한 소재도 다양한 만큼 우리 민화가 지닌 자유와 소박함, 여유와 풍요를 계승 발전시켜 나가야 할 것이다.

민화는 생활에 두루 쓰인다

민속미술은 민족의 현실적 교화, 구원적 신앙, 공간의 장식 등을 위한 미적 행위들을 일컫는다. 다만 이 가운데 민속미술을 대표하는 것은 협의 개념의 민화라 하겠다. 민화는 생활에 필요한 물품의 형태로 나타나거나 장식의 형태로 나타나게 되는 생활화요 생활미술이다. 다시 말해 한국의 민화는 가장 자연스러운 한국인의 기질과 민중의 생활적 요구에서 나온 장르다.

민화 가운데 큰 비중을 차지하는 〈무신도〉 중에서 가장 한국적이면서도 역사성이 깊고 예술성이 높은 그림은 이북굿에 쓰이는 것이다. 서울 인왕산 국사당에 소장되어 있는 〈무신도〉는 전통성과 아름다움을 고스란히 간직하고 있는 대표적인 〈무신도〉이다. 다만 무당이 믿는 신의 그림으로 종교적 색채가 너무 강해 〈무신도〉를 일반적인 민화와 구분하기도 한다. 그러나 무당은 〈무신도〉를 통해 자신들의 신적인 능력을 나타낼 수 있었다면, 일반인들은 〈무신도〉 앞에 경배함으로써 자신들의 소원을 이룰 것이라 믿었던 점을 감안할 때 〈무신도〉는 민중들의 소박한 꿈이 들어 있는 민화임에 틀림없다. 한편, 민간에서 서민들의 종교적 열망을 표현한 '무화(巫畵)'라는 그림을 민화에 포함시켜야 한다고도 한다. 그런가 하면 신앙의 대상이 아니라 무속의 여러 가지 정경을 담은 그림은 〈무신도〉가 아닌 '무속화'라는 말로 구분되는 게 바람직하다고 하는 편도 있다. 무속화의 가장 대표적인 것으로 〈무당내력〉을 들 수 있다.

그러나 특정 장소에 가야 볼 수 있는 종교적인 민화와 달리 흔한 것은 일상생활에서 쓰이던 민화이다. 생활 속에 사용되던 민화는 무엇보다 병풍에 그려져 전해지고 있다. 병풍은 궁중에서뿐만 아니라 일반인들에게 장식용으로 많이 쓰였다. 생활미술품으로서 웃풍이 센 우리네 한옥구조의 결함을 보완하거나 방 안의 자질구레한 물건들을 가리는 데 없어서는 안 될 살림 세간의 하나였다. 또한 혼례식, 회갑잔치, 상례식. 제례식 등 집안의 큰일을 치를 때 빼놓을 수 없는 것이 병풍이었다.

민화는 대부분 이 같은 병풍에 그려져 집 안에 간직되기 때문에 병풍 속에 들어 있는 민화는 그 병풍이 쓰일 장소나 용도에 걸맞는 것이 선택되었다. 가령, 실내의 아름다움과 상징성을 부여하는 장식품으로서 꽃과 새 그림인 〈화조도〉나 풀벌레 그림인 〈초충도〉 등은 신랑 신부의 신방이나 여성 공간인 안방에 병풍그림으로 많이 사용되었다.

신사임당의 〈초충도〉

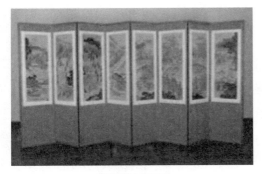
8폭병풍의 평생도

보편적인 인간의 일생의 행복을 위해 그 일대기에 해당하는 〈평생도〉를 그려 가까이에 두기도 했다. 8폭병풍에 태어나 무탈하게 첫돌을 맞는 모습으로 시작해서 공부하는 장면, 결혼하여 가정을 꾸리는 장면, 장원급제하는 장면, 관직에 부임하는 장면, 회갑 잔치를 하는 장면들을 차례대로 이어 그려놓았다. 조선말기 문인 정안복의 일대기를 10폭병풍에 그린 심전 안중식의 4m대작 〈평생도〉는 탄생부터 죽음까지 기념이 될 만한 경사스러운 일들을 추려서 그린 그림으로 정확한 인물묘사와 사실적인 풍경으로 주목받는 명작이다.

학문을 중요하게 여기고 자식의 장래를 위해서는 위와 같은 〈평생도〉 외에도 책거리그림, 글씨그림, 이야기그림 등을 그려서 어린 자식의 방에 장식했을 것이다. 특히 책거리그림인 〈책가도〉는 원래 왕실과 상류층에서 유행하던 그림이었으나 차츰 일반인들에게도 인기를 얻게 되었다.

현실의 고통을 잊고 속세를 떠나 자유로운 존재로 살기를 동경했던 데서는 〈신선도〉가 필요했을 것이다. 물론 이는 세속적인 행복을 원했던 일반적인 민중들의 사고와는 거리가 있는 듯하지만, 초월적인 삶의 경지 또한 민중들의 소망이기도 했을 것이다.

악귀를 쫓고 생명을 수호하고 소원을 성

신선도

취하기 위한 벽사수호적인 의미에서는 호랑이, 매, 용 등의 무서운 동물그림이나 물고기그림을 그려서 장식했을 것이다. 특히 물고기그림은 죄 짓지 않고 살고자 하는 소박한 바람을 갖는 경우에 장식되었다. 여인들은 물속에서 사이좋게 지내는 물고기처럼 금슬이 좋기를 바라거나 많은 알을 낳는 물고기처럼 아이를 많이 낳기를 기원했다. 사대부들은 물고기가 자유롭게 헤엄치는 모습을 보며 권력을 좇는 대신 자연을 벗 삼아 청빈한 삶을 사는 선비정신을 되새겼다.

부부의 금슬을 위해서는 대나무와 매화가 핀 가지 위에 까치 한 쌍이 앉은 '죽매쌍희(竹梅雙喜)'로 장식을 했다. 아들을 갖고자 하는 의도에서는 '석류', '호박 위의 호랑이', '연꽃과 연밥' 등의 그림을 가까이 두었다. 아들을 많이 얻는 것은 인생의 행복 가운데 가장 큰 것 중의 하나였다. 특히 자손이 귀한 왕실에서는 더욱 간절한 바람이었다. 그리하여 어린이들이 노는 모습을 그린 〈백동자도〉가 탄생하였다. 원래 〈백동자도〉는 중국 당송시대부터 궁궐에서 제작 사용되었다.

잉어는 과거급제나 입신출세의 상징으로 여겨졌다. 이는 잘 알려진 바와 같이 옛 중국 황허(黃河)강 상류의 용문을 뛰어넘은 잉어가 용이 되었다는 '등용문(登龍門)'의 전설에서 비롯되었다. 수탉 한 마리와 병아리 다섯 마리가 둥우리에 올라 즐겁게 노는 '오자등과(五子登科)'나 까치가 연밥 위에 내려 앉아 씨를 쪼아먹는 '희득연과(喜得連科)' 역시 과거 합격을 위한 그림이었다.

건강하게 오래오래 살고자 하는 마음에는 계층이 따로 있을 수 없다. 국화, 소나무, 영지, 수석 등의 소재는 장수를

잉어가 하늘을 향해 뛰어오르는 모습

기원하는 의미에서 민화로 많이 선택되었다. 왕실의 그림이었던 〈십장생도〉는 점차 일반들에게도 퍼져갔다. 무병장수하고 싶은 민중들은 〈십장생도〉를 그려서 가까이 두고 지냈을 것이다. 부귀영화를 상징하는 〈모란도〉 역시 왕실에서 뿐만 아니라 가정에서도 많이 쓰일 수 있었다. 〈십장생도〉, 〈모란도〉 등은 그림에 담긴 상서로운 내용으로 인해 각종 잔치의 배경으로 적합했기에 널리 유포되었다. 심지어 왕권을 상징하는 〈일월오악도〉가 무당의 신당에 사용되기도 할 만큼 민화는 폭넓게 사용되었다.

병풍 이외에도 이불, 베개, 항아리, 도자기, 대문, 창호, 벽장, 문설주, 장롱, 반닫이, 책표지, 문방구, 돗자리 등에 이르기까지 민화는 우리들 생활공간 구석구석 쓰이지 않는 곳이 없을 정도이다. 심지어 여인의 옷고름, 치마폭, 꽃신에도 민화가 그려졌고 사대부의 관복과 안경집에도 들어갔다. 민화는 언제 어디서든 찾아볼 수 있을 만큼 광범위하게 자리했지만, 순수와 진실, 소통과 조화라는 시대정신을 담은 귀한 그림이었다. 경복궁의 자경전 담장의 꽃무늬는 민화가 얼마나 우리 문화예술에서 차지하는 비중이 큰가를 단적으로 보여준다. 꽃무늬의 담은 한국정원의 소박미를 대표하는 예로 항상 거론되기도 한다. 수백 년이 지난 지금까지도 민화가 각광을 받는 것은 그럴 만한 충분한 이유가 있다. 요즘도 달력이나, 가방, 상품 포장지 등에서도 민화를 쉽게 찾아볼 수 있다.

민화는 지금까지 수집된 양이 5,000여 점을 헤아릴 정도로 상당히 많다. 그리고 신석기시대의 암벽화에서 민화의 단초를 찾을 수 있을 만큼 민화의 역사는 오래되었다. 『삼국유사』에 전하는 처용설화에서 신라 사람들이 처용의 무서운 얼굴을 대문에 붙여서 역신을 쫓았다는 기록을 통해 민화가 생활과 밀착된 것이었음을 알 수 있다. 민화는 조선시대에 들어와서 넓게 퍼졌는데, 특히 국가에서 도화원(圖畵院, 후에 도화서로 바뀜)이라는 관청을 설치하고 그림을 장려하면서 더욱 민간에 확산되었다.

21세기 들어서 민화는 더욱 왕성하게 발전하는 양상을 보인다. 특급호

텔 기자회견장뿐만 아니라 오늘에 이르기까지 한시도 민화는 우리 곁을 떠난 적이 없다. 민화는 예나 지금이나 계층 간, 세대 간의 갈등 없이 모두를 즐겁게 할 수 있는 힘이 있다. 소통의 매개물이 되고 정신적 유대의 고리가 될 수 있다. 다만 민화가 지닌 핵심적인 가치라 할 수 있는 자유와 융합이 자아의 발견이라는 개념에 미치지 못한 채 집단의식으로 남아 있었던 점은 조선 당시의 시대적 한계로서 아쉬운 대목이다.

제2장

상상의 언어, 이야기

오늘날 여기저기서 스토리 테마파크를 만드느라 분주하다. 최근 오픈한 한국국학진흥원의 스토리테마파크에서는 조선시대 우리 조상들의 일상을 엿볼 수 있다. 스

토리는 보물이 가득 들어 있는 원석이다. 스토리는 작가의 무한한 상상력에 힘을 보탤 수 있고 다양한 분야의 문화창

한국국학진흥원이 인터넷으로 서비스하고 있는
스토리테마파크 홈페이지

조에 동력을 제공하는 발원지가 될 수 있다. 이런 이야기보따리로서의 스토리 보물창고의 중요성을 감안할 때 설화로 표현되는 이야기 자체는 더욱 소중할 수밖에 없다.

아시아 몇 개 나라만 예를 들어보자. 중국의 경극, 일본의 노, 인도네시아의 그림자극, 말레이시아의 힛카야, 베트남의 수상인형극 등은 우리의

판소리나 탈춤과 같이 그대로 이야기보따리에서 나온 보석들이다. 이야기는 창조적으로 계승되어야 하는 역사적 전통이자 살아 숨쉬고 있는 문화적 원형으로 인식되어야 한다. 이야기 가운데 특히 설화는 인류가 문자를 갖기 훨씬 이전부터 형성되기 시작했으며 그 후에도 끊임없이 세계 도처에서 만들어지고 향유되었다. 지금도 설화의 발생은 계속되고 있다.

이야기는 일차적으로 특별한 경험이나 흥미로운 과거 사실을 반영한다. 그러나 경험과 사실을 기반으로 진정 원하는 삶을 겨냥하며 다가올 미래의 꿈과 비전을 형상화함으로써 설화는 사회를 긍정적으로 변화시키고 바람직하게 이끌어가는 창조적 제시가 되기도 한다. 설화는 인문학의 원천 곧 인간 정신현상의 뿌리라 해도 과언이 아닐 것이다. 사실 세계의 모든 설화가 소중하게 다루어지고 있는 까닭은 옛 사람들의 꿈과 비전이 그 안에 고스란히 담겨 있기 때문이다. 옛 사람들은 설화의 자유분방한 틀 안에 그들이 일상에서 바랐던 귀한 꿈을 담았다. 따라서 〈일리아드〉, 〈오디세이〉나 《아라비안나이트》를 우리나라 사람들이 읽어도 흥미롭고 유익하듯이 우리에게 즐겁고 유익한 이야기는 서양 사람들에게도 마찬가지로 좋은 이야기가 될 수 있다.

한 국가의 미래를 창조 · 발전시킬 수 있는 문화적 전통이나 고유성은 그 나라의 민속문화에서 찾아야 할 것이다. 그런데 이 민속문화에서 차지하는 비중이 매우 큰 분야가 민속문학(fork literature) 즉 구비문학(oral literature)이다. 그리고 민속문학 가운데서도 이야기, 곧 설화가 가장 비중 있게 다루어지는 영역이라 할 수 있다. 민속학이 다른 나라보다 일찍 발전한 독일의 경우만 하더라도 '민속학(Volkskunde)'이라는 말을 맨 먼저 사용한 것은 신화와 전설에 관한 책 제목에서부터였다고 한다. 초창기 민속학자는 곧 민속문학자였던 것이요 바로 설화연구자였음을 알 수 있다.

구비문학에는 설화를 비롯하여 무가, 민요, 판소리, 민속극, 속담, 수수께끼 등이 있는데, 여기에서는 설화를 중점적으로 다루면서 맨 뒤에 속담을 잠깐 언급하도록 하겠다. 무가, 민요, 판소리 등의 음악과 민속극 등은 예술분야에서 이미 다루었기 때문이다. 설화나 속담 등은 민요, 민속극 등과 달리 지배층도 작자나 향유자로 참여했다는 점을 간과할 수 없다.

이야기는 문화콘텐츠의 원형이다

이야기가 곧 상품이 되고 산업이 되는 세상에 우리가 살고 있다. 요즘 문화상품·문화산업으로 돈을 벌어주는 것이 바로 이야기이다. 이야기가 문화산업에 끼치는 영향은 가히 폭발적이라 할 수 있으며, 앞으로 이 현상은 더욱 증폭될 것이다. 국가가 문화콘텐츠를 개발 진흥하고자 적극적으로 노력하는 것도 당연하다.

한국문화의 발전을 책임지고 있는
두 주요 국가부서

한국콘텐츠진흥원은 지난 몇 년에 걸쳐 한국 문화원형 개발 및 지원 사업을 추진해 왔다. 그 결과 2013년 현재 30여만 건에 달하는 전통문화 소재(www. culturecontent. com)를 제공하기에 이르렀다. 이로써 우리의 전통문화가 창작적 소재로 다양한 분야에 활용될 기반이 마련되었다. 이미 전통문화적 원형이 영화, 음악, 만화, 게임 등의 소재지와 배경으로 활용되고 있다. 나아가 문화체육관광부와 한국콘텐츠진흥원은 우리나라의 무역 2조 달러를 앞당기기 위해 전통문화를 흥행콘텐츠로 재창조하는 정책을 강화하기로 했다.

문화콘텐츠를 개발하여 음악이나 영상, 또는 캐릭터, 애니메이션 등 산업으로 활용 육성하기 위해서는 근본적으로 이야기가 필요하다. 이야기야말로 문화의 원형으로서 문화상품의 중요한 밑천이자 문화산업의 가장 귀중한 자산이다. 따라서 문화원형을 테마별로 디지털콘텐츠화하여 다양한 분야의 창작 소재로 제공해 문화콘텐츠산업의 경쟁력을 확보하는 것이 국책사업 주체의 목표이다. 이를테면 인문학에 정보와 기술을 접목시키는 것이다. 애플의 창업자 스티브 잡스(Steve Jobs)의 성공이 정보·기술과 인문학의 접목이었다고 한다. 인문학이란 지식보다는 지혜를 다루는 분야라고 할 수 있으며, 지혜란 넓은 안목과 깊이 있는 사고를 말한다. 일시적인 목적을 넘어 인생의 지혜를 발현하기 위해 독서가 절실히 요구되며 여기서부터 이야기의 가치가 크게 부각된다.

흔히 음악, 영화, 캐릭터, 출판, 애니메이션 등이 문화·정보 산업화시대를 대표하는 상품처럼 인식하는 경향이 있다. 그리고 상징성만을 앞세워 주인공을 그럴듯하게 설정한다. 그러나 이런 식으로 만들어질 경우 상품화되기 힘들다. 현대인들이 쉽게 받아들일 수 있고 감동할 수 있는 가상현실을 만들어내는 것이 핵심이다. 어떠한 분야라도 이야기의 뒷받침 없이는 성공하기 어렵다. 이야기는 다양한 문화영역에서 창조적 모티프가 되고 원천적 자료가 되는 구실을 한다. 이야기야말로 문화산업의 원천이다.

그러므로 이야기는 개성 있는 인물을 요구한다. 문화산업에 종사하는 전문가들, 가령 영화 제작에 참여하고 캐릭터를 선정 구매하는 사람들은 아무 이야기도 없는 인물을 고르지 않는다. 이야기를 통해 이미지화된 인물을 선택하는 것이 수요를 창출하는 비결임을 잘 알기 때문이다. 일반 수요자들은 이야기를 지니고 있는 인물에 감동하게 된다. 아무리 못난 인물도 흥미로운 이야기만 있다면 문화산업에 활용될 가치가 충분하다.

우리 이야기의 창조성은 무한하다

조선왕조실록의 몇 줄에서 비롯되었다는 드라마 〈대장금(大長今), 2005〉이 한류의 시작을 알리는 신호탄이 되었다. 실록은 드라마나 영화계에서

세계적 인기를 구가한
드라마 〈대장금〉

가장 인기 있는 원작이자 스토리의 보고다. 〈대장금〉의 주인공인 장금(대장금)이는 10살에 입궁하여 최고의 요리사가 되지만 모함에 빠져 궁에서 쫓겨난다. 그리고 제주관아 노비로 있으면서 의술을 배워 다시 입궁하여 최고의 의녀가 되었다. 남존여비의 봉건적 체제하에서 궁중 최고의 요리사가 되고, 어의를 비롯한 수많은 내의원 남성 의원들을 물리치고 홀로 임금(중종)의 주치의가 되었던 역사상 실존인물이다. 실록에 따르면 장금이는 1515년(중종 10) 인종이 태어날 때 호산(護産)하여 공이 있었으나 이전에 큰 사고가 있음으로 상을 받지 못했다. 장금이는 의녀로서는 유일하게 임금의 주치의 역할을 했고, 중종이 마지막까지 자신의 몸을 맡겼을 정도로 신뢰받았던 의원이었다. 의술이 뛰어나 중종으로부터 쌀과 콩을 포상으로 받았다는 기사도 여럿 나온다.

우리들이 지구촌시대, 국제화시대를 살면서 세계에 들고 나갈 것은 무엇보다 전통적인 유산이라 본다. 영화 부문의 경우 〈춘향뎐〉이 2000년 최초로 칸느 영화제 본선 부문에 진출하게 되었다. 그런데 〈춘향뎐〉의 칸느 영화제 본선 진출의 영광이 어디서 왔는가를 분석해 볼 필요가 있다. 우리의 고전을 소재로 했고, 임권택 감독의 연출력이 뛰어난 데 있기도 했지만, 그에 못지않게 〈춘향전〉이 지니는 서사문학적 요소, 즉 이야기의 구조가 탁월했던 덕분이다. 영화 〈춘향뎐〉을 놓고 춘향이는 열녀인가 팜므파탈인가 묻기도 한

영화 〈춘향뎐〉의 한 장면
(감독 임권택, 1999)

다. 연극 부문에 있어서도 마찬가지여서 뮤지컬 〈명성황후〉가 브로드웨이에 최초로 진출할 수 있었던 것도 우리 근대사의 핵심적인 인물과 비중 있는 사건을 다룬 서사양식의 힘이었다. 명성황후는 대한제국, 그 격동의 시기를

뮤지컬 〈명성황후〉의 마지막 장면

풍미했던 여장부이자 일본 낭인들의 손에 무참히 살해당한 비운의 왕비이기도 하다. 뮤지컬 〈명성황후〉는 1895년 10월 8일 새벽 일본인 자객의 칼을 맞고 비명에 간 명성황후(민자영)를 새롭게 조명한 것이다.

우리나라에는 문화창조·문화산업의 밑천이 풍부하다. 재미있는 이야기를 지닌 기생만 하더라도 춘향이를 비롯하여 황진이, 이매창, 김만덕, 소춘풍 등 수없이 많다. 우리는 한국 설화가 지닌 소재에 상상력을 덧입혀 위대한 예술과 문화를 창조할 수 있다. 〈단군신화〉의 경우만 하더라도 2000년 극단 '옥랑'이 이 신화를 현대화한 〈어둠아기 빛아기〉를 동숭아트센터에서 공연한 바 있고, 같은 해 〈단군신화〉 속의 웅녀를 주인공으로 한 〈신시(神市) 21〉이라는 이름의 한국 창작발레가 국립극장에서 공연된 바도 있다.

〈단군신화〉는 한국 정신문화의 근원이다. 이제 단군신화를 모태로 한 한국문화를 국제무대에 멋지게 펼쳐 보여야 할 때가 아닌가 한다. 2011~12년 마침내 뮤지컬 〈카르마(karma)〉가 〈단군신화〉의 새로운 해석을 통해 세계인의 가슴을 뛰게 했다. 코리안 판타지 뮤지컬 〈카르마〉는 〈단군신화〉를 재조명하면서 '신들의 세계에서 펼쳐지는 사랑과 음모, 부활의 대서사시'라는 신화적 스토리를 비언어극으로 만들었다. 언어의 장벽 없이 누구나 공감할 수 있는 아름다운 사랑 이야기를 만들어낸 것이다.

동화 속에 등장하는 혹부리영감이
도깨비집에서 쉬고 있음

다양하고 훌륭한 한국적 '도깨비' 이야기만으로도 우리는 남부럽지 않게 문화·정보 산업시대를 주도할 수 있지 않을까 자부해 본다. 우리의 도깨비는 마실을 다녀오는 나그네와 씨름을 할 만큼 민간생활 속에서 재미있는 이야기의 주인공으로 널리 퍼져 있다. 도깨비는 우리나라의 전설과 민담에 불도깨비, 외눈도깨비, 낮도깨비 등으로 흥취 있고 서민적인 모습으로 다채롭게 등장한다. '혹부리영감 이야기'를 일본설화로 보는 사람도 있으나, 이는 우리나라 도깨비의 상징성을 잘 드러낸다. 도깨비가 사람들에게 골치 아픈 혹을 떼어가고 대신 금은보화를 가져다주는 것이다. 도깨비는 장난기가 심하여 사람을 희롱하기도 하지만 잘 사귀면 신통력을 발휘하여 인간을 돕기도 한다. 인간의 꿈이나 상상을 형상화한 도깨비는 뿔이 있는 모습, 눈이 하나인 모습, 다리가 하나인 모습 등 대체로 기괴하고도 우스꽝스런 모습으로 나타난다.

양정웅의 〈한여름밤의 꿈〉이 2006년 런던에 있는 유럽에서 가장 큰 아트센터라는 바비칸센터(Barbican Centre)에 한국 연극 최초로 초청되어, 호평을 받았던 것도 우리의 도깨비를 등장시켜 셰익스피어를 한국화한 것이다. '도깨비 연출가'로도 불리는 양정웅은 그 후 오영진 원작의 〈시집가는 날〉을 현대적으로 각색하여 창작오페라 〈천생연분〉을 무대에 올리기도 했다. 2001년 초연된 비언어극 〈도깨비 스톰〉은 한국 놀이문화의 총체라 할 수 있는 '풍물굿'을 기반으로 한국의 전통캐릭터인 도깨비를 등장시켜 현대적이고 세련된 감각으로 재구성한 비언어 퍼포먼스이다. 〈도깨비 스톰〉은 2006년 100만 명이 넘게 본 흥행작으로서 7대 3의 비율로 외국인 관객

이 더 많았던 작품이다. 혁
신적인 감각의 연출가라
는 호평을 받고 있는 양정
웅은 2013년 창작오페라
〈처용(Tcheo Yong)〉(작곡
이영조 / 연출 양정웅)을
무대에 올렸다. 오페라 〈처
용〉은 한국적인 소재와 현
대적인 음악이 신비로운

뮤지컬 〈도깨비 스톰〉,
(스타식스 정동 아트홀, 2005)

조화를 이룬 작품으로 한국 전통음악과 서양음악의 기법이 절묘하게 어우
러진 가운데 천 년의 역사가 살아 숨쉬는 〈처용설화〉를 드라마틱하게 담아
냈다는 평가를 받았다. 한편 처용설화는 울산을 대표하는 축제인 '2013 처
용문화제'에서 아라비아의 서사시 〈쿠시나메〉와 접목되어 판소리 서사극
〈처용왕자〉로 거듭 태어났다.

〈대장금〉 · 〈겨울연가〉 등으
로 대표되는 한류열풍 덕분에
이른바 문화산업에 대한 관심
이 뜨거워졌다. 최근에 방영된
〈뿌리깊은 나무〉, 〈추노〉 같은
드라마도 전통문화를 현대적
상황에 잘 조화시켜 인기를 끌
었다. 2012년 영화 〈광해〉는 박

〈뿌리깊은 나무〉(2011)
한국 드라마를 한 차원 높였다는 평을 받았음

스오피스 압도적 1위였고 개봉 12일 만에 350만을 돌파했으며, 소설로 출
간(이주호 · 황조윤 지음, 〈광해, 왕이 된 남자〉, 걷는나무) 즉시 베스트셀
러 반열에 올랐다.

산업 이전에 문화콘텐츠가 중요함은 말할 나위가 없다. 요즘에 크게 유

행하고 있는 '원 소스 멀티 유즈(One Source Multi Use)'라는 말에서 멀티 유즈에 앞서 원 소스에 방점을 찍어야 하는 것도 당연하다. 한국문화의 세계화를 위한 문화콘텐츠 개발의 원동력은 우리의 이야기에서 나온다고 해야 할 것이다. 세종대왕의 한글 창제 스토리를 바탕으로 만든 사극 〈뿌리깊은 나무〉는 이 시대 최고의 드라마로 평가 받았다. 뛰어난 스토리, 생생한 캐릭터, 치밀한 구성, 상황에 맞는 적확한 대사, 시대정신이 담긴 메시지 등으로 한국드라마를 한 차원 높였다는 평을 받은 것이다. 해당 방송사는 400억 원 가량의 광고매출을 올렸고, 60억 원의 해외수출 실적을 냈다. 세종이 사대부들의 극한 반발에도 불구하고 문자언어를 통해서 백성들과 소통하려 했다는 문화적 인식에 관한 비화는 현대를 사는 대부분의 한국인은 물론 세계인들로부터 인정받을 수 있는 일이다. 한글이라는 한국 고유의 소재로 만든 역사문화가 시공을 넘는 경쟁력을 갖춘 것이다.

이야기에는 신화 · 전설 · 민담이 있다

문화의 창조와 융성, 미래의 콘텐츠를 개발하는 길은 역사와 전통의 문화원형에서 찾을 수 있을 것이다. 무엇보다 설화는 민족적 집단의 공동생활 속에서 공동의 심성에 의해 자연발생적으로 형성된 이야기이다. 이 설화는 인간의 보편적 사유를 담고 있는 것으로서 세계의 모든 국가와 민족에게 근본적으로 유사한 내용이 전승되어 온다. 더욱이 설화는 향유주체가 역사의 잠재세력인 민중이라는 점에서 기록된 역사가 갖지 못하는 비판적 인식이 깔린 살아 숨쉬는 역사라 할 수 있다. 이와 같이 설화는 발생적 측면에서 자연적이고 집단적이며, 내용적 측면에서 민족적이고 민중적이기 때문에 한 민족집단의 생활감정과 사회풍습을 잘 암시하고 있다.

따라서 설화는 문학, 역사학, 종교학, 사회학, 인류학, 민속학 등 수많은 분야에서 다루어질 수 있는 문화적 근간이자 문화적 보고(寶庫)라 하겠다. 특히 설화는 상상의 언어적 산물로서 그 형식이 서사적이어서 소설의 모태가 되고 있다. 다시 말해 문학의 원천이라 할 수 있는 민속문학, 즉 구비문학에 서의 설화의 가치는 매우 크다고 할 수 있다. 비록 설화를 포함하는 구비문 학이 기록이 아닌 구전되는 것일지라도 기록 이상의 의미와 가치를 지니기 에 '비석에 새긴 것처럼 전해진다'는 뜻의 구비(口碑)라는 용어를 사용하지 않았겠는가. 요컨대 설화로 대표되는 구비문학은 민족공동체의 문학이자 민족문화의 원류이다.

설화에는 독일의 형제 작가 그림(Grimm) 형제가 제시한 대로 신화·전 설·민담이 있다. 무엇보다 이

야기의 전승 범위 면에서 볼 때, 신화(myth)는 자기 민족 내에서 만 신성하고 진실된 것으로 믿 어진다. 그리고 전설(legend)은 고정된 증거물이 있기 때문에 지역적인 범위를 넘어서기 힘들

독일 화폐의 그림 형제

며, 민담(folktale)은 누구에게나 흥미를 줄 수 있기 때문에 국가와 민족을 넘 어서 전승되는 특징이 있다.

한편 이야기의 주인공이나 사건의 결말을 놓고 볼 때, 대개 신화는 신이 등장하는 이야기이기 때문에 신비스럽게 끝난다고 할 수 있다. 전설은 영 웅이 주인공이지만 인간적 한계 때문에 거의 비극적으로 끝이 나며, 흥미 를 추구하는 민담의 경우 평범한 인물을 내세워 성공하는 결말로 이끄는 경향이 있다.

그러나 이들 설화양식의 존재 여부는 시대와 장소에 따라 매우 다르게 나타나고 있다. 또 이들 사이의 명확한 경계선이 그어질 수 있는 것도 아니 다. 경우에 따라서는 여러 양식적 특징이 혼재되어 나타나기도 한다. 그러 므로 설화 양식의 구분이 모호해지거나 불가능한 경우도 있다. 위에서 신

화, 전설, 민담으로 구분한 것은 여러 양식들을 그 내용이나 형식의 유사성
에 의하여 좀 더 간편화한 것이라 할 수 있다.

1) 신화(神話)

덴마크의 미래학자 롤프 옌센(Rolf Jensen, 1942~)은 미래를 신화의 시대
또는 이야기의 시대로 전망한다. 이야기는 단순히 사실을 전달하는 것만으
로 역할을 다하지 않는다. 이야기에는 주술적인 능력 또는 매직 파워가 있
다. 우리는 '말이 씨가 된다'는 두려움 속에서 '말대로 된다'는 믿음의 말을
하며 살아가고 있다. 이야기하는 대로 현실이 이루어진다는 기대를 갖고 소
망하는 일들을 꾸며서 이야기하는 것도 이런 이유일 것이다. 꾸며낸 허구가
거짓이 아닌, 오히려 순수하고 진실하며 아름다운 것도 바로 '이야기'의 세
계라는 점 때문이다. 잘 짜여진 조직화된 이야기는 더욱 큰 힘을 발휘한다.
상상의 이야기는 세상을 움직인다. 전 세계가 〈해리포터〉 열풍에 휩싸였
던 적이 있다. 영국의 여류 작가 조앤 K. 롤링(Joan K. Rowling)은 한 번도

드라마 〈주몽〉

소설을 써본 적이 없는 사람이다. 그러
면 그토록 세상을 떠들썩하게 할 수 있
었던 힘의 핵심은 무엇인가. 바로 상상
력이요, 이야기이다.

문화의 원형은 시대와 국경을 초월하
여 보편성을 띠고 새롭게 탄생된다. 고
구려의 건국설화 콘텐츠를 활용한 우리
의 드라마 〈주몽〉은 높은 인기를 기반으
로 문구류 등 캐릭터 상품과 더불어 테
마파크까지 만들어졌다. 한편 판타지 영

화 〈반지의 제왕〉은 북유럽의 신화를 모체로 하여 지은 소설에 할리우드의 기술과 자본을 결합시켜 세계적인 문화상품으로 성공시킨 예이다.

신화는 현실을 이끌어간다

얼마 전 중국에서는 신화 속에 나오는 서왕모(西王母)와의 교통수단인 '선저우(神舟)'를 첫 유인우주선 이름으로 삼았다. 그보다 먼저 미국은 우주개발 계획을 세우면서 천계(天界)를 지배하는 신의 이름을 따서 '아폴로' 계획이라 명명한 바 있다. 이야말로 첨단 우주과학과 신화의 만남이요, 신화시대의 천상도전을 현실에서 이루고자 하는 것이 아닌가.

신화를 비롯한 이야기는 항상 과학을 앞서고 있다. 이야기의 상상력이 먼저 있고 난 다음에 비로소 과학자들이 실험실에서 그것을 만들어낸다. 동화 또는 과학소설 및 영화에서는 이미 오래전에 유인로켓이나 인공위성에 의한 달나라 여행, 고도로 발달한 컴

중국 최초의 여성 우주인이 탑승한
선저우9호 발사(酒泉, 2012)

퓨터의 생활화, 그리고 로봇의 발명 등을 이야기했다.[50]

이야기는 당시의 과학적 사고와 기술로는 불가능한 일을 사실처럼 생생하게 그리고 있는 것이다. 이야기는 과학을 넘어섬은 물론 역사나 문학이

---

50) 임재해, 「설화의 쓰임새가 놀랄 만큼 달라지고 있다」, 『민속문화 무엇이 어떻게 변하는가』, 집문당, 2001, 263면.

나 철학 등과 관련된 복잡한 요소와 의미를 포괄적 층위로 담아낸다. 이를 테면 현대인들에게 친숙한 판타지소설, 애니메이션, 드라마, 영화, 캐릭터, 만화, 게임 등 인간의 다양한 문화창조 및 예술작품 생산에 결정적인 구실을 하는 것도 바로 신화와 같은 이야기들이다.

하늘과 땅이 저절로 열려서 만들어졌다고 하는 천지개벽신화는 물론 이야기이다. 또한 이 세계가 하느님의 말씀으로 창조되었다고 하는 천지창조신화도 이야기로 이루어졌다. 만일 이야기가 없다면 우리는 우주만물의 형성이나 인류 시조의 출현과 같은 태초의 상황을 도저히 알 수 없다. 말 그대로 상상도 할 수 없다. 그렇다면 이야기는 상상의 세계에 닿아 있다는 논리가 가능한 셈이다.

우리의 간절한 꿈과 소망의 이야기는 실제로 현실 속에서 실현되기도 한다. 공상과학소설의 내용이 현실사회에서 생생하게 구현되고 있는 것도 마찬가지다. 과학이 먼저냐 감성(상상)이 먼저냐의 논란이 종종 일어나곤 한다. 그러나 놀랍게도 아인슈타인은 "과학자는 공식으로 사고하지 않는다"[51]고 했다. 감성, 직관 등이 먼저 나타나는 것이 사고의 본질이고 언어나 숫자 등은 표현수단에 불과하다는 것이다.

신화는 민족문화의 결정체이다

신 또는 신화가 중요한 이유는 과학으로 인간의 문제를 다 설명하거나 해결할 수 없기 때문일 것이다. 신의 세계, 즉 신화는 존재의 근원이자 인간에게 있어 마음을 둘 수 있는 안식처요 행동을 바르게 하는 전형적 모델이다. 늘 인간과 함께 있어야 하는 것이 신화다. 그래서 우리는 현대의 일

---

51) 미셸 루트번스타인·로버트 루트번스타인 저, 박종성 역, 『생각의 탄생』, 에코의서재, 2007, 25면.

상생활 속에서 각 분야의 명품과 스타를 숭배하며 '○○의 신화'를 만들어내며 신화의 홍수 속에서 살고 있는지도 모른다.

신화는 민족문화의 뿌리라고 할 만큼 인간세계에서 일어나는 자연현상뿐만 아니라 사회현상의 기원과 질서를 설명하므로 우리가 관심을 갖지 않을 수 없다. 요즘 '그리스 로마 신화'에 관한 책들이 많이 쏟아져 나오고 있고, 만화책도 많이 팔리고 있다. 이렇듯 최근 몇 년간 불어닥친 그리스 로마 신화 열풍을 보면서 이 땅에는 외래신화만 범람하고 있다고 학자들이 걱정하는 것도 무리는 아니라고 본다. 과연 우리의 이야기로서의 한국신화는 오늘날 어느 정도 대우를 받고 있는가 자못 궁금하기도 하다.

인간과 함께하는 신 또는 신화가 서양과 동양에서 어떻게 다르며, 가까운 중국이나 일본과는 어떤 차이가 있는지도 우리의 관심거리가 아닐 수 없다. 이는 무엇보다 신화가 민족적 특성을 잘 드러내기 때문이다. 서양은 창조주에 의해 창조된 세상이라면 동양은 저절로 이루어진 세상(자연)이다. 서양의 신은 절대적인 인격신인 데 비하여 동양의 경우 자연이 그대로 신이다. 서양 신의 경우 겉모습이 비교적 화려하고 멋진 데 비해, 동양의 신들은 겉모습이 볼품이 없고 괴상한 편이다. 서양에서 인간은 피조물에 불과할 뿐인데 비해, 동양에서는 인간도 신에 해당하는 우주본체(자연)의 신성을 나눠 받은 존재로서 고귀한 개념으로 존중된다(천지인). 특히 동양에서 불교와 유교는 신을 섬기지 않는다. 다시 말해 서양의 신(인격신)들은 절대 권위적인 데 비해 동양의 신(자연신)들은 인간 친화적이다. 소머리를 한 미노타우로스가 사람을 잡아먹는 괴물인 반면, 소머리를 한 농경신 염제는 인류에게 풍요를 안겨주는 신이다. 정재서는 신화에서만은 한국신화가 중국신화의 형성에 영향을 미쳤다고 본다.[52] 중국의 신화가 형성될 무렵 수많은 민족이 공존했으므로 중국신화는 아시아의 다양한 신화가 통합되었다고 보는 것이다.

---

52) 정재서, 『앙띠 오이디푸스의 신화학』, 창비, 2010.

장구한 역사를 가진 민족 중에 신화가 없는 민족은 없다. 세계적인 역사학자이자 경제학자인 아놀드 토인비(Arnold Joseph Toynbee)도 말했듯이 신화는 단순한 허구가 아니다. 신화는 개별 민족의 문화적 특성을 담고 있기 때문에 신화에서 민족의 원형적인 가치관을 유추해 낼 수 있다. 세계적인 종교가 된 기독교의 『성경』에서 이스라엘 민족의 신화를 우리는 눈여겨 볼 수 있다. 신화는 원시적인 집단 공동체의 산물이며, 대부분 민족단위로 전승된다. 때문에 신화는 민족집단을 하나의 정신으로 결집시키는 신비로운 종교적 힘을 가진다. 신화가 한 민족이나 집단에 의해 전승되는 특징을 지니기 때문에 그들의 내부적인 결속력을 강화시키는 만큼 다른 민족이나 집단에 대해서는 배타적인 의미로 작용하기도 한다. 또한 신성시되는 이야기인 만큼 일상생활에서 쉽게 일어날 수 없는 상황이 벌어지고, 이야기의 주인공은 불가능에 가까운 시련을 극복하고 민족이나 국가 차원의 승리를 이끌어낸다.

신화는 신화를 지닌 집단이나 민족으로 하여금 신화적 이야기를 사실로 믿고 신성시하게 한다. 그리하여 자신들의 존재 가치를 자각하고 긍지를 갖도록 한다. 결과적으로 공동체의식을 굳건하게 하는 것이 바로 신화의 기능이다.

2002년 한·일 월드컵 이후 응원을 통해 우리는 신화적 원동력을 지닌 민족임을 세계에 과시했다. 중국의 시조인 황제와 중원을 차지하기 위해 탁록(涿鹿)들판에서 각축전을 벌였던 천하무적의 치우(蚩尤)천왕은 우리의 무의식 속에 있는 신화적 원동력을 끌어내는 데 효과적인 로고였다. 우리의 신화는 우리 겨레의 보편적 정서와 사고를 온전하게 담고 있는 이야기다. 물론 치우는 먀오족[苗族] 및 동이족의 시조

천하무적의 치우천왕 로고

428 민중의 꿈, 신앙과 예술

로 흔히 이야기 되는데, 특히 『사기』나 『자치통감』 같은 중국의 고대사에서도 치우는 동이족의 군장으로 언급되고 있다.

그럼에도 불구하고 오늘날 중국에서는 치우를 한민족과 무관한 중국의 소수민족의 추장쯤으로 폄하하는 한편 한족을 넘어서는 전체 중국인인 중화민족의 조상으로 치우를 부활시키고 있다. 중국은 황제·염제·치우를 '중화삼조(中華三祖)'라 하는 바, 치우는 고대 중국인들이 꿈꾸었던 벽사신이라 하는 것이다. 〈단군신화〉에 나오는 풍백·우사 역시 중국신화의 인물들이라 한다.

우리의 근원적 신화는 무속신화이다

신화는 태초의 창조 또는 존재의 근원에 대한 이야기라 할 수 있다. 따라서 항상 궁극적인 물음에 대한 해답의 추구가 신화의 핵심적인 내용이 된다. 어떻게 천지가 열리고 인간이 창조되었는가를 비롯하여 국가와 마을은 처음에 누가 만들었으며 음식이나 문화 등은 언제 어떻게 생기게 되었는가 등이 세계 신화들의 공통적 관심과 질문이 아닐 수 없다. 신화를 '본(本)풀이' 또는 '풀이'라 하는 것도 '근본을 푼다'는 뜻에서 그렇게 부르는 것이다. 본풀이란 '본향(本鄕)풀이'라고도 일컬어지거니와 마을 수호신인 본향의 원적(原籍), 탄생 이후의 내력과 신좌(神座)에 오르기까지의 과정에 관한 풀이다. 김열규는 '풀이'란 말은 신들의 이야기, 또는 서사물이라는 뜻 이외에 '살풀이'나 '액풀이'와 같이 끼인 살(煞)을 풀고 맺힌 액(厄)을 풀어 버린다는 뜻도 가지고 있다[53]고 했다.

존재의 근원을 묻는 신화의 장르적 특성으로 인해 한국의 신화는 크게 무속신화, 건국신화(왕조신화), 성씨시조신화(가계신화), 당신화(촌락신화)

---

53) 김열규, 「신화」, 『한국민속의 세계』 7, 고려대 민족문화연구원, 2001, 33면.

와 같이 넷으로 나눌 수 있다. 이 분류는 신화가 전승되고 있는 사회, 즉 신성성이 인정되는 범위에 따라 이루어지며, 또한 신화에 등장하는 주요 인물을 기준으로 하여 이루어진 것이다.

무속신화는 굿을 하는 과정에서 구연되는 무가, 즉 본풀이로서 대개 하나의 신이 어떤 과정을 거쳐 신으로 좌정하게 되었는지를 설명한다. 문헌신화는 건국신화나 성씨시조신화 등이 주류를 이루는 데 비한다면, 구전신화의 대부분은 무속신화이다. 이것은 서사무가의 형태로 전승되면서 양반 사대부 중심의 주류문화로부터 천대받아 일반에 알려지지 않은 것이 많음을 의미한다. 다시 말해 무속신의 본풀이인 서사무가가 무속신화에 속한

〈물을 찾아서〉(2007), 음악극 집단
바람곶이 바리데기신화를 소재로 한 공연

다. 대표적인 무속신화로는 죽음을 천도하는 〈바리데기(바리공주)〉를 비롯하여 생산을 관장하는 제석신의 유래인 〈제석본풀이(당금애기)〉를 들 수 있다. 〈바리데기〉의 경우, 부왕은 일곱째 딸이 태어나자 아이를 내다 버리라 했고 부모로부터 버림받았다 하여 바리데기 공주로 불렸던 것이다. 〈제석본풀이〉라고도 하는 〈당금애기〉의 경우는 생명을 점지해주는 삼신의 내력을 읊은 것이다. 이밖에도 무속신화에는 〈칠성님과 옥녀부인〉, 〈감은장애기〉, 〈긴공본풀이〉, 〈원천강본풀이〉, 〈저승사자〉 등 많이 있다. 우리에게는 서양과 같은 창조신화는 없다. 한국의 천지창조신화는 유일신적 존재가 천지를 창조했다고 보기보다는 자연발생적으로 천지가 생성되었다고 보는 경향이 강하다. 다시 말해 우리나라의 경우 천지창조신화나 인류기원신화는 매우 미약하다고 할

수 있다. 다만 천지창조신화의 경우 무속신화에서만 찾아볼 수 있는데, 제 주의 〈천지왕본풀이〉에서 그 흔적이 나타난다.

우리의 문화는 북방문화와 남방문화의 두 갈래로 이루어졌다고 할 수 있다. 그리고 북방문화적 요소의 하나로 천손(강림)신화를 들고 있는데, 이는 유라시아의 유목민인 몽골, 퉁구스, 브랴트를 비롯하여 스키타이지역의 여러 종족들 사이에 퍼져 있다. 우리의 건국신화들은 국가 또는 왕조의 탄생에 대한 이야기로 시작되는데, 고조선의 단군, 부여의 해모수, 고구려의 주몽, 가야의 수로 등 상고시대 국가창업의 시조들은 하늘에 근본을 두고 있다. 고대 건국신화를 보면 대부분의 국가에서 자신들의 시조왕을 천신의 아들이나 자손이라 하여, 천신에서 정치권력의 원천을 구했음을 알 수 있다. 시조왕이 알로서 또는 직접 인간의 몸으로 하늘에서 산꼭대기나 나무 아래로 강하한다. 한편 우리의 남방문화적 계통에 대한 고찰이 요구된다. 즉, 우리나라 남부와 중국 남부, 필리핀, 그리고 동남아시아에서는 우주 자체나 민족의 지도자가 알에서 태어났다는 내용의 신화가 퍼져 있다. 이것은 북방 유목민들의 천손신화와 대조적이다. 우리의 난생신화는 동명왕, 탈해왕, 박혁거세, 김수로왕 등 시조신화에 가장 많이 나타난다.[54] 물론 동명왕의 아버지가 하늘의 해모수이듯이 난생신화의 인물들도 하늘과 연관이 깊다. 박혁거세와 김수로왕은 하늘에서 내려온 알에서 태어나는 반면, 동명왕과 탈해왕은 여인이 낳은 알에서 나온다. 결국 우리네 시조신화는 북방 유목민(남성적)의 천손신화와 남방 농경민(여성적)의 난생신화로 이루어진 사실을 알 수 있다. 이러한 결합은 〈단군신화〉에서 그대로 볼 수 있다. 이 같은 건국신화들은 나라의 권위를 세우고 왕권의 초월성을 인정하는 가운데 민족적 구심점을 강화한다. 특히 천손계 신화로 대변되는 우리의 건국신화에는 중국의 천자 관념과 달리 나라 전체가 집단적으로 하늘을 숭앙하는 공동체

---

54) 김광언, 『민속놀이』, 대원사, 2001, 53면.

의식이 바탕을 이룬다. 건국신화들은 모두 문헌에 정착되면서 고착된 한계를 지니고는 있지만 우리나라의 가장 오래되고 중요한 신화자료로서 다루어져 왔다. 이에 따라 건국신화가 한국의 신화를 대표할 수도 있다.

성씨시조신화는 한 씨족의 시조신화로 자기 선조들의 훌륭함을 통해서 근본 있는 집안의 후손임을 자각하게 하고 혈연의식을 강화해 준다. 고대의 성씨 시조들은 대개 하늘에서 내려오거나 또는 땅에서 솟거나 아니면 바다를 건너왔다. 제주도 3성(三姓)[55] 신화와 함께 경주 이씨의 시조인 알평공(謁平公)에 관한 것이 오늘날 전하는 가장 오래된 성씨시조신화다. 후대에 이르러 남평 문씨(文氏), 양천 허씨(許氏), 창녕 조씨(曺氏), 파평 윤씨(尹氏) 등이 각각 그 집안의 시조에 관한 신화적인 전승을 보여주고 있다.

제주도 삼성혈, 4300여 년 전 고을나, 양을나, 부을나 성씨의 세 신인이 태어난 구멍

당(堂)신화는 한 마을에서 모시고 있는 마을신이 어떤 과정을 통해서 정착하게 되었는지를 설명하는 신화이다. 마을굿 특히 별신굿이 진행되는 절차가 바로 당신화를 재현하는 것이라 볼 수 있다. 마을 수호신의 신비성을 의식하고 제의를 바침으로써 마을 공동체의 안정을 꾀한다. 마을을 둘러 싼 자연물의 창조적 역사를 담당한 〈마고할미 이야기〉가 마을신화의 예가 된다. 마주보는 두 산에 가랭이를 걸칠 정도로 거구인 마고할미가 돌이나 흙을 지고 다니면서 산봉우리를 만들고 오줌이 강이 되고 똥이 섬이 되며 치마로 산

---

55) 제주도 삼성혈은 4300여 년 전 고을나(高乙那), 양을나(梁乙那), 부을나(夫乙那) 성씨의 세 신인이 태어난 구멍으로 이 삼성혈은 제주도 내 최고의 명당자리로 성역화되었다.

의 돌을 쳐내어 넓은 들판을 만들어주기도 했다. 동해안에 전래되고 있는 〈해랑당 이야기〉도 당신화를 설명할 수 있는 적절한 예이다. 자신의 뜻을 이루지 못하고 죽은 처녀의 원혼을 달래기 위해 사당을 세우고 제의를 지내줌으로서 마을의 재앙을 극복하고 풍요를 회복했다는 얘기다. 마을신의 좌

마고할미상, 마고할미는 전설에 나오는
신선으로 각 지역의 신앙대상임

정은 대개 원혼전설의 형식을 취하는 바, 죽음의 원통함을 풀기 위해 연고가 있었던 영주 순흥 두렛골 사람의 꿈에 현몽하고 그곳의 당신(堂神)으로 모셔진 〈금성대군 이야기〉도 이에 해당한다. 종이에 부적을 써서 바다에 띄웠는데 부하들이 주워보니 다 조기였다는 신화적 사건을 계기로 서해마을의 조기잡이 신이 되었다는 〈임경업 장군 이야기〉도 마을신화의 예다.

이상과 같이 신화를 넷으로 구분했으나 앞에서도 언급했듯이 특별히 무속신화에 주목할 필요가 있다. 신화를 본풀이라 일컫는 데 비해, 무속신화가 지닌 가장 중요한 속성을 본풀이로 표현할 수 있기 때문이다. 한마디로 신화의 근원도 무속이라 볼 수 있으므로 신화 가운데 무속신화가 기본이 된다. 물론 무속신화는 무속신앙을 가진 사람들 사이에서 신성성이 인정되는 신화다. 환웅, 수로, 알지의 신화적 성격도 무속신화로 보고 한국의 상고대 왕조의 왕권이 무속원리에 의해 신성화된 것이라 한다. 다시 말해 〈천지왕본풀이〉, 〈제석본풀이〉, 〈바리데기〉 등의 무속신화도 고대의 건국신화와 서사적 구조를 공유함이 특징이다. 나아가 상고대 신화들은 오늘날 굿판에서 구연되는 무속신화와 밀접한 관련을 맺는다고 한다.[56]

---

56) 김열규, 앞의 논문, 32면.

모든 이야기의 조상이자 상상력의 근원을 신화라 하는데, 중국의 신화집 『산해경』은 기원전 3~4세기 경 무당들에 의해 쓰여진 것이라는 점에서도 시사하는 바가 크다.

단군신화는 한국인의 자존심이다

〈단군신화〉는 우리 민족 최초의 국가인 고조선의 건국신화이다. 이 신화 속에는 우리 조상들의 우주와 인간에서부터 사회를 형성하는 문화 전반에 대한 정보와 지식 등이 결집되어 있다. 이런 가치 때문에 관심과 연구가 지속되어 왔다. 2007년까지 〈단군신화〉에 관한 저서가 국내외 합하여 800여 권이 되고 논문이 2200여 편이 된다.[57]

최남선, 단군신화 연구를
시작한 역사적 인물

〈단군신화〉는 한국인의 현재생활에도 영향을 미치고 있는 건국신화로서 우리 스스로는 물론 외국인이 한국을 알기 위해서도 꼭 읽어보아야 할 이야기다. 〈단군신화〉의 영역본은 1911년부터 최근까지 여러 종이 출판되었다. 그리피스의 영역본에서는 미개한 한국인을 현명한 기자(箕子)가 와서 개화시켰다고 했고, 카펜터의 영역본에서는 기자 이야기를 넘어 일본에 점령되었던 한국을 고마운 미국인이 와서 해방시켰다고 서술하고 있다.[58] 오윤선은 현재 카펜터의 영역본이 미국의 시장에서 압도적으로 더 많이 팔리

---

57) 동북아역사재단 편, 『고조선 · 단군 · 부여 연구 논저 목록』, 동북아역사재단, 2007.
58) 오윤선, 「〈단군신화〉 영역자의 시각 일고찰」, 『국제어문』 48집, 국제어문학회, 2010, 67면.

고 있고 웹사이트에서 좋은 평가를 받고 있
어 시정이 요구된다고 했다.

〈단군신화〉는 한국을 대표하는 신화답게
해외에서 한국의 역사, 문학 등 한국학을
공부하는 이들에게 정확하게 읽혀야 하는
데 아쉽게도 그렇지 못한 것이다. 사실 〈단
군신화〉의 내용을 제대로 이해하는 것은 한
국인들에게도 쉽지 않은 일이다.

우리 민족의 시조인 단군의 탄생에 관한
이야기인 〈단군신화〉에는 천신(天神)으로

단군영정, 대종교 총본사에
봉안된 단군의 모습

서의 환웅을 핵심으로 지신(地神)인 웅녀가 등장한다. 〈단군신화〉는 신화
가 지닌 신에 관한 이야기로서 신성한 내용의 전달과 함께 인간적 질서의
모태를 설명하는 기능을 적절히 해내고 있는 것이다. 그러므로 우리는 한
민족의 기원신화인 〈단군신화〉에서 한국인의 존재상황과 의미를 나타내
는 민족의식에 기반을 둔 토테미즘, 휴머니즘 등을 자연스럽게 느낄 수 있
다.[59] 〈단군신화〉는 민족의 기원과 국가의 출발을 언급하고 도덕적 가치관
과 문화적 원형을 제시함으로써 민족이 나아갈 방향성을 인식하고 긍지를
갖게 했다.

인간의 안전을 도모코자 인간 스스로 특정한 동물이나 식물을 집단의 상
징으로 삼고 숭배하는 토테미즘 신앙은 아메리칸 인디언의 예를 들지 않
더라도 북방아시아 여러 나라에도 잘 나타나고 있다. 〈단군신화〉의 핵심이
되는 웅녀에 관한 이야기도 극히 원시적이고 보편적인 설화로서 전 세계에

---

59) 이화형, 「단군신화의 주체의식 검토」, 『우리어문연구』 47호, 우리어문학회, 2013,
125~150면.

널리 분포되어 있다.[60] 사실 토템사상을 지닌 〈단군신화〉야말로 황당한 이야기이다. 〈단군신화〉를 그대로 믿는다면 우리는 곰의 자손이 아니냐는 문제가 야기될 수도 있다. 그러나 신화의 세계란 이성 이전의 것이므로 이성으로 판단하려는 것이야말로 무리요 황당한 일이 될 것이다. 영국의 신학자 프레이저(Frazer)는 오늘날의 과학이 종교를 바탕으로 했고, 종교는 주술이 바탕이 되었다고 했으며, 독일 작가 토마스 만(Thomas Mann)은 '흔들리는 배의 균형잡기'를 말하면서 합리주의란 자기 억제의 속물적 표현에 지나지 않는다고 했다.

〈단군신화〉에 등장하는 곰은 말할 것도 없이 범도 본래 여성 토템으로 숭앙되었으리라 추측한다. 다만 호랑이가 하늘에서 내려온 환웅을 찾아갔

해와 달의 탄생에 관한 오누이설화

다가 고통을 참지 못하고 스스로 뛰쳐나오는 데서 호랑이는 하늘을 두려워하기 시작한 것으로 보게 된다. 호랑이가 하늘에서 내려준 썩은 동아줄을 타고 하늘로 올라가려다가 줄이 끊어져 땅에 떨어지는 곤욕을 치른다는 〈해와 달이 된 오누이설화〉[61]에서도 호랑이는 하늘과 인연이 없음을 드러낸다. 결국 호랑이는 하늘나라에 올라가지 못하고 산을 지키는 산신으로 남게 되었다.

신화는 그것을 가지는 집단으로 하여금 긍지를 갖게 한다는, 이른바 신

60) 홍순창, 「원시생활에 나타난 한국의 고유한 사고와 사상」(상), 『한국민족사상사대계』 1권, 아세아학술연구회, 1971. 28~29면.

61) 〈해와 달이 된 오누이설화〉는 아주 오래 전부터 우리나라에 전해 내려오는 해와 달의 탄생에 관한 이야기이다.

화의 기능을 새삼 확인할 수 있다. 〈단군신화〉를 온전히 역사적 사실로 받아들일 사람은 아무도 없을 것이다. 곰이 사람이 된다고 믿을 사람이 누가 있겠는가. 그러나 단군과 고조선의 역사성은 한ㆍ중ㆍ일 학자들이 공통적으로 인정하고 있고, 근현대사 학자들은 단군과 고조선이 신화로 전락한 것은 일제 식민지정책의 결과임을 밝혀냈다.

일제는 우리 민족사의 유구함을 부정하려는 식민사관의 논리로 단군이 민족시조로 인식된 것은 구한말에 이르러서라고 주장한다. 즉 1908년 1월 〈대한매일신보〉에 처음으로 "단군시조자손(檀君始祖子孫)"이라는 말이 나온다는 것이다. 역사평론가 이덕일도 지적하고 있듯이 조선 성종 16년(1485) 서거정 등이 편찬한 『동국통감』은 조선의 공식 역사관을 담고 있는데, '단군조선'부터 서술하고 있다. 『동국여지승람』에 등장하는 단군무덤[62]에서도 알 수 있듯이 조선왕조에 의해 단군은 신적인 존재가 아닌 개국을 한 실재인물로 인정되고 숭배되었다.

〈단군신화〉를 기록으로 전하고 있는 『삼국유사』나 『제왕운기』[63]는 우리 민족의 단결과 통합이 절실히 요구되는 몽골침략기에 쓰여졌다.

제왕운기, 고려시대
이승휴가 지은 역사책

민족적 위기에 직면하여 〈단군신화〉가 이를 극복해 나갈 수 있는 결속력을 유도하는 역할을 해 주길 저자들은 바랐을 것이다. 실제로 저자들은 〈단군신화〉를 통해 우리가 오랜 역사와 전통을 가진 민족이라는 자부심을 불러일

---

62) 북한에서는 오늘날 대대적으로 단군릉을 건설하는 등 〈단군신화〉의 현실성을 강화하고 있는 중이다.

63) 고려시대 이승휴가 5언시와 7언시로 지은 역사책이다.

고려중기 명문장가였던
이규보

으키려는 발언을 하고 있다. "단군이 중국의 요(堯)임금과 동시에 즉위하여 건국했다"는 것도 우리나라를 중국과 대등한 위치로 놓으려는 의도가 짙다. 고려의 문인 이규보가 〈동명왕편〉이라는 서사시로 고구려의 건국신화를 다루면서 "우리나라가 본래 성인의 고장임을 천하에 알리고자 한다"고 작시 동기를 밝히는 데서도 민족의 건국신화 재현의 이유가 잘 드러난다.

오늘날까지도 일본학자들 가운데는 단군 및 그에 대한 기록이 고조선과 무관한 것으로 후대, 특히 고려시대에 날조된 것이라는 견해를 보이며, 국내 일부 학자들에 의해서도 되풀이 되고 있어 안타깝다. 한편 요즘 중국의 동북공정(東北工程)이 단군을 배제하고 기자(箕子)만 언급하고 있다는 사실은 우리에게 많은 걸 시사한다. 단군조선이 존재하면 동북공정의 모든 논리는 근본부터 무너지기 때문이다. 일제도 단군조선을 부인하기 위해 청동기시대가 돼서야 국가가 성립된다는 논리를 전개한 것이다.

이상과 같이 〈단군신화〉에는 민족의식이 짙게 배어 있다. 특히 고려시대 이민족 지배하에서 민족정체성의 확인이 강조되었음은 물론, 조선시대 양란을 겪고 민족의식이 강화되면서 단군도 새롭게 조명되기 시작했고, 한말 민족과 국가존립의 위기에서 단군숭배는 절정에 이르렀고, 오늘날까지 단군은 민족의식을 고취시키는 구심점이 되고 있다.

일생을 통하여 〈단군신화〉에 관심을 기울인 최남선에 따르면 후세에 10월을 상달이라 하고 그 초사흗날을 신성하게 생각했으므로 10월 3일을 개천절로 잡은 것이다. 한국의 신화연구는 최남선에 의해 본격화되었다고 하며, 『조선상식문답』 신앙편(1946) 등을 통해 그의 견해가 피력되었다. 최남

선의 업적은 향후 한국 신화연구의 방향을 제
시한다는 점에서도 주목할 만하다.

최남선의 조선상식문답(1946)

단군신화는 휴머니즘의 요람이다

한국신화에 나오는 주인공은 신이 아니라
인간이라 한다. 주로 현실적 존재로서의 인간
이 신적인 차원으로 승화되어 나타난다는 것
이요 이에 한국신화를 휴머니즘적이라고 하
는 것이다. 〈단군신화〉에서 인간 중심의 개념은 신격적 요소와 호응하면서
부각된다는 점에서 융합적 의미가 크다. 또한 앞서 나온 민족의식을 개별적
성격으로 본다면 지금부터 언급되는 휴머니즘은 보편적 성격을 띤다는 점
에서 상호 보완적 · 융합적이라 할 수 있다.

"신화는 살아 있는 현실이기 때문이
다. 신화는 태초에 일어났던 것으로 믿
는 이야기인 동시에 줄곧 세상과 인간의
운명에 영향을 미치면서 지속되는 이야
기다"[64]라고 한 바 있다. 한 민족의 신화
는 그 민족의 문화를 형성해 온 핵심요
소이자, 문화적 원형이다. 구조인류학자
인 레비 스트로스(C. Levi-Strauss)는 신화
가 규범적 기능을 하는 것으로 설명하며
질서의 영속성을 유지시키는 것으로 보

프랑스 구조인류학자
레비 스트로스

---

64) Bronislaw Malinowski, Myth in primitive Psychology, New York: Norton and Co.1926, p.101.
임재해, 앞의 논문, 276면 재인용.

았다. 신화는 자연발생적으로 형성된 꾸며낸 이야기로서 인간활동을 구속할 만한 모범적 모델을 제시한다. 영국의 민속학자 말리노프스키(Bronislaw Malinowski)의 지적대로, 원시인이나 고대인들에게 신화는 독실한 기독교인들에게 '천지창조, 타락, 십자가에서의 죄'라고 하는 성서의 이야기와 같은 의미를 지닌다.[65]

이렇게 볼 때 〈단군신화〉 속에 지니고 있는 소재, 사상, 주제, 상상 등은 오늘을 사는 우리에게 충분한 의미가 있다. 더구나 〈단군신화〉에서 사회와 국가를 세우는 목적을 언급하는 "인간세계를 널리 이롭게 할 만하다(弘益人間)"는 말은 애초부터 우리 민족이 지녔던 휴머니즘적 사상을 표명한다는 점에서 매우 주목할 만하다. 혹자는 인간을 수단이 아닌 목적가치로 생각하고 인간세상을 행복하게 만드는 것이야말로 공동체의 목적이자 개개인의 삶의 목표라고 보는 관점을 인본주의라 하고, 〈단군신화〉에 나오는 홍익인간 관념은 인본주의에 토대하고 있다고 했다.[66] 홍익인간 이념을 한국인의 정체성으로 파악하여 한국인은 홍익인간 이념을 가지고 집단역사를 시작했고 홍익인간 이념을 가지고 공동체로 결합하였으며 홍익인간의 덕목을 각자의 삶의 원리로 받아들였던 사람들로도 규정될 수 있다고 보는 것이다. 즉 한국인은 인간이 주인이자 목적으로 존중되는 복된 공동체를 지향했던 사람들이자 이웃과 공동체를 위하여 봉사하는 삶을 살고자 결의했던 자들로 규정될 수 있을 것[67]이라 했다.

또한 휴머니즘과 관련해서 "옛날에 환인의 아들 환웅이 자주 천하에 뜻을 두고 인간세상을 탐내었다."와 "곰 한 마리와 범 한 마리가 같은 굴에서 살았는데, 늘 신웅 즉 환웅에게 사람이 되도록 해달라고 빌었다."는 것도 간과

---

65) B. Malinowski 지음, 서영대 옮김, 『원시신화론』, 민속원, 1996, 21면.
66) 정영훈, 「한국인의 정체성과 홍익인간이념」, 『단군학연구』 6, 단군학회, 2002, 153면.
67) 정영훈, 위의 논문, 146~147면.

할 수 없다. 여기서 알 수 있듯이 신적 존재인 환웅이나 지상적(동물적) 존재인 곰이 모두가 강렬하게 인간세상을 동경하고 마침내 뜻을 실현한다는 것은 〈단군신화〉가 지닌 휴머니즘적 특성을 분명하게 보여주기 때문이다.

나아가 〈단군신화〉는 하늘로부터 땅에 이르는 자연을 기반으로 인간이 탄생되었듯이 인간이 자연과 조화를 이루는 것이 이상적인 삶임을 암시하기도 한다. 따라서 공동체적 질서를 토대로 하는 이러한 휴머니즘적 사상은 〈단군신화〉 전체를 지배하는 정신임을 우리는 깨닫게 된다. 더구나 이러한 공동체적 정신이자 휴머니즘적 사고는 한국문화 전반을 이끄는 한국인의 DNA와 같은 것이라는 점[68]에서 주목하지 않을 수 없다.

무엇보다 인간을 중시하는 한국적 사유체계가 〈단군신화〉뿐만 아니라 우리의 대부분의 신화에서도 엿보인다는 점을 간과할 수 없다. 모든 신화는 신과 인간이 관계 맺는 과정을 드러낸 이야기라는 공통분모로 묶일 수 있다. 한국 신화도 마찬가지다. 그러나 많은 한국의 신화가 역사적 인물의 신격화 과정을 말하고 있는 사실에 주목해야 한다. 단군, 주몽, 혁거세, 알지, 수로 등에서 보듯이, 역사적 시간 속으로 들어온 건국시조들은 왕업을 성취한 후 죽어서 산신이 되거나 시조신격으로 숭앙을 받게 된다. 그런가 하면 전국의 많은 마을들이 원통하게 죽은 역사적 인물들을 신격화하여 마을의 당신으로 모시게 된 과정을 당신화에 담아 전한다.

이와 같이 인간이 신격으로 좌정하는 계기는 건국과 같은 위대한 업적, 농사나 출산 등과 같은 모범적 행위, 억울한 죽음 등으로 다양하게 나타난다. 이런 양상은 한국의 신화가 우주나 세계의 창조가 이루어진 태초의 신화적 시간보다 역사적 시간에 더 많이 관계하고 있는 점과 상응한다. 결국 한국 신화가 지닌 휴머니즘적 사고와 현실적 경향을 드러내는 것이다.[69]

---

68) 이화형, 『나아가 널리 인간을 이롭게 하라』, 월인, 2007, 5~7면.
69) 천혜숙, 「신화의 세계」, 『한국구비문학의 이해』, 월인, 2000, 84면.

이에 우리 건국신화의 주인공인 단군이나 주몽은 인간의 수명을 누리다가 죽었기 때문에 신이라 할 수 없으며, 신의 후손이라 할 수는 있어도 인간적 면모를 갖추었기 때문에 신에 관한 이야기라는 주장은 설득력이 떨어진다[70]고 하는 것도 일리가 있다.

건국신화가 주로 국가단위로 전승되고 있다는 점에서 한 민족의 구심점으로 작용하고 있음을 부인할 수 없다. 우리 민족이 〈단군신화〉를 강조하는 이유도 우리가 한 뿌리이며 뛰어난 민족임을 확인하는 근거로 활용하고자 하는 데 있음을 감안한다면 〈단군신화〉가 지니는 휴머니즘, 즉 인간중심적 정신은 더욱 고귀하다. 이렇듯 우리의 시조 탄생의 〈단군신화〉가 지닌 박애와 평화의 휴머니즘적 사상은 오늘에 이르기까지 우리 민족의 정신으로 면면히 이어져 내려오고 있다.

〈단군신화〉가 설정한 인간다운 삶의 유전자는 문화적 원형으로서 이어지고 역사적 전통으로 살아 있는 까닭에 현재의 우리 생활세계 속에서 독창적이고 가치있는 한국문화로 계승되면서 끊임없이 재창조되고 있는 것이다. 우리의 〈단군신화〉야말로 '성스러운 역사를 이야기하는 것이 신화'라고 했던 종교학자 엘리아데(Mircea Eliade)의 말을 떠 올리기에 충분하다.

단군신화에 무속신앙이 배태되어 있다

고조선 건국사인 단군탄생의 이야기는 설화 가운데 신화에 속하며, 우리나라 신화 중에 가장 오래된 한민족인의 기원신화이다. 따라서 〈단군신화〉는 신화로서 시간적으로 아득한 옛날, 일상적인 경험으로 측정할 수 없는 범위를 넘어선 태초에 일어난 사건에 관한 것이다. 〈단군신화〉 속에는 신앙을 비롯하여 가치관, 생활풍습 등이 풍부하게 녹아 있다.

---

70) 장덕순 외, 『구비문학개설』, 일조각, 2006, 54면.

단군은 가정신앙의 성주신, 마을신앙의 산신과 신선, 무속신앙의 무당, 풍수신앙의 풍수 등 한국의 토착적 신앙이자 고유한 사상에 적극 관련되고 있다. 예컨대, 풍수사상적 내용의 예증으로 〈단군신화〉를 보면 "태백산 꼭대기 신단수 밑에 내려와서 이곳을 신성한 도시라 불렀다"는 신시(神市) 형성의 일을 들 수 있을 것이다.

〈단군신화〉에는 다양한 사상적 요소들이 내포되어 있으나 가장 눈에 띄는 것은 민간신앙적 현상이 두드러진다는 점이다. 무엇보다 건국신화인 〈단군신화〉는 무속을 근간으로 하는 한국의 대표적인 신화이다. 환웅이 받은 천부인(天符印)이란 민속학적인 관점에서 고대의 무속 사제가 지닌 신성하고 영험한 위력을 지닌 징표를 의미한다. 즉 무속적 권능을 상징하는 신물(神物)로서 방울·칼·거울 같은 것들로 추정된다. 당시 무속의 자료들을 총망라하여 엮은 『조선무속고』에서 이능화는 조선의 고유종교는 단군을 종조로 하는 신교(무교)며 그 제사를 담당하는 이가 무당이라 적고 있어 무속을 신봉하는 민간에서 단군은 신인이자 무당이었음을 알 수 있다.

한편 무속과 관련되어, 최고지배자를 일컫는 '단군왕검'이란 명칭에서 드러나듯 고조선이 제사와 정치가 분리되지 않은 사회였던 사실도 전한다. 〈단군신화〉에서 "환웅이 신시를 열어 곡식, 수명, 질병, 형벌, 선악 등 무릇 인간의 삼백 예순 가지나 되는 일을 주관하여 인간세계를 다스려 교화했다"는 것은 단군이 바로 무당이자 통치자였음을 의미한다. 허리에 동

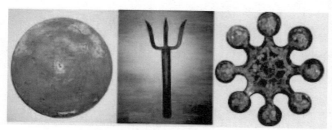

천부인, 이는 바로 무당이 지니는 삼명두
(산판·칼·방울)에 해당함

검을 차고 가슴에 청동거울을 매단 채 호령하던 청동기시대 지배자의 이미지를 연상케 하는 대목이다.

천신 및 산신을 숭앙하다

토착적 민간신앙 가운데 지상의 인간존재로서 하늘의 뜻을 수행해야 하는 하늘숭배의식을 들 수 있다.[71] 천신족(환웅족)과 지신족의 결합에서 보여주는 웅녀의 시련과 고통은 성년이 되기 위한 통과제의적 의미도 있지만, 오히려 천신족의 우월성을 제고하면서 새로운 시대를 맞는 과정을 표상하는 의미가 있다. 환인과 환웅은 하늘에 있는 신선이며, 단군도 하늘의 위상을 지닌다. 잘 알려진 바와 같이 〈단군신화〉의 내용에서 환인은 초자연적 존재인 하느님이기만 한 데 비하여, 그 아들인 환웅은 지상의 역사적

동학사상의 창시자인 최제우

시간 속으로 들어왔다. 인간과 자연의 관계만 문제시되던 단계에서는 환인만 섬기면 그만이었지만, 청동기시대에 이르러서 건국사업이 시작되자 다시 환웅을 설정할 필요가 있었을 것이다. 천신의 아들인 환웅이 하늘에서 내려왔다는 말은 다른 곳에서 이주했다는 사실과 이주민의 자부심을 함께 나타낸 것으로 이해될 수 있다. 환웅의 건국사업이 사건의 전체적인 전개를 주도하고 있고 단군의 이야기는 오히

---

71) 우리의 동학사상을 창시한 최제우가 "하느님을 모시자(侍天主)"고 외친 것도 뿌리 깊은 하늘숭배 의식의 소산이다. 지금도 우리가 하늘을 경외시함은 여전하다. 우리들은 늘 '하늘이 무섭지 않느냐', '하늘이 다 안다'는 식으로 하늘을 숭앙한다.

려 부수적인 편이다. 환웅과 웅녀가 결혼하여 낳은 단군은 순조롭게 왕위에 올랐으며, 나중에 산신이 되었다고 하는 데까지의 일대기가 나타나 있으며, 극적인 사건 같은 것은 보이지 않는다.

〈단군신화〉는 특별히 신성한 장소를 무대로 삼는 신화의 특성답게 "아버지는 아들의 뜻을 알고 삼위 즉 태백이라는 거룩한 산을 내려다보니……환웅은 그의 무리 삼천 명을 이끌고 태백산 꼭대기 신단수 밑에 내려와서"라고 한 바와 같이 '태백산(太伯山)'[72]을 배경으로 하고 있다. 또한 〈단군신화〉에서는 "백악산 아사달에 도읍을 옮겼는데, 백악산 아사달을 궁홀산이라고도 하고 금미달이라고도 했다.…… 주나라 무왕이 즉위한 을묘년에 기자를 조선에 봉하니, 단군은 장당경으로 옮겼다가 뒤에 아사달로 돌아와 숨어 산신이 되었다."고 했다. 단군이 정한 도읍지 아사달은 문헌에 따라 무엽산(無葉山)이라 하는가 하면, 또는 백악산이라 말하기도 한다. 그러나 지금의 어디인지는 정확히 밝혀지지 않고 있다. 백두산, 묘향산,[73] 마니산, 구월

묘향산, 평안도에 있는 한국 5대 명산의 하나로
태백산으로도 불림

---

72) 태백산에 대해 『삼국유사』 원문의 주석에서는 지금의 묘향산(妙香山)이라 했다. 그런가 하면 백두산의 옛 이름이 태백산이라고 하는 등 태백산에 대한 학설이 분분하다. 그러나 고유명사가 아닌, '큰 빛이 나는 산'이나 '가장 밝은 산'이라는 뜻을 지닌 보통명사로 이해하는 편이 좋다고 본다. 이는 신화가 지니는 신에 관한 이야기, 자연현상이나 사회현상의 기원과 질서를 설명하는 이야기, 신성시되는 이야기라는 신화의 속성과도 상통하는 것이다.

73) 평안도에 있는, 산세가 기묘하고 향기를 풍기는 산이라 하여 묘향산이라 불렸는데, 예부터 한국 5대 명산의 하나로 알려진 묘향산은 고려중엽 이후에는 바위들이 희고 정갈하다는 뜻에서 태백산이라고도 하였다.

산, 평양 등 여러 설이 난무할 뿐이다. 여기서 알 수 있듯이 〈단군신화〉 속에는 환웅이 태백산으로 내려왔고 단군이 백악산 아사달의 산신이 되었다는 산악숭배의식이 깃들어 있다.

〈단군신화〉에 등장하는 곰과 호랑이도 산에 사는 맹수이다. 물론 설화에 의하면 경쟁에서 밀린 호랑이가 산신으로 추앙받고 있다가 고려 건국부터 우리 역사의 전면에 등장하게 된다. 곰이 아닌 호랑이가 고조선 이후 한민족이 숭배하는 신이자 한민족의 상징으로 자리잡아 나가는 것이다.

건국시조들은 죽어서 승천하기도 하지만 산신이 되는 경우가 많다. 한국 신화에서도 이 같은 현상을 볼 수 있는데, 이는 산신은 곧 천신이기도 하다는 관념의 소산일 것이다. 물론 산은 지상의 존재이지만 높은 산은 하늘에 닿을 만한 곳이라는 믿음으로 산신과 천신을 동일시했다고 본다. 건국시조를 산신이 낳는다는 신화 속의 내용도 이를 뒷받침한다. 즉 혁거세의 경우 하늘에서 내려온 알에서 태어났다고 하는 한편, 산신이 된 선도성모가 혁거세와 알영을 낳았다고 하기도 한다.

웅녀가 단군의 어머니라는 설정은 신모신화의 연장이자 모계사회의 흔적일 수도 있다. 신경득은 〈단군신화〉에서 '환인·환웅·단군은 삼신인데 반해 웅녀는 삼신격에 올라가지 못했고 행방도 묘연하다'는 의문에 대해 "단군이 아사달에 돌아와 산신이 되었던 것처럼 웅녀도 단군을 분만한 성모로, 신모인 단골로, 민중을 돌보는 서낭산신으로 좌정했다"[74]는 주장을 했다. 임재해도 웅녀를 곰네라 하고 곰네를 성모로 규정했다.[75]

---

74) 신경득, 「웅녀의 산신격 연구」, 『배달말』 42, 배달말학회, 2008.

75) 임재해, 「단군신화를 보는 생태학적인 눈과 자연친화적 홍익인간사상」, 『단군학연구』 9, 단군학회, 2003, 142~147면.

신목 및 토템을 숭배하다

〈단군신화〉에 나오는 "환웅은 그의 무리 삼천 명을 이끌고 태백산 꼭대기 신단수 밑에 내려와서 이곳을 신성한 도시라 불렀다."는 구절을 다시 보자. 환웅이 내려온 신단수는 신, 곧 하느님에게 제사를 지내는 신성한 곳을 말한다. 다시 말해 천신의 아들인 환웅이 인간세상에 오기 위해 신단수라는 나무 밑으로 내려왔다는 얘기에서는 나무에 정령이 깃들어 있다고 믿으며 섬기는 신목(神木)숭배사상을 엿보게 된다. 옛날 사람들은 하늘의 신이 커다란 나무를 타고 땅으로 내려온다고 믿었다. 당산나무가 마을의 수호신인 동시에 신이 강림하는 장소였던 셈이다.

느티나무 신목에는 소원을 비는 헝겊과 쪽지가 가득 매달려 있음

〈단군신화〉의 '곰은 환웅이 시킨 대로 금기사항을 지켜 21일 만에 여자의 몸으로 변하였으나 범은 능히 이를 지키지 못해서 사람이 되지 못했다'는 대목을 통해 우리에게 곰은 일찍부터 숭상의 대상이었음을 알 수 있다.[76] 한편 〈단군신화〉

---

76) 물론 〈단군신화〉의 핵심이 되는 웅녀에 관한 이야기는 극히 원시적이고 보편적인 설화로서 전 세계에 널리 분포 되어 있다.(홍순창, 「원시생활에 나타난 한국의 고유한 사고와 사상」(상), 『한국민족사상사대계』 1권, 아세아학술연구회, 1971. 28~29면). 인간의 안전을 도모코자 인간 스스로 특정한 동물이나 식물을 집단의 상징으로 삼고 숭배하는 토테미즘 신앙은 아메리칸 인디언의 예를 들지 않더라도 북방아시아 여러 나라에도 잘 나타나고 있다. 이를 테면 우리 인근 민족의 설화 가운데 아이누의 곰토템을 비롯하여 중국황제의 화웅설(化熊說), 염제의 용종(龍種), 소호(小昊)의 사종(蛇種), 견융족(犬戎族)의 견종(犬種), 돌궐족의 낭종(狼種), 청태조의 수달(水獺) 설화 등이 토테미즘의 유래를 가진 수조(獸祖)설화다.

에 등장하는 범도 본시 여성 토템으로 숭앙되었으리라는 추측이 가능하다. 『삼국유사』에 보면 견훤이 갓난아이였던 시절 그의 부친이 밭을 갈고 있을 때 어머니가 밥을 가져다주려고 아이를 수풀에 두었더니 범이 와서 젖을 먹였다[77]는 대목이 이를 뒷받침한다. 또한 『삼국유사』에 수록되어 있는 〈김현감호설화〉도 예외는 아니라고 본다. 호랑이가 처녀로 변하여 흥륜사에서 탑돌이를 하다가 김현을 만났고, 김현은 제 몸을 죽여 자기를 출세시킨 호랑이에게 감동을 받았다는 이야기이다.[78] 호랑이 처녀는 타인의 죄를 자신이 대신하며 남성에게서 구하기 힘든 희생적 정신을 보임으로써 여성 특유의 긍정적 가치를 유감없이 드러냈다. 고려 태조 왕건의 선조인 호경의 아내였던 호녀 등도 분명 호랑이에 관련된 토테미즘의 흔적이다.

〈단군신화〉에는 '쑥과 마늘'이 주는 신비스러운 약초의 역사도 실려 있다. 쑥, 마늘이라는 자연물을 숭배하는 주술적 토테미즘 현상의 일부로 읽힌다. 쑥의 약효는 물론 마늘에는 페니실린에 비길 만한 효능을 가진 알칼

리신이라는 강력한 살균 성분이 있어 결핵균 · 임질균 · 이질균 등에 대한 살균 효과가 뛰어나다. 쑥과 마늘은 피부를 희고 건강하게 한다. 쑥과 마늘을 의약품으로 사용한 사실을 근거로 삼을 때 환웅이 우리나라 의약의 창시자로 간주되기도 한다. 우리가 단군을 무당으로 보기도 하듯이 무(巫)가 의(醫←毉)와 통함은 자연스런 것이요, 이 사실을 통해 인간세상을 다스림에 있어 환웅이 의료행위를 했다고 하는 점

---

77) 일연, 『삼국유사』 권2 기이2 후백제 견훤조.
78) 일연, 『삼국유사』 권5 감통 제7 김현감호조.

은 매우 설득력을 얻는다. 임재해는 "환웅은 처음으로 쑥과 마늘(달래)을 먹도록 식생활을 일깨워준 문화영웅이며, 그 내용은 우리 식문화의 원형을 이루는 셈이다"[79]라고 했으며, 이어령은 이미 "단군신화의 쑥과 마늘은 한국 나물문화의 원형으로 주목된다"[80]고 한 바 있다.

금기 · 성 · 숫자3을 숭앙하다

〈단군신화〉에는 우리나라 최초의 국가인 고조선이 성립되는 과정에서 필요한 거의 모든 것이 상징적으로 함축되어 있다. 가령 〈단군신화〉에는 '햇빛을 보지 말라'는 일광(日光)금기와 함께 '삼칠일(21일)'이 시사하는 산후의 금기신앙이 있다. 21일간의 금기풍속은 지금까지도 이어져오는 편이며, 아이를 낳으면 세이레 동안 타인의 출입을 막는 산후의례로 내려오고 있다. 이 의례는 극도로 불안하고 연약한 상태의 신생아를 병균으로부터 보호한다는 측면에서도 상당히 과학적인 의미를 지니고 있다.[81] 특히 환웅이 동물들로 하여금 먹기 힘든 음식인 쑥과 마늘을 먹고, 견디기 힘든 동굴속 생활로 거주를 제한하는 것은 기본적인 문화적 규범을 준수해야 동물이 아닌 인간이 됨을 강하게 시사한다. 인간이 되기 위한 시련 극복으로서의 통과의례적 의의가 부각되고 있다.

남근을 상징하는 박달나무 아래서 아이 갖기를 축원한 성기숭배신앙 및 기자치성의례의 내용도 있다. 〈단군신화〉에 "여자가 된 곰은 그와 결혼할 상대가 없었으므로 항상 신단수 아래에서 어린아이를 갖게 해달라고 축원

79) 임재해, 「단군신화에 갈무리된 문화적 원형과 민족문화의 정체성」, 『단군학연구』 16, 고조선단군학회, 2007, 287면.
80) 이어령, 『디지로그』, 생각의나무, 2006, 95면.
81) 외부인 출입이 심한 산후조리원에서 일어난 세 아이의 급사 요인이 바이러스 감염이었다 (2001. 11)는 사실 보도 등은 시사하는 바가 크다.

했다.”고 한다. ‘신단수(神檀樹)’ 앞에서 빌었다는 것은 수목(신목)숭배를 뜻하며 ‘단수’라는 나무는 남성의 성기를 상징하는 것으로, 기자치성과 더불어 성기숭배사상을 엿보게 한다.

〈단군신화〉에는 세계적으로 절대수라는 숫자 3을 좋아하는 우리 민족의 의식의 원형이 고스란히 담겨 있다. 이는 이분법적 논리를 거부하면서, 이상적인 것은 3개의 요소로 이루어진다는 ‘삼일(三一)철학’의 세계인식과도 상통한다고 본다. 환인·환웅·단군의 3대(代)[82]를 비롯하여, 3위 태백, 천부인 3개, 무리 3천 명, 풍백·우사·운사, 3백 예순 가지 일, 3칠일 등의

많은 언급은 예사롭게 볼 수 없다. 염상섭의 소설 〈삼대〉도 신화적 연속성을 가진 3대 체계로 이해하는 편이다. 민족신화에 이렇게 3 관련 숫자가 많이 등장하는 것은 우리 민족의 출발기부터 3을 중시했음을 암시한다고 본다. 우리 민족과 관련된 숫자 3은 삼강, 삼계, 삼년복, 삼매, 삼박자, 삼배, 삼보, 삼신, 삼월삼짇날, 삼일장, 삼재(三才), 삼재(三災), 삼족, 삼원, 삼채장단, 세마치장단 등 수없이

많다. 특히 전 세계적으로 3과 종교는 깊은 관계가 있다고 하는데, 우리의 민간신앙과 연관된 것으로도 삼명두(신칼·요령·산판), 삼불제석, 삼신할머니, 삼존불 등이 있다. 『도덕경』에는 ‘삼생만물(三生萬物)’이라 하여 ‘3’이 만물을 낳는다고 보았으며 『사기』에는 ‘수성어삼(數成於三)’이라 하여 수는 ‘3’에서 이룬다고 보았다. 이른바 ‘3’을 중시하는 사상은 한국문화의 본질이라 할 수 있는 상생과 조화의 근간이 되는 사고체계라 하겠다.

---

82) 이지영은 〈단군신화〉의 구조에 대해 단군의 아들 부루를 넣어 4대기 구조로 보고 있다.(이지영, 앞의 책, 16면)

이밖에도 〈단군신화〉에는 선주민집단과 유이민집단의 갈등과 결합, 새로운 지배자의 출현 등이 보여주는 정치적 의미를 비롯하여 종교적 기능의 '단군'과 정치적 기능의 '왕검'의 합성어에서 나타나는 통치적 의미 등이 비유적으로 표현되었고, 사회분화가 가져오는 강제력의 필요성에 따른 형벌 등도 서술되어 있다. 한편 경제활동과 관련하여 바람·비·구름을 다스리는 자가 상징하는 농경사회를 제시하기도 한다. "환웅이 풍백 우사 운사를 거느리고 태백산 신단수 아래로 내려와 신시를 펼쳤다"고 할 때, 풍백 우사 운사는 모두 농경을 관장하는 신이요, 환웅은 기후를 조절하는 주술사로서 농경부족의 족장이었음을 의미한다. 그리고 "곡식 인명 질병 …… 등 360여 가지 일을 주관하였다"는 것은 환웅이 지상에서 가장 먼저 곡식에 관한 일을 주관했다는 것이다. 이와 같은 〈단군신화〉 속의 농경문화로써 우리 문화의 원류를 북방문화나 유목문화라고 하는 오류를 수정하는 근거로 삼을 수 있다.

외래사상과 교호(交互)하다

〈단군신화〉에는 외래신앙(사상)적 요소도 눈에 띄는데, 불교의 천신(하느님)에 해당하는 제석천(帝釋天)이라는 용어를 사용 '환인제석'으로 표현하는 불교사상이 내포되어 있다. 환인에 대해 원문의 주석에서 제석을 말한다고 되어 있다. 환인과 제석은 모두 불교에서 쓰는 인도의 천주(天主) 또는 호법신을 이르는 명칭이다. 이는 『삼국유사』의 저자인 일연

인각사, 일연 스님이 돌아가신 군위에 있는 절로 스님의 부도만이 쓸쓸히 남아있음

(一然)이나 그를 도운 무극(無極)의 윤색일 것으로 보기도 한다.[83] 신채호는 『조선상고사』에서 "'제석'이니 '웅'이니 '천부'니 하는 따위가 거의 다 불경에서 나온 명사"라고 했다. 후대에 들어갔다고 보는 이 불교적 요소를 근거로 〈단군신화〉가 고조선과 무관하다는 일본학자들의 주장도 있었으나 신화의 가변적 속성에 의해, 또는 동물과의 신성한 결혼 같은 고대적 관념들에 의해 이미 그 주장의 불합리성은 밝혀졌다.

〈단군신화〉 속의 산신, 신선 등의 도교적 요소도 배제할 수 없다. 한국의 도교는 유교나 불교 속에도 스며들어 있고, 토착문화(내재, 기층문화)와 긴밀히 결합되어 언제나 다른 문화의 바탕에 깔려 있는 편이다. 한국 도교(신선사상)의 기원에 대한 학계의 입장은 크게 중국으로부터의 전래설과 본토자생설[84]의 두 가지로 나뉜다. 중국의 전래설을 지지하는 현전하는 가장 강력한 문헌적 근거는 『삼국사기』이다.[85] 이같이 도교나 신선사상의 기원에 대한 설이 교차하고 있는데, 신선사상은 산신신앙과 불가분의 관계로 설명된다는 점에서 특기할 만하다. 조선시대 홍만종은 『해동이적(海東異蹟)』에서 단군을 비롯하여 우리나라에 신선이 많이 나올 수밖에 없는 이유를 언

---

83) 원래는 하늘이나 하느님의 뜻을 가진, 우리말의 근원이 되는 어떤 어형의 음사(音寫)일 것으로 보는 견해도 있다.

84) 『규원사화』 등 선가계통의 문헌과 이능화의 저술 등을 중심으로 최근까지 한국 고유의 신선사상이 있으며, 중국의 도교(선도)사상은 한국에서 갈려 나간 것이라 언급되고 있기도 하다. 단군이 신선으로 상정되는 등 중국의 도교보다 먼저 한국에 신선관념이 존재했다는 점이라든가 중국측 도교문헌 중에 신선사상이나 도교의 연원이 한국에서 유래했음을 시사하는 문헌이 적지 않다는 점 등이 주장의 주요 근거이다. 정세근의 「한국 신선사상의 전개와 분파」에 의하면 신선사상의 발원지는 우리나라이며, 신선이란 환인·환웅·단군을 의미한다고 한다.(허창무, 「한국고유사상·문화론의 전개와 의의」, 『한국 고유사상·문화론』, 한국정신문화연구원, 2004, 52면).

규원사화, 조선 숙종 때 북애자(北崖子)가 저술한 도교적 역사서

85) 고구려 영류왕 7년(624) 당(唐)의 고조(高祖)가 도사(道士)를 고구려에 파견하여 원시천존상(元始天尊像) 및 도법(道法)을 전했다는 기록이 있다.(『삼국사기』 권20).

급하면서, 신선이 많이 출현하는 특별한 까닭
이 우리나라의 산수가 좋기 때문이라는 환경
적 요인을 들었다.

〈단군신화〉에서 유교문화적 요소를 찾는
것도 어렵지 않다. 가부장제가 이를 잘 설명
해 준다. 즉 환인·환웅·단군 등으로 이어지
는 가부장제는 유교문화적 성격이다. 물론 환
인·환웅·단군으로 이어지는 우리 민족 특
유의 부계상속의 가부장적 사회체제의 역사

해동이적 필사본

를 말해 주기도 한다. 〈단군신화〉에서 동일한 혈연을 매개로 한 단군의 자
손으로서 공동 조상신을 섬겨야 함을 일깨워주는 유교적 조상숭배사상도
간과할 수 없다.

■ 한국문화의 산실 ■

『위서』에는 다음과 같이 기록되어 있다. 2,000년 전에 단군왕검이 아사달
에 도읍을 정하고 나라를 열어 조선이라 불렀는데, 중국의 요임금과 같은 때
였다.

『고기』[86]에는 이렇게 기록되어 있다. 옛날에 환인의 아들 환웅이 자주 천하
에 뜻을 두고 인간세상을 탐내었다. 아버지는 아들의 뜻을 알고 삼위 즉 태백
이라는 거룩한 산을 내려다보니 인간세계를 널리 이롭게 할 만하므로 천부인
세 개를 주어, 내려가서 세상사람을 다스리게 했다. 환웅은 그의 무리 삼천 명
을 이끌고 태백산 꼭대기 신단수 밑에 내려와서 이곳을 신성한 도시라 불렀다.
이 분을 환웅천왕이라 한다. 그는 바람을 주관하는 자, 비를 다스리는 자, 구름

---

86) 『단군고기(檀君古記)』를 말한다. 이는 『단군본기(檀君本紀)』라고도 하는데, 단군의 사적을
기록한 가장 오래된 문헌이나 현재 전하지는 않는다.

을 맡은 자를 거느리고 곡식, 수명, 질병, 형벌, 선악 등 무릇 인간의 삼백 예순 가지나 되는 일을 주관하여 인간세계를 다스려 교화하였다.

이때 곰 한 마리와 범 한 마리가 같은 굴에서 살았는데, 늘 신웅 즉 환웅에게 사람이 되도록 해달라고 빌었다. 이에 환웅은 신령스런 쑥 한 묶음과 마늘 스무 개를 주면서 말했다.

"너희들이 이것을 먹고 백일 동안 햇빛을 보지 않는다면 사람이 될 것이다."

곰과 범은 이것을 받아서 먹었다. 곰은 환웅이 시킨 대로 금기사항을 지키니 삼칠일, 즉 21일만에 여자의 몸으로 변하였다. 그러나 범은 능히 이를 지키지 못해서 사람이 되지 못했다.

여자가 된 곰은 그와 결혼할 상대가 없었으므로 항상 신단수 아래에서 어린 아이를 갖게 해달라고 축원했다. 환웅은 이에 사람으로 변해서 그와 결혼해 주었다. 마침내 여인은 임신해서 아들을 낳았다. 그 아이의 이름을 단군왕검이라 했다.

단군왕검은 요임금이 왕위에 오른 지 50년이 되는 경인년에 평양성에 도읍을 정하고 비로소 조선이라 불렀다. 또 백악산 아사달에 도읍을 옮겼는데, 백악산 아사달을 궁홀산이라고도 하고 금미달이라고도 했다. 나라를 다스린 지 1,500년이 된 주나라 무왕이 즉위한 을묘년에 기자를 조선에 봉하니, 단군은 장당경으로 옮겼다가 뒤에 아사달로 돌아와 숨어 산신이 되었다. 그때 나이가 1908세였다.

『삼국유사』 제1권, 고조선

우리 민족 최초의 국가인 고조선의 건국 배경을 설명하는 위 단군탄생의 이야기는 설화 가운데 신화에 속하며, 우리나라 신화 중에 가장 오래된 한 민족의 기원신화이다. 따라서 〈단군신화〉는 신화로서 시간적으로 아득한 옛날, 일상적인 경험으로 측정할 수 없는 범위를 넘어선 태초에 일어난 사건에 관한 것이다.

우리는 이와 같은 한국인의 근원신화를 분석해 봄으로써 우리 민족의 문화적 전통과 정신적 가치를 찾아볼 수 있다. 잘 알려진 바와 같이 위 〈단군신화〉의 내용은 환인·환웅·단군의 이야기이다. 환인은 하느님의 존재이다. 그리고 그 천신의 아들인 환웅은 지상의 신적 존재인 웅녀와 혼인하여 단군을 출산하였다. 이로써 우리의 단군은 국조신으로 신성시되고 추앙받는 것이다.

위 내용 가운데 '곰은 환웅이 시킨 대로 쑥과 마늘을 먹으며 금기사항을 준수함으로써 21일 만에 여성의 몸으로 변했으나 범은 능히 이를 지키지 못해서 사람이 되지 못했다'는 이야기는 깊은 의미를 전한다. 학자들에 따르면 이 내용은 고조선 건국의 주도권을 둘러싸고 곰을 숭상하는 부족과 호랑이를 숭배하는 부족의 경쟁이 벌어져 곰을 숭상하는 부족이 우위를 차지하게 됐던 점을 가리킨다고 보기 때문이다. 특히 인간화를 위한 격렬한 투쟁과 더불어 인본주의적 개념이 신격관념과 조응되고 있다는 점은 간과할 수 없다고 하겠다.

2) 전설(傳說)

비록 인간에게는 도덕과 윤리가 있지만 한 시대에 갇히고 이념화되어 경직된 윤리로 머무는 경우가 있다. 우리의 전설은 이러한 모순에 대해 냉엄하게 비판하고 인간 중심의 새로운 윤리관을 제시하고자 한다. 편협되기 쉽고 그릇 판단하며 끊임없이 이기적 욕망에 사로잡히는 인간의 존재적 한계를 일깨워주는 데 전설은 일정한 역할을 해 왔다. 무엇보다 우리의 전설은 현대의 소설, 드라마, 연극, 영화 등의 장르로까지 확산됨으로써 민족문학 전통의 새로운 계승에 이바지하고 있다.

디즈니랜드의 문화산업 전문가들은 중국의 여성 영웅 목란(木蘭)의 전설을 소재로 애니메이션 영화 〈뮬란〉의 시나리오를 비롯한 캐릭터 등을 개

목란전설을 소재로 한
애니메이션 영화 〈뮬란〉

발하여 막대한 이익을 챙기고 있다. 월트디즈니사는 〈뮬란〉을 통해서 본격적으로 아시아세계에 진출하는 발판을 마련했다고도 한다. 공포영화 〈드라큘라〉는 전설적인 인물 드라큘라 백작 이야기이다. 흥행에 성공한 스티븐 스필버그 감독의 〈인디아나 존스〉도 역시 전설을 소재로 한 것이다.

이야기 자료들이 새로운 자본으로 각광 받는 시대에 우리는 '도깨비', '온달', '화랑', '바위', '무덤', '호랑이' 등 민간에서 전하여 내려오는 유익하고 재미있는 수많은 극적인 이야기 등을 소재로 문화상품을 만들고 문화산업을 더욱 튼튼히 발전시켜 나가야 할 것이다.

전설이 부활하고 있다

설화의 판타지에 역사적 사실을 가미하여 만든 연극이 무대에 올랐다. 2012년 9월 국립극단에서 제작한 연극 〈꽃이다〉는 『삼국유사』의 수로부인 이야기를 소재로 한 것이다. 다시 말해 설화가 갖고 있는 판타지에 정치사극의 긴장감을 가미했다. 우리에게 향가 〈헌화가〉로 잘 알려져 있는 〈수로부인설화〉는 『삼국유사』의 '성덕왕대 수로부인조'에 나온다.

〈꽃이다〉 공연, 삼국유사
수로부인설화를 재현한 연극(2012)

신라 성덕왕 때 순정공이라는 관리가 강릉 태수로 부임하기 위해 부인과
함께 길을 가던 중 바닷가에 이르러 점심을 먹게 되었다. 일행의 곁에는 깎
아지른 바위 봉우리가 병풍처럼 바다를 두르고 있었고 맨 꼭대기에는 철쭉
꽃이 만발해 있었다. 이를 본 수로부인이 꽃을 갖고 싶다고 했으나 너무 높
아 수행하던 모두가 엄두를 내지 못했다. 이때 암소를 끌고 지나가던 노인
이 부인의 말을 듣고 꽃을 꺾어다 바치면서 부른 것이 〈헌화가〉이다. 연극
〈꽃이다〉의 줄거리 또한 『삼국유사』의 설화내용과 다르지 않다.

　　우리나라에 현전하는 가장 오래된 역사서라는 『삼국사기』에 수록된 문헌
전설로서 〈도미의 아내〉 이야기가 있다.[87] 백제 때 도미라는 평민이 있었는
데, 그의 아내가 곱고 예쁠 뿐만 아니라 절조가 있어 칭찬이 자자했다. 당
시의 포악하고 음탕하며 어리석은 군주였던 개루왕(개로왕)이 소문을 듣고
도미의 아내를 탐해 계략과 음모로 협박하고 감언이설로 유혹하면서 몇 차
례 겁탈을 시도했으나 도미 아내는 지혜와 용기로서 이를 물리쳤다는 이야
기다. 왕에 대해서는 "원문에 개루왕(蓋婁
王)이라고 기록된 것을 뒤집을 근거는 없
다"[88]는 견해가 있으나 기록과 달리 백제
21대 개로왕으로 보는 견해가 일반적이다.

　　역사적인 전설에 속하는 이 이야기의 내
용을 요약해 보면 첫째 도미의 아내는 미
인이고 절개가 굳으며, 둘째 개루왕은 여
자의 정절을 불신하지만 도미는 자기 아내
의 정절을 믿는다. 셋째 왕은 신하로 하여
금 도미의 아내를 시험하나 실패하며, 넷

〈도미부인〉, 국립무용단의
무용극(국립극장, 2012)

---

87) 김부식, 『삼국사기』 열전 제8.
88) 박대재, 〈조선일보〉 2006. 8. 29.

째 왕은 도미의 두 눈을 뽑고 추방한다. 다섯째 왕은 도미의 아내를 궁중에 불러들여 간음하려다 실패하며, 여섯째 도미의 아내는 탈출에 성공하여 도미를 다시 만나 고구려로 망명한다. 정절을 주제로 삼고 있는 이 이야기의 첫째부터 둘째까지는 발단이고, 셋째부터 다섯째까지는 경과이며, 여섯째는 결말이다. 그리고 이 설화의 중요한 모티프는 도미 아내의 미모와 정절, 개루왕의 여성 불신과 계략, 도미의 추방이다. 어찌 보면 음탕한 군주가 미모의 유부녀를 간음하려다가 실패한 이야기에 지나지 않을 수도 있다. 그러나 소재도 재미있고 구성도 치밀하다. 뿐만 아니라 왕의 복장으로 꾸미고 간 신하가 도미의 아내인 줄 알고 동침한 여인은 한 계집종이었고, 왕의 분노를 산 도미는 두 눈을 뽑힌 채 배를 타고 바다를 표류하다가 기적처럼 아내와 상봉하는 등 사건이 계속해서 극적으로 전개된다.

전승되는 이야기 자체만으로도 훌륭한 예술작품이 될 수 있지만, 사건의 전개나 결말이 재미있고 자연스럽기 때문에 하나의 희곡이나 단편소설, 나아가 뮤지컬이나 무용의 콘텐츠로도 부족함이 없다. 실제로 현대의 작가나 연출가들도 이 설화를 주제나 소재로 삼아 새로운 작품을 만드는 데 주저하지 않았다. 인물면에서 개루왕만 하더라도 여성을 불신하는 편협된 사고, 음탕하고 천박한 인생관, 권위적이며 파괴적인 성격, 우매하고 고집스러운 면 등 매우 강하고 독특한 캐릭터를 설정할 수 있다는 점에서 매력적이라 하겠다. 박종화의 〈아랑의 정조〉(1937)라는 단편소설은 바로 전설 '도미의 아내'를 소재로 작품화한 것이다. 작가 최인호도 이 도미부인 설화를 가지고 〈몽유도원도〉라는 소설을 썼다. 그리고 1997년 뮤지컬 〈명성황후〉로 국내외를 놀라게 한 연출가 윤호진에 의해 2002년 뮤지컬 〈몽유도원도〉가 만들어지기도 했다. 2012년에는 우리나라 무용극의 효시인 〈도미부인〉이 20년만에 복원되어 한국무용의 진수를 보여주었다. 2013년 국립민속박물관 앞마당에서는 '일요 열린 민속무대'로 〈우리소리 좋을씨구— 도미의 아내

마당놀이〉 공연이 있었다.

전설에는 증거물이 따른다

신화는 신성성을 지니는 동시에 진실성을 지향한다. 그러나 전설은 신성성을 잃는 대신 진실성만을 물려받고자 한다. 전설은 구체적으로 제한된 시간과 장소를 갖는 것이 특징이다. 따라서 사실성에 뿌리를 두고 있는 전설은 역사적 관계와 더불어 특정한 개별적 증거물을 가진다. 예를 들면 전설에는 산·강·연못·바위·나무 등의 자연물, 무덤·불상·탑과 같은 인공물, 그리고 인물이나 동물 같은 증거물이 있다. 뒤에서 나오는 〈장자못전설〉은 특정한 연못을 내세우는데, 강릉의 경우 '경포'를, 태백의 경우 '황지'가 그 증거물이다. 〈아기장수전설〉은 대표적인 광포(廣布)전설 유형 가운데 하나다. 용마의 발자국이 새겨져 있다는 특정한 형상의 바위[89]

나 용마가 솟아났다는 연못 등을 증거물로 하여, 전국 각 지역에서 전승되고 있다. 전설이 증거물이 있는 한정된 지역을 통해 전승되기 때문에 그 지역 주민들은 전설에 의해서 애향심을 갖게 되기도 한다.

아기장수바위, 경기도 부천시 춘의산 소재

---

89) 경기도 부천시 도당동 춘의산에 있는 아기장수바위는 옛날 어린 장사가 인천시 부평의 계양산에서 날아와 오른발 한 쪽만 이 바위를 밟고 소변을 본 후 관악산으로 날아갔기 때문에 아기장수바위라 한다는 것이다.

전설의 분류는 최상수의 『한국민간전설집』[90]에서 처음 시도되었고 그 후여러 학자들에 의해 다양하게 분류되었다. 『구비문학개설』[91]에서는 (1) 전승장소 (2) 발생목적 (3) 설화 대상으로 구분하고 있다. 설화 대상에 따른 분류를 보면 ① 자연물 ② 인공물 ③ 보조분류(인간 · 동물)로 되어 있다. 하지만 전설은 증거물과 관련된 이야기라는 사실에서, 증거물의 종류에 따라 전설의 갈래를 나눌 수 있다. 흔히 크게 세 가지로 나누는 경향이 있다.

첫째, 바위나 산, 샘이나 못과 같은 자연물을 증거물로 삼은 이야기를 자연물전설이라 한다. 둘째, 유적 · 유물을 증거물로 삼은 이야기를 인공물전설이라 한다. 이 인공물전설에는 사찰관련 이야기도 많다. 『삼국유사』에는 〈망해사연기전설〉, 〈미륵사연기전설〉, 〈호원사연기전설〉 등 무려 70여 개에 이르는 사찰연기전설이 실려 있다. 『삼국유사』의 〈김현감호설화〉는 신

김현감호설화, 김현이 호랑이 처녀를
사랑한 애달픈 이야기

라 때 처녀로 변한 호랑이가 김현과 부부의 인연을 맺은 뒤 그를 위해 죽음을 택했다는 설화이다. 이 김현감호의 〈호원사연기전설〉은 스리랑카의 개국설화와 서로 닮았다고 보는 학자도 있다.[92] 특히 〈망해사연기전설〉이나 〈미륵사연기전설〉 같은 것들은 우리 문학사에서 중요한 위상을 차지하는 근원적 소재를 가지고 있다는 점에서 매우 주목할 만하다. 〈망해사연기전설〉

90) 최상수, 『한국민간전설집』, 통문관, 1958.

91) 장덕순 외, 『구비문학개설』, 일조각, 1971.

92) 김용덕, 「한국과 스리랑카 불교설화의 비교연구」, 『비교연구를 통한 한국민속과 동아시아』, 민속원, 2004, 839면.

은 신라 향가 〈처용가〉의 배경설화가 되고, 〈미륵사연기전설〉은 역시 향가인 〈서동요〉의 배경설화가 되어 있다. 셋째, 보조분류로 사람을 증거물로 삼은 이야기를 인물전설이라 하며, 동물을 증거물로 삼은 이야기를 동물전설이라 할 수 있다.

이 밖에도 전설의 분류는 다양하게 이루어질 수 있다. 특정한 풍속을 증거로 하여 그 유래를 설명하는 이야기는 풍속전설이라 할 수 있으며, 풍속전설에는 한식이나 고수레의 유래 등을 예로 들 수 있다. 증거물들을 더 세분하여 지명의 유래를 설명하는 이야기라면 지명전설이라 하겠고, 장수나 고승에 관한 이야기라면 장수전설 또는 고승전설이라 할 수 있다.

전설은 전파범위에 따라 분류되기도 한다. 물론 전설은 특정지역을 중심으로 전승되는 특수전설이 많다. 증거물을 인지하는 범위에 따라 흔히는 한 마을이나 한 군읍 정도의 전승범위를 보인다. 하지만, 전국적으로 전승되면서 각 지역에서 증거물을 찾아볼 수도 있는데 이를 광포전설이라고 한다. 예로는 〈홍수전설〉, 〈장자못전설〉, 〈아기장수전설〉, 〈오누이힘내기전설〉, 〈의구총(義狗塚)전설〉, 〈말무덤전설〉, 〈떠내려온 산 전설〉, 〈쌀 나오는 구멍전설〉, 〈빈대절터전설〉 등을 들 수 있다.

욕심 많은 부자집 영감이 물의 심판을 받는다는 〈장자못전설〉은 강원도 태백시내 중심지에 있는 황지연못을 비롯하여 서울의 아차산과 망우리 장자못, 강원도 춘천의 아침못, 강릉의 경포대, 대전시 소제동(蘇堤洞)의 소제호 등 전국적으로 큰 못이 있는 100여 곳이 넘는 지역에 분포되어 있다. 특히 태백의 황지연못은 우리나라 전국에 퍼져 있는 〈장자못전설〉의 근원지가 되는 연못이라고 한다.

옛날 한 노승이 황부자의 집에 시주를 청하러 오자, 황부자는 시주 대신 쇠똥을 퍼주었다. 이것을 본 며느리가 놀라서 노승에게 시아버지의 잘못을 빌며 쇠똥을 털어주고 쌀 한 바가지를 시주했다. 노승은 "이 집의 운이 다하여 곧 큰 변고가 있을 터이니 살려거든 날 따라오시오. 다만 절대로 뒤를

황지연못, 장자못설화의 원형으로 주목받는 강원도 태백시에 있는 황부자설화의 현장

돌아보아서는 안 되오"라고 말했다. 며느리가 노승의 뒤를 따라가게 되었는데, 도계읍 구사리 산등에 이르자 갑자기 자기 집 쪽에서 번개와 함께 하늘이 무너지는 듯한 소리가 들렸다. 며느리는 노승의 당부를 잊고 그만 뒤를 돌아보고 말았다. 순간 자신은 돌이 되었고, 집은 땅속으로 꺼져 큰 연못이 되었다. 연못은 1년에 한두 번 흙탕물로 변하기도 하는데, 이는 이무기가 된 연못 속의 황부자가 심술을 부려서 그렇다고 한다. 실제로 30여 년 전만 해도 연못에 큰 나무 기둥이 여러 개 잠겨 있었는데, 사람들은 그것이 황부자집 대들보와 서까래라 하였다.

〈장자못전설〉은 충청도·전라도의 〈장자풀이〉나 제주도의 〈천지왕본풀이〉 등의 서사무가와 내용이 유사하여 무속신화에 미친 전설의 영향을 짐작케 하기도 한다. 심지어 〈장자못전설〉은 〈홍수전설〉(신화)과도 교섭 결부된 것으로 이해할 수도 있다. 또한 〈장자못전설〉은 『창세기』의 '소돔과 고모라'와 통하는 만큼 세계적인 분포를 보이고 있다. 〈장자못전설〉은 고소설 〈옹고집전〉이나 강경애의 〈인간탈출〉 같은 소설작품의 근원설화가 되기도 했다.

남매가 부부가 되는 〈홍수전설〉은 고대 인도를 근원으로 중국의 영향을 받은

홍수전설, 이는 모든 대륙에 걸쳐 까마득한 옛날부터 존재함

창세설화라고도 하는데, 『구약성경』의 노아 관련담에서도 나타난다는 점에서 세계적인 설화라고 할 수 있다. 실제로 예부터 지구 전체를 강타하고 문명을 괴멸시키다시피 한 대홍수가 있었고, 이런 범지구적 홍수를 야기할 수 있는 강력한 힘의 근원은 우주적인 중력 불균형이 가장 유력하다. 이는 매일 반복되는 조수간만의 차가 달의 인력에 의해서 일어난다는 사실만으로도 알 수 있다.

전설에는 진실성이 담겨 있다

전설에 증거물이 있다는 것은 전설이 지향하는 진실성을 뒷받침해 주는 구실을 한다. 다시 말해 전설의 기능은 과거 일어났던 사실의 해명과 더불어 현재의 사실이나 현상의 원인과 유래에 관한 궁금증을 풀어주는 것이다. 무엇보다 〈온달전설〉, 〈아랑전설〉, 〈최치원전설〉, 〈곰나루전설〉, 〈놋다리밟기전설〉, 〈임진왜란전설〉, 〈동학전설〉 등이 여기에 해당한다.

〈임진왜란전설〉의 경우, 역사적 전란이 스쳐간 곳곳마다 오늘날까지 전설의 자취들이 수없이 남아 있다. 하나의 사건을 계기로 파생된 단위설화로 가장 대표적인 것 중의 하나가 〈임진왜란전설〉이다. 가령, 거북바위, 모자바위, 행주치마, 강강술래, 탄금대, 세마대(洗馬臺), 이태원(梨泰院) 등 수십 편의 전설이 바로 임진왜란과 관련이 있다.

이 가운데 〈세마대전설〉을 살펴보면 다음과 같다. 임진왜란 때 서울을 회복하고자 하던 권율 장군이 이끄는 1만 명의 병사가 독산성에 진을 치고 있다가 왜군에게 포위되었다. 물이 부족할 것으로 판단했던 왜군 가토 기요마사(加藤清正) 장군이 물을 한 동이 보내면서 조롱하며 항복을 권유하였다. 권율 장군은 흰 말을 산꼭대기에 끌고 올라가 쌀을 말 위에 부으면서 마치 말을 목욕시킬 수 있을 정도로 물이 풍부하다는 것을 보여주었다. 멀리서 보고 있던 왜군이 산정에 물이 많으니 쉬 함락되지 않으리라 판단하

독산성 세마대, 권율장군이 흰말을
쌀로 씻겨 적을 물리쳤다는 설화의 현장

고 물러갔다는 것이다. 〈이태원
전설〉은 현재의 이태원동에 운종
사(雲鍾寺)라는 절이 있었는데, 그
곳의 한 비구니가 가토 기요마사
에게 겁탈을 당해 임신을 한 후
아기를 낳자 그 집을 '이태(異胎)'
라 하였고, 나중에 그곳이 큰 배
밭이 되었으므로 이태원(梨泰院)
이라 고쳐 불렀다는 것이다.

진실을 추적하는 전설에서 증거물은 전설의 내용들이 실제 있었던 일인
것처럼 뒷받침해 주는 장치로 작용한다. 그 예로서 〈쌀 나오는 구멍〉의 경
우를 들 수 있다. 바위 또는 나무 틈에서 쌀이 나왔다는 사실은 믿기 어렵
지만, 욕심 많은 사람이 그 구멍을 쑤신 후로 물만 나오게 되었다는 결말이
증거물의 상태와 결부되기 때문에 실제로 있었던 일처럼 여길 수 있다.[93]

전설은 민담과 달리 반드시 객관적 증거물을 지니고 나타나는 특성을 지
닌다. 한편 전설은 민담처럼 일정한 형식이나 규칙이 없고 이야기의 틀이
자유롭다. 이와 같이 우리의 전설은 역사의 이면에서 진실을 드러내기 위
한 통시간적 기능을 끊임없이 수행하고 있다.

신라 30대 문무왕이 그의 유언에 따라 동해 바닷가에 있는 대왕암[大王
岩]에 장사되었는데, 왕은 용이 되어 때때로 바다에 나타나곤 하였다는 것
이 〈대왕암전설〉이다. 문무왕은 삼국을 통일한 업적을 세웠음에도 불구하
고 항상 동해 가까이에 있는 왜적의 침입을 염두에 두고 있었다. 그래서 그
는 죽으면 동해 바다에 묻어달라는 유언을 남겼다. 문무왕은 죽은 후에라
도 용이 되어 왜군을 막아 나라를 지키겠다는 뜻을 펼친 것이다. 문무대왕

93) 강진옥, 「전설」, 『한국민속의 세계』, 고려대 민족문화연구원, 2001. 51면.

은 지금도 추운 겨울바다 속에서 육지의 백성들을 지키고 있다.

신라 문무대왕의 수중릉, 경주시 동해안 봉길리 해안 앞바다

〈대왕암전설〉은 문무왕이 죽은 뒤에 큰 바위에 장사하였다는 기록[94]이 있고, 그 증거물로 대왕암이 있어 역사학계에서 주목해 왔다. 그런데 몇 년 전에 대왕암에 대한 수중 탐사를 해 보니 대왕암의 모양새와 해류의 흐름이 전설의 내용과 일치하는 점이 있었다. 그래서 이 전설이 사실과 관련이 깊은 것임이 밝혀졌다. 대왕암과 관련, 문무대왕의 비도 죽어서 왕처럼 호국룡이 되어 나라를 지키겠다 하여 바위섬 아래에 묻혔다는 아름답고 의로운 이야기도 전하고 있다.

전설은 신화처럼 확고한 믿음을 주는 것이 아니다. 사실 여부를 놓고 서로 티격태격하며 논쟁도 하게 된다. 동일한 사실에 관하여 서로 다른 이야기가 전승되는 것도 이 때문이다. 신화가 신비한 이야기나 신성한 말씀으로 믿는 이야기라면 전설은 전해 오는 진실 지향의 인간과 그 행위로서 인정되는 이야기이다.

전설의 주인공은 영웅적 인물이다

전설은 역사적 사실을 간직하고 있다. 『삼국사기』, 『고려사』 등의 역사적 기록이 전설자료에 크게 힘을 입고 있는 것도 이를 뒷받침한다. 전설의 역사성과 더불어 각 시대마다 충신, 명장, 고승, 효자, 열녀 등의 다양한 인물

---

94) 김부식, 『삼국사기』 권7 문무왕.

이 등장한다. 역사적 인물에 대한 전설은 이밖에도 명의(허준, 유의태, 진국태, 이경하 등), 명풍수(도선, 성지, 박상의, 남사고 등), 명점술가(곽박, 이순풍, 홍계관) 등이 널리 이야기되고 있다. 〈말무덤전설〉도 신숭겸, 이성계, 최영 등 역사적 명장들과 관련되는 것이다.

박제상의 처형지, 대마도 포구 사스나

삼국시대만 하더라도 왕의 아우 미해(미사흔)를 귀국시킨 뒤 일본에서 죽은 박제상의 충성어린 모습, 통일의 주역인 김유신 장군의 영웅적 모습이 전승되고 있다. 늙은 아버지를 대신하여 수자

리를 살러간 가실과의 약속을 지켰던 설씨녀의 의리와 사랑, 권력 앞에 굴하지 않았던 도미의 아내가 보인 정절과 의지 등이 널리 전하고 있다. 몸을 팔아 부자집 종살이를 하면서 눈먼 어머니를 보살폈던 효녀 지은이나, 자기 살까지 베어 병든 부모에게 바쳤던 향덕·성각의 효행설화도 있다.

한편 고려시대 여우의 아들로 태어났다는 강감찬 장군의 출생을 비롯하여 균여대사나 최응 책사의 출생 및 성장 등의 이야기는 주목을 받아 왔다. 그리고 고려 역사에서 왕건, 정몽주, 최영 등은 위대한 인물로 이야기 되고 있다. 한편 고려는 무려 일곱 번이나 몽골의 침입을 받았지만 그중에서 제대로 싸워서 이겼던 적은 두 번뿐인데, 그 두 번의 전쟁을 승리로 이끈 지휘관은 승려였던 김윤후이다. 몽골장군 살례타이를 살해한 것도 김윤후이다. 나라에서 내려주는 벼슬도 거부한 그를 후세사람들은 영웅으로 기억하고 있다.

조선시대에 들어서는 수많은 영웅적 인물들이 전설의 주인공으로 나타

나는데, 이는 물론 시
대가 명확히 밝혀져 있
기 때문이기도 하다.
백성들의 고통을 해결
해 주고자 했던 지혜롭
고 정의로웠던 박문수
어사 같은 인물의 이야
기도 많이 전승된다.
이 밖에도 송시열이나

좌측은 김윤후의 초상이고 우측은
드라마 〈무신〉에 나온 김윤후 역을 맡은 배우 박해수

이황, 이이, 정철, 이의신과 같은 조선시대 대표적인 유학자들이 학문적인
경지에 도달할 수 있었던 까닭을 신이한 능력을 지닌 여우구슬을 차지했
기 때문인 것으로 설명하는 전설도 상당히 전해지고 있다. 임진왜란을 겪
으면서 민족적 자부심을 회복하는 데 기여한 인물들의 이야기도 대단히 많
다. 곽재우, 권율, 신립, 강홍립 장군은 물론 논개, 계월향 등 기생들의 활
약도 눈부시다. 사명당의 신기한 도술적 능력은 정신적·문화적 자존심의
부각을 뜻한다. 임진왜란을 예견하고 대응방안을 모색했던 곽재우 부인의
모습은 역사인식을 보여주는 일례로 유명하다. 2012년 5월 31일에는 '의병
의 고장'이라는 경남 의
령군에서 붉은악마의
시조인 홍의장군을 기
리는 행사가 시작되었
다. '의병의 날'이 전국
국경일이 되면서 두 번
째로 치러진 '의병제'라
는 축제였는데 전야제
행사에서 일명 〈의병제

곽재우 장군이 부인과 함께 솥바위에 올라
승리를 기원하고 있는 공연장면(2012)

정암진전투 재현〉이라는 공연이 있었고, 곽재우 장군이 부인과 함께 솥바위에 올라 승리를 기원하는 장면은 인상적이었다.

다양한 전설 중에서도 조선시대에 들어와 폭넓게 유포된 것으로는 효자와 열녀 이야기를 들 수 있다. 이야기 속의 주인공들은 집안을 빛낸 인물로 자리 잡기도 한다. 하지만, 실제로는 많은 이야기가 국가에서 의도적으로 유포시켰을 가능성이 높다. 한중일 등 동양에서는 특히 효가 설화의 강력한 소재가 되었다.

우리나라에서는 효행에 관한 이야기가 수없이 전승되고 있는데 가장 많은 내용은 제철이 아닌 음식물을 구하여 부모의 병환을 낫게 하는 것이다. 잉어를 구해서 부모를 봉양했다는 이야기가 경북의 예천이나 전남의 화순 등에서 전승되고 있다. 경주에 사는 정남이라는 효자의 경우는, 아버지가 이름 모를 병으로 눕게 되었을 때 잉어가 좋다고 하여 구하러 나섰으나 겨울이라 잉어를 구하지 못했다. 돌아오다 우물 앞에서 신에게 도와 달라고 빌자 큰 잉어 한 마리가 솟아 올라왔으므로 그 잉어를 잡아 달여 드려 아버지 병을 낫게 했다는 것이다. 그 후 그 우물을 '효자우물'이라 불렀다고 한다.[95] 잉어를 구해서 부모를 봉양한 이야기는 원래 중국 왕상(王祥)의 효행담에 근거한 것으로 이 내용은 『오륜행실도』에도 수록되어 있다. 왕상은 효심이 깊은 사람이다. 계모가 추운 겨울에 잉어를 원하자 잉어를 구하기 위해 강가로 가서 얼음을 깼는데, 그 구멍으로 쌍잉어가 뛰쳐나와 잘 봉양했다는 이야기다. 이러한 효행담이 우리나라에도 그대로 전파되어 효자와 효부들의 다양한 효행을 설명하는

문자도, 왕상의 효행을 상징하는
잉어가 들어간 효를
강조하는 그림

95) 최상수, 『한국민간전설집』, 통문관, 1958, 44면.

이야기로 정착되었다. 효행은 유교에서의 『효경』만이 아닌 불교의 『부모은 중경』, 천주교와 기독교의 『성경』(십계명에 있는 네 부모를 공경하라) 등 여러 종교에서도 중요한 덕목으로 부각시키고 있다.

　조선후기에 이르면 전설 속에 가치관의 변화를 반영하는 새로운 인물형이 등장한다. 고정된 규범에서 일탈하고 중세사회를 해체하는 파격적 인물형이 나타나는 것이다. 경제적인 부를 축적하고 합리적인 생활을 지향하는 인물들이 출현한다. 무엇보다 인간적인 삶을 염두에 두고 백성들의 고난을 해결해 주고자 하는 개혁적 인물형의 대두가 돋보인다.

전설은 비애로 끝이 난다

　신성성을 갖춘 신화의 주인공이 신적인 존재인 반면 역사성을 지닌 전설의 주인공은 인간에 해당한다. 그러나 민담의 주인공과 달리 대부분 훌륭한 인물이다. 다시 말해 전설은 초자연적인 신령이나 평이한 인간을 주인공으로 삼지 않는다. 전설의 주인공은 어디까지나 인간이며 다만 비범한 인물에 속한다.

　희곡작가 최인훈은 온달과 평강공주의 설화를 소재로 쓴 〈어디서 무엇이 되어 만나랴〉(1970)라는 작품으로 유명하다. 2005년 호평 받은 아카펠라 뮤지컬 〈거울 공주 평강 이야기〉에 이어 2006년 CGV 압구정에서 호황 공연된 것도 바보온달과 평강공주 이야기를 비튼 것이다. 〈어디서 무엇이 되어 만나랴〉는 1971년 동아연극상 대상을 수상했다. 최인훈은 온달에 대해서 한국의 문학적인 문장화된 어떤 영웅의

〈어디서 무엇이 되어 만나랴〉
(작 최인훈, 연출 한태숙, 1986)

형상보다 차일디시(childish)하며 민족 최초의 개국시대 영웅들과 같은 때 문지 않은 영웅으로서의 영웅이라고 말한 바 있다.[96] 양정웅은 6세 때 보았던 이 연극이 잊히지 않는다고 하면서 꿈적도 않던 온달 장군의 관이 한 여인의 손길이 닿자마자 스르륵 밀리는 것을 보고 '저런 것이 살아 있는 것이구나' 하고 깜짝 놀랐다[97]고 했다.

전설의 주인공은 비록 영웅일지라도 인간이기 때문에 자신에게 닥친 사회문제를 원만히 해결하지 못하고 실패하기 일쑤다. 따라서 결말이 비극적으로 끝나는 경우가 많다. 〈오장군전설〉에 등장하는 오장군이나 〈장자못전설〉에 나오는 며느리는 한결같이 긍정적인 인물이므로 불행한 결말에 이를 까닭이 없다. 그럼에도 불구하고 결말이 불행하게 되는 것이 전설의 한 속성이다. 〈장자못전설〉에서 뜻하지 않던 사태가 훌륭하고 선량한 며느리의 부주의로 말미암아 생겨난다. '뒤돌아보지 말라'는 금기를 어겨 빚는 실수 같은 것은 인간에게 얼마든지 있을 수 있다. 가난하고 미천한 처지의 인물들이 대단한 성취에 도달하는 민담의 결말이 인간의 긍정적 가능성을 열어놓는 구실을 한다면, 보통 이상으로 뛰어난 사람들이 좌절하는 전설의 결말은 인간의 한계를 여러모로 일깨워주는 구실을 한다. 〈임경업전설〉이나 〈신립전설〉도 마찬가지로 각각의 주인공이 비범한 능력의 소유자이나 불행하게 좌절하고 만다.

그러나 전설이 대체로 비극적인 좌절로 끝나는 데 비해 〈아랑전설〉 같은 원혼전설의 경우는 주인공이 반드시 자기의 억울함을 풀고 정당성을 인정받는다는 점에서 특수성을 분명히 드러낸다. 따라서 전국 각지에서 전승되는 원혼전설은 한국 전설 가운데 대표적으로 문제해결의 의지를 적극적으로 발현하는 유형이라 하겠다.

---

96) 최인훈, 『문학과 이데올로기』, 문학과 지성사, 1979, 397면.
97) 〈조선일보〉『연극 연출가 양정웅 집안』, 2013. 10. 8.

자연물 전설도 인물 전설과 마찬가지로 현실적 한계를 잘 보여준다. 〈그림자못전설〉, 〈쌀 나오는 구멍전설〉만 하더라도 아무 신이성에 대한 믿음을 이끌어내지 못한다. 아직껏 어느 못도 사람의 그림자를 바로 비추어주며, 어떤 바위에서도 쌀이 나오거나 물이 나온 적이 없다. 능력이 뛰어난 영웅적 인물들이 현실적으로 좌절하는 구조와 마찬가지로 자연물의 초월성이 현실에 맞게 변화된 것이다. 자연물이 신이함을 타고났으나 자연물의 상태로 머물 수밖에 없는 한계를 나타내는 셈이다. 전설은 인물이든 자연물이든 초월적 경이를 추구하다가 현실에 부딪쳐 공허하게 끝나는 이야기다.

전설은 인간과 인간, 또는 인간과 사물의 관계를 통하여 예기치 않던 일들로 인해 일어나는 비극적 상황, 불행한 사건을 매우 민감하게 다루고 있다. 이 비극성의 문제는 전설이 지닌 원천적 성격에서 기인하는 것이다. 전설은 증거물이라는 실제적 근거와 관련되지 않을 수 없기 때문에 비록 허구적 상상의 세계를 구사할지라도 결국에는 현실로 돌아오게 되어 있다. 그리고 이 허구와 현실과의 충돌 지점에서 비극이 일어날 수밖에 없는 것이다. 무한한 상상과 괴리된 현실 속에서 존재적 결핍을 극명하게 드러내 보이는 게 바로 전설의 속성이다.

■ 비극적 영웅의 탄생 ■

옛날에 가난한 농부의 집안에 한 아기가 태어났는데, 그 아기의 양쪽 겨드랑이에 비늘이 하나씩 나 있었다. 부부는 남의 농사일을 도와주면서 먹고 살았는데, 일하러 갈 때면 아기는 방 안에 묶어놓고 다녔다. 하루는 일을 하다가 아기가 배고플까 봐 집으로 와서 방 안을 보니 아기가 없었다. 놀란 어머니는 집 안을 샅샅이 뒤졌지만 찾을 수 없었다. 다시 방 안으로 들어와 보니 아기가 천정을 날아다니는 것이었다.

여자는 남편에게 이 이야기를 했다. 부부는 아기를 죽여야 한다고 생각했다. 필시 이 아기가 자라면 반역자가 될지도 모른다고 생각했던 것이다. 그렇게 되면 온 집안식구는 몰살당할 수밖에 없기 때문이다.

그래서 여자는 아기를 업고 산속의 후미진 바위로 가서 그 위에 올려놓았다. 아기는 자기가 죽을 것을 알았는지, 죽기 전에 소원이 있다고 말했다. 어머니는 불쌍한 마음에 그 소원을 들어주마 이야기했다. 아기는 자기 무덤 안에 콩 500알과 팥 500알을 같이 넣어 달라고 하였다. 그 말을 듣고 어머니는 아기를 바위로 눌러 죽인 후에 소원대로 콩과 팥을 넣어주었다.

부부는 관가에 가서 아기를 죽이게 된 이유를 말했다. 관가에서는 그 사실을 확인하고자 아기의 무덤을 찾아가자고 하였다. 부부를 앞세워 포졸들이 무덤에 와서는 무덤을 파헤치기 시작하였다. 무덤 안에서는 콩과 팥이 병사와 말로 변신하여 열심히 군사훈련을 하고 있었는데, 무덤이 파헤쳐지자 도로 콩과 팥으로 변해 버렸다. 아직 때가 되지 않았는데 사람들에게 들켰기 때문이다.

이때 하늘에는 날개가 달린 말이 내려오고 있다가 자신이 모실 장군이 죽어버리자, 땅에 떨어져 죽어버렸다. 그 자리를 사람들은 말무덤이라고 부른다.

서울특별시, 『서울민속대관』 6(구비설화편), 1994.

〈아기장수전설〉은 '말무덤 이야기'라고도 한다. 이와 같은 〈아기장수전설〉은 조선중기 이후부터 형성 전승되어 왔다. 그리고 이 전설은 지방에 따라 줄거리는 약간씩 다르지만 전국에 걸쳐 분포되어 있다. 특히 주목할 수 있는 것은 다음과 같은, 서울 중랑구 면목동에 전하는 '서울 용마봉(龍馬峯) 이야기'다.

옛날에 저기 서울 워커힐 옆 아차산 최고봉우리가 용마봉입니다. 옛날에 거기서 용마가 나왔다고 해요. 조선시대 그 이전의 이야기지요. 여기 한강 광나루는 원래 백제 고구려 경계였지요. 백제성이 있을 때인가. 옛날에는 장사가 났다고 하면 다 잡아 죽이던 시절인데, 장사가 났다니까 여기 어디서 난 사람이겠지요. ……이렇게 부모가 장사를 찍어 죽이고 나니, 아, 용마봉에서 용마가 나와 갖고 날라 갔다는 그런 이야기가 있었다고 그럽니다. 애석한 일이지요.

이 이야기의 제보자
최춘봉은 면목동에서
자라면서 10살 안팎에
동네 어른들에게 이야
기를 들었다고 한다.[98]
〈아기장수전설〉은 당
시 국가적인 혼란이나
무질서와 밀접한 관련

서울시 아차산에서 바라본 용마봉(용마산, 348m)

이 있는 이야기라고 할 수 있다. 이 시기에는 탐관오리들의 가렴주구가 극
성을 부렸기 때문에 농민들이 고향에서 살지 못하고 농촌을 떠나는 현상이
심하게 일어나던 때이다. 따라서 현실적인 궁핍과 가혹한 착취에서 벗어날
수 있는 어떤 메시아적인 존재가 출현하기를 기원하였으며, 그러한 기원을
담은 이야기가 〈아기장수전설〉이다.

전설의 주인공들은 신화의 주인공들처럼 초월적이지 않고 인간적인 모
습을 띤다. 하지만 보통 사람들과는 달리 탁월한 인물이다. 그러나 영웅적
자질을 지닌 전설의 주인공은 완고한 사회체제나 막강한 힘에 부딪혀서 고
난을 겪고 실패하기 십상이다. 물론 역사적으로 성공한 인물의 전설은 사
실에 기초하여 위대한 인물로 언급되게 마련이지만 전설적으로 창조된 인
물들은 타고난 역량에도 불구하고 좌절하도록 그려져 있다. 이 〈아기장수
전설〉을 비롯하여 〈오장군전설〉 등이 바로 창조된 영웅적 인물의 한계를
잘 드러내는 대표적인 예이다. 뛰어난 장군이면서도 보통 사람들과 마찬가
지로 큰일을 이루지 못하고 삶을 마감한다.

특별히 주목할 만한 것은 이 전설의 내용이 이율배반적인 속성을 보이고
있는 점이다. 마땅히 보호받아야 할 아기장수가 자기 부모에게 죽임을 당

---

98) 최래옥, 『한국구비전설의 연구』, 일조각, 1981, 290면.

하기 때문이다. 갓 태어난 소중한 아이를 살해하는 부모의 모습은 왜소하고 나약한 평민의식을 보여주고 있다. 아기장수는 학정에 시달리는 민중들의 꿈의 투영이다. 그들은 힘들기만 한 현실이 개선되기를 소망하며 장수의 출현을 기대하지만 막상 장수가 나타나자 그를 받아들일 의식이 준비되지 않았기 때문에 결국은 장수를 부정하고 자신들의 한계 속으로 안주하고 만다.

이 전설은 민중들 스스로 메시아로서의 아기장수를 제거해 버리는 모순을 표현하고 있다. 새로운 세계의 도래를 보장하는 국가적인 변혁을 심리적으로는 요구하지만 실제적으로는 그런 변혁이 일어나는 것을 불안하게 생각한다. 현실적인 삶과 미래적 가치관 사이의 거리를 뛰어넘을 수 없는 단절을 고통스럽게 받아들이는 하층민의 패배의식을 보게 된다.

최인훈은 〈옛날 옛적에 훠어이 훠이〉를 통해 전설의 원형을 순수하게 재현시키려는 노력뿐만 아니라 이 전설의 핵심에 접근하려는 시도를 보여준다. 현실에 안주하려는 민중들의 호흡 속에 〈아기장수전설〉이 끈질기게 살아 있음을 확인시키는 것이다. 〈아기장수전설〉은 우리의 전설 가운데 가장 주목받아온 이야기로서 김동리의 〈황토기〉, 김승옥의 〈역사〉, 황석영의 〈장사의 꿈〉 등 소설로도 다시 태어났다.

〈옛날 옛적에 훠어이 훠이〉
(동랑레퍼토리극단, 2009)

1979년부터 설화관련 전승 자료의 조사와 채록 그리고 연구가 본격화됨에 따라 『한국구비문학대계』와 같은 전국 규모의 자료집이 간행되기에 이르렀다. 정치적 혼란과 외세의 개입이라는 역사적 현실은 인물전설을 통해 새롭게 부각되었다. 〈최제우전설〉은 득도하여 세상을 구하려다 수난을 겪는 민간영웅의 일생을 바탕으로 하고

있다. 이와 아울러 민중적 역사인식의 저류
를 형성하던 〈아기장수전설〉이 동학의 선
두에서 활약했다는 아기장수 홍의장군, 의
병장 신돌석 등과 결부되면서 민중영웅전
설로 재현되고 있음에 주목하게 된다.[99]

『한국구비문학대계』
(전85권 완질)

전설은 인간실존을 중시한다

우리나라에는 〈아기장수전설〉을 비롯해
새로운 생명의 탄생과 죽음 등을 다루는 전
설이 많다. 특히 한국인의 실존의식을 고취하는 이야기로서 〈달래강전설〉
을 간과할 수 없다. 우리나라의 많은 지명에는 지명이 탄생된 유래가 있으
며, 그 유래가 이야기를 통해 전해지고 있는데 〈달래강전설〉이 그러한 대
표적인 예이다. 물론 이 달래강 또는 달래고개와 관련된 설화는 전국적으
로 30여 곳이 넘게 분포되어 있다. 충주지방에 분포되어 있는 전설 하나만
골라 내용을 간추려 보면 다음과 같다.

여기 충주라는 지방엔 달래강이라고 있는데, 달래강은 어떻게 해서 달래강
인가 하믄 옛날에 이제 아들 하나 딸 하나 오뉘를 두고 살다가 부모 두 분이 다
돌아가시니까 두 오뉘가 살며 농사를 져 먹으며 사는데, 원 이짝에 있었는지
저짝에 있었는지 그거는 모르는데, 달래강을 건너가 농사를 짓다 보니까 소낙
비가 오니까 달래강 물이 많아졌어. 과년한 오빠하구 과년한 동생하고 둘이 밭
을 매 농사를 짓다가 그래 되니까 옷을 벗구서 강을 건너오다 보니까, 그만 참
저어 마음에 그러니까 남자가 여자를 벗은 걸 보니까 그 자지가 일어서니까,
그만, "야 이놈 너 일어설 때 일어설 일이지 이런데 일어서는 법이 어디 있느

99) 강진옥, 「전설」, 『한국민속의 세계』, 고려대 민족문화연구원, 2001, 64면.

냐?"하고 낫을 가지고 일하러 갔다가 낫으로 제 자질 뚝 자르고 그만 그 자리에서 쓰러져 죽었어. 그러니까 그 동생이 하는 말이 "날 보고 달래나 보지, 달래나 보지" 하고 자꾸 울고 앉았어. 그래서 통곡을 하다 그 동생도 그만 오빠가 죽은 데서 그만 죽었대. 그래 달래나 보지 달래나 보지 그랬다 해서 그래 달래강이라 이름 지었어.[100]

이 이야기는 평범하게 살아가는 서민들의 애환이 담겨 있는 설화이자 남매전설이다. 갑작스런 소나기에 옷이 흠뻑 젖고 불어난 강물을 건너려고 누이가 옷을 벗자 그 알몸을 본 오빠는 자기도 모르게 성적 충동을 느꼈다. 오빠는 순간 죄의식에 사로잡힌 나머지 자신을 벌하기 위해 성기를 낫으로 쳐 죽고 말았다. 어처구니없는 상황에 처한 누이동생은 정신을 차리고 오빠를 끌어안

인간본능의 비극적 전설이 흐르는
충주의 달래강

았다. 그리고 "달래나 보지, 달래나 보지"하며 절규했다. 그리하여 그 강의 이름이 '달래강'이 되었다는 것이다.

많은 연구자들은 이 설화의 결말에 해당하는 남매의 혼인에 초점을 맞춰 인류기원설화로 분석하고 있다. 관련하여 이 이야기를 한국설화에서 드물게 볼 수 있는, 근친상간을 모티프로 하는 설화로 규정짓는 경향이 있다. 그러나 이 이야기의 본질은 근친상간과는 무관하다고 할 수 있다. 봉건시대의 윤리관을 뛰어넘는 인간적 본능 내지 살아 있는 인간의 모습을 제시

---

100) 〈달래강 유래〉, 『한국구비문학대계』 3-1, 한국정신문화연구원, 96면.

하고자 했다고 볼 수 있다. 이는 다름 아닌 개인의 생명을 중시하는 인본주의적 사고의 소산이라 하겠으며 나아가 인간의 주체적 존재성을 드러내는 실존주의적 성격을 대표하는 설화의 하나로 주목해야 할 것이다.

구애를 거부한 남성에 대해 죽은 여성의 원혼이 보복하는 이야기들도 규범적 윤리관에 반하는 인본주의적·실존주의적 관점의 반영이라 하겠다. 정절을 목숨보다 중시했던 봉건시대의 산물로 열녀설화가 많다. 하지만 동시대에 정절을 버리고 생명을 구하는 설화도 있어 인식의 폭을 넓히지 않으면 안 된다. 물론 이미 극단적인 정절관, 경직된 윤리관에 대한 비판의식이 있었다. 〈남편과 자고도 자결했다는 열녀 이야기〉[101]가 바로 대표적인 예다.

여성에게만 지나치게 일방적으로 정절을 강요하던 비인간적인 이념은 도전을 받아 마땅하다. 병든 남편을 구하기 위해 훼절하는 여인들의 이야기가 구전되고 있음은 인간의 생명을 중시하는 새로운 윤리관의 일단이다. 물론 본 남편을 위해 희생해야 하는 여성의식의 한계는 있으나 열녀불경이부(烈女不更二夫)라는 준엄한 규범을 넘어서 인간의 실존 문제를 우선시했다는 점은 한국인의 진보적이고 합리적인 시각이라 할 수 있다.

전설은 지혜로운 삶의 가치를 추구한다

전설 가운데는 인간성의 회복, 인간화의 지향에 접근하는 이야기가 많다. 먼저 위대한 어른이 아닌 어린 아이의 지혜를 부각시키는 전설도 있어 관심의 대상이 된다. 울산부사가 설악산에 유람갔다가 울산바위가 있다는 말을 듣고 근처에 있는 절(신흥사)에 가서 바윗세를 거둬가기 시작하면서

---

101) 「남편과 자고도 죽은 헛 열녀」, 『한국구비문학대계』 7~17, 한국정신문화연구원, 1980~1988, 323~325면.

울산바위, 울산에서 왔다는 전설을 지닌
설악산에 있는 바위

절이 재정적 위기에 처하게 되자 동자승이 나서서 문제를 해결했다고 하는 것이다. 전하는 내용의 한 대목은 대충 다음과 같다.

> 울산에서 세금 받으러 오자 쓸모없으니 바위를 도로 가져가라고 했다. 그러자 가져가겠으니 재로 꼰 새끼로 바위를 얽어 놓으라고 하였다. 그러자 동자승이 동네 사람들을 시켜 새끼를 꼰 후 소금물에 적셔 바위 전체를 감아놓고 불을 질렀더니 겉만 새까맣게 그을렸다. 세금 받으러 온 사람들에게 바위를 가져가라고 했더니, 재로 꼰 새끼를 보고 두 말도 못하고 가버렸다.[102]

사회현실의 복잡한 문제를 해결함에 있어 아직 성숙하지 않은 어린애의 힘을 비는 데서 인간의 존재적 의미를 드높이고 있다. 다시 말해 지혜로운 삶의 가치를 촉구한다. 인간현실 속에 항상 문제는 있기 마련이고 그러한 문제는 슬기롭게 해결되지 않으면 안 된다는 절실함이 이야기 속에 내포되어 있다.

불합리한 효관념 속에서 나온 〈효자호랑이전설〉[103]이야말로 인간화를 핵심으로 하는 이야기의 표본이라 하겠다. 천 마리의 개를 먹어야 어머니의 병이 낫는다고 하자 아들은 산신에게 빌었다. 호랑이가 되고 사람이 되게 해달라고. 물론 여기서 호랑이는 효의 상징이자 수호신이다. 우리나라 동물전설 중에서 호랑이에 관한 것이 용 다음으로 많은 수를 차지하고 있다. 그리고 전설에 나타나는 호랑이는 대체로 온순하고 자애로운 특징을 지닌다. 산신은 아들에게 책을 주어 책을 읽으면 호랑이가 되고 다시 책을 읽으

---

102) 한국정신문화연구원, 『한국구비문학대계』 2~4, 1980~1988, 252~257면.

103) 이복규, 『이강석구연설화집』, 민속원, 1999, 408~409면.

면 사람이 되게 했다. 남편이 호랑이가 되어 나가는 것을 본 아내가 그만 책을 불 지르고 말았다는 이야기다. 맹목적인 효의 실천이 낳은 비극적인 결과를 통해 인간 윤리의 허구성을 지적한 것이다. 오로지 효를 위해 천 일 동안이나 남의 개를 훔쳐오고, 나중에 아내도 죽이는 주인공의 태도는 합리적인 인간의 관점으로는 용납될 수 없다.

마침내 전설의 말미에서 "그래서 사람이 효심은 좋으나, 쉽게 말해서 남에게 못할 노릇을 했어. 그래서 그 사람이 잘못 되얏다는 이야기여"라고 함은 설득력을 지닌다. 주인공으로 하여금 동물과 인간 사이를 오가게 하며 끝내 인간으로 돌아오지 못하게 하는 데 따르는, 존재의 진정성을 고취하는 인간성 회복의 존재론적 이야기라 하겠다. 관습적 외압이나 인식적 오류로부터 벗어난 가치에 진정성을 부여하고 삶의 지혜를 강력히 촉구하고 있다.

어려운 상황에 처한 주인의 목숨을 구하는 충직한 개 이야기,[104] 즉 〈의구총전설〉도 인간의 윤리적 가치를 드높이는 전설이다. 사람의 목숨을 구원하는 내용은 물론 인간과 동물이라는 존재적 문제의 접근은 인간의 존귀함을 더욱 뜻 있게 하는 본질적인 이야기라 본다.

의구총, 경북 구미시 해평면 낙산리 산148에 있는
그림 4폭과 표석이 세워진 무덤

앞에서 언급한 〈아기장수전설〉도 영웅 탄생이 용납되지 못하는 피지배층 사회의 구조적 모순을 지적하는 점에서 인간 존재의 근원문제에 대한 접근으로 이해할 수 있다.

---

104) 경북 구미시 해평면 낙산리 산148에 있는 의구총은 충직한 개의 행적을 그린 그림4폭 (1685)과 표석(1665)이 세워진 무덤이다.

지명설화인 〈용개들의 전설〉[105]의 경우도, 인간의 존재성을 부각시키는 이야기다. 〈용개들의 전설〉은 승천을 기다리던 큰 뱀이 자기를 용이라고 부르는 어린 아이의 말을 듣고 하늘에 오르면서 감사의 표시로 넓은 들을 마련해주었다는 이야기이다. 용의 승천까지도 인간의 도움, 더우기 어린 아이의 지혜를 필요로 한다는 데서 인간의 존재적 가치를 떠받치고 있다. 한편 우리의 지명전설은 생활을 함께하는 지역 공동체의 연대의식을 여실히 보여준다.

월정사, 신효거사가 머무르던
강원도 오대산에 있는 절

강원도 오대산의 월정사에서 살게 된 신효(信孝)거사 이야기[106]도 매우 의미가 있다. 일찍이 충남 공주가 집이었던 신효는 효행이 지극했다. 그는 고기반찬이 아니면 식사를 하지 않는 어머니에게 자기 허벅지 살을 베어드린 일화로 유명한 사람이다. 그때까지 그의 눈에는 사람들이 모두 동물처럼 보였던 것이다. 후에 그가 중이 되어 경주 근처의 하솔(河率)이라는 곳에 이르러 사람들을 보니 비로소 사람이 사람으로 보이므로 거기서 살고 싶은 마음을 먹게 되었다고 한다. 진정한 자아를 찾기 위해 방황하다가 마침내 '사람이 사람으로 보이는 곳'에 멈추는 행위야말로 인간 존재의 탐색을 여실히 보여주는 예라 하겠다. 명의인 진국태가 소년시절 "구슬을 삼킨 후 하늘과 땅을 보기

---

105) 한국정신문화연구원, 『한국구비문학대계』 3~2, 1981, 657면.

106) 일연, 『삼국유사』 권3, 탑상 제4 오대산 월정사 오류성중(五類聖衆).

전에 사람을 먼저 봤기 때문에 천지 일은 모르고 사람의 일은 알아 명의가 되었다"[107]고 하는 전설도 같은 맥락으로 봐야 할 것이다.

이상과 같이 우리의 전설에는 참된 삶을 위한 냉철한 분석이 돋보이며 우리로 하여금 인간적 가치를 자각하도록 유도한다. 아울러 소박하고 인간 적인 정서가 함축된 한국적 전설의 특색을 엿보게 한다.

3) 민담(民譚)

신화와 전설이 신성성과 사실성을 중시하는 데 비해 민담은 이야기 가 운데 가장 재미있고 해학적이다. 더구나 민담은 이야기가 허구임을 명백 히 밝힌다. 이와 같이 민담은 상상에 의한 독창성을 과시한다. 게다가 민담 은 이야기 중에 대중성과 보편성이 매우 강하기 때문에 인류의 도덕성이나 진실성에 가장 접근하는 매력을 지닌다. 세계적인 베스트셀러가 되고 다시 영화와 게임 등으로 막대한 수익을 창출한 소설 〈해리포터〉는 스코틀랜드 의 민담을 소재로 한 것이다.

이야기의 역사는 신화에서 전설로 다시 민담의 시대로 변화되어 왔다. 우리가 현재 접할 수 있는 수많은 구전 민담들은 대부분 조선후기를 거치 면서 창조 또는 재창조된 것들이다. 이렇게 번성하던 민담은 근·현대를 지나오면서 기세가 꺾이고 말았다. 민담은 이제 전승의 시대가 끝나가고 있는 것 같다. 과거 TV나 라디오조차 없던 시절에는 할아버지나 할머니가 들려주는 이야기 공간이 매우 유용했지만 현재는 그런 모습을 거의 찾아볼 수 없다. 더구나 컴퓨터를 비롯한 영상매체가 널리 보급되면서 그러한 인 간적 대화 공간은 사라진 듯하다.

---

107) 한국정신문화연구원, 『한국구비문학대계』 9~2, 1981, 614~615면.

그렇지만 이야기 전달매체나 방식과 관계없이 민담은 나름의 고유성을 지니고 도도히 자기 존재를 드러낸다. 신화나 전설이 기이하고 충격적인 이야기가 많은 데 비하여 민담은 개인적이고 일반적인 이야기가 많은 것도 우리의 관심을 끄는 데 한 몫을 한다.

민담은 즐겁고 유쾌한 세계다

민담은 인간의 삶을 희극적으로 변형함으로써 웃음을 자아내게 하는 이야기들이 주류를 이룬다. 〈방귀쟁이 며느리〉, 〈바보사위〉, 〈과부와 머슴〉, 〈새끼 서 발〉, 〈열두바퀴째 돈다〉, 〈꾀쟁이 하인〉, 〈봉이 김선달〉 등이 그 예이다. 말하자면 〈방귀쟁이 며느리〉는 시댁에서 핍박받던 며느리가 방귀를 잘 뀐 덕분에 귀하게 대접받는다는 우스운 이야기다. 남녀의 성행위와 관련된 육담들이 많은 것도 예외가 아니다. 민담은 현실세계의 틀이나 논리에 제약을 받지 않는 매우 흥미롭고 유익한 이야기다.

민담은 시간과 공간의 제약을 받지 않으며 구체적인 증거물이 제시되지 않는다. 민담은 탄생하자마자 시대와 더불어 변화되고 유형도 확장되어 왔다. 일상적이고 보편적인 인간의 욕망을 포용하면서도 꿈과 같은 모험의 세계를 펼쳐 보인다. 말하자면 민담 발생의 원천이 되는 사람들의 경험과 상상이 애초에는 사적이며 방만하여 공감을 주지 못한다. 그러다가 이야기로서 허구적 형상화의 과정을 통해 재미와 교훈의 보편성을 획득하는 것이다.

신화나 전설의 계승에서는 청자가 전승된 신화나 전설을 의심 없이 존중하여 청취하지 않으면 안 된다. 만일 그 내용에 의심할 여지가 있으면 그 전승은 거기에서 단절된다. 그러나 민담은 그 탄생 이래 현재에 이르기까지 바로 이야기로 구전되어 왔다. 또한 시대의 변화에 따라 새로운 민담 유형을 넓혀왔다. 이처럼 민담의 자유자재의 생명력은 그 전승방법에 의해 가능했다. 민담 전승의 중심은 가족이며, 여기에서 민담은 조부모나 부모로부터 아들이나 손자에게 대대로 들려주는 것이다. 민담의 화자나 청자의 관계는 화자가 청자에게 일방적으로 들려주는 것이 아니다. 청자는 자유로이 즐겁게 민담을 듣고 싶어 할 것이다. 요컨대 화자는 구전으로 들은 민담을 청자에게 반복해 들려주는 것이 아니라 청자의 반응을 민감하게 감지하면서 이야기한다.[108]

민담은 학자에 따라 다양하게 이해될 수 있다. 민담의 종류는 그 상상이 어떻게 발휘되는가에 따라 나눠볼 수 있으므로, 환상적 민담, 희극적 민담, 사실적 민담으로 분류되기도 한다.[109] 환상적 민담은 산신령·도깨비 같은 초월적 존재의 등장, 동물과 사람 간의 변신, 동화적인 이야기가 대부분 이에 속한다. 예컨대, 〈나무꾼과 선녀〉, 〈도깨비방망이〉, 〈바리데기〉, 〈두더지혼인〉 등이다. 희극적 민담은 일반적으로 소화(笑話)로 지칭되어온 이야기들로서 어리석은 행동, 육담들이 이에 속한다. 예컨대, 〈방귀쟁이 며느리〉, 〈새끼 서 발〉, 〈봉이 김선달〉, 〈바보사위〉 등이다. 사실적 민담은 현실적 가능성을 핵심으로 하는 것으로, 환상적·희극적 민담을 제외한 대다수의 이야기들이 이에 속한다. 예컨대, 〈내 복에 산다〉, 〈아내는 남〉, 〈출세한 막내사위〉 등이다.

민담은 자유롭게 공유된다

요즘은 생명윤리를 둘러싼 수많은 논쟁을 불러일으키는 가운데 유전자핵 조작에 의한 생명복제가 가능한 시대다. 영국 로슬린연구소의 이언 윌머트(Ian Wilmut) 박사를 비롯한 키이스 캠벨 박사 등의 공동연구자들이 1997

---

108) 이나다 고오지(稻田浩二), 「민담의 원류와 탄생」, 『비교연구를 통한 한국민속과 동아시아』, 민속원, 2004, 632면.
109) 신동흔, 「민담」, 『한국민속의 세계』 7, 고려대 민족문화연구원, 2001, 138면.

복제양 돌리, 세포를 제공한
부모와 똑같은 유전정보를 가진 양

년에 양을 복제하는 데 성공했다. 6년생 양의 체세포에서 채취한 유전자를 핵이 제거된 다른 암양의 난자와 결합시켜 이를 대리모 자궁에 이식, 새끼양 돌리를 낳게 하여 세계 최초로 포유동물을 복제하는 데 성공한 것이다. 복제양 돌리의 탄생 이후 과학자들은 경쟁적으로 동물을 복제해 냈다. 일본 긴키[近畿]대 연구팀은 쌍둥이 송아지를 만들어냈고, 미국 오리곤주의 과학자들은 인간과 가장 가깝다는 영장류 원숭이를 복제했다.

그러나 과학적 검증은 항상 이야기의 상상력을 뒤쫓아가기 바쁘다. 우리 민담 가운데 〈쥐좆도 모르냐〉라는 이야기가 있다. 오래 묵은 쥐가 사람의 손톱을 먹거나 사람이 늘 착용하던 감투를 쓰면 인간으로 변신한다는 줄거리이다. 물론 손톱이나 머리카락을 함부로 버리지 못하도록 하기 위한 금기적 바람에서 나온 상상의 설화인 것이다. "저녁(밤)에 손톱을 깎으면 달걀귀신이 나온다"는 금기적 민간신앙도 있으며, "손톱이나 발톱을 주워 먹는 닭을 잡아먹으면 사람이 죽는다"는 금기어까지 있다. 이런 황당하다고 볼 수 있는 허구적 생명복제적 이야기가 과학적 결과로 이어지는 현실을 보면서 상상의 위력을 새삼 느끼게 된다.

민담은 역사에서 벗어나려는 특성을 지닌다. 따라서 시간적으로나 공간적으로 일정한 근거가 없고 제약을 받지 않는다. 말하자면 〈단군신화〉나 〈임진왜란전설〉 같이 신화·전설이 역사와 어떤 형태로든 관련을 맺으려는 데 비하여, 민담은 역사의 세계에서 가급적 이탈하려는 속성을 보이고 있다. 따라서 신화나 전설이 과거에 일어났던 일회적 사건을 그리는 데 비해, 민담은 과거 언제든지 몇 번이고 일어날 수 있는 사건을 그린다. 〈단군신화〉의 전승범위가 한민족이고, 〈장자못전설〉의 하나인 '황지전설'이 태백시를 전승범위로 하는 데 비해, 민담은 지역과 민족을 제한하지 않고 전승된다. 민담이 사실성보다는 오락성에 초점이 있다고 믿는 것도 이 때문이다.

다시 말해 오락성이나 흥미성이 중시되므로 민담은 시간과 공간에 관계없이 이야기가 얼마든지 자유롭게 만들어질 수 있다. 신화의 신성성이나 전설의 사실성은 변화를 제한하는 구실을 하나 민담에는 그런 요인이 없을 뿐만 아니라 재미있어야 한다는 요청 때문에 오히려 변화를 자극한다. 민담은 오랜 옛날부터 인간과 더불어 있어왔고 인간이 있는 곳이면 어디든지 살아 움직인다. 오늘날 전해지는 〈바보늑대〉, 〈개와 고양이와 생쥐〉, 〈남매혼〉, 〈지하국대적퇴치(地下國大賊退治)〉 등이 몽골에서 온 것이라 하는 것도 이런 이유에서이다.

우리의 〈나무꾼과 선녀〉 이야기는 몽골에서는 〈호리 투메드 메르겐〉 설화로 불리며, 중국에서는 〈鵠女傳說〉, 일본에서는 〈天人女房〉 또는 〈羽衣傳說〉로 불리는 등 전 세계에 걸쳐 분포한다. 장장식은 〈나무

〈나무꾼과 선녀〉, 극단 '함께 사는 세상'이 민담을 현대화한 작품(2007)

꾼과 선녀〉 설화에 대한 기존의 연구를 소상히 검토하면서 한국의 〈나무꾼과 선녀〉 설화는 몽골의 〈호리 투메드 메르겐〉 설화와 친연성이 높다고 했다.[110] 목욕하는 여인의 옷을 훔쳐 하늘에 올라가지 못하게 하고, 그 여인과 결혼한다는 〈나무꾼과 선녀〉의 설화적 사실은 인류학적 측면에서 결혼의 한 형태로 지속해왔던 약탈혼의 잔영으로도 볼 수 있다. 한편 우리의 〈우렁각시〉는 중

---

110) 장장식, 「한·몽 〈나무꾼과 선녀〉설화의 비교연구」, 『비교연구를 통한 한국민속과 동아시아』, 민속원, 2004, 909면.

국에서는 '나녀형(螺女型)' 고사로 전국 각지에 널리 전해지고 있다.

인도는 설화의 본고장이라고 한다. 독일의 벤파이(Theodor Benfey)에 의해 창시된 인도기원설(Indianist theory)에 의하면 모든 민담은 인도에서 비롯하여 주로 문헌을 매개로 전 세계로 전파된 것이라 할 수도 있다. 『삼국사기』에 나오는 우리의 〈구토설화〉[111]가 석가의 전생 이야기이자 불교설화의 집대성이라는 인도의 『자타카(Jataka)』(本生譚)에 실린 〈용원(龍猿)설화〉를 모태로 하고 있으며, 중국의 『불본행집경(佛本行集經)』 등에도 실려 있다. 불경이 동아시아에 전파되던 시기 『관불(觀佛)삼매경』 등 불경 속에 풍성하게 갈무리된 설화는 점차 중국이나 한국에도 퍼지게 되었던 것이다.

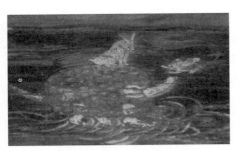

구토설화, 석가모니 부처의 전생이야기를 다룬
본생담(자타카)의 불전설화에 뿌리를 둠

다만 설화의 수용방식에 있어서는 한ㆍ중간에 차이를 보였다. 중국은 근원설화를 크게 훼손하지 않았는 데 비해 한국에서는 근원설화의 반복에 그치기보다 적극 변이담을 생성해 가는 쪽으로 이행했다. 인도불교가 전파되면서 한국불교는 이웃 중국이나 일본과 달리 여러 종파를 아우르는 통불교적 성격을 갖게 된 것과 무관하지 않을 것이다. 불교사찰에 토착신앙을 섬기는 산신각이나 칠성각 등이 들어서 있는 것도 예외가 아니다.

보기 드물게 중국으로 전파된 우리 설화 가운데 『고려사』 열전[112]에 나오는 유교적 〈형제투금(兄弟投金)〉 이야기도 인도의 불교적 설화가 동진하여

---

111) 석가모니 부처의 일대기를 다룬 본생담(자타카)의 불전설화에 뿌리를 둔 것으로, 원왕본생(猿王本生)과 악본생(鰐本生), 그리고 원본생(猿本生)이 있다.

112) 김종서 외, 『고려사』 열전(列傳) 권34 효우조(孝友條) 정유전(鄭愈傳).

중국에서 한역을 거친 뒤 한국으로 유입 정착하게 되었다가 다시 중국으로 넘어간 것이라고 한다.

민담은 의지와 보복의 경향이 강하다

민담은 이야기의 내용이 재미있고 이야기 진행이 자유롭기 때문에 쉽게 인간에게 다가갈 수 있다. 그리고 이러한 인류성이나 보편성을 끌어내는 흥미와 자유가 오히려 민담의 도덕성과 윤리성을 크게 부각시킬 수 있다. 그러기에 민담이 흥미를 바탕으로 이야기를 이끌어가지만 교훈적인 의미를 전달하기도 하는 것이다. 예컨대 〈홍시를 구하는 효자〉는 병중에 있는 어머니가 한여름에 없는 감을 먹고 싶어 하자 사방팔방으로 구하려고 애쓰는 효자를 호랑이가 돕는다는 윤리적인 이야기이다.

우리의 〈단군신화〉를 비롯한 신화, 산신을 모시는 신앙, 〈사신도〉와 같은 민화 속에 등장하는 호랑이는 물론 신성한 존재이다. 한편 민담, 전설, 속담 등의 이야기와 그림 등에 등장하는 호랑이는 포악하고(〈해와 달이 된 오누이〉, 〈신랑을 구한 신부〉, 〈인왕산 모르는 호랑이 없다〉(속담) 등), 우직한(〈호랑이와 토끼〉, 〈호랑이와 곶감〉, 〈까치호랑이〉(민화) 등) 다소 부정적인 이미지를 보이기도 한다. 그러나 호랑이는 대부분 영험함과 예지가 있고(〈왕건설화〉, 〈호경설화〉, 〈효녀와 산신령〉, 〈장화홍련전〉 등), 자애롭고 덕성이 있으며(〈김현감호〉, 〈견훤탄생〉, 〈홍시를 구하는 효자〉, 〈호랑이도 감동한 효부〉 등), 정의롭고 은혜를 갚을 줄 아는(〈호랑이 목에 걸린 가시〉, 〈호랑이의 보은〉, 〈효자호랑이〉 등) 바와 같이 매우 긍정적인 이미지를 보인다.

민담이 우리나라에서만 전승되는 것도 있지만 동시에 세계적으로 전승되는 이야기가 많은 것도 이와 같은 인간과의 친밀성이나 윤리성과 무관하지 않다. 〈뱀신랑〉, 〈콩쥐팥쥐〉, 〈구렁덩덩신선비〉, 〈개와 고양이의 구슬

찾기〉, 〈바보원님〉 같은 것이 좋은 예이다.

〈뱀신랑〉 이야기는 머나먼 남아프리카 응구니 사회에서도 공유되고 있는 민담이다. 탐욕스럽고 약삭빠른 아버지 마빌레와 나이가 꽉 찬 딸 둘이 등장한다. 줄거리를 보면 전반부는 오만방자하게 행동하는 큰 딸인 음푼지카지가 부모로부터 저주를 받아 낳은 뱀 모습을 한 신랑후보자, 즉 한 마을의 추장에게 호된 벌을 받는 내용이다. 후반부는 착하고 순한 작은 딸 음푼자냐나가 저주의 사슬에서 벗어나 제 모습을 되찾게 된 추장과 성대한 결혼식을 하는 내용으로 되어 있다.

콩쥐팥쥐 이야기, 이는 권선징악과 해피엔딩을 대표하는 민담

계모와 본처 딸과의 갈등을 축으로 삼는 우리의 〈콩쥐팥쥐〉 같은 것은 베트남에도 전래동화 '떰과 깜' 이야기가 있고, 중국의 먀오족에게는 '오러와 오도' 이야기가 있듯이 세계에 널리 퍼져 있는 신데렐라형 민담이다. 간교하고 추악한 세력과 외롭게 대결하면서 천우신조로 통쾌한 승리를 거두는 〈콩쥐팥쥐〉 이야기는 성공을 위해 어떻게 해야 하는지를 깨닫게 해준다. 전 세계적으로 분포하고 있는 까닭도 사람들이 한 분야의 최고가 되기 위해서는 뼈를 깎는 아픔과 고난 극복의 의지가 있어야 한다는 평범한 진리를 담고 있기 때문이다. 물론 민담 〈콩쥐팥쥐〉는 우리의 서사무가인 〈허웅애기본풀이〉의 원천이 되기도 했다. 그리고 〈콩쥐팥쥐〉는 희곡과 오페라 등으로도 활발히 재현되고 있다.

민담은 현실에서 이루지 못하는 행복한 삶에 대한 소박한 민중의 꿈을 반영한다. 그러나 그 꿈은 운명을 극복하는 인간의 강인한 신념이나 의지를 요구한다. 변신을 다룬 전래민담 중 가장 흔한 유형인 동물변신형 설화인 〈구렁덩덩신선비〉를 대표적인 예로 들 수 있다. 뱀에게 시집간 이웃집 셋째 딸이 뱀과의 약속을 지키지 못해 행복한 결혼생활이 깨지지만 좌절하지 않고 집요하게 노력하여 다시 행복을 찾는다는 내용을 주제로 한다. 이 밖에도 〈흥부와 놀부〉, 〈도깨비방망이〉, 〈우렁각시〉, 〈구복여행〉, 〈나무꾼과 선녀〉 등 수많은 이야기들 속에서 보여주는 긴장과 고난은 행복의 성취가 얼마나 힘든 것인가를 반증한다. 물론 이러한 역경을 이겨내고 행복한 결말을 이루는 데 작중 의도가 소임을 다하며, 또한 이 힘든 과

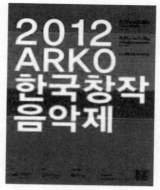

구렁덩덩신선비, ARKO
한국 창작음악제(해오름극장, 2012)

정을 통해 절실한 소망의 성취를 극대화시킬 수 있을 것이다. 힘과 꾀가 대립하는 흥미로운 〈호랑이와 토끼〉 이야기가 전국적으로 널리 전한다. 호랑이는 권력을 가진 지배층의 상징이다. 반면 토끼는 힘없이 희생만 당하는 민중의 성격을 띤다. 그러나 미약한 토끼가 호랑이를 희롱하는 것을 보면 재미있고 통쾌하기 그지없다. 민중은 실제 권력 앞에서는 왜소하지만 이야기를 통해서는 얼마든지 권력의 부질없음을 비웃을 수 있는 것이다.

남아프리카 민담에서 사자가 언제나 겉만 호사스러운 천덕꾸러기에 지나지 않으며, 힘은 없지만 영악한 토끼가 오히려 사자를 이리저리 농락하며 웃음거리로 만드는 것도 마찬가지다. 그렇다고 토끼가 어디에서나 긍정적으로 묘사되는 것은 아니다. 남아프리카의 민담을 보더라도 사자 · 코끼리 · 거북이와 대립하는 토끼는 하나같이 교활한 동물의 표본이기 때문이다. 약삭빠른 토끼도 느림보 거북에게는 꼼짝없이 당하기만 한다. 동물 우화가 드러내는 강자와 약자 사이의 사회적 갈등과 꿈과 현실 사이의 괴리를 극복해야 하는 삶의 태도 등에 공감할 수 있다.

이와 같은 이야기를 통해서 민중은 현실세계에서 쌓인 슬픔과 고통을 풀 수 있는 계기가 마련된다. 그것은 바로 이야기가 심리적인 갈등을 해소할

수 있는 카타르시스의 기능을 수행하고 있음을 보여주는 것이기도 하다. 민담은 현실세계에서 가능하지 않은 사건들이 이야기되고 우리 인간은 이를 통해서 만족감을 얻게 된다. 만족감은 단순한 흥미와 즐거움을 추구하는 것과 더불어 교훈적인 요소를 전달하는 방식으로 나타난다.

그림(Grimm), 벤페이(Benfey)를 비롯하여 핀란드학파가 주장하고 있듯이 오래전 민담이 창작되기 위해서는 민중들의 상당한 문화수준, 특히 민중의 지식과 지혜가 배경이 되지 않으면 안 되었을 것이다.

상상의 이야기에는 모두 가치 있는 삶, 생활의 지혜 등을 공통적으로 제시하지만, 특히 신화는 갈등보다 화해를 지향하는 데 비해, 민담은 복수적인 내용의 이야기가 많은 편이다.

민담의 주인공은 평범한 인물이다

신화나 전설과 달리 민담의 주인공은 결코 초월적이거나 영웅적인 인물이 아니다. 오히려 민담은 못난 인물로서 인간적 가능성을 드러낸다고 할 수 있다. 백제 무왕에 얽힌 전설이 민담화한 것이라는 〈막내딸과 숯구이총각〉은 우둔하고 가난한 숯구이총각이 운이 좋게 지혜로운 부인을 만나 자신이 돌이라고만 생각했던 금덩이를 팔아 부자가 되었다는 이야기이다. 〈삼형제 이야기〉에서처럼 가난하고 우직한 사람들이 부자가 되고 훌륭한 색시를 얻는 얘기가 바로 민담이다. 〈백정과 박문수〉 이야기와 같이 하류계층의 백정이 도량과 인격을 갖춘 인물로 등장한다. 〈원님을 이긴 어린아이〉에서는 어린아이가 아버지의 어려움을 해결해 주고, 〈바보 이야기〉에서는 바보가 높은 신분의 여성과 결혼까지 한다.

전 세계 어느 나라의 민담이든 이야기 속의 인물은 대개 아이나 여자나 여자아이이다. 이렇듯 민담에 등장하는 주인공들은 현실세계에서와는 강약이 전도되는 관계를 형성하고 있다. 민담은 평범한 인물의 일상적인 삶을 생동감 있게 반영한다는 점에서는 아주 현실적이며 합리적이다. 그러나 일상적인 위계질서를 무너뜨리는 극적 구조라는 점에서 민담은 감동을 준다.

민담에도 초월적 신비로움이 없는 것은 아니다. 다만 초월성이나 신이함이 우연의 논리에 의해 개입되고 있을 따름이다. 민담에서 초월성과 우연성은 감추어져 있는 것이자 귀납적으로 등장하기 때문에 합리적으로 받아들여진다. 신화에서는 초월적 신이가 의심 없이 관철되며 전설에서는 초월적 신이가 합리성에 부딪쳐서 좌절하되 민담에서는 합리적 현실에 종속적으로 나타난다. 우연성에 있어서도 신화의 경우 놀라운 조화로 수용되어 뜻밖의 사실로 인식되지 않고, 전설의 경우 뜻밖의 사태를 빚어 실패하지만, 민담의 경우 뜻밖에 도움을 받아 성취에 이른다.

민담은 여러 가능성을 열어놓고 인간으로 하여금 자유와 희망을 갖게 하며 아울러 지혜와 교훈을 얻게 한다. 궁극적으로 성실함이 간교함을 이기고, 정직이 거짓을 누르며 겸양이 교만을 굴복시키는 것이 민담의 논리이다. 민담의 첫머리가 대개 주인공의 외로운 처지, 결핍된 상황으로 시작되는 것도 이와 무관하지 않다. 그러므로 민담에서는 초라하고 불행한 사람들이 등장해서 어려운 역경을 헤치고 마침내 성공한다는 행복한 결말에 이르는 경우가 많다. 선과 악의 갈등과 대립과정에서 선이 꼭 승리하는 틀로 만들어졌다고 할 수 있다. 효도·충성·우애·정절·신의와 같은 전통적인 윤리관의 준수야말로 행복한 결말을 얻는 첩경이 된다는 점을 민담은 지속적으로 보여주고 있는 것이다.

설화 가운데는 민담이 많은데, 가령 〈두더지혼인〉과 같은 민담은 우리 주변에서 흔히 들을 수 있는 이야기이다. 뚜렷한 장소와 시간이 없는 것이 민담의 한 특징이다. 이러한 항간에 전하는 민담이 단순한 흥미거리에 멈추지 않고 있다는 데 이야기로서의 의의가 있다. 이 속에서 우리는 인간적 가르침과 삶의 질서를 느끼면서 자아를 되돌아보게 된다. 〈두더지혼인〉은 인간으로 하여금 자신을 소중히 여기며 현실에 만족하고 직분에 충실히 살

것을 깨우쳐 준다. 어떤 두더지가 항상 땅속에서만 생활하는 처지에 불만을 품고 있다가 자식만은 넓은 세상에서 당당하게 살게 하려고 높은 혼처를 구하고자 했다. 그러나 실패로 돌아가자 어리석었음을 깨닫고 "나는 두더지가 두려울 뿐이다"라고 말하면서 두더지는 떳떳한 모습으로 돌아와 결국 다른 두더지와 결혼했다.

우리는 이러한 민담을 통해서 깊이 배우고 성찰해야 할 것이 많다. 물론 기록자의 의식이나 태도와 연관이 되겠으나 이런 이야기를 통해 옛사람들의 윤리관이나 세계관 등 문화인식을 새삼 깨닫게 된다.

민담에는 일정한 형식과 반복적 규칙이 있다

민담의 서사구조적 형식은 여러 시각에서 고찰이 가능하나, 무엇보다 이야기의 전체 구조면에서 서두와 전개와 결말 부분의 표현방식이 일정하다는 점에 주목할 수 있다. 특히 민담의 서사적 특성은 '서두와 결말의 형식'이라 하겠다. 민담은 갑자기 시작되어 갑자기 끝나지 않는다. 서두에서는 대개 '그전에', '옛날 옛날 오랜 옛날에', '호랑이 담배 먹던 시절에'로 표현된다. 여기서 '옛날'은 전설과 같이 시대가 정확히 밝혀진 것이 아니라 막연한 과거의 시점을 의미한다. '호랑이 담배 먹던 시절'이라는 표현도 담배가 들어온 임진왜란 이후를 뜻하는 것이 아니다. 전개부는 '하루는…'이라고 해서 본격적인 사건이 전개된다는 것을 알아차리게 한다. 그리고 결말 부분에서는 '이게 끝이유', '행복하게 살았대유' 등의 표현으로 끝을 맺는다. 결말부에서 주인공이 결혼하여 잘 살았다고 말하면서 말하는 사람도 그 잔치에 갔다 왔다고 부연하기도 한다.

내용을 효과적으로 전달하는 민담의 표현방식에는 여러 가지가 있다. 한 장면에는 두 인물밖에 등장하지 않는다는 '장면통일'의 법칙도 있고, 줄거리가 늘 단순하며 직선적인 것도 형식적 특징에 해당한다. 작중 시간의 흐름 및 장소의 이동과 맞물려 이야기가 전개되어 나가는 점도 형식적 특성이다. 물론 민담에 있어 시간과 공간의 구성은 이야기의 주제와 긴밀히 연관되어 있다. 어떤 민담의 시작 부분만 들어도 그 스토리가 어떻게 진행될 것인가를 미리 알 수 있는 것도 민담의 형식성에 기인한다.

한편 민담의 경우 대립과 반복의 형식이 두드러진다. 대립과 반복의 형식은 인물이나 상황을 창조할 때 흔히 쓰인다. 대립에는 무엇보다 〈흥부와 놀부〉로 대표되는 선과 악의 대립이 있다. 이와 관련된 대립으로 〈호랑이와 토끼〉 같은 힘과 꾀의 대립이 있으며, 〈콩쥐팥쥐〉 같은 미(美)와 추(醜)의 대립도 있다. 대립은 자세한 묘사를 하지 않고도 현실의 문제를 선명하게 반영하는 방식이다. 흥미와 메시지를 전달하는 민담의 힘이 구조화에 있다고 할 때 그 구조화의 바탕이 되는 것이 바로 대립의 형식이다.

반복 역시 민담에 자주 사용되는 표현방식이다. 두 번의 동일한 반복도 있고, 세 번 이상의 발전적인 반복도 있다. 〈도깨비방망이 얻기〉를 보면 착하고 효성스런 사람이 도깨비방망이를 얻어 부자가 되는데, 악하고 불효자인 이웃사람이 이를 흉내 내어 방망이를 얻고자 하나 도깨비에게 혼이 난다는 내용이다. 동일한 사건의 반복이다. 〈해와 달이 된 오누이〉에서 어머니를 잡아먹기 전에 떡을 얻어 먹으려고 하는 호랑이의 행위는 세 번 반복되는 경우이다. 민담을 오랫동안 전승시키기 위해서 효과적인 장치를 활용하는데, 대표적인 것이 바로 대립과 반복구조이다. 이 방식은 이야기를 잊지 않고 기억하기 쉽게 만드는 힘이 있다.

그밖에 민담의 사건이 진행되는 경우를 보면, 주인공의 행동을 시간의 흐름에 따라 계속 이야기하는 단선적 진행을 기본으로 한 행위가 원인이 되어 다음 행위가 일어나는 결과가 계속되는 누적적 형식이 있다. 누적적 형식으로는 〈새끼 서 발〉이 대표적인 예다. 〈새끼 서 발〉은 집에서 쫓겨난 게으른 아들이 새끼 세 발을 깨진 동이와 바꾸고, 그것을 안 깨진 동이와 바꾸고, 그것을 죽은 말과 바꾸고, 그것을 산 말과 바꾸고, 그것을 죽은 색시와 바꾸고, 그것을 산 색시와 바꾸는 이야기다. 또한 비록 유사한 사건들이 반복되기는 하지만 그 사건들이 서로 인과관계가 없이 일어나는 연쇄적 형식도 있다. 연쇄적 형식으로는 〈강물에 빠진 호랑이〉, 〈꾀쟁이 하인〉이 대표적이다. 〈강물에 빠진 호랑이〉는 호랑이가 할머니를 잡아먹으러 오는데, 바늘이 눈을 찌르고, 게가 물고, 절구통이 때리고, 멍석이 말아 버리고, 지게가 져다 강물에 버렸다는 이야기다. 그런가 하면, 사건 진행의 방식이 다소 특수한 것으로서 사건의 결과가 처음으로 돌아오는 회귀적 형식이 있다. 여러 높은 곳에 혼처를 구하다가 결국 두더지에게로 되돌아가는 〈두더지혼인〉과 같은 민담이 바로 회귀적 형식에 속한다.

이상과 같은 누적적 형식, 연쇄적 형식, 회귀적 형식 등은 반복의 법칙과 관련이 있다. 이런 진행방식들은 반복의 묘미를 잘 살려서 형식 자체의 흥미를 크게 유발하고 있다. 자세한 묘사나 서술을 회피하는 민담으로서는 반복 이상의 효과적인 수단은 없다.

민담은 새로운 형태의 이야기를 낳는다

현대에도 민담이라 할 수 있는 동화가 어린이들 사이에 구연되고 있듯이, 구비적 성격의 민담이 원형대로 또는 새롭게 변형되어 꾸준히 전승된다. 그러나 요즘은 민담 중에서도 전승되는 이야기보다 지금의 현실문제를 즉각적으로 풍자하는 이야기, 유행하는 시리즈 이야기, 생활 주변의 일화 등이 각광을 받는다. '유머'라고 불리는 새로운 형태, 새로운 내용의 우스갯소리들이 전통적인 민담을 대신하고 있다.

격동의 1980년대 군사독재 정권시절에는 정치현실을 꼬집는 이야기들이 풍미했는가 하면, 당시 〈참새시리즈〉·〈드라큐라시리즈〉 등에 이어 〈식인종시리즈〉가 한창 유행한 바도 있다. 약자가 지혜를 통해 강자를 애먹이는 설화적 구조와 맞닿아 있다. 1990년대 초반에는 동음이의어의 오해를 이용

한 〈덩달이시리즈〉를 비롯하
여 〈입 큰 개구리시리즈〉·〈
맹구시리즈〉·〈만득이시리
즈〉 등의 코미디시리즈가 등
장하기도 했다. 사회주의권
의 몰락과 더불어 자본주의화
의 촉진에 따른 행복 추구의
흐름 속에서 생성된 것들이

사오정시리즈, 말귀를 못 알아듣는
사오정이란 캐릭터에 기댄 유머

다. 1990년대 말에는 말귀를 잘 못 알아듣는 데 따른 〈사오정시리즈〉가 나
와 웃음을 전해 주었다. 한때 크게 유행하는 이런 시리즈 중심의 우스개 이
야기들을 거쳐 '허무개그'라는 이야기들이 성행한 바도 있다. 지금도 PC통
신과 인터넷의 각종 게시판에는 많은 이야기들이 올라오고 있다. 물론 기발
한 상황설정을 통해 웃음을 자아내는 시리즈 형태의 짤막한 이야기들은 민
담의 범주에 들어갈 수 있다.

그러나 대부분의 사적인 신변잡기류의 이야기는 종래 보편성을 지향하
는 민담과는 상당히 다른 우스개에 속하는 것들이다. 깊은 감동이나 의미
는 커녕 재치와 순발력을 요구하는 무의미한 언어유희에 지나지 않는 경우
가 허다하다. 성적 호기심을 자극하는 육담이 주류를 이루고, 바보 짓거리
를 소재로 순전히 흥미로움만 유도하는 이야기가 많다. 형편없는 말장난은
유쾌한 웃음보다는 오히려 쓴웃음이나 짜증을 유발하는 결과를 초래한다.
심지어 인터넷문화의 확산과 함께 통제나 여과 없는 쌍방 간의 의사소통이
드디어 엽기적인 상황까지 즐기는 단계에 도달하고 있다. 그리하여 요즘
우스갯소리와 엽기적인 이야기들은 인터넷 사이트들 안에서 호황을 누리
며 상업적으로도 크게 이용되고 있다.

2012년 개그콘서트(KBS) 〈용감한 녀석들〉은 힙합음악과 재치 넘치는 가
사로 시청자들을 사로잡았다. 이들은 유명인사를 대놓고 웃음거리로 삼거

개그콘서트 〈용감한 녀석들〉, 이들은 중독성 강한
리듬과 독설들로 주목을 받았음

나 사회적 이슈를 다루기도 했다. 그들의 노래가사를 보면 "네가 정말 기다리던 프로포즈 허락해. 넌 다이아 반지 있냐? 난 카드빚 잔뜩 있다. 갚아줘 갚아줘 갚아줘", "우리 여자들도 기다려. 매달리는 남자친구 월급날을 기다려. 신상 나왔으니까. 네 돈이 내 돈이지. 남자친구 군대 가면 2년 동안 기다려. 딴 남자 만나면서 기다려" 등이다.

앞에서 언급한 대로 민담은 환상적 민담, 희극적 민담, 사실적 민담으로 분류할 수 있다. 다음의 이야기는 〈선비와 구렁각시〉라는 민담이다. 구렁이나 지네 같은 비현실적 존재가 등장하고, 이들이 사람으로 변신하는 등 일상적 경험의 틀을 벗어난 신비한 세상이 펼쳐진 환상적 민담이다.

민담 속에 수많은 동식물이 등장하는 것은 아득한 옛날부터 있어온 현상이다. 이는 인간과 동식물들 사이에 밀접한 관계로부터 생겨나는 것이다. 인간은 생활 속에서 부단히 동식물들과 접촉을 하며 살아왔으며 원천적으로는 인간이 그것들과 다른 것도 아니다. 이런 믿음 때문에 인간은 늘 동식물로 변신할 수 있으며 혹은 반대의 경우도 가능한 것이다. 이 이야기는 전승지역과 전승자에 따라 구렁이가 처녀 혹은 미망인으로, 지네가 돼지로 변화된 것을 볼 수 있지만, 한국의 전 지역에서 전승되고 있다.

■ 은혜를 갚은 선비 ■

옛날에 시골 마을에 선비 하나가 살고 있었다. 글을 많이 읽어 삼강오륜 인의예지를 다 익히기는 했는데, 살림이 무척 어려웠다. 물려받은 재산이 다 떨어지니 얻어먹지 않으면 굶어 죽을 지경이 되고 말았다. 그때 함께 글을 배운 친구 하나가 과거에 급제해서 한양에서 벼슬살이를 하고 있었다. 가난한 선비는 온 식구가 굶어 죽을 지경에 이르자 지푸라기라도 잡는 심정으로 그 친구를 찾아서 한양으로 길을 나섰다.

쉬지 않고 가다보니 하루는 인가도 없는 산속에서 날이 저물고 말았다. 사방은 깜깜한데 어디서 짐승 우는 소리만 들려왔다. 혼이 다 나갈 지경이 되어 한참을 헤매고 있는데, 멀리서 깜박이는 불빛이 보였다. 어둠을 헤치고 찾아가 보니 뜻밖에서 솟을 대문이 있는 기와집이었다. 문을 두드려 주인을 찾으니, 천하절색의 젊은 여인이 나왔다.

"선비 양반이 이 밤중에 웬일이신가요?"

선비는 사정 얘기를 하면서 묵어가게 해달라고 청했다.

"집에 저 혼자뿐이니 어쩔까 모르겠네요. 하지만 이 밤중에 다른 데를 가시지도 못할 것이니 모실 수밖에요. 안으로 들어오세요."

그 여인은 조금 있다가 상을 차려왔다. 그런데 음식을 차린 것을 보니 태어나서 구경도 해 본 적 없는 진귀한 음식으로 가득했다. 정신없이 밥 한상을 다 먹고 나서야 여인에게 산속에 혼자 있는 이유를 물었다. 여인은 자식도 없고 남편이 먼저 죽자 세상만사가 다 싫어져서 산속에 숨어들었다고 했다.

다음날 선비가 길을 떠나려고 하니, 여인이 소매를 붙잡으며 만류했다. 선비는 젊고 예쁜 여인이 간절하게 청하자 그만 마음이 동해서 갈 길을 잊고서 그 집에 주저앉고 말았다. 하루 종일 편히 쉬면서 진수성찬을 대접받고 밤이 되어 한 이불 속에 들어가니 모든 것이 꿈만 같았다. 한번 그렇게 정을 나누고 보니 발걸음이 떨어지지 않아서 하루 이틀 더 묵는다는 것이 어느새 달포가 지나고 말았다. 선비가 그제야 집 식구들 걱정이 되면서 떠나겠다고 하자, 여인은 선비의 집에 먹을 것과 입을 것을 다 보내 두었다며 선비를 붙잡았다. 다시 한 달이 훌쩍 지나자 선비가 여인에게 말을 했다.

"아무래도 안 되겠소. 이참에 집에 다녀 올테니 보내 주구려. 내 꼭 다시 오리다."

선비가 집에 돌아와 보니, 정말로 평생을 먹고 살 재물이 있었다. 집에서 두어 달 묵다 보니 그 여인이 생각나 다시 길을 떠나 여인의 집을 향했다. 여인이 사는 집이 보일락 말락 하는 곳에 이르렀을 때, 여인을 만날 생각에 마음이 급해져서 뛰듯이 가고 있는데, 한 노인이 선비를 불렀다.

"나로 말하면 자네 선친의 친구일세. 자네 지금 웬 여자를 찾아가는 길이 아 닌가. 그 여자는 사람이 아니라 요괴야. 천년 묵은 구렁이가 둔갑한 것이지. 지금 자네가 가면 잡아먹으려고 준비하고 있는 중이야. 믿기지 않거든 뒷문으로 들어가 방 안을 엿보게. 자네가 사는 방법은 한 가지야. 다시 대문으로 들어가 면 구렁이가 여자로 변해서 밥상을 차려올게야. 그러면 밥을 한 술 떠서 입에 물었다가 삼키지 말고 여자를 향해 확 뱉어 버리면 죽음을 면할 수 있어."

그 노인은 말을 하고 온 데 간 데 없이 사라져 버렸다. 선비는 여인의 집에 당도해서 망설이다가 노인의 말대로 담을 타 방안을 엿보았더니 정말로 구렁 이였다. 놀란 선비가 다시 대문으로 들어가자 여인으로 변한 구렁이가 선비를 맞이했다. 여인이 전날처럼 진수성찬을 차려 내오자, 선비는 밥을 먹었다. 한 숟가락 떠서 입에 넣은 선비는 고민에 빠졌다.

'과연 이걸 뱉어야 하나 말아야 하나? 뱉으면 나는 살고 저 여자는 죽겠지. 그러나 따져보면 저 여인 덕에 내가 갖은 호강을 다 누려보고 굶어 죽을 지경 에 있던 우리 가족이 잘 살 수 있게 되지 않았는가. 하지만 돌아가신 아버지 말 씀을 거역할 수도 없고. 아, 나는 어째하지?'

선비는 눈을 들어 여인을 한 번 바라보았다. 그러더니 밥을 꼭 씹어서 목구 멍으로 꿀떡 삼켰다. 그렇게 밥 한 그릇을 남김없이 다 비웠다. 그러자 여인이 선비의 손을 덥석 움켜쥐는 것이었다. 눈물을 흘리면서 여인이 신기한 이야기 를 전해 주었다.

"선비님이 만난 그 백발노인은 천년 묵은 지네로, 이 골짜기에 나와 함께 살 고 있는데 우리 둘 중 하나만 용이 되어 승천할 수 있는 운명이었지요. 제가 이 번에 선비님의 마음을 얻으면 용이 돼서 올라가게 되는지라 그 일을 방해하려 고 그렇게 나타났던 것이랍니다. 이제 저는 선비님 덕택에 용이 되어 승천하게 됐습니다."

"그리된 일이군요. 나는 그간에 입은 은혜가 과한지라. 차라리 나 혼자 죽고 말자고 작정했더랬소."

여인은 비로소 선비의 앞날을 기원하고 용이 되어 승천하였다. 선비는 집으 로 돌아온 뒤로 하는 일마다 술술 잘 풀려서 재산도 불어나고 벼슬길도 열려 평생을 편안하게 잘 살았다고 한다.

강등학 외, 『한국구비문학의 이해』, 월인, 2000

앞의 민담은 가난한 선비가 자신에게 도움을 준 처녀가 구렁이임을 알고 고민하다가 구렁이를 도와서 용이 되도록 했다는 내용이다. 은혜를 잊지 않는 마음의 소중함을 잘 보여주는 이야기라고 할 수 있다. 여기서 이해의 중요한 관건은 자신과 인연을 맺었던 여인의 정체가 구렁이임을 인지했을 때, 그리고 아버지의 이름으로 응징의 명을 받은 주인공이 생사의 기로에서 어떤 선택을 하느냐에 달렸다.

우리는 일상생활에서 무수히 선택을 해야하는 순간들을 만나게 된다. 선택의 결과 비극적 결말을 낳을 수도 있고 행복한 결말을 가져올 수도 있다. 민담은 긍정적이고 낙관적인 삶을 그린다. 〈선비와 구렁각시〉 역시 마찬가지다. 궁핍한 일상생활 속에 존재한 민중(선비)의 삶을 기반으로 환상적이며 낭만적인 삶의 모습을 형상화한다. 그러나 손쉽게 행복한 삶을 마련하지는 않는다. 선택이라는 문제로 행복한 삶이 얼마나 어려운 것인가를 보여주는 동시에 행복한 삶의 성취라는 유토피아적인 민중의 소망을 표출하고 있는 것이다.

민담은 민중 사이에서 창작되면서 전승되는 이야기 문학이다. 이야기가 전승력을 갖는다는 것은 흥미성을 담보로 한다. 그렇지만 민담이 흥미만을 위해 존재하는 것은 아니다. 그 이면에는 우리 민족 · 민중의 삶과 꿈이 새겨져 있다. 특히 일상생활에서 충족되지 않는 소박한 염원, 즉 아름다운 인간세상을 형상화한다.

4) 속담(俗談)

속담 사전이 출간되는가 하면 속담에 관한 선행연구가 많은 현실을 감안하면 속담이 얼마나 중요한가를 짐작할 수 있다. 속담을 활용한 글쓰기

책[113]도 나와 있다. 오늘날 우리의 언어생활은 다소 각박하고 밋밋한 데가 있어 아쉬움을 남긴다. 조남호는 『속담활용 글쓰기』의 머리말에서 "우리말에 녹아 있는 풍부한 속담들을 익힘으로써 보다 풍요로운 글쓰기와 언어생활에 도움이 될 수 있기를 바란다"고 했다.

사람은 말을 하며 살아간다. 말을 통해 사회생활을 하게 되며 다양한 상황에 부합하는 방식으로 뜻을 주고받는다. 예로부터 일상적인 생활 속에서 자주 사용하는 언어들이 있다. 그 말들이 입에서 입으로 전해지곤 한다. 그 언어표현들은 우리 민족의 문화적 토양 위에서 긴 역사적 전통을 가지고 형성된 구비문학의 일종이다.

이 구비 전승되는 문학들은 사용의 주체인 민중들의 생생한 삶 속에서 나오는 것이므로 그 말들에서는 더욱 열정과 생명력이 묻어 나온다. 그 언어표현들이 비록 고상하고 세련되지는 않았지만 대단히 논리적이고 합리적임에 틀림없다. 오히려 우아하게 다듬어진 표현들에서 느끼기 힘든 진실성과 정합성 등을 쉽게 느낄 수 있다.

우리는 그 언어표현들을 통해 가치관, 관습, 신앙, 사고, 인간관계 등을 발견할 수 있다. 매우 짧고 거칠지만 오히려 그러한 점 때문에 더욱 깊이 있게 공감할 수 있을 만큼 설득력을 지닌 것이 바로 구비 전승의 간결한 문학적 표현이라 하겠다. 이 구비문학적 표현에는 속담을 비롯하여 수수께끼, 속신어 등 여러 가지를 들 수 있겠으나 여기서는 대표적으로 속담만을 다루기로 한다.

---

113) 조남호, 『속담활용 글쓰기』, 랜덤하우스 코리아, 2008.

속담에 유래가 있다

속담이라는 말이 처음 등장한 것은 조선중기의 선비 유몽인의 『어우야 담』과 같은 책에서지만, 실제로 속담이 사용된 것은 고려중기의 승려 일연이 지은 『삼국유사』에 등장하는 '내 일 바빠 한댁(큰집) 방아를 서두른다'[114] 라는 말이다. '자기 일이 급하여 부득이 큰집 일을 서두른다'는 뜻이다. 따라서 속담이 생성된 시기는 삼국시대보다 훨씬 이전으로 소급되며, 당시에 이미 상당수의 속담이 일반화되어 쓰인 것으로 보인다.

속담은 삶의 예지와 교훈을 상징적으로 압축해 놓은 관용적인 단문이다. 속담을 속언(俗言) 또는 이언(俚言)이라고도 하는데 이 말 자체에는 '세상에 떠돌아다니는 속된 말이나 이야기'라는 뜻이 담겨 있다. 그러나 속담은 저속한 말이라기보다 인생의 가르침과 지침이 될 내용이 대부분이라는 점에서 사전적 의미가 무용하다고 볼 수 있다. 아마도 속담을 주로 사용하고 전승시키는 주체가 민중이었기 때문에 생긴 말이며, 그 뜻을 '민간에서 쓰이는 말' 정도로 가볍게 취급하지 않았나 생각한다.

속담은 대개 인물, 사건 등의 구체적인 근거를 갖고 출발했으나 시대가 지나는 동안 그러한 사실의 구체성이 잊혀지면서 일반화되는 경우가 많다. 그러나 상당수의 속담은 그 유래를 밝힐 수가 있다. 인물이나 사건 등의 시간적·공간적 근거가 남아 있기 때문이다. 특히 역사적인 사건을 배경으로 형성된 자료일 경우 설화를 동반하고 있는 것이 많다.

교훈적 의미를 담아내는 간결한 관용적 표현에는 명언, 격언, 금기어, 고사 등이 있다. 명언은 생활의 지침으로 삼을 만한 가치 있는 말이다. 격언은 삶의 올바른 이치와 규범을 제시하는 고상한 말이다. 금기어는 민간신앙과

---

114) 기사지망 대가지용촉(己事之忙 大家之舂促)(일연, 『삼국유사』 권5, 감통 제7, 욱면비염불 서승(郁面婢念佛西昇)).

결부된 금기를 통해 신성함을 지키고 일탈을 방지하려는 목적에서 나온 말이다. 고사(故事)는 유래가 있는 옛날의 일을 표현하는 말이다. 넓은 의미에서 속담은 이들을 모두 포함한다고도 볼 수 있으나 여기서는 통속적이며 비유적인 표현의 차별화된 속담의 특성에 비추어 속담을 다루고자 한다.

속담은 시대상을 반영한다

속담은 대체적으로 서민들의 일상적인 생활체험에서 이루어지고 그들의 삶에 짙게 영향을 미치는 요인들로 형성된다. 이런 형성 배경 때문에 속담에는 사회적(민속적) 기반과 역사적 사실 등의 시대상이 잘 나타난다.

속담은 역사성 또는 사회성을 잘 반영한다. 마치 '고려공사 삼일', '쇠귀에 경읽기', '중이 제 머리 못 깎는다'와 같은 속담은 국가의 법령이 자주 바뀌고 농업이 중심이 되며 불교가 성행하던 고려시대의 사회적 상황을 반영한 것이다.

또한 '고수관의 딴전피기', '김선달 대동강물 팔아먹기', '변학도 잔치에 이도령 밥상', '양천현감 죽은 말 지키듯', '평양감사도 저 싫으면 그만', '황정승네 치마 하나 세 모녀가 돌려입듯' 등과 같이 속담은 특정한 역사적 인물을 다루거나 역사적인 사건, 구체적 사실을 묘사한다.

이밖에도 '지나간 버스에 손 흔드는 격'이라는 속담을 비롯하여 '서울이 무섭다니까 과천서부터 긴다', '이리가 짖으니 승냥이가 꼬리를 흔든다', '춥기는 사명당의 사처방이라', '내일 바빠 한댁 방아 서두른다' 등 구체적 역사성이나 사회상과 무관하지 않은 속담의 예는 헤아릴 수 없이 많이 들 수 있다.

속담은 다른 구비문학과 마찬가지로 구전되는 과정에서 의미가 변화되거나 어휘가 변용되는 일이 많다. 물론 이러한 변이현상은 역사적 조건에 크게 좌우된다고 본다. "바가지 긁는다"는 속담은 어휘는 그대로이면서 내포된 의미가 변한 경우이다. 전통사회에서는 아무리 가난하더라도 손님이 오면 정성껏 대접하는 것이 예의였는데, 공교롭게도 뒤주에 쌀이 없을 정도로 가난한 집안도 있었다. 이때 부인이 박으로 쌀 긁는 소리를 내어 남편에게 쌀이 떨어졌음을 알렸던 데서 '바가지 긁는다'는 속담이 생

바가지, 이는 예전에 우리 일상생활에서 없어서는 안 될 생활용기였음

겨난 것이다.[115] 그러던 것이 언제부터인가 아내가 남편에게 불평하는 것을 일컬을 때 이 속담이 쓰이게 되었다. 한편 아내가 남편에게 불평 또는 잔소리를 늘어놓는다는 뜻으로 쓰이는 '바가지 긁다'는 옛날에 쥐통(콜레라)이 돌아다닐 때에 귀신을 쫓는다 하여 바가지를 득득 문지르던 데서 비롯한 말이라고도 한다.

나아가 속담의 생명은 시대와 사회의 변화에 따라 전승되면서 기복을 달리하는데, 의미가 깊고 기억되기 쉬운 것은 더 오래 갈 것이고 그렇지 못한 것은 쉽게 단절될 수밖에 없다. 심지어 현대사회의 감각을 담은 속담은 끊임없이 변형 생성되고 있다고 본다. 다만 전통사회에서 만들어진 대부분의 속담은 오늘날에도 여전히 생명력을 지니며 유용하게 전승되고 있는 것이 사실이다.

삼국시대부터 시작된 속담 자료들은 고려와 조선을 거치면서 더욱 풍부해졌다. 특히 조선후기에 이르러 지식층 사이에 속담에 관한 관심이 커지고 자료의 수집이 활발해졌음은 고무적인 일이다. 이러한 관심과 노력은 오늘에 이르러 많은 속담사전이 출간되는 결과로 이어졌다고 할 수 있다.

---

115) 강등학 외, 『한국 구비문학의 이해』, 월인, 2000, 496면.

속담은 철학적이다

　속담이 역사적이자 지역적일 뿐만 아니라 구체적이자 개별적인 사실에서 출발했을지라도 그것이 내포하고 있는 보편적 감응력 때문에 시대를 넘어 우리의 언어생활을 더욱 풍부하게 조성해 오고 있다. 다시 말해 속담은 사상이나 이념을 지향하며 세계관이나 인생관 등을 내재하고 있는 점에서 매우 교훈적이다. 인생에 대한 깊은 가르침과 처세에 대한 올바른 방법을 깨우쳐준다.

　속담은 자연의 원리를 강조하거나 인간의 삶의 가치를 담아내는 편이다. '날 받아 놓고 죽는 사람은 없다', '변소 길과 저승길은 대신 못 간다', '땡감도 떨어지고 익은 감도 떨어진다' 등은 죽음과 관련하여 인생의 무상감과 허무함을 깊이 깨닫게 하는 속담들이다. 한편 '시작이 반이다', '천리 길도 한 걸음부터', '첫눈 위에서 넘어지면 일 년 내내 재수가 좋다' 등과 같은 속담은, 첫 단추를 잘못 끼우면 마지막 단추도 맞지 않는다는 영국 속담처럼 시작의 중요성을 강조한 것이다. 이와 같이 많은 경우 속담은 당위적 논리와 현실적 흐름 속에서 나온 지혜라 하겠다. 요컨대 고상하게는 존재의 이유에서부터 일상적 생활의 이치나 삶의 보편적 의미에 이르기까지 다양한 모습을 띠는 속담은 철학적 산물이라 할 수 있다.

　'가루는 칠수록 줄고 말은 할수록 는다', '계집자랑 반 미치기 자식자랑 온 미치기', '고생 끝에 낙이 있다', '나무 뚝배기 쇠 양푼 될까', '남의 눈에 눈물내면 제 눈에는 피가 난다', '달도 차면 기운다', '똥 묻은 개가 재 묻은 개 나무란다', '말 한 마디에 천냥 빚 갚는다', '상전이 배부르면 종 배고픈 줄 모른다', '열 길 물속은 알아도 한 길 사람 속을 알지 못한다', '웃는 얼굴에 침 못 뱉는다', '의사 제 병 못 고치고 무당 제 굿 못한다' '정 각각 흉 각각', '핑계 없는 무덤 없다'라는 등 철학적 · 교훈적인 의미가 짙게 배어 있는 속담의 예는 얼마든지 있다.

이 밖에도 인간의 삶을 올바르게 이끌어가는 속담은 부지기수이다. 가령, '친구 따라 강남 간다'고 하는 속담은 자기는 하고 싶지 않으나 남에게 끌려서 덩달아 무슨 일을 하게 됨을 이르는 말로서 주견이 없는 행동을 풍자하는 표현이다. '안방에 가면 시어머니 말이 옳고 부엌에 가면 며느리 말이 옳다'고 하니 시비를 판단하기는 어려울 수밖에 없다. '아니 땐 굴뚝에 연기 날까'와 같은 속담은 단순한 비유가 아니라 '실제 일이 있기 때문에 말이 난다'는 의미를 갖고 '원인이 없는 결과는 없다'와 같은 풍자의 역할을 수행한다. 사태판단을 제대로 하지 못하거나 깨닫지 못하는 데서 오는 미숙함과 어리석음, 성격적인 결함이나 처세의 혼조에서 비롯된 오류, 윤리의식을 망각하고 행하는 교만하고 반사회적인 행위 등이 모두 풍자의 대상이다. 이와 같이 속담은 철학적·교육적으로 중요한 기능을 한다.

속담은 잘못을 일깨워 줄 때, 욕심이나 자만을 경고할 때, 정의나 신념을 강조할 때, 행동의 방향을 제시해 줄 때 등 우리 삶에서 전 방위적으로 매우 효과적인 역할을 한다.

속담엔 독특한 형식과 표현이 있다

속담은 형식과 표현에서 특징이 있다. 짧은 말 속에 깊은 뜻을 담아야 하기 때문에 세련미가 있고 리듬감이 있어야 한다. 다시 말해 속담은 서민들의 생활의 경험과 지혜가 담긴 정제된 언어형식으로서 다음과 같이 몇 가지로 정의될 수 있다.

첫째, 표현이 간결하다. 이는 오랫동안 전승되어 오는 과정에서 갈고 다듬어진 결과이다. 속담의 특성으로서 둘 이상의 단어로 구성된다는 언급도 있으나, 극단적으로는 한 단어도 많다. 예를 들면, '개팔자', '동네북', '두루춘향' 등이다. 되도록 짧은 표현 속에 의미를 집약해야 하므로 속담은 무엇보다 길지 않아야 한다. 속담의 전승력이 뛰어난 가장 큰 이유도 이 간결성

2006년 7월 7일/전윤성
subakcci@hanmail.net

때문이라 할 수 있을 것이다.

둘째, 비유적인 표현이 많다. 속담은 대상을 객관화하는바, 현실을 명료하게 집약하여 비유 속에 담아낸다. 예를 들면 같은 처지에 놓인 사람들끼리 어울린다는 것에 대해 '이리가 짖으니 개가 꼬리(를) 흔든다', '가재는 게 편', '초록은 동색'이라는 속담을 사용하는 바와 같다. 이 밖에 '꿀 먹은 벙어리', '귀에 걸면 귀걸이 코에 걸면 코걸이', '개밥에 도토리', '단솥에 물 붓기', '그림의 떡', '눈 가리고 아웅하기', '언 발에 오줌 누기', '작은 고추가 맵다', '한강에 돌 던지기', '하룻강아지 범 무서운 줄 모른다' 등 열거할 수 없을 정도로 많다. 우리는 직설적인 표현을 통해 관계를 긴장하게 하거나 불편해지게 하는 경향이 있다. 속담은 에둘러 말하는 비유적인 표현을 통해 인간관계를 부드럽게 해주는 윤활유의 역할을 수행하기도 한다.

셋째, 대칭적인 표현을 지향한다. 속담에서는 기억하기 좋고 의미를 쉽게 이해하기 좋을 만큼 대칭적인 표현을 많이 사용한다. 또한 리듬이나 율격이 중시되는 속담의 원칙에 맞게 문장 앞뒤의 표현이 비슷할 뿐만 아니라 글자 수까지 대칭을 이루는 경우가 많다. 예컨대 '가는 말이 고와야 오는 말도 곱다', '고기는 씹어야 맛이고 말은 해야 맛이다', '꿩 먹고 알 먹고', '나무에도 못 대고 돌에도 못 댄다', '낮 말은 새가 듣고 밤 말은 쥐가 듣는다', '달면 삼키고 쓰면 뱉는다', '아산이 깨어지나 평택이 무너지나', '앉아 주고 서서 받는다', '잘되면 제 탓, 못되면 조상 탓' 등 그 대칭적 표현의 예는 매우 많다. 이러한 대칭적 외형구조의 속담 속에는 비교, 대구, 점층, 대조, 인과 등의 다양한 방식이 쓰인다.

넷째, 속담은 관용적 표현을 특징으로 삼는다. 관용적 표현이란 둘 이상의 낱말이 합쳐져 원래의 뜻과는 전혀 다른 새로운 뜻으로 굳어져서 쓰이는 표현을 가리킨다. 예를 들어 '발이 넓다'는 관용적 표현을 살펴보자. 원래의 뜻은 '발의 넓이가 넓다'이지만, 관용적으로 쓰일 때에는 '아는 사람이 많다'라는 새로운 의미로 바뀐다. 만일 '발이 넓다'라고 할 것을 '넓다' 대신 '크다'를

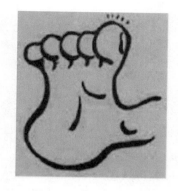

발이 넓다

사용하여 '발이 크다'라고 한다면 '아는 사람이 많다'라는 본래 의도했던 의미를 잃어버리고 말 것이다. 이런 관용적 표현을 지닌 속담의 특성 때문에 우리가 쉽게 기억하여 말할 수 있게 되고, 분명하게 뜻을 담아 쉽게 전달할 수 있다고 본다.

이 밖에도 속담의 특성으로서 표현이 흥미로움을 지적할 수 있다. 심오한 뜻을 가볍고 재미있게 표현하기 때문에 예로부터 사람들의 관심의 대상이었고 더욱 주목을 받게 된다.

속담은 전달 효과가 크다

속담은 민중의 일상적 생활공간에서 체득된 교훈적인 의미 또는 풍자적 내용을 효과적으로 전달하기 위한 관용적 표현물이다. 여러 사람의 공감을 받아야만 널리 쓰일 수 있기 때문에 속담에는 삶의 경험과 지혜가 축적되어 있다. '계집 둘 가진 놈의 창자는 호랑이도 안 먹는다', '제 버릇 개 주나'와 같은 일부 속담이 다소 거칠고 점잖지 못한 것도 사실이다. 이는 속담의 주체가 민중이기 때문이며 그만큼 무지하지만 인격적인 삶을 꿈꾸는 정직한 사람들에게서 나오는 말일 수도 있다는 점에서는 오히려 더 가치 있고

까마귀 날자 배 떨어진다

의미가 있다고 하겠다.

속담을 사용하면 길게 설명해야 하는 상황, 또는 설명하기 복잡한 사실을 간결하게 표현할 수 있다. 무엇보다 자신이 말하고자 하는 바를 분명하게 전달할 수 있어 바람직하다. '까마귀 날자 배 떨어진다'라는 속담을 예로 들어보자. 이는 '아무 관계없이 무심코 한 일이 우연히 같은 시간에 일어나서 마치 어떤 관계가 있는 것처럼 의심을 받게 되는 경우'를 비유적으로 표현한 속담이다.

이렇듯 속담은 상황이나 사태를 집약시켜 압축적으로 표현함으로써 상황과 사태를 명료하게 드러내고 상대방을 이해시키는 데 효과적이다. 그러므로 속담의 기능은 화자의 언술적 필요, 즉 화용적 기능의 측면에서 설명될 필요가 있다[116]고도 한다.

속담은 오랫동안 축적되어온 한국인의 삶의 깊이와 지혜를 엿보게 하는 우리의 언어예술이자, 한국 민족문화의 원류로서의 가치가 충분하다. 다시 말해 속담은 역사성과 민족성을 잘 내포하고 있다.

---

116) 강등학, 「속담의 유형과 기능」, 『구비문학연구』6, 한국구비문학회, 1998, 443면.

참고문헌

자료

『경도잡지』(유득공), 『격암유록』(남사고), 『고려사』(정인지 등), 『관우희』(송만재), 『규원사화』(북애자), 『금낭경』(곽박), 『도덕경』(노자), 『도암면지』(평창문화원), 『도선비기』(도선), 『동국세시기』(홍석모), 『동국여지승람』(노사신 등), 『동국이상국집』(이규보), 『만화집』(유진한), 『무당내력』(난곡), 『부도지』(박제상), 『부락제』(조선총독부), 『부모은중경』(구마라습), 『사기』(사마천), 『산림경제』(홍만선), 『삼국사기』(김부식), 『삼국유사』(일연), 『삼국지』(진수), 『석보상절』(수양대군), 『선화봉사고려도경』(서긍), 〈승무〉(조지훈), 『신단실기』(김교헌), 『악학궤범』(성현), 〈양주별산대놀이대본(1957)〉, 『어우야담』(유몽인), 《오가전집》(이선유), 『오주연문장전산고』(이규경), 『용재총화』(성현), 《을화》(김동리), 〈장자백 춘향가〉, 『정감록』(미상), 『제왕운기』(이승휴), 『조선상고사』(신채호), 『조선상식문답』(최남선), 『조선창극사』(정노식), 『조선해어화사』(이능화), 『주자어류』(주희), 『지봉유설』(이수광), 『착맥부』(도간), 『청오경』(청오자), 『청장관전서』(이덕무), 『토정비결』(이지함), 『포박자』(갈홍), 〈하간전〉(유종원), 『한국구비문학대계』(한국정신문화연구원), 『한국민속신앙사전』(국립민속박물관) 『한양세시기』(권용정), 『향약잡영』(최치원), 『해동이적』(홍만종), 『훈요십조』(왕건) 등.

논저

강등학, 「삼척지역의 메나리에 관한 연구」, 『반교어문연구』 2집, 반교어문연구회, 1990.

_____, 「속담의 유형과 기능」, 『구비문학연구』 6, 한국구비문학회, 1998.

강등학 외, 『한국구비문학의 이해』, 월인, 2000.

강영수, 『어깨너머 한중일문화』, 나남출판, 2000.

고려대 민족문화연구원, 『한국민속의 세계』 1~10권, 2001.

구중회, 『능묘와 풍수문화』, 국학자료원, 2008.

김광언, 『민속놀이』, 대원사, 2001.

김기덕, 「풍수지리」, 『한국전통문화론』, 북코리아, 2006.

김두규, 「김두규 교수의 국운풍수」, 《조선일보》 2013. 9. 28~29.

김만태, 「한국 점복의 정의와 유형 고찰」, 『한국민속학』 47, 한국민속학회, 2008.

김미도, 『한국 현대극의 전통 수용』, 연극과 인간, 2006.

김미순, 「금산의 민간기우와 민중들의 사고」, 『금산의 마을 공동체 신앙』, 한남대 충청문화연구소, 1990.

김열규, 「신화」, 『한국민속의 세계』 7, 고려대 민족문화연구원, 2001.

김용덕, 「한국과 스리랑카 불교설화의 비교연구」, 『비교연구를 통한 한국민속과 동아시아』, 민속원, 2004.

김종대, 『도깨비를 둘러싼 민간신앙과 설화』, 인디북, 2004.

_____, 「도깨비를 신으로 모시는 신앙들」, Cafe.daum.net, gsyh1217, 2012. 8. 20.

김진호·한성일·장권순·이태환, 『한국문화 바로 알기』, 국학자료원, 2002.

김태곤, 『한국민간신앙연구』, 집문당, 1983.

김학주, 『한·중 두 나라의 가무와 잡희』, 서울대, 1984.

동북아역사재단 편, 『고조선·단군·부여 연구 논저 목록』, 동북아역사재단, 2007.

박영수, 『테마로 보는 동서문화풍속』, 학민사, 2002.

배도식, 『한국민속의 현장』, 집문당, 1993.

백승종, 『정감록 미스터리』, 푸른역사, 2012.

서울특별시, 『서울민속대관』 6(구비설화편), 1994.

서영대, 「토착종교와 무속신앙」, 『한국전통문화론』, 북코리아, 2006.

_____, 「한국점복의 연구」, 『한국민속연구사』, 지식산업사, 1995.

_____, 「한국 토착종교 연구사」, 『한국 고유사상·문화론』, 한국정신문화연구원, 2004.

송 준, 『귀신도 울고가는 신점의 명인들』, 국학자료원, 2002.

송혜진, 『국악, 이렇게 들어보세요』, 다른세상, 2002.

신경득, 「웅녀의 산신격 연구」, 『배달말』 42, 배달말학회, 2008.

신병주, 『이지함 평전』, 글항아리, 2008.

오윤선, 「<단군신화> 영역자의 시각 일고찰」, 『국제어문』 48집, 국제어문학회, 2010.

우리전통문화연구회, 『우리 전통문화와의 만남』, 한국문화사, 2000

유영대, 「판소리의 이해」, 『한국구비문학의 이해』, 월인, 2000.

유증선, 『영남의 전설』, 형설출판사, 1971.

이광표, 『한국미를 만나는 법』, 이지출판, 2013.

이기영, 『민화에 홀리다』, 효형출판, 2010.

이능화, 서영대 역주, 『조선무속고』, 창비, 2008.

_____, 김상억 옮김, 『조선여속고』, 동문선, 1990.

이복규, 『이강석구연설화집』, 민속원, 1999.

이어령, 『디지로그』, 생각의나무, 2006.

이용한, 『옛집기행』, 웅진지식하우스, 2005.

이종철 외, 『성, 숭배와 금기의 문화』, 대원사, 1997.

이지선, 「기악의 변모양상」, 『국악원논문집』 26집, 국립국악원, 2012.

이지영, 『한국건국신화의 상상과 이해』, 월인, 2000.

이형구, 『한국 고대 문화의 기원』, 까치, 1991.

이화형, 『나아가 널리 인간세상을 이롭게 하라』, 월인, 2007.

_____, 「단군신화의 주체의식 검토」, 『우리어문연구』 47호, 우리어문학회, 2013.

_____, 『하늘에다 베틀놓고 별을잡아 무늬놓고』(한국민속문화 깊이읽기2), 월인, 2007.

이희근, 『우리 민속 신앙 이야기』, 여명미디어, 2002.

임두빈, 『한국의 민화』 I, 서문당, 2008.

임재해, 「놋다리 밟기의 유형과 풍농기원의 의미」, 『한국문화인류학』 17, 한국문화인류학회, 1985.

_____, 「단군신화에 갈무리된 문화적 원형과 민족문화의 정체성」, 『단군학연구』 16, 단군학회, 2007.

_____, 「설화의 쓰임새가 놀랄 만큼 달라지고 있다」, 『민속문화 무엇이 어떻게 변하
　　　는가』, 집문당, 2001.

장덕순 외, 『구비문학개설』, 일조각, 1971.

장장식, 「한·몽 「나무꾼과 선녀」 설화의 비교연구」, 『비교연구를 통한 한국민속과 동
　　　아시아』, 민속원, 2004.

전경욱, 『한국가면극 그 역사와 원리』, 열화당, 1998.

_____, 「한국가면극과 몽골문화의 관련양상」, 『몽골과 한국민속의 비교 심포지엄』,
　　　고려대 민속학연구소, 2000.

전성운, 「토정 이지함과 상수학」, 『아산시대』 5호, 순천향대학교 아산학연구소, 2013.

정노식, 『조선창극사』, 조선일보사 출판사, 1940.

정병호, 『한국의 민속춤』, 삼성출판사, 1992.

정승모, 『시장으로 보는 우리 문화 이야기』, 웅진닷컴, 1992.

정영훈, 「한국인의 정체성과 홍익인간이념」, 『단군학연구』 6, 단군학회, 2002.

정재서, 『앙띠 오이디푸스의 신화학』, 창비, 2010.

조남호, 『속담활용 글쓰기』, 랜덤하우스 코리아, 2008.

조용헌, 『소설보다 더 재미난 조용헌의 소설』, 랜덤하우스코리아, 2007.

_____, 「일본열도 안산론」, 〈조선일보〉, 2011. 3. 14.

조현설 저·원혜영 역, 『고조선 건국신화』, 한겨레아이들, 2009.

주강현, 『우리 문화의 수수께끼 1~2』, 한겨레출판, 2004.

천혜숙, 「신화의 세계」, 『한국구비문학의 이해』, 월인, 2000.

최남선, 정재승·이주현 역, 『불함문화론』, 우리역사재단, 2008.

최래옥, 『한국구비전설의 연구』 자료편, 일조각, 1981.

_____, 『한국 민간 속신어사전』, 집문당, 1995.

최상수, 『한국민간전설집』, 통문관, 1958.

최인훈, 『문학과 이데올로기』, 문학과 지성사, 1979.

최 준, 「한·중의 문화적 아이덴티티와 민속의례」, 『한국문화는 중국문화의 아류인
　　　가』, 소나무, 2010.

최창렬, 『우리속담연구』, 일지사, 1999

최창조, 『한국의 풍수지리』, 민음사, 2008.

KBS, 『역사스페셜 2』, 효형출판, 2001.

한명희, 「한국음악미의 연구」, 성균관대학교 박사학위논문, 1994.

허창무 외, 『한국 고유사상 · 문화론』, 한국정신문화연구원, 2004.

홍순창, 「원시생활에 나타난 한국의 고유한 사고와 사상」, 『한국민족사상사대계』 1권, 아세아학술연구회, 1971.

게 아요르잔(G. Ayurzana), 이안나 옮김, 『샤먼의 전설』, 자음과 모음, 2012.

무라야마 지준[村山智順] 지음, 김희경 옮김, 『조선의 점복과 예언』, 동문선, 1991.

_____ 저, 최길성 옮김, 『조선의 풍수』, 민음사, 1990.

미셸 루트번스타인 · 로버트 루트번스타인 저, 박종성 역, 『생각의 탄생』, 에코의 서재, 2007.

브로니슬라프 말리노프스키(Bronislaw Malinowski), 『북서 멜라네시아 미개인의 성생활』, 1929.

야스다 도꾸다로[安田德太郎], 임동권 엮음, 『여성의 전성시대』, 정윤, 1993.

이나다 고오지[稻田浩二], 「민담의 원류와 탄생」, 『비교연구를 통한 한국민속과 동아시아』, 민속원, 2004.

조앤 K. 롤링(Joan K. Rowling) 저, 최인자 역, 『해리포터와 죽음의 성물』, 문학수첩, 2007.

허신(許愼) 찬(撰), 왕단재(玉段裁) 주(注), 『설문해자주(說文解字注)』, 상해고적출판사(上海古籍出版社), 1988.

찾아보기

이화형

현재 경희대학교 한국어학과 교수이며 중국 중앙민족대학 초빙교수를 지냈다. 경희대학교 대학원에서 「이덕무의 문학 연구」로 문학박사 학위를 받은 뒤 학문의 폭을 넓혀 한국문화 전반에 관한 다양한 연구를 하고 있다.

주요 저서로는 『이덕무의 문학 연구』 『고전문학 연구의 새로움』 『아정 이덕무 시집』 『이제 다시 생각하고 좋은 글을 써야할 때』 『한국문화의 이해』 『글쓰기의 새로운 지평』 『청장, 키 큰 소나무에게 길을 묻다―이목구심서 번역』 『한국문화의 힘, 휴머니즘』 『나아가 널리 인간을 이롭게 하라』 『하늘에다 베틀놓고 별을잡아 무늬놓고』 『베이징일기』 『한국여성문화 탐구』 『뜻은 하늘에 몸은 땅에―세상에 맞서 살았던 멋진 여성들』 『보한집 번역 선집』 『한국문화를 꿈꾸다』 『한국문화를 논하다』 『보한집 완역―수필·비평』 등이, 주요 공저로는 『국어국문학 연구의 새로운 모색』 『고전작가작품의 이해』 『국어국문학 연구의 오늘』 『여성문화의 새로운 시각』 『한국문학사의 전개과정과 문학담당층』 『한국근대여성의 일상문화―전9권』 『창의적 사고와 효과적 표현』 『고려조 한문학론』 『한국현대여성의 일상문화―전8권』 『교양필독서 100선』 『한국문화를 말하다』 등이 있다.

한국 민속문화 - 꿈

민중의 꿈, 신앙과 예술

인쇄 · 2014년 8월 25일 | 발행 · 2014년 8월 30일

지은이 · 이화형
펴낸이 · 한봉숙
펴낸곳 · 푸른사상
주간 · 맹문재 | 편집, 교정 · 김선도, 김소영

등록 · 제2-2876호
주소 · 서울시 중구 충무로 29(초동) 아시아미디어타워 502호
대표전화 · 02) 2268-8706(7) | 팩시밀리 · 02) 2268-8708
이메일 · prun21c@hanmail.net
홈페이지 · http://www.prun21c.com

ⓒ 이화형, 2014
ISBN 979-11-308-0256-5 93300

값 25,000원